民法学习系列

汪渊智 主编

婚姻家庭继承法学

毋国平 游文亭 ◎著

中国法制出版社

CHINA LEGAL PUBLISHING HOUSE

上编　婚姻家庭法

下编　继承法

·上 编·
婚姻家庭法

第一章 导 论

第一节 亲属、近亲属和家庭成员

一、亲属

《民法典》第五编为"婚姻家庭",调整因婚姻家庭产生的民事关系(《民法典》第 1040 条)。因为婚姻家庭共同体中的成员皆为亲属,故应对"亲属"这一概念进行说明。

亲属包括配偶、血亲和姻亲(《民法典》第 1045 条第 1 款)。其中,两人依法缔结婚姻关系后即为配偶。配偶虽是姻亲的基础,但它独立于姻亲,并非姻亲。姻亲包括血亲的配偶、配偶的血亲和配偶血亲的配偶。根据该分类,姻亲乃以任一主体或其血亲的婚姻关系为媒介而成立。与此不同的是,与任一主体具有天然或经由法律拟制之血缘关系的人,为该主体的血亲。

血亲在法律上被进一步划分为"自然血亲"和"拟制血亲"。"自然血亲"是指出于同一祖先因而事实上有血缘联系的亲属,它因自然出生而产生,且在法律上不因除死亡之外的任何事实而消灭。① "拟制血亲"则是指法律将那些事实上并无血缘关系的人"视为"血亲的亲属。在我国民法中,拟制血亲主要产生于合法有效的收养关系和继父母子女关系。基于该拟制,养父母与养子女、继父母与继子女之间虽无自然的血缘关系,但仍属于血亲。进而,在符合法定要件时,此等子女与养父母或继父母的其他血亲亦形成血亲关系。

亲属之间通过固定称谓彰显其身份,该固定称谓则源于传统。其中,配偶双方分别被称为夫与妻。在血亲中,父母与子女相对,(外)祖父母与(外)孙子女相对,兄姐与弟妹相对,舅、姨与外甥相对,伯、叔、姑与侄相对。在姻亲中,称谓更为复杂,比如连襟(姐妹各自的丈夫)、妯娌(兄弟各自的妻子)或小姑(妻子对丈夫的妹妹),等等。在特定社会中,对亲属间的称谓越详杂,亲属身份的传统及其影响就越深厚。

根据《民法典》继承编的相关规定(《民法典》第 1129 条),就姻亲身份而

---

① 陈苇主编:《婚姻家庭继承法学》(第三版),中国政法大学出版社 2018 年版,第 35 页。当然,这并不是说在法律之外的生活事实领域,亲属的身份也因死亡而消灭。

言，其中最具法律意义的是岳父母与女婿、公婆与儿媳这两组身份，其余者仅具有社会联络意义。不过，《民法典》虽然没有明确禁止姻亲之间缔结婚姻关系，但习惯法（《民法典》第 10 条）或许不排除这种可能性。依此而论，尚无法完全排除其余的姻亲身份具有一定法律意义的可能性。不过，这些相关传统习俗能否被纳入具有强制力的"习惯法"范畴，在现代民法理念的视角下仍存有疑问。

二、近亲属

特定范围的亲属，如配偶、父母子女、兄弟姐妹、（外）祖父母、（外）孙子女构成近亲属（《民法典》第 1045 条第 2 款）。这些人基于婚姻或特定血缘关系，彼此之间的生活和情感联系通常更为紧密。拟制血亲和自然血亲、婚生子女和非婚生子女具有同等的近亲属地位，不应被区分或独立出来（《民法典》第 1071 条、第 1072 条及第 1111 条）。

基于近亲属之间的生活和情感联系更为紧密这一事实，在涉及身份及身份财产的法律关系中，法律赋予其尤为重要的意义。首先，近亲属之间具有法定扶养关系，承担法定扶养义务（《民法典》第 26 条、第 1059 条、第 1067 条、第 1074 条及第 1075 条）。其次，父母还对未成年子女承担法定的教育与保护义务（《民法典》第 26 条、第 1068 条）。再次，法律禁止近亲属之间缔结婚姻。再次，在确定监护人时，尽管有顺序限制，但与其他个人或组织相比，所有近亲属仍是优先人选（《民法典》第 27 条第 2 款、第 28 条、第 31 条第 2 款）；同时，该监护人也是被监护人的法定代理人（《民法典》第 34 条第 1 款）。而且，宣告失踪制度中的财产代管人也应首先在特定的近亲属中选任（《民法典》第 42 条第 1 款）。此外，就作为继承制度重要内容之一的法定继承人范围而言，也应以近亲属为准（《民法典》第 1127 条第 1 款）。最后，被侵权人死亡的，其近亲属有权请求侵权人承担侵权责任（《民法典》第 1181 条第 1 款第 1 句）。

在刑法和诉讼法领域，近亲属身份也具有一定的法律效力。[①] 对于告诉才处理的犯罪，被害人的近亲属可在特定情形下进行告诉；国家工作人员的近亲属也可成为利用影响力受贿罪的犯罪主体；诉讼过程中，司法人员的近亲属应当回避；等等。

三、家庭成员

与历次婚姻法立法相比，《民法典》婚姻家庭编中并未直接规定家庭的含义。相反，立法者通过规定"家庭成员"的外延（《民法典》第 1045 条第 3 款），间接

---

① 夏吟兰等：《中国民法典释评·婚姻家庭编》，中国人民大学出版社 2020 年版，第 44—45 页。

对"家庭"这一概念进行了界定。基于该规定，家庭的法律含义被内化到各家庭成员之间的法律关系之中，且应通过这些具体的法律关系进行理解。因此，没有必要将社会学上的"家庭"种类（比如"核心家庭"等）套用到法学之中。

（一）近亲属身份

根据《民法典》第1045条第3款的规定，特定的近亲属之间依法可互为家庭成员。

一个人与其配偶、父母和子女构成家庭成员关系。从字义上看，这里的子女既包括未成年子女，也包括成年子女。另外，对于其他近亲属，如兄弟姐妹、（外）祖父母、（外）孙子女而言，应以一个人是否与之"共同生活"作为法律认定的标准。

根据《民法典》第1045条第3款的表述，配偶、父母和子女无论是否共同生活，都是家庭成员；而对（外）祖父母、孙子女和兄弟姐妹等近亲属而言，应该以"共同生活"为条件。[①] 这样，即使成年子女并未与父母共同生活，彼此仍互为家庭成员。

（二）身份约定

根据《民法典》第1050条的规定，配偶一方与对方的父母或共同生活的近亲属之间是否互为家庭成员，取决于男女双方的约定。依据学理通说，该条是实现男女平等这一法律理念的手段之一。

对该规定，尚不明确的是该约定形式应如何？其应以明确的形式进行，还是以默示方式进行法律推定？如果是前者，则即使岳父母与女婿、公婆与儿媳共同生活在一起，也不必然属于家庭成员。相反，如果是后者，人们则可基于双方共同生活的事实进行法律推定。

在传统社会中，这一问题并不存在。因为男方必须基于两家"入赘"的明确约定才能成为女方的家庭成员，女方则仅基于结婚的事实即可当然成为男方的家庭成员。然而，该条将个体的意思自治引入家庭成员的判断之中，不仅对传统家庭造成了冲击，而且缺乏更具体的操作规则，从而可能造成法律判断上的困惑。

值得注意的是，尽管夫或妻要和对方的家庭成员共同构成家庭，本条却只要求该约定仅产生于夫妻双方之间即可。

（三）体系视角下的"家庭成员"

在婚姻家庭法领域确定"家庭成员"的范围，其法律意义主要在于确定这些成

[①] 最高人民法院民法典贯彻实施工作领导小组主编：《民法典婚姻家庭编继承编理解与适用》，人民法院出版社2020年版，第50页。

员之间在婚姻家庭法中的法律关系。然而，在涉及家庭成员利益及其分配的场合，则不可避免地涉及民法不同部分的概念之间的关系问题。

首先，应区分婚姻家庭法上的"家庭"与《民法典》第 55 条、第 330 条中规定的"家庭"（或"农村承包经营户"），也应区分婚姻家庭法上的"家庭成员"与《民法典》物权编中的"土地承包经营权人"。农村土地承包经营权虽然以家庭为单位，但法律明确规定，如果事实上由农户部分成员进行承包经营的，则以这些成员的财产承担责任（《民法典》第 56 条）。依此，作为土地承包经营权人的"家庭成员"应以是否参与土地承包经营为准。其他未参与承包经营的人可能属于婚姻家庭法上的"家庭成员"，且只能基于其与参与者之间的婚姻家庭关系，依据婚姻家庭法的相关规定享有利益，却不能直接依据《民法典》物权编的相关规定享有权益。

其次，在涉及宅基地征收补偿利益及其分配的场合，还可能受户籍性质的影响。农村宅基地使用权只能由特定集体内部的成员享有，故其征收补偿也只能在这些成员之间进行。实践中，该成员身份的认定一般采户籍标准。依此，一个人可能属于婚姻家庭法上的"家庭成员"，却不属于特定集体内部的成员，故除非有其他合法依据，其无权请求分配相关的补偿利益。不过，在房地权利分离的情形下，这些家庭成员能否享有房屋补偿利益，可能会产生不同观点。

四、亲系、辈份和亲等

（一）亲系

亲系是亲属之间的联络系统，它既存在于血亲之间，也存在于姻亲之间。

1. 血亲亲系

（1）直系血亲

直系血亲是指彼此之间具有直接的血缘关系的亲属，包括"己身所从出"和"己身所出"的血亲，这些血亲上下一贯而成一直线。以己身为中点，溯至父母、祖父母、曾祖父母、高祖父母以上，降至子女、孙子女、曾孙子女、玄孙子女、云孙子女以下，皆为直系血亲。

（2）旁系血亲

旁系血亲是指相互之间具有间接血缘关系的亲属，这些血亲虽然与己身同源，却仅构成非由上下直线连贯的血缘联系。具有同源关系的血亲中，除直系血亲之外的皆为旁系血亲。以己身为中心，左右平行联络如（亲、堂、表）兄弟姐妹；左右斜方向的上下脉络包括舅姨、伯叔姑、甥侄，己身与其同源于父母或（外）祖父母。

2. 姻亲亲系

一个人与其姻亲的亲系种类通常根据"该人与其血亲"或"该人的配偶与其血亲"的亲系来确定，因此姻亲亲系可同样分为直系姻亲和旁系姻亲。

就自己与血亲的配偶而言，旁系血亲的配偶即为自己的旁系姻亲；直系血亲的配偶，主要是事实上的继父母（未与继子女形成法律上继父母子女关系的继父母）是自己的直系姻亲。

就自己与配偶的血亲而言，如果对方是配偶的直系血亲，便是自己的直系姻亲；反之，如果对方是配偶的旁系血亲，便是自己的旁系姻亲。

就自己与配偶血亲的配偶而言，如果对方是配偶事实上的继父母，或是再婚配偶的子女的配偶，即为配偶的直系姻亲，亦是自己的直系姻亲；如果对方是配偶旁系血亲的配偶，即为自己的旁系姻亲。

（二）辈份

辈份又称行辈，是以亲属之间的世代为标准对亲属关系进行的划分。依此，可将亲属分为长辈亲属（旧称尊亲属）、晚辈亲属（旧称卑亲属）和平辈亲属。通说认为，辈份不同于亲系，并不涉及亲属之间的血缘联系，只是表明亲属之间世代高下的次序关系。

"辈份"观念对《民法典》也有影响。首先，表现为法律规则中相关术语的不同运用：长辈对晚辈是"抚养"（《民法典》第1067条第1款）、晚辈对长辈是"赡养"（《民法典》第1067条第2款）、平辈之间则是"扶养"（《民法典》第1075条）。其次，代位继承人只能是直系晚辈血亲，且不受代数限制（《民法典》第1128条第1款）。最后，监护人顺序的确定也在一定程度上体现了辈份的观念（《民法典》第27条第2款，尤其是第1项和第2项）。

（三）亲等

亲等是计算并表示亲属相互之间亲疏远近的单位。亲等通常根据世数来计算和确定，称为世数亲等制。此处介绍世数亲等制的三种计算方法。

1. 血亲亲等

（1）罗马法计算法

罗马法计算法用于古罗马社会的亲等计算。就直系血亲而言，罗马法的计算规则是：以己身为基点，向上或向下数，以间隔一世为一亲等。依此，父母子女为一亲等直系血亲，祖父母与孙子女为二亲等直系血亲。

就旁系血亲而言，罗马法的计算规则是：先从己身上数到自己与对方最近的共同长辈直系血亲，再从该长辈直系血亲下数到对方，前后分别各得的世数相加即为旁系血亲的亲等数。例如，兄弟姐妹的共同长辈为父亲，从自己数到该长辈，为一世，再从该长辈数到对方，为一世，相加便得兄弟姐妹为二亲等旁系血亲。

（2）寺院法计算法

欧洲中世纪基督教寺院法计算亲等的方法与罗马法计算法相比，直系血亲的计算规则是一样的。但是，在计算旁系血亲的亲等时，寺院法用"比较法"取代了此前的"相加法"。即先从己身上数到与对方最近的共同长辈直系血亲，得一个世数，再从对方上数到该长辈直系血亲，得一个世数；如果两个数字相同，此即为其亲等数；如果数字不同，则按数字大的定其亲等数。

比较以上两种计算方法，可以发现，尽管是同样的旁系血亲，但根据罗马法计算其关系将更为疏远；反之，如果根据寺院法计算，其关系将更为密切。这对于那些法律后果依赖于亲等关系的规则（比如婚姻缔结主体或法定继承人范围）而言，将产生不同的影响。

（3）代数计算法

《民法典》采用"代数"来表示血亲的亲疏远近，也可被归于世数亲等制的计算方法。[①]

根据"代数"计算直系血亲时，以己身为基点并从己身算起，己身即为一代，然后往上或往下数，每一辈便加一代，所得世数即为自己与对方的亲等数。如此，父母子女为两代直系血亲，祖父母与孙子女为三代直系血亲。

根据"代数"计算旁系血亲时，应以辈份较小之人的己身为基点并从己身算起，己身算作一代，然后数到与对方同源的直系血亲长辈，所得数字即为自己与对方的亲等数。同源于父母的为两代以内旁系血亲，如亲兄弟姐妹的共同长辈是父母，故属于两代旁系血亲。同源于（外）祖父母的为三代以内旁系血亲，如堂（表）兄弟姐妹的共同长辈是（外）祖父母，所以是三代旁系血亲，甥侄与舅姑等也是三代旁系血亲。

2. 姻亲亲等

罗马法和寺院法的亲等计算法同样可适用于姻亲亲等的计算，具体计算以相关的配偶为中介进行换算。[②]

与血亲的配偶的亲等从血亲间的亲等，故公婆与其儿媳的亲等，从与其子的亲等。故如果根据罗马法计算法，公婆与儿媳为一亲等直系姻亲。

与配偶的血亲的亲等则从该配偶与该血亲之间的亲等，故女婿与岳父母的亲等，从其妻与该岳父母的亲等。故若根据罗马法计算法，女婿与岳父母为一亲等直系姻亲。

---

① 陈苇主编：《婚姻家庭继承法学》（第三版），中国政法大学出版社2018年版，第32页。
② 杨大文主编：《亲属法》（第四版），法律出版社2004年版，第57页。

与配偶的血亲的配偶之亲等依然从该配偶与该血亲之配偶之间的亲等。比如，丈夫与妻子之弟媳的亲等，应从妻子与其弟媳之间的亲等。如果根据罗马法计算法，因为妻子与其弟媳之间是二亲等旁系姻亲，则丈夫与该弟媳亦为二亲等旁系姻亲。

第二节　婚姻家庭法的概念

一、婚姻家庭法的调整对象

婚姻家庭法是调整婚姻家庭关系的法律规范的总称。婚姻家庭关系作为调整对象，其范围主要发生于特定的亲属之间，其内容主要包括亲属人身关系和亲属财产关系。

（一）调整范围

如前所述，婚姻家庭法主要调整近亲属之间的法律关系。依此，夫妻、亲子和其他近亲属属于婚姻家庭法调整的主体范围，他们为组建、维持或消灭婚姻家庭关系而实施的行为则属于婚姻家庭法调整的事项范围。

《民法典》婚姻家庭编的体例整体上也根据这些调整范围进行编排。《民法典》婚姻家庭编不仅规定了夫妻关系的产生（该编第二章"结婚"）、消灭（该编第四章"离婚"）和内容（该编第三章第一节"夫妻关系"），也规定了亲子关系的内容（该编第三章第二节关于父母和未成年子女关系的规定）和拟制亲子（血亲）关系的产生（该编第五章"收养"）。此外，《民法典》婚姻家庭编还规定了其他近亲属之间的扶养关系（该编第三章第二节关于其他近亲属的规定）。

此外，在《民法典》的制定过程中，有学者合理地建议将"非婚同居关系"纳入法典的调整范围。[①] 不过，《民法典》第 1054 条仅基于婚姻无效或被撤销的溯及力，将这种情形下产生的"同居关系"纳入其调整范围。

对于实践中存在的大量同居关系，法律确有调整的必要。根据《最高人民法院关于适用〈中华人民共和国民法典〉婚姻家庭编的解释（一）》（以下简称《解释一》）第 2 条的规定，"有配偶者与他人同居"的情形也应被纳入婚姻家庭法的调整范围。此外，如果单独以《解释一》第 3 条为依据，不排除最高人民法院有意将

---

① 夏吟兰编著：《家事法专论》，中国政法大学出版社 2020 年版，第 110—111 页。

法律调整范围扩展至所有同居关系，即包含了"最狭义的同居关系"① 的可能性。

（二）调整内容

当婚姻家庭法主体实施法定行为或事项时，彼此之间或者产生身份关系，或者产生财产关系。这些亲属间的身份关系或财产关系属于婚姻家庭法调整的内容。

1. 亲属身份关系

亲属关系本质上是一种身份关系。② 近代法律奉行形式平等观念后，主体的身份泯然于民法之中，主体被设计为抽象的理性存在。然而，家庭关系作为自然关系或伦理关系③，亲属身份作为自然身份或伦理身份，不可能被法律人为地加以设计或消除；相反，民法必须以该自然或伦理关联为基本前提建构其制度。因此，家庭法无法漠视夫妻、父母子女这些身份称谓所关联的自然或伦理意义。尽管在近现代法律理念指导的家庭关系中，"对话、利益平衡、自我决定和法定年龄取得统治地位"④，但亲属关系并未被等同于一般民事主体的关系，家庭法也没有被一般的民事财产法所取代。简言之，亲属关系的本质要素仍得以保留。

夫妻之间的身份关系包括：忠实义务（《民法典》第 1043 条、第 1091 条第 1 项和第 2 项）、扶养义务（《民法典》第 1059 条、第 1091 条第 4 项）、帮助协助义务（《民法典》第 1043 条）、日常家事代理权（《民法典》第 1060 条）。另外，理论上还有同居义务和居所决定权，婚姻家庭法对此未明确规定。⑤ 此外，父母对未成年子女之间的抚养、教育和保护义务也是典型的亲属身份关系（《民法典》第 26 条第 1 款、第 1067 条第 1 款、第 1068 条）。

每个亲属的人格权并不因身份关系的成立而丧失。否则，婚姻家庭法就会沦为家庭特权人员（比如父权制下的家长）恣意的工具。对家庭成员的人格权进行保护，使得现代家庭关系与传统的特权性家庭关系区分开来。后者作为家长制中恶劣部分（与其相对者，乃《民法典》第 1043 条第 1 款规定的"优良家风"）的代名词，早已备受批判并遭到废弃。

---

① 即"指除已进行结婚登记以外的男女形成的公开共同生活、居住的关系"。参见余延满：《亲属法原论》，法律出版社 2007 年版，第 15 页。

② 杨大文主编：《亲属法》（第四版），法律出版社 2004 年版，第 21 页。

③ 萨维尼说，"这种自然关系同时是一种道德关系"。参见［德］弗里德里希·卡尔·冯·萨维尼：《当代罗马法体系 I》，朱虎译，中国法制出版社 2010 年版，第 268 页。

④ ［德］罗尔夫·克尼佩尔：《法律与历史——论〈德国民法典〉的形成与变迁》，朱岩译，法律出版社 2003 年版，第 103 页。

⑤ 有观点主张《民法典》第 1050 条应视为居所决定权的规定，参见陈苇主编：《婚姻家庭继承法学》（第三版），中国政法大学出版社 2018 年版，第 106 页。另有观点主张："严格来说，该条不是关于婚姻住所的直接规定。但是，从其立法宗旨看，无疑在于破除妻从夫居的传统。"参见杨大文主编：《亲属法》（第四版），法律出版社 2004 年版，第 118 页。本书不赞同这些观点。本书关于第 1050 条的理解，见上文。这里，字义解释应优先于所谓的目的解释。

人格是主体独立自存且能够被个性化识别的标志。法律保护人格，就是要保护人的尊严（一个人之所以为人）和独立性（一个人之所以为其自己），这一法律理念也应被贯彻并作用于亲属身份关系之中。《民法典》明确或隐含地规定了婚姻自由、男女平等原则（《民法典》第1041条第2款、第1065条、第1069条）；人格权中的"婚姻自主权"（《民法典》第110条第1款）；夫妻的姓名权和人身自由权（《民法典》第1056条、第1057条）；生命权、健康权和身体权（《民法典》第1091条第3项）。对于亲属作为一般主体应享有的人格权（第109条、第110条），即使没有在婚姻家庭法中明确规定，也应被保留于其中。此外，司法实践还根据国际公约（《消除对妇女一切形式歧视公约》第16条）和公法体系中的相关规定（《人口与计划生育法》第17条），发展出了生育权这一概念，且夫妻双方均应享有之。有亲属法理论对此予以支持。[1]

不过，就有些个人权利而言，比如隐私权和个人信息权，以及不断增长的保护未成年子女利益的呼声及要求，法律应该以婚姻共同体的伦理要求为限，在个体和婚姻家庭共同体之间进行谨慎衡平。这时，法律应对极端个人主义的权利主张施加合理的限制，同时也不应基于团体法伦理的若干虚无要求而过度限制个体的权利。总而言之，团体法伦理要求与个体权利主张之间应视彼此为己身存在之条件，而非互相压制之手段。

2. 亲属财产关系

就标的或财产关系的具体种类而言，亲属财产关系与一般财产关系相比，并不具有特殊性。比如夫妻可对物形成所有权关系，夫妻可就知识产权或股权形成共有关系，且不会改变权利的性质；再如，夫妻可享有共同债权或承担共同债务。

亲属财产关系的特殊性在于：这些财产关系一旦进入家庭领域，就必须依附、从属于亲属身份，在法律上无法完全独立于身份关系而存在。夫妻财产制、家庭共同财产、夫妻共同债务以及近亲属之间的扶养费请求权、继承权等称谓和内容，都反映了亲属财产关系的这一特点。

亲属之间的财产关系以其身份关系为前提，并表现出与一般财产关系不同的特征。首先，两种财产关系发生和终止的原因不同。比如，夫妻财产关系的发生与终止和夫妻身份的形成与终止须臾不分，一般财产关系则并非如此。其次，两种财产关系的性质不同。身份财产关系不具有等价有偿的性质，一般财产关系则不是；前者反映亲属共同生活和家庭经济功能的要求，后者则反映社会主义市场经济的要求。[2] 最后，既然亲属财产关系以身份关系为前提，法律在对它进行调整时，就必

---

[1] 参见余延满：《亲属法原论》，法律出版社2007年版，第87页。
[2] 马忆南：《婚姻家庭继承法学》（第四版），北京大学出版社2018年版，第27页。

须考虑身份关系可能施加的特殊影响，一般财产关系中主体的身份原则上应被视为生活事实，从而忽略不计。

与亲属身份关系相比，亲属财产关系在婚姻家庭法的调整中占据更为重要的位置。这并不是说在婚姻家庭中，亲属财产关系就比亲属身份关系重要，而是在法律层面，前者比后者具有更高程度的调整可行性。通常，亲属身份关系的若干方面交由道德领域进行调整可能更为妥当。有学者主张，亲属间的一些身份义务（比如同居义务、忠实义务）仅具有道德义务的性质。[①] 的确，即使将其置于法律领域，可资运用的直接规制手段（及与此具有相当关联的实效性）也较为有限，亲属身份关系产生的争议经常通过金钱给付的方式加以解决。因此，与其相比，法律更愿意将调整重点放在客观程度较高的亲属财产关系方面。

3. 婚姻家庭法上的行为

（1）身份行为、财产行为与混合行为

理论上，与上述两类法律关系相对应，婚姻家庭法上的法律行为分为"纯粹身份行为"与"身份财产行为"两类。前者如结婚行为、收养行为、子女认领或否认行为、关于监护的相关协议、夫妻双方仅解除婚姻关系的协议、子女应由哪一方亲自抚养的协议、探望权约定等。后者如关于夫妻财产（制）约定、夫妻共同债务的偿还协议、扶养费约定、共有财产分割等处分行为等。

实践中，当事人往往将两种行为结合起来加以约定。比如，丈夫为了获得妻子对解除婚姻关系的同意，同意将子女交由妻子亲自抚养或在探望权的内容上作出妥协，或者同意将本属于自己的财产交给妻子。再如，父母与子女之间达成赡养和析产相结合的协议。对于这种"混合约定"，首先需要分析其合法性，其次需要讨论不同约定之间的法律关联的性质。在此基础上，才能确定是否应依该特定之法律行为的内容发生相应的法律效果。

此外，还应注意一类法律行为，它们由亲属以一般民事主体的身份缔结，因此与一般法律行为无异。比如，父母子女或夫妻之间订立的借贷合同等。

（2）事实行为

婚姻家庭法上还存在事实行为，如家长对子女的教育、惩戒行为，还有亲属间的扶养行为等。虽然当事人可就该事实行为之实施及费用达成合意，但这些行为自身并非法律行为。

---

① 薛宁兰、谢鸿飞主编：《民法典评注·婚姻家庭编》，中国法制出版社 2020 年版，第 38 页。

二、婚姻家庭法的特性

(一)伦理性

婚姻家庭法具有鲜明的伦理性,这一点几乎得到所有学者的强调。根据通行的观点,这一特性有三层含义:其一,就规范根源而言,婚姻家庭法的伦理性主要源于亲属关系作为身份伦理关系的特质;其二,就规范内容而言,婚姻家庭法规范"必须以合于伦理的规范为适宜"[①];其三,就规范适用而言,在法律未予以明确规定之处,主流道德规范应作为法源并发挥补充作用。[②]

亲属法的伦理性与如下问题密切相关:亲属法应在何种程度上受到伦理的影响?显然,该问题难以获得一致答案,因为人们在多大程度上对兼具共识性和实操性的家庭伦理观念或规范形成共识,以帮助人们解决实践问题,尚存疑问。相关法律规范的形成也不一定总是伦理共识自身作用的产物。不过,该问题有助于认识民法两个不同组成部分之间的歧异和融合。

民法世界包括一般财产法与婚姻家庭法两个部分,分别对应——使用滕尼斯理论术语的部分意义——"社会"和"家庭共同体"两个不同的世界。这两个部分的歧异首先源于它们对主体的不同设定。如前所述,一般财产法将个人对自我独立和经济利益的追求置于首要位置,并将关系中的人设定为意志独立、具有经济理性的自主之存在。婚姻家庭法则难以遵循该设定:根据萨维尼的观点,个人不能被视为"如同在债中那样"的独立完整的存在,相反,他必须被视为特定之自然关联整体中的一员,并在其中"完善"自己。因此,个体"处于一种被严格确定的生活形式之中,后者独立于个体的意志"[③]。

在此基础上,产生互相歧异的伦理观念或规范。如果说"伦理"一词是指调整人与外部世界(他人或自然)关系的、关于善恶好坏的观念或规范,那么,只要有人之关系,就有伦理之存在。在一般交易世界中,人们应遵循的伦理观念原则上具有消极的特性,即"无害他人、互惠互利基础上的行为自由和经济理性"。但在家庭世界中,则产生一种积极的伦理要求,即成员之间彼此负有积极的帮助和关爱义务,而不能仅满足于充当消极自利的旁观者角色。为此,家庭法"应当规制维护家庭堡垒,货币不应进入其范围。在家庭中适用伦理上强硬的统治。伦理是自由的自

---

① 马忆南:《婚姻家庭继承法学》(第四版),北京大学出版社 2018 年版,第 5 页。
② 杨大文主编:《亲属法》(第四版),法律出版社 2004 年版,第 24 页。
③ [德] 弗里德里希·卡尔·冯·萨维尼:《当代罗马法体系Ⅰ》,朱虎译,中国法制出版社 2010 年版,第 263—264 页、第 270 页。

我限制"①。

不过，对主体进行的理念上的割裂具有反事实的特征。这些事实产生于不受任何个体操控的社会进程之中，并促成家庭世界向交易社会的开放，同时也导致了交易伦理向家庭领域不同程度的渗透。家庭向个人自治打开了大门，"支付金钱的义务和抽象、客观化的货币一起挤入家庭成员间的亲密关系之中"。在该过程中，婚姻家庭法的内容得到不同的形塑。

有人视家庭伦理及亲属法的这种改变为进步且理所当然，有人对其导致的家庭关系的各种变化感到惴惴不安，因此亲属法实践仍处于较大的不确定之中。尤其当作为法之有益补充的道德共识尚未完全形成时，情况更是如此。

与伦理性相关，婚姻家庭法具有强烈的国族特色。因为，身份伦理关系既不可能主要基于某种人为设计而形成，也不可能基于某个人或特定团体的意志而改变，它不属于反事实的纯粹理念之范畴；相反，它自发地、默无声息地形成并存在于国家民族生活的历史传统之中，其改变也只能归因于无法被精确描述的"社会力量"之作用。既然各国家民族拥有不同的伦理传统，婚姻家庭法便也相应地呈现出地域性和习俗性。今天，不同国家民族文化中的身份伦理观念和亲属法制度因文化交流之增加而互相影响并借鉴。尽管如此，其是否会逐渐导致不同传统习俗之间的界限之静默的消失，是否会逐渐造成亲属法地域性特征的弥减，尚待进一步观察。当然，该影响借鉴的力度如果越大，亲属法变革的力度就越激烈，其在短时期内的不确定性也会越高。

实践中应注意的是，当过度强调婚姻家庭法的伦理属性时，可能会不当地损害其规范性。毕竟，伦理属性不可能改变婚姻家庭法的法律制度属性，亦不可能使其转变成为伦理规范体系。对伦理属性的过分强调，将会使实践者对不确定的家庭伦理观念产生过度依赖，从而放弃或阻碍法律规范层面的讨论和发展。

（二）强制性

因为婚姻家庭法以维护既存家庭伦理关系和社会稳定为目的，所以其多数规范关涉既定秩序之稳定、公共秩序和善良风俗②，具有强制性。一般财产法中的意思自治原则，在婚姻家庭领域受到合理限制。婚姻家庭法规范中的法律效果，依法基于相应的要件事实而发生，而许多要件规定并没有为当事人的意思自治留有余地。因此，当事人难以通过约定自行改变规范内容。

婚姻家庭关系中也存在自我决定和自治事项。因此，《民法典》婚姻家庭编中

---

① ［德］罗尔夫·克尼佩尔：《法律与历史——论〈德国民法典〉的形成与变迁》，朱岩译，法律出版社2003年版，第105—106页。

② 余延满：《亲属法原论》，法律出版社2007年版，第3页。

也有任意性规范，比如夫妻财产约定（《民法典》第1065条）、离婚协议（《民法典》第1076条）等。不过，这些规定为数不多，且仍受到限制（《民法典》第1085条第2款）。

三、民法体系中的婚姻家庭法

（一）婚姻家庭法是民法体系的组成部分

依据通说，婚姻家庭法是民法体系必不可少的组成部分。不过在历史上，婚姻家庭法并不理所当然地处于民法之中。而且，在今天仍有个别理论观点反对通说的观点。

有理论观点认为，亲属法被作为民法的一部分来对待只是立法者的主观安排，其本质上"并非民法"。因为后者本质上是一种"商品交换关系"，而家庭法却"以家属生活"为特点的共同关系。将两者同等对待实源于如下错误认识：误将"资本制社会的家属关系类似于商品交换关系或利益对衡关系，将婚姻关系视为一种民事契约"。①

在德国法的发展过程中，家庭法就曾被安排在"非私人事务、从而援引公法"的体系之中。② 中华人民共和国成立初期在立法体系上效仿苏联，将《婚姻法》（1950年）从民法中分离出来，作为一个独立的法律部门进行立法。这种做法持续影响了1980年的《婚姻法》在法律体系中的位置。1986年《民法通则》颁布后，基于其第2条、第103条和第104条的规定，理论界开始讨论婚姻法是否应被纳入民法体系之中这一问题。最终在2001年修改《婚姻法》时，婚姻法学者基本达成共识，认为婚姻家庭法无论在理论上还是立法体例上，都应属于民法的组成部分，这是由婚姻家庭法与民法之间的"本质联系和逻辑联系"所决定的。③

尽管通说应得到认可，但基于婚姻家庭法的调整对象、调整手段和调整目的的伦理属性，仍应对其在《民法典》体系中的相对独立性加以充分认识。如前所述，尽管家庭关系在与身份特权密切相关的社会模式瓦解之后被视为市民关系，进入民法世界，但身份伦理却并未同时消灭，后者或多或少地决定了该市民关系及其法律制度的特殊性。

（二）婚姻家庭编在《民法典》中的位置

在《民法典》中，婚姻家庭编被置于物权编与合同编以及人格权编之后。该体

---

① 刘得宽：《民法诸问题与新展望》，中国政法大学出版社2002年版，第88—89页。
② ［德］罗尔夫·克尼佩尔：《法律与历史——论〈德国民法典〉的形成与变迁》，朱岩译，法律出版社2003年版，第102页。
③ 夏吟兰编著：《家事法专论》，中国政法大学出版社2020年版，第66—69页。

例安排与《德国民法典》较为相似。与此不同，《瑞士民法典》就将"物权法"规定于"亲属法"和"继承法"之后，后两者则紧随"人法"（第一编规定"自然人"和"法人"）之后；再如《法国民法典》，在第一编"人法"中规定了亲属身份关系，将夫妻财产制和继承规定在第三编"取得财产的各种方法"之中，并紧随第二编各种财产权之后。

《民法典》的体系安排如非偶然之举，便是对《德国民法典》有所借鉴。如此，则有必要对后者的体例进行说明，以便了解如此安排的理论逻辑何在。

《德国民法典》将家庭法与继承法置于债法和物权法之后，与萨维尼对民法体系的见解具有密切联系。首先，盖尤斯将私法体系分为两部分，即家庭法和财产法，萨维尼借鉴了这一区分，《德国民法典》的立法方案也有意识地以区分家庭关系与财产关系为前提。[1]

萨维尼认为，私法体系具有"自然顺序"与"理论顺序"之分。[2] "自然顺序"应为纯粹家庭法、物法、债、实用家庭法和继承法。其中，物法和债构成财产法的主要内容，"纯粹家庭法"处理婚姻、父权、亲属和监护等方面的内容，"实用家庭法"则处理婚姻家庭关系和一般财产关系互相作用后所产生的内容。

在这种自然顺序中，"实用家庭法"本质上应为财产法的一部分。但它不属于物权法的一部分，因为物权是绝对权，而家庭法则针对特定个人。但也不能因此认为它是债法的一部分，因为"债的对象是个人的具体行为，其素材具有任意性和暂时性；家庭关系的对象虽是具体的人，却是整体的人，且该人又是特定的整体关联中的一个组成部分，家庭关系的素材通过人的有机本质得以确定，因此具有必然性和持久存在性"。依此，实用家庭法作为财产法，就不是物权法或债法的一部分；相反，它是独立的构成部分，与物权法、债法处于并列位置。在这一顺序中，债法与物权法对家庭财产法的作用"只有在特定家庭关系这个前提之下才是有可能的"，因此必须了解家庭关系对物法或债之规则的反作用。

萨维尼承认，上述体系的"自然顺序"可以被改变并形成（人为性的）"理论顺序"。为了使家庭对于财产的影响能够被理解，必须首先描述财产法的内容；而且，为了使家庭关系"生机勃勃的直观"被体现出来，也有必要将家庭本身和它对财产的影响直接联系起来。这样，一方面，纯粹家庭法和实用家庭法在"理论"上就可以被合并起来，并形成"家庭法"；另一方面，它在体系中应被置于财产法之后，并由此成为私法体系之"理论顺序"的一部分。

---

[1] ［德］罗尔夫·克尼佩尔：《法律与历史——论〈德国民法典〉的形成与变迁》，朱岩译，法律出版社2003年版，第35页。

[2] ［德］弗里德里希·卡尔·冯·萨维尼：《当代罗马法体系 I》，朱虎译，中国法制出版社2010年版，第294页、第300—301页。

但《德国民法典》的这种体系安排也遭受如下批评：与《瑞士民法典》相比，该两编的体系安排反映出较差的"社会制度本位"①。维亚克尔也说，《德国民法典》的这种体系原则上不是取向于社会生活秩序，毋宁是主观权利的概念性表现形式：请求权、物权和人格性权利，只有在第 4、5 两篇才不得不就相关生活事件作规范对象的考量。②

（三）婚姻家庭编的内部结构

《民法典》婚姻家庭编共分为五章。第一章"总则"主要规定婚姻家庭法的基本原则。第二章"结婚"对结婚条件、无效和可撤销婚姻进行规定。第三章规定"家庭关系"，包括夫妻关系、父母子女关系和其他近亲属关系。第四章"离婚"，主要规定离婚的方式和相关的法律后果。第五章"收养"是在对《收养法》相关规定进行修改的基础上，将其整体纳入《民法典》后而形成的内容。同时，《收养法》在《民法典》施行后即被废止。在婚姻家庭法中对"收养"进行调整，是这次《民法典》在立法体例和内容上的重要突破之一。这与"收养"的法律本质即其作为父母子女关系形成的原因之一相吻合。而且，其向《民法典》的"回归"也是体系化的合理要求，能够准确反映收养关系与父母子女关系之间的逻辑关联。③

根据应被接受的学理观点，监护制度实际上也应被纳入婚姻家庭法之中。《民法典》中规定的"监护"事实上同时包含了"亲权"（又称为"父母责任"）和"一般监护"（由其他亲属甚至特定组织实施的）两个不同的制度。④ 因此，我国的监护制度本质上或者就是父母子女关系，或者是其他亲属关系的延伸，是法律针对父母责任、父母不能照顾未成年人或成年人无法自我照顾时实施的特殊保护的规定。监护关系首先且原则上发生在亲属之间。根据该制度的目的及体系逻辑，大陆法系的民法典大都将"监护"规定于亲属法之中。

但是，《民法典》遵循了《民法通则》的体例传统，依然将"监护"作为"自然人"制度的一部分，规定于"总则"之中，并紧随"行为能力"之后。因此不难看出，这种体例安排似乎将监护作为行为能力制度的延伸。然而，行为能力制度的法律意义在于其作为法律行为的生效要件，并因此与代理及法律行为效力等制度产生本质关联。也就是说，"总则编"主要应考虑基于行为能力作为法律行为生效的一个要件，在行为能力缺失时，法律行为将具有何种效力。至于特定亲属对未成年人应实施的保护，置于婚姻家庭法这一分则编之中予以调整，才更符合事物的

① ［德］罗尔夫·克尼佩尔：《法律与历史——论〈德国民法典〉的形成与变迁》，朱岩译，法律出版社 2003 年版，第 35 页。

② ［德］弗朗茨·维亚克尔：《近代私法史》，陈爱娥等译，上海三联书店 2006 年版，第 456 页。

③ 夏吟兰编著：《家事法专论》，中国政法大学出版社 2020 年版，第 95—97 页。

④ 有理论观点因此区分了"大监护制度"与"小监护制度"。

本质。

事实上，因为上述体系误置，现有的体例编排在法释义学上已经暴露出问题。其一，《民法典》第 26 条与第 1068 条第 1 句存在内容上的重复。其二，基于规范表述，只能把《民法典》第 1067 条、第 1068 条第 2 句和第 26 条结合起来，并将前两个条款作为第 26 条的法律后果来理解。因此人们无法清晰界定这些规范在《民法典》中的外部体系位置，并造成法律释义的断裂甚至混乱。其三，考虑到设置"总则编"的目的、功能和特点，将监护制度置于其中，显得较为突兀；另外，又破坏了婚姻家庭法体系的完整性。

四、婚姻家庭法的应用法源

在现在的法律适用实践中，婚姻家庭法的法源（含法律、行政法规、规范性文件和司法解释等）主要包括以下几种。

（1）《婚姻登记条例》。这部法规为当事人的婚姻登记行为提供规范依据。

（2）《最高人民法院、最高人民检察院、公安部、民政部关于依法处理监护人侵害未成年人权益行为若干问题的意见》。该意见对监护侵害行为进行了界定，并对如何处置监护侵害行为进行了详细规定。

（3）《反家庭暴力法》。该法律在规制家庭暴力行为中发挥重要作用。

（4）《妇女权益保障法》《老年人权益保障法》和《未成年人保护法》。针对妇女、老年人和未成年人三大弱势群体，国家分别制定了相应的法律予以保护，其中包含了关于相关群体人身权利和家庭保护的规定。

（5）《民法典》与《解释一》。《民法典》婚姻家庭编是形式意义上的婚姻家庭法，是婚姻家庭法的基本法源。根据司法实践的实际情况，婚姻家庭编应结合《解释一》共同适用。《解释一》是最高人民法院在结合《民法典》并对原《婚姻法》的三个司法解释进行整理、修改的基础上形成的，这也意味着，原三个司法解释随着原《婚姻法》的废止而同时被废止。

《民法典》其他分编的内容也是婚姻家庭法的法源。如前所述，这里涉及婚姻家庭编与其他各分编之间复杂的适用关系。对此，本书在随后各章中将针对具体问题进行分析和说明。

（6）家事程序法。实践表明，婚姻家庭法要求在一般民事诉讼之外，还应遵循特殊的家事程序。在外国，有专门为此制定的家事程序法，比如德国的《家事事件及非讼事件程序法》。尽管我国《民事诉讼法》规定的个别非讼程序可部分适用于家事诉讼，最高人民法院在《解释一》中对特定家事诉讼的程序也有所规定，但它们自身缺乏体系性和完整性，也不能满足家事诉讼的全部需求。现实生活中，不时会发生因家事程序法之缺失而产生的纠纷。[1] 理论界与法院都开始重视这一问题，并展开积极的研究和探索。最高人民法院提出"大胆探索家事诉讼特别程序制度，推动家事程序法的制定"[2]，要求地方法院积极探索离婚案件中的夫妻财产申报制度、当事人出庭制度、加大法官的职权干预力度和审限制度等。

除了审判制度的改革要求外，最高人民法院实践还倡导积极探索多元化的纠纷解决机制，以便实现更好的社会效果。比如，最高人民法院建议应将"心理辅导干预、家事调查、案后回访、婚姻状况评估、拯救危机婚姻"等法外措施与诉讼程序结合起来。总之，尽管这些改革要求能否实现意欲的效果还有待进一步观察，但其已经表明，在需要法律介入家庭内部的情形下，法律准备以各种方式、运用各种手段为家庭提供服务。为了维护家庭并向夫妻指明共同的方向，家事法庭和各个专业的咨询服务人员在家庭以及法律实施过程中开始就绪。

第三节　婚姻家庭法的基本原则

一、婚姻自由原则

婚姻自由原则被规定于《民法典》第 1041 条第 2 款，包括结婚自由与离婚自由两个方面。

从积极方面讲，结婚自由是指当事人在符合结婚的法定条件的情形下，可以自主决定是否结婚，以及与谁缔结婚姻关系。从消极方面讲，该原则禁止以包办、买卖婚姻和其他方式干涉婚姻自由（《民法典》第 1042 条第 1 款第 1 句）。"包办"即专制武断地替当事人作出婚姻决定。"买卖"即通过交易方式替当事人作出婚姻决定。

离婚自由则是指当事人在符合离婚的法定条件的情形下，可以自主决定是否解除婚姻关系，任何一方不得为对方作决定，以强迫其离婚或不离婚。

"婚姻自由"并非意味着婚姻决定毫无限制。比如，在结婚时，《民法典》通过一系列关于结婚条件的强制性规定，为当事人的结婚合意施加限制。再如，在离婚时，《民法典》规定了离婚冷静期（《民法典》第 1077 条，仅适用于登记离婚）；并通过第 1081 条保护军婚，通过第 1082 条保护处于特定情势中的女方，从而对军

---

[1]　比如，要求继承银行存款时，对自己继承人身份的证明。再如，夫妻离婚分割财产的纠纷中，对财产主张权利的第三人能否以第三人身份介入正在进行的离婚诉讼程序之中。

[2]　最高人民法院民事审判第一庭编：《民事审判指导与参考》2017 年第 4 辑（总第 72 辑），人民法院出版社2017 年版，第 103 页。

人配偶或男方的离婚请求进行限制。

二、一夫一妻制原则

《民法典》第 1041 条第 2 款同时规定了一夫一妻制原则，即任何人都不得同时有两个及两个以上的配偶，否则即为违法。从消极方面讲，一夫一妻制原则禁止重婚，禁止有配偶者与他人同居（第 1042 条第 2 款）。后者指有配偶者与婚外异性，不以夫妻名义，持续、稳定地共同居住（《解释一》第 2 条）。

因为《民法典》第 1042 条第 2 款的明确禁止，有配偶者与他人形成的同居关系应与"重婚"一样，被认定为"非法"。这与其他应被予以中性评价的同居关系极为不同。根据《民法典》第 1079 条第 3 款第 1 项和第 1091 条第 1 项、第 2 项的规定，"重婚"与"有配偶者与他人同居"具有相同的法律后果。此外，双方在该同居关系中形成的其他关系，可类推适用《民法典》第 1054 条加以规制。

此外，就同居关系的解除请求权而言，原《最高人民法院关于适用〈中华人民共和国婚姻法〉若干问题的解释（二）》第 1 条区分了一般同居关系与"有配偶者与他人形成的同居关系"。对于后者，如果当事人请求解除的，法院应予以受理并解除。但是，根据《解释一》第 3 条第 1 款以及《民事案件案由规定》，最高人民法院似乎放弃了这种区分处理的做法，规定不再受理所有的仅以解除同居关系为内容的请求。这样一来，《民法典》第 1042 条第 2 款的这一禁止性规定在婚姻法上就失去了其应有的法律作用。不过，考虑到该条款的法律目的和规制功能，《解释一》的处理方式值得商榷。

三、男女平等原则

《民法典》第 1041 条第 2 款规定了男女平等原则，它指男女两性在婚姻家庭中的地位平等，平等地享有权利、承担义务，禁止对另一方（考虑到传统家庭生活的事实，特别是女性）进行任何形式的歧视、虐待和压迫。根据该原则，传统以男性为中心的婚姻家庭制度不复存在。

从消极方面讲，如果将"控制"作为家庭暴力的本质，则男女平等原则禁止并反对家庭暴力、虐待（《民法典》第 1042 条第 3 款）。家庭暴力是指家庭成员之间以殴打、捆绑、残害、限制人身自由以及经常性谩骂、恐吓等方式实施的身体、精神等侵害行为（《反家庭暴力法》第 2 条）。持续性、经常性的家庭暴力则构成虐待（《解释一》第 1 条）。

四、保护妇女、老人和儿童权益原则

在生活中，妇女、老人和儿童通常是弱势群体。为贯彻该原则，《民法典》应和《未成年人保护法》《妇女权益保障法》《老年人权益保障法》共同发挥作用。这些法律中的相关规定同时构成婚姻家庭法的应用法源。

值得说明的是，保护妇女权益和施行男女平等原则，两者并不矛盾，前者是后者的必要补充。[①] 显然，之所以在男女平等原则之外特别强调对妇女的保护，是因为在我国社会发展的现阶段，传统男尊女卑的制度和思想造成的各种不利后果难以在短时间内完全消除。在婚姻家庭生活中，男女的实际地位存在差异。

五、优良家风原则

《民法典》在第 1043 条规定了优良家风原则。依据该原则，夫妻彼此应尊重对方，且应互相忠实和关爱；家庭成员之间应互相帮助，敬老爱幼，共同维护平等和睦的婚姻家庭关系。显然，该原则营造了一个由现代观念和传统方式相结合的家庭愿景。其中，每个人的家庭地位平等，彼此之间互助扶养，更为重要的是，传统的家庭秩序得到一定程度的保留。

从消极方面看，优良家风原则同样禁止家庭暴力，同时也禁止不履行法定扶养义务的遗弃行为（《民法典》第 1042 条第 3 款第 2 句）。

优良家风原则的适用以兼具共识性和实操性的家庭伦理观念或规范（家庭美德）之形成为基础。这样，婚姻家庭法就需要借助（家庭）伦理学的研究成果，并以之为法价值（法伦理观念、法律原则）和法律评价的前提。

六、婚姻家庭受国家保护原则

《民法典》第 1041 条第 1 款规定，婚姻家庭受国家保护。该原则表明婚姻家庭法事实上具有的"公法"性质，"是私法公法化进程的体现……婚姻家庭编立法应力求兼顾婚姻家庭法的私法属性与公法功能，明确规定国家对婚姻、家庭负有保护责任"[②]。

根据这一原则，国家有义务对婚姻家庭关系进行公法上的保护。国家不仅通过立法赋予当事人以非民事救济的方式对其进行保护，而且在必要时直接介入婚姻家庭关系，对相关当事人提供直接保护。比如，这种保护在《反家庭暴力法》和监护法律制度中就得到了有力的反映。

① 马忆南：《婚姻家庭继承法学》（第四版），北京大学出版社 2018 年版，第 34 页。
② 薛宁兰、谢鸿飞主编：《民法典评注·婚姻家庭编》，中国法制出版社 2020 年版，第 10—11 页。

第二章 婚姻关系的成立

第一节 概 述

一、立法结构

《民法典》婚姻家庭编第二章"结婚"对婚姻关系的成立进行了规定。婚姻关系通过男女自愿实施的结婚行为而成立（《民法典》第1046条）。因为法律要求婚姻只能在异性之间缔结，故"同性婚"不是"婚姻关系"，这一概念及其表征的生活事实不具有任何法律意义。此外，虽然《民法典》规定，男女双方因婚姻无效或被撤销而形成"同居关系"，但立法者对其法律后果仅加以简单规定（《民法典》第1054条），且无意对一般的非婚同居关系（生活伴侣关系）进行调整。对于非婚同居关系，在必要时只能类推适用《民法典》第1054条。

婚姻必须符合一夫一妻制。如果违反该原则，将构成重婚且婚姻无效（《民法典》第1051条第1项）。根据《民法典》第1046条之规定，结婚必须以男女双方的完全自愿为前提，这是婚姻自由原则的体现。而且，结婚必须遵守《民法典》规定的其他条件，包括适婚年龄、当事人之间不得具有特定亲属关系以及程序要件等（《民法典》第1047条至第1049条）。当事人违反这些法定要件时，立法者会基于这些要素在法律评价中的重要程度，赋予婚姻"无效"（《民法典》第1051条）或可撤销（《民法典》第1052条和第1053条）的法律后果，并以"同居关系"之名对当事人的生活关系进行调整（《民法典》第1054条）。在这个过程中，法律的总体目标是，在尊重法律价值的同时，努力维护既存之共同生活的稳定性和持续性。

二、结婚的实质要件和形式要件

法律实践中，通常将结婚要件分为实质要件和形式要件。比如，《解释一》的相关规定就使用了"实质要件"这一表述（第6条、第7条）。根据通常的见解，它是法律对结婚所需的当事人自身状况和关系之要求（如年龄、禁止之亲属关系等）。与其相对的是"形式要件"，主要是对结婚方式或程序的要求。

在我国，形式要件原则上采取要式婚制，即要求结婚当事人必须到婚姻登记机关进行结婚登记。但对于事实婚姻这一例外情形，则只要符合结婚的实质要件即可

（《解释一》第7条第1项）。这样，如果双方之间不具备形式要件，法院首先就需要根据法定实质要件认定是否构成事实婚姻；如果具备形式要件，法院就可以初步推定婚姻关系有效。

第二节　结婚的实质要件

一、结婚合意

《民法典》并未使用"结婚合意"或"结婚行为"这样的概念。考虑到《民法典》第1051条至第1054条部分使用了法律行为效力规则的框架和内容，或可将婚姻成立部分的[1]视为双方实施的"结婚行为"之产物，是双方结婚合意的结果。这也与"结婚须男女双方完全自愿"的法律原则相符合。此外，通说也倾向于在意思表示和法律行为的概念下来阐释这一法律要求。[2] 这样，结婚的第一个实质要件就是男女双方应该具有缔结婚姻关系的合意。

（一）意思瑕疵

1. 胁迫

根据《民法典》第1052条第1款的规定，如果一方当事人因他人胁迫作出结婚之意思表示的，该表示存在重大的法律瑕疵。胁迫内容通常包括以给结婚当事人或其近亲属的生命、健康、名誉和财产等方面造成损害为要挟（《解释一》第18条）。

就结婚胁迫之法律构成而言，与一般胁迫行为并无实质区别。值得说明的是：该胁迫既可以由结婚的一方当事人实施，也可由第三人实施。第三人实施胁迫的，非胁迫一方是否知晓胁迫之存在，对受胁迫方的撤销权并不影响。

2. 重大疾病欺诈

一方当事人可能通过实施欺诈的方式，骗取他人作出结婚的意思表示。《民法典》第1053条仅规定了当事人隐瞒重大疾病的欺诈情形，其前提是当事人就重大疾病负有告知义务。患有重大疾病的一方如果违反该告知义务，将构成欺诈。另一方理应在知道实情的情形下自主决定是否结婚。

---

① 因为这样马上就涉及结婚行为（结婚合意）与登记的关系问题，关于该问题的讨论见本章第三节。

② 比如，陈苇主编：《婚姻家庭继承法学》（第三版），中国政法大学出版社2018年版，第80—81页。余延满：《亲属法原论》，法律出版社2007年版，第141—143页。马忆南：《婚姻家庭继承法学》（第四版），北京大学出版社2018年版，第61—62页。

从历史角度看，该条是在对原《婚姻法》第 10 条第 3 项进行修改的基础上形成的。根据该条规定，如果任何一方患有医学上认为不应当结婚的疾病且婚后未治愈的，婚姻无效。与其相比，《民法典》第 1053 条进行的修改是比较明显的。

其一，在构成要件上，原规定中"医学上认为不应当结婚的疾病"被改为"重大疾病"，这可以避免由"医学"事实上决定婚姻的效力，从而将后者交由包含价值评价在内的法律来进行评判，医学结论仅成为评价参考。实践中，原《婚姻法》第 10 条还存在操作层面的困难，因此难有实效。取消强制婚检制度后，"法院如何判断，哪一级的医疗机构可以鉴定，都成了困扰司法机关的难题，在没有可以参照的医学标准也没有明确的法律依据的情况下，法院多采取回避态度"①。

其二，在法律后果上，原《婚姻法》第 10 条规定的"无效"被改为"可撤销"，从而由受欺诈方决定婚姻的效力。这能减少国家公权力对婚姻自由的干预，使婚姻家庭法只要可能，就向私法回归，从而更好地贯彻私法自治原则。

"重大疾病"是指医疗费用巨大且在较长一段时间内严重影响患者及其家庭正常工作和生活的疾病。"重大疾病"是含义不明确的法律概念，其外延必然具有流动性，不能要求《民法典》对其进行穷尽性规定。因此，在疑难案件中，为确定其与个案事实之间的意义关联，法律评价就不可或缺。最高人民法院根据《母婴保健法》第 9 条关于婚检疾病以及《传染病防治法》第 3 条关于疾病种类的规定，指出了"重大疾病"的一些类型："其一，严重遗传性疾病，指由于遗传因素先天形成，患者全部或部分丧失自主生活能力，后代再现风险高。其二，指定传染病，指《传染病防治法》中规定的艾滋病、淋病、梅毒、麻风病以及医学上认为影响结婚和生育的其他传染病。其三，有关精神病，指精神分裂症、躁狂抑郁型精神病以及其他重型精神病。"②

除上述疾病之外，比如恶性肿瘤、严重心脑血管病、晚期慢性病和严重帕金森病等，也可归为"重大疾病"③。司法实践也可以基于对个案的法律评价，发展出"重大疾病"的其他具体类型。

3. 《民法典》未规定的其他意思瑕疵

（1）其他欺诈情形

实践中，一方当事人为骗取结婚，可能实施各种欺诈。但是，《民法典》仅规定了重大疾病欺诈这一种情形。对立法的这种保守倾向，最高人民法院从法律适用的客观性要求出发，解释如下："欺诈和重大误解在婚姻领域实际上难以判别和认

---

① 夏吟兰等：《中国民法典释评·婚姻家庭编》，中国人民大学出版社 2020 年版，第 82 页。

② 最高人民法院民法典贯彻实施工作领导小组主编：《民法典婚姻家庭编继承编理解与适用》，人民法院出版社 2020 年版，第 100 页。

③ 薛宁兰、谢鸿飞主编：《民法典评注·婚姻家庭编》，中国法制出版社 2020 年版，第 92 页。

定……难以统一和准确把握……法官无法衡量相同事项对于不同当事人在决定结婚时的重要程度。同时，对于如此个性化的事项，法律不能也不应规定整齐划一的标准。"①

然而，针对这一概念，首先且主要应思考的或许并非适用客观性问题，而是类型化问题。尤其是，考虑到有些欺诈情形可能具有的重要法律意义，《民法典》这种个别且狭隘规定的模式并不十分令人满意。比如，一方当事人如果隐瞒自己的性取向，因其是否属于"疾病"尚存争议，故可能难以归入《民法典》第1053条的调整范围，但其对婚姻共同生活的重要意义不言而喻。

理论上，可将婚姻"欺诈"类型化如下。

①名义欺诈

该类型是指一方当事人隐瞒其真实姓名（身份）与对方缔结婚姻，包括冒用真实存在的他人身份和伪造身份两种情形。

对于冒用身份的名义欺诈，理论上有不同的调整模式。有观点认为当事人无须以自己真名结婚，不妨以伪名为自己订立有效婚姻，有效婚姻的效力仅发生于事实上缔结婚姻的两个人之间，而不及于被伪名之人。②《日本民法典》第742条规定，"因错认人，当事人之间无结婚意思时"，婚姻无效。据此，如果一方因名义欺诈而导致对方陷入同一性错误，并欠缺与冒用人结婚的合意时，该婚姻可被认定为无效。还有立法（《葡萄牙民法典》第1635条第2项）赋予这种同一性错误以可撤销的法律后果。我国有学者持相同的观点。③ 德国法上，"对于伴侣身份的认识错误不被法律考虑，例如女子和未婚夫的孪生兄弟结婚"④。

《民法典》似乎有意拒绝对这类名义欺诈进行调整。原因可能是这种情形在实践中罕见，几乎不存在法律调整的必要。理论上，在允许受欺诈方根据实际情况撤销婚姻和径直承认这种婚姻之效力这两种主张之间，前者更为可取。因为它可以使受欺诈方进行自我决定，特别是考虑到司法实践中离婚的难度相当大，允许受欺诈方进行选择就尤为重要。

与名义欺诈不同的是，司法实践中经常出现双方为骗取结婚登记而冒用他人身份的情形。其中，结婚当事人对双方身份具有清晰准确的认识。相反，欺诈发生于当事人与登记机关之间，以规避结婚禁止条件、获得婚姻登记为目的，这时，当然不能适用欺诈（并使对方陷入错误）的法律后果（无论是无效还是可撤销）。这里

---

① 最高人民法院民法典贯彻实施工作领导小组主编：《民法典婚姻家庭编继承编理解与适用》，人民法院出版社2020年版，第91—92页。

② 史尚宽：《亲属法论》，中国政法大学出版社2000年版，第190页。

③ 余延满：《亲属法原论》，法律出版社2007年版，第204页。

④ ［德］迪特尔·施瓦布：《德国家庭法》，王葆莳译，法律出版社2010年版，第48页。

主要涉及各当事人与登记机关之间的法律关系。

实践中更常见的是伪造身份这一名义欺诈类型。这种情形中，事实上并未发生同一性错误。因为对于受欺诈人而言，被伪造的名字并不代表任何其他实体，只是一个纯粹的符号。受欺诈人明确地认识到自己就是和"这个人"结婚，婚姻关系之成立不应受名义欺诈的影响。因此，理论上可以认为双方当事人之间缔结的婚姻有效。如果欺诈人后来下落不明，另一方可利用《民法典》第1079条第4款解除婚姻关系。不过，在诉讼实践中，因为欺诈方的身份资料不真实，法院可能以缺乏明确的被告为由拒绝受理诉讼。

对伪造身份的名义欺诈，有些行政法庭会在当事人提起的行政诉讼中，依据《行政诉讼法》第70条第3项直接判决撤销婚姻登记。该处理方式必须以婚姻登记机关未尽到合理的审查义务为前提。[1] 因此，如果登记机关能够证明自己尽到了合理的审查义务，该判决就将失去法律依据。

对上述问题而言，如果能设计一个相对独立的家事程序，可能更为妥当。

②实体欺诈

实体欺诈，即行为人对其身体特质或关系特质方面的虚构或隐瞒。比如，一方隐瞒自己的同性恋取向，或者隐瞒自己身体或精神方面的疾病或缺陷。再如，一方隐瞒自己与他人已经结婚的事实，或者隐瞒自己已经生育子女的事实，或者隐瞒自己的负债事实，或者虚构自己的特定身份（比如虚构自己为富豪、军官），等等。

德国法上，首先，虚构和婚姻共同生活具有关联的内容会导致婚姻的废止，反之，欺诈就没有法律意义。是否属于这类内容，取决于"对婚姻本质的正确评价"。比如，男方欺骗女方说自己认识许多名人，就不属于这类内容。其次，有关财产关系的虚构不能导致婚姻被废止。但是，隐瞒与婚姻共同生活具有重大意义的情况，并使对方陷入错误认识的，构成欺诈。[2]

除隐瞒重大疾病的情形之外，《民法典》似乎也有意拒绝调整其他所有的实体欺诈。既然如此，则所有因一方当事人实体欺诈而缔结的婚姻，根据《民法典》就应该为有效婚姻。受欺诈方只能通过（有时候是漫长的）离婚诉讼来解除婚姻关系，而没有撤销余地。但是，上述其他所有的"实体欺诈"是否都不值得调整，在立法价值上仍值得商榷。立法者应该考虑与实体欺诈相关的各典型情形之于婚姻缔结决定及婚姻共同生活之本质的重要程度，在法律上进行差别调整。

---

① 吴晓芳主编：《婚姻家庭继承案件裁判要点与观点》，法律出版社2016年版，第22—24页。
② ［德］迪特尔·施瓦布：《德国家庭法》，王葆莳译，法律出版社2010年版，第49—50页。

（2）错误

《民法典》对当事人就结婚合意可能发生的错误未明确规定。考虑到法律理论对该问题已进行了广泛探讨①，而立法未予以回应，故其对是否调整似乎持保留态度。如此，只能认为在实证法上，一方或双方当事人基于对彼此名义和实体特质的认识错误而缔结之婚姻关系，在法律上仍然有效。双方只能通过离婚方式解除婚姻关系。

在理论上，结婚合意的错误类型基本上也可分为名义错误和实体错误两大类。其中，哪些是具有法律意义的错误，哪些是不具有法律意义的动机错误，可以参照上述关于欺诈类型的说明，在此不再赘述。

（3）假结婚

男女双方有时并无真实的结婚合意，也无意形成婚姻共同关系。双方作出虚假的婚姻合意，只是为了利用婚姻关系所具有的其他法律或政策效果（或"次要效果"）。同时，当事人在结婚时往往约定，一旦达到特定的目的就立刻解除婚姻关系。这就是人们俗称的"假结婚"。

有国家规定虚假婚姻因欠缺结婚意思，属于无效婚姻（《日本民法典》第742条第1款）。在德国，如果当事人基于虚假合意约定不建立婚姻共同生活的，婚姻虽有效但可被废止②；相反，如果结婚时虽然有虚假合意，但婚后建立了夫妻共同生活，则无论生活时间短暂与否，婚姻不能被废止。瑞士的处理方式大致相似（《瑞士民法典》第120条第4款）。我国也有学者认为，双方通谋故意而为的虚假婚姻不具有婚姻合意的效力，除非因婚后具有共同生活的事实而被弥补。③

对于假结婚，能否适用《民法典》关于法律行为的一般规则，尤其是根据个案情形，能否根据第146条或第154条认定虚假合意无效，取决于相对于《民法典》的其他部分而言，第1051条是否属于封闭性规定。从司法实践来看，根据《解释一》第17条第1款的规定，《民法典》第1051条规定的无效情形具有封闭性，因此似乎有意排除适用法律行为的一般规则。就此而言，结婚合意的虚假性不能否认婚姻登记的严肃性，因此也不能否认婚姻关系成立的有效性。④

（二）行为能力

能否以当事人欠缺行为能力为由，否认婚姻的效力？从现有法源的整体情况来

---

① 比如，杨大文主编：《亲属法》（第四版），法律出版社2004年版，第77页。余延满：《亲属法原论》，法律出版社2007年版，第204页。马忆南：《婚姻家庭继承法学》（第四版），北京大学出版社2018年版，第61页。

② ［德］迪特尔·施瓦布：《德国家庭法》，王葆莳译，法律出版社2010年版，第51页，例外情形见《德国民法典》第1316条第3款。

③ 陈苇主编：《婚姻家庭继承法学》（第三版），中国政法大学出版社2018年版，第81页。

④ 关于《民法典》第1051条是否为封闭性规定，最高人民法院的观点有自相矛盾之处，具体分析见后文"无行为能力的成年人"缔结之婚姻效力的分析。

看，尚欠缺明晰一致的规范依据。

1. 年龄标准

因为法定婚龄高于完全行为能力所要求的年龄标准，故对于未达到年龄标准而不具有完全行为能力的人缔结的婚姻，可以直接适用《民法典》第 1051 条第 3 项认定为无效。而且，它与行为能力的效力规定（《民法典》第 19 条、第 20 条及第 143 条）互不冲突。

2. 精神健康标准

（1）无行为能力的成年人

对于《民法典》第 21 条规定的无行为能力人缔结的婚姻，是适用《民法典》第 1051 条结合《解释一》第 17 条第 1 款认定为有效，还是适用《民法典》第 143 条认定为无效？尽管《母婴保健法》第 9 条规定患有"有关精神病"的人在发病期间"应当暂缓结婚"，但该适用问题并未因此得到解决。

德国法上（《德国民法典》第 1304 条、第 1314 条），患有精神病且严重到不能自由作出意思表示的成年人，与他人缔结的婚姻仍有效成立，只是该婚姻可被废止（即向将来的无效）。如果配偶一方在结婚时处于暂时的精神错乱或丧失知觉状况，法律效果相同。但如果该方在该状况消失后认可该婚姻的，则不得被废止。[1] 瑞士法上（《瑞士民法典》第 94 条、第 105 条、第 107 条），结婚时一方无判断能力且嗣后始终未具有该能力的，其缔结的婚姻无效。葡萄牙法上（《葡萄牙民法典》第 1610 条、第 1631 条、第 1633 条、第 1635 条），对于（包括间歇性）精神错乱的成年人，所缔结的婚姻可撤销，除非该精神错乱状况嗣后转为健康；结婚时偶然无能力或无意识的，因欠缺结婚意思可以撤销。

最高人民法院的观点是，因为无民事行为能力的成年人无法作出有效的意思表示，故不能满足《民法典》第 1046 条、第 1049 条关于结婚自愿、亲自申请婚姻登记的规定，不能缔结有效婚姻。因此，对于无行为能力人缔结的婚姻，尽管无第 1051 条至第 1053 条规定的无效、可撤销情形，也应通过体系解释，根据《民法典》第 21 条的规定认定无民事行为能力人实施的婚姻登记行为无效。[2]

最高人民法院的这一适用观点值得赞成。即使认为相对于《民法典》的其他部分而言，第 1051 条的无效情形具有封闭性，也应考虑第 1046 条中所包含的"完全自愿"这一术语的完整含义。"自愿"意味着当事人自主决定和选择的权利，而意思能力构成其前提，也是其当然之义。当婚姻家庭编将"完全自愿"作为结婚的基

---

① ［德］迪特尔·施瓦布：《德国家庭法》，王葆莳译，法律出版社 2010 年版，第 45—46 页。
② 最高人民法院民法典贯彻实施工作领导小组主编：《民法典总则编理解与适用》，人民法院出版社 2020 年版，第 137 页。

本原则和条件时，其内部就包含着对意思能力的要求。因此，无意思能力的人不能缔结有效婚姻。

如果这样，《解释一》第 17 条第 1 款就值得商榷，因为它没有考虑《民法典》第 1046 条中"完全自愿"的完整含义。而且就最高人民法院采用的解释方法而言，它既然考虑到了基于《民法典》第 1046 条、第 1049 条的体系解释，就不应再仅仅以《民法典》第 1051 条为限确定婚姻无效情形，因为体系解释还可将该条之外的其他情形（如假结婚）纳入无效范围。就此而言，《解释一》第 17 条第 1 款的内容与最高人民法院采用的体系解释方法之间存在矛盾。

（2）限制行为能力的成年人

对于《民法典》第 22 条规定的限制行为能力人缔结的婚姻，最高人民法院并未明确其效力。

理论上，根据一致性的要求，依上述最高人民法院对《民法典》第 1046 条、第 1049 条和第 21 条的适用观点，似乎也应考察该当事人对婚姻缔结行为是否具备辨识能力，进而判断婚姻是否有效。如果认为其具有相应的辨识能力，就应与完全行为能力人同等对待；反之，则与无行为能力人同等对待。针对这一特殊的行为领域，有学者提出了"结婚的行为能力"这一概念。①

（3）与《民法典》第 1053 条之间的适用关系

如前所述，因为有些导致成年人无行为能力的精神疾病同时构成"重大疾病"，故还应注意上述分析与《民法典》第 1053 条之间的割裂甚至矛盾。也就是说，对于这些精神病人缔结的婚姻，如果依据最高人民法院对《民法典》第 21 条的观点，无论如何都应属于无效婚姻；但依据《民法典》第 1053 条的规定，则在特定情形下属于可撤销婚姻。

为了避免这种评价矛盾，就必须将那些导致无行为能力的精神疾病排除在《民法典》第 1053 条"重大疾病"的范围之外。但这是否符合立法对"重大疾病"的本来理解，又尚存疑问。导致这种适用矛盾的根本原因在于：一直以来，立法和司法实践未对婚姻效力问题进行体系思考。

（三）不得附条件和期限

结婚行为依其性质不得附条件和期限（《民法典》第 158 条第 1 句、第 160 条第 1 句）。如果当事人为结婚合意约定了条件或期限，其法律效果如何，有观点认为婚姻一律无效；有观点认为该约定视为未约定，不影响婚姻效力；有观点认为如果所附者为终期或解除条件的，因违反婚姻之本质，婚姻应为无效，如果所附者为

---

① 薛宁兰、谢鸿飞主编：《民法典评注·婚姻家庭编》，中国法制出版社 2020 年版，第 63—64 页。

限制婚姻效力的，则仅限制部分无效，婚姻应为有效。①

基于我国制定法和司法实践对认定婚姻无效的限制性态度，可以认为：如果当事人对婚姻缔结约定了条件或期限，视为未约定，且不应影响婚姻之成立。学界对此也有相当的共识。德国法也采取这种处理方式。②

依此，双方尤其不能将某些婚姻效力之排除作为结婚的条件，当这些效力基于婚姻的本质不可或缺时，尤其如此。比如，双方不能将排除婚姻忠实义务作为结婚的约定条件，因为该义务产生于婚姻的本质。在这里，应充分考虑《民法典》第1043条的意义与作用，并采取"理性高于意志"的立场。

（四）不得代理

结婚行为依法律规定（《民法典》第1049条第1句）和其性质不得代理（《民法典》第161条），而应由男女双方亲自向婚姻登记机关作出结婚的意思表示，并办理结婚登记。但是，《民法典》并未明确规定违反该规定的法律后果。

司法实践中，有观点认为对于经由他人代理的结婚登记，并不必然导致婚姻无效。

例如，甲、乙结婚后，甲以另一方当事人没有到场登记为由提起行政诉讼，请求撤销婚姻登记。法院审理后认为，根据相关证据，足以证明甲、乙具有结婚的真实意思并实际以夫妻名义长期生活，现甲以婚姻登记程序存在问题为由，主张撤销结婚登记，不符合当事人真实意愿，不予支持。③

理论上，有观点认为，经代理作出的结婚合意应被视为没有达成结婚合意，婚姻不成立④或无效。⑤ 该理论观点符合这一要件的逻辑要求。若此，当事人就不能提起离婚诉讼，充其量只能基于同居关系提起析产或（和）子女抚养之诉。但是，考虑到实践操作的可行性与必要性，尤其是双方已持有结婚证书，这种仅符合规范逻辑的观点值得商榷。允许当事人真实具有的婚姻合意补正这一程序瑕疵，在实践中或许更为合理且可行。

二、法定婚龄

当事人必须达到法定的最低结婚年龄才能缔结有效婚姻，这是结婚的另一要件。《民法典》第1047条对最低结婚年龄进行了规定。依此，男方必须年满22周

---

① 史尚宽：《亲属法论》，中国政法大学出版社2000年版，第190—191页。
② ［德］迪特尔·施瓦布：《德国家庭法》，王葆莳译，法律出版社2010年版，第44页。
③ 参见广西壮族自治区南宁市中级人民法院（2015）南宁行一终字第70号行政判决书。
④ 余延满：《亲属法原论》，法律出版社2007年版，第143页。
⑤ 史尚宽：《亲属法论》，中国政法大学出版社2000年版，第190页。

岁，女方必须年满 20 周岁才可以结婚。最低结婚年龄应以周岁并按照身份证或户口簿上记载的生日进行计算。

三、不具有禁止结婚的亲属关系

结婚的男女之间不应具有特定的亲属关系，否则不能结婚。就禁止行为而言，这一要件源于社会文化传统；但就禁止范围而言，则又不完全源于传统。因为与传统伦理文化以及 1980 年《婚姻法》相比，这一范围在很大程度上被缩小了。

根据《民法典》第 1048 条的规定，禁止结婚的亲属范围包括直系血亲和三代以内旁系血亲。除此之外，《民法典》婚姻家庭编并未明确禁止姻亲、其他旁系血亲以及具有其他生活关系的人之间缔结婚姻关系。习惯法应否在此发挥作用，尚存疑问。[①] 此外，我国也未规定以便利父亲身份认定为目的的禁婚规则。

对于特定的拟制血亲，是否能够缔结婚姻关系，存在不同的立法例。德国法上，在具有自然血缘关系的人之间，即使其亲属关系因收养而消灭，仍不能缔结婚姻关系。同样，在拟制血亲之间，即使不存在自然血缘关系，也不能缔结婚姻关系。不过，对于拟制旁系血亲之间，家庭法院可以根据当事人的申请免除这一结婚禁止。在所有的拟制血亲之间，这种结婚障碍因收养关系解除而消失。瑞士法与德国法大致相同。日本法上，养子女与收养方的旁系血亲之间，不存在结婚之禁止（《日本民法典》第 734 条第 2 句）；但是，对于养父母子女，即使收养关系终止，也不得结婚（《日本民法典》第 736 条）。

《民法典》对此未明确规定。收养关系成立后，就伦理和规范逻辑角度而言，养子女与其自然血亲之间不能获得结婚许可，养子女与其养父母之间也不能结婚。

就拟制旁系血亲而言，从规范逻辑角度看，收养人的其他近亲属如果与养子女属于三代以内旁系血亲的，也不能结婚。但是，在各种争议观点中，最高人民法院似乎倾向于允许结婚的观点。至于收养关系解除后，根据最高人民法院的观点，养子女与原养父母及其他近亲属之间不再存在结婚的禁止情形。[②]

四、禁止重婚

一夫一妻制是婚姻法的基本原则。《民法典》第 1051 条第 1 项关于重婚无效的规定就是该原则的体现。根据该条，正处于婚姻关系之中的人，不得再行与第三人缔结婚姻关系。与第三人之间是否存在重婚关系必须以婚姻的实质和形式要件为标

---

① 根据最高人民法院对该条适用的说明，其态度是不提倡也不禁止。
② 最高人民法院民法典贯彻实施工作领导小组主编：《民法典婚姻家庭编继承编理解与适用》，人民法院出版社 2020 年版，第 67—68 页。

准进行判断,《刑法》上关于"重婚"的认定不能适用于此。因此,在婚姻家庭法上,有配偶者与他人仅以夫妻名义共同生活的,双方仅构成同居关系。

第三节　违反结婚实质要件的法律后果

一、立法结构和无效事由的封闭性

(一) 立法结构

《民法典》通过对上述各实质要件的重要性进行不同评价,分别赋予婚姻可撤销和无效两种法律后果。详言之,一方受胁迫及一方隐瞒重大疾病而缔结的婚姻,属于可撤销婚姻(《民法典》第 1052 条、第 1053 条);重婚、任何一方当事人未达到法定婚龄以及属于禁止结婚的亲属之间缔结的婚姻,属于无效婚姻(《民法典》第 1051 条)。

对于可撤销婚姻,受胁迫方或受欺诈方可以自主决定婚姻关系的存续与否。然而,无效婚姻则意味着法律对婚姻的否定评价应取代任何一方当事人的自主决定。不过,法律同时也规定了一些无效婚姻被补正的条件。因此,最初的无效婚姻最终并非必然无效。

理论上,可将那些无论如何都无法补正的无效婚姻称为"绝对无效的婚姻"。根据《民法典》与上述其他法源,绝对无效的婚姻仅指法定的、具有自然血缘关系的人之间所缔结的婚姻。反之,将那些在符合法定要件时,即可被补正的无效婚姻称为"相对无效婚姻",它主要包括重婚和未达到法定婚龄两种情形。此外,如前所述,基于司法精神与实践可行性的考量,违反不得代理要件的婚姻也应被允许补正。

此外,最高人民法院在《解释一》中还专门规定了无效婚姻确认之诉的程序。因为我国尚无专门的家事程序法,所以在这里一并进行介绍。

(二) 无效事由的封闭性

根据《解释一》第 17 条第 1 款的规定,当事人以《民法典》第 1051 条规定的无效情形之外的事由请求确认婚姻无效的,法院应驳回其诉求。因此,如前所述,《民法典》第 1051 条原则上具有封闭性特征。对于前述法律未明确规定和评价的那些要件,只能在理论上对其法律效力予以探讨。

关于《解释一》第 17 条第 1 款与最高人民法院使用的体系解释方法(并导致事实上扩展了法定的无效事由)之间的矛盾,因前文已述,故于此不赘。

二、"相对无效婚姻"的补正

相对无效婚姻的可补正性被规定于《解释一》第 10 条，依此，当事人向法院提起确认婚姻无效之诉的，如果法定无效情形在起诉时已经消失，双方符合结婚实质要件的，则该婚姻将被认定为有效。在该条中，"起诉时"而非"结婚时"的婚姻状况是决定相关实质要件能否被补正的时点。

（一）未达到法定婚龄要件的补正

就违反法定婚龄这一要件而言，《解释一》第 10 条主要针对任何一方提起无效确认诉讼的情形而规定。依此，如果男方在起诉时已满 22 周岁，女方已满 20 周岁，其婚姻就应被认定为有效。而且，根据最高人民法院对《解释一》第 10 条的解释，该有效婚姻应从男女双方皆达到法定婚龄时起算。[①] 进而，可以合理认为，即使任何一方皆未提起确认之诉，其婚姻状态也应从该时点起转变为有效。

（二）重婚无效的补正

一方违法重婚的，重婚无效。但依据《解释一》第 10 条的规定，如果当事人向法院申请宣告无效时，导致重婚无效的情形已经消失的，该婚姻有效。这里所称的"导致重婚无效的情形已经消失"是指有效婚姻关系的当事人已经办理了离婚手续，或有效婚姻关系中的另一方配偶已经死亡。[②]

在理论上，相反观点主张应对重婚效力进行最严苛的否定性评价，即认为应绝对无效，不能因相关情形消失而被补正。德国法的调整模式与此相同。基于该观点，在有效婚姻已经依法消灭的情形下，重婚双方如果想成为合法夫妻，就必须依法重新结婚。因此，该严苛观点最终并无法阻止重婚双方缔结有效的婚姻关系。

三、无效婚姻的确认程序

《解释一》对无效婚姻的确认程序进行了规定，以下对《解释一》的相关规定予以说明。

（一）当事人

1. 婚姻当事人作为原告

可请求确认婚姻无效的人当然包括婚姻当事人，即夫妻（《解释一》第 9 条情形之一）；夫妻一方死亡，且生存一方提起确认之诉的，法院应当受理（《解释一》

[①] 最高人民法院民事审判第一庭编著：《最高人民法院婚姻法司法解释（二）的理解与适用》，人民法院出版社 2015 年版，第 82 页。

[②] 王松等主编：《最高人民法院司法观点集成·民商事卷增补（2018）》，中国民主法制出版社 2018 年版，第 638—639 页。

第 14 条情形之一）。

2. 利害关系人作为原告

利害关系人也可提起确认无效之诉（《解释一》第 9 条情形之二）。此时，利害关系人为原告，夫妻双方为被告；如果夫妻一方死亡的，生存一方为被告（《解释一》第 15 条）。如果夫妻双方死亡，法院应当受理（《解释一》第 14 条情形之二）。

根据不同的无效原因，利害关系人的范围有所变化。具体而言：（1）以重婚为由申请宣告婚姻无效的，为婚姻当事人的近亲属及基层组织；（2）以未到法定婚龄为由申请宣告婚姻无效的，为未达法定婚龄者的近亲属；（3）以有禁止结婚的亲属关系为由申请宣告婚姻无效的，为婚姻当事人的近亲属。

最高人民法院在《解释一》中仅部分考虑到了"基层组织"作为原告的可能性。事实上，基于婚姻登记机关的法律地位，完全可以考虑它作为原告的可能性。而且，与基层组织相比，明确地将婚姻登记机关作为原告更具有可行性和合理性。在比较法上，可参见瑞士法的规定（《瑞士民法典》第 106 条第 1 款）。

（二）禁止撤诉与调解

1. 撤诉之禁止

法院在受理请求确认婚姻无效的案件后，原告申请撤诉的，不予准许（《解释一》第 11 条第 1 款）。如果当事人起诉离婚，但在审理中发现属于无效婚姻案件时，法院应当将婚姻无效的情形告诉当事人，并依法作出确认无效的判决（《解释一》第 12 条）。

2. 调解之禁止

在确认婚姻无效的案件中，针对婚姻效力的部分不适用调解，应依法作出判决。但是对于财产分割和子女抚养可以适用调解原则；调解不成的，进行判决（第 11 条第 2 款、第 3 款）。根据《解释一》第 11 条的规定，当事人对包括婚姻效力、财产分割和子女抚养在内的判决结果不服的，都可以上诉。

（三）确认婚姻无效之诉优先审理

就同一婚姻关系，当事人分别提起离婚和确认无效诉讼的，法院在分别受理后，应当先审理确认无效之诉，待判决后再审理离婚诉讼。

（四）有独立请求权的第三人之追加

现行司法实践倾向于认为，在离婚案件中不宜追加第三人。不过，在涉及夫妻共同财产分割的部分，该观点的合理性值得商榷，因为第三人可能对特定财产主张权利。

但是，在重婚导致的无效婚姻案件中，涉及财产处理的部分，法院应当允许合法婚姻当事人作为有独立请求权的第三人参诉（《解释一》第 16 条）。

（五）无效判决与婚姻登记

婚姻被确认无效或被撤销后，法院应收缴结婚证书，并将有效判决寄送当地的婚姻登记机关（《解释一》第 21 条）。

四、撤销权行使规则

可撤销婚姻中的受胁迫、欺诈方享有撤销权，该权利被设计为形成诉权，除斥期间为 1 年（《解释一》第 19 条第 1 款）。

就受胁迫婚姻而言，请求权人应自胁迫行为终止之日起 1 年内行使撤销权；如果受胁迫方同时被非法限制人身自由的，除斥期间从其恢复人身自由之日起算（《民法典》第 1052 条第 2 款、第 3 款）。这里不适用《民法典》第 152 条第 2 款的规定，即受胁迫方不能主张受 5 年这一最长除斥期间的保护（《解释一》第 19 条第 2 款）。就受欺诈婚姻而言，受欺诈方应从知道或应当知道撤销之日起 1 年内提出（《民法典》第 1053 条第 2 款）。

基于体系解释，《民法典》第 152 条第 1 款第 3 项也应适用于此。

五、婚姻无效或可撤销的法律后果

（一）人身关系

1. 婚姻关系自始无效

婚姻关系被确认无效或撤销后，自始没有法律约束力，当事人之间不具有夫妻的权利和义务（《民法典》第 1054 条第 1 款第 1 句）。这一溯及效力意味着，男女双方从"结婚"到婚姻被撤销或确认无效期间，所谓的"婚姻共同生活"在法律上都被否定了，并变成了法律上的"同居关系"。

不过，违反结婚实质要件的婚姻被撤销或确认无效之前，仍受到如同有效婚姻一样的保护（《解释一》第 20 条）。瑞士法有大致相似的规定（《瑞士民法典》第 109 条第 1 款）。

无效或可撤销婚姻的溯及力显然是对无效或可撤销法律行为之一般法律效果的直接移用。但这种处理方式对身份法律行为而言是否合理，理论上会产生争议。比如，有学者就认为，为保护善意或无过错一方的利益，应承认无效婚姻对其仍发生有效婚姻的效力。[①] 从比较法的角度来看，日本法规定，对于善意一方配偶，应给

[①] 余延满：《亲属法原论》，法律出版社 2007 年版，第 212 页。

予准婚姻待遇。德国法规定，对于存在严重瑕疵的婚姻，仅产生面向将来的废止之效力（《德国民法典》第1313条）。该废止与离婚具有相同的效力，均属于婚姻解除之一种，且在特定情形下参照离婚法处理双方的法律关系（《德国民法典》第1318条）。因此，婚姻废止原则上不发生溯及既往的效力。[①] 瑞士法有大致相同的规定（《瑞士民法典》第109条第2款）。

2. 父母子女关系不受影响

无效或可撤销婚姻存续期间，当事人生育子女的，父母子女关系适用《民法典》第1054条第1款第4句的规定。依此，在这种情形下，《民法典》第1067条至第1071条、第1073条可直接适用，而第1084条至第1086条关于离婚后的父母子女关系亦可准用于此。

（二）"同居期间"的财产关系

对当事人在无效或可撤销婚姻存续期间（即同居期间）的财产关系，《民法典》第1054条第1款和《解释一》第22条进行了规定。

根据这些规定：（1）当事人在同居期间所得的财产，认定为共同共有，但有证据证明为当事人一方所有的除外；（2）对于这些财产由当事人协议处理；无法达成协议的，由法院根据照顾无过错方的原则判决；（3）对重婚导致的无效婚姻的财产处理，应保护合法婚姻当事人的财产权益。

（三）损害赔偿请求权

《民法典》第1054条第2款新增无过错方的损害赔偿请求权。依此，婚姻被确认无效或撤销后，无过错方有权请求损害赔偿。

该条规定的损害赔偿请求权只能由无过错方享有，如果双方均有过错或均无过错，则皆不能享有该损害赔偿请求权。而且，由请求权人承担自己无过错的举证责任。责任主体通常为相对人，如果第三人（比如一方的家庭成员）有过错的，也属于责任主体。[②]

损害赔偿范围包括财产损失和精神损害赔偿。[③] 有理论观点主张，过错方应同时赔偿结婚如有效则无过错方可继续享受的利益，比如过错方应向对方继续支付抚养费。相反观点则认为，赔偿范围不包括将来可期待的利益，而应以现实所承受的损害为准。[④] 本书认为后一种观点更为合理，因为与违约损害赔偿相比，在这里类

---

① [德]迪特尔·施瓦布：《德国家庭法》，王葆莳译，法律出版社2010年版，第57—58页。

② 最高人民法院民法典贯彻实施工作领导小组主编：《民法典婚姻家庭编继承编理解与适用》，人民法院出版社2020年版，第110页。

③ 最高人民法院民法典贯彻实施工作领导小组主编：《民法典婚姻家庭编继承编理解与适用》，人民法院出版社2020年版，第105页。

④ 史尚宽：《亲属法论》，中国政法大学出版社2000年版，第207页、第211页。

推适用侵权损害赔偿范围更为妥当。

此外，在诉讼程序上，无过错的一方当事人既可在提起婚姻无效确认之诉时一并行使损害赔偿请求权，也可在婚姻被法院宣告无效或撤销之后行使。[①] 在后一种情形下，适用《民法典》第 188 条关于诉讼时效的一般规定。

（四）重婚无效后财产关系的特殊问题

在重婚无效情形中，《民法典》第 1054 条第 1 款第 3 句要求对合法婚姻当事人的财产权益进行保护。尽管重婚双方通常皆非善意[②]，但不能完全排除重婚一方无过错的可能性。这时，就会产生合法婚姻当事人与重婚中无过错一方的衡平保护问题。

根据《民法典》第 1054 条第 1 款第 3 句之陈述，合法婚姻当事人的财产权益应该受到优先保护。这样，至少在重婚双方的内部财产关系中，不能基于"照顾无过错方原则"对善意的重婚配偶进行保护。但是，在外部财产关系中，与合法婚姻当事人保护相比，善意第三人的利益保护及意思自决原则上应被置于优先地位。

就损害赔偿而言，无过错方的损害赔偿请求权与合法婚姻当事人之保护应互不影响。不过，该债务应认定为过错方的个人债务。

第四节　结婚的形式要件

一、婚姻登记

（一）登记的效力

根据《民法典》第 1049 条的规定，有效婚姻尚取决于是否满足了男女双方依法完成结婚登记这一要件，理论上称之为"结婚的形式要件"。除事实婚姻情形外，双方只有完成结婚登记，才能确立婚姻关系，否则仅构成同居关系。

（二）结婚登记程序

根据《婚姻登记条例》的规定，结婚登记程序分为申请、审查和登记三个环节。

[①] 最高人民法院民法典贯彻实施工作领导小组主编：《民法典婚姻家庭编继承编理解与适用》，人民法院出版社 2020 年版，第 108 页。

[②] 参见最高人民法院中国应用法学研究所编：《人民法院案例选》2016 年第 5 辑（总第 99 辑），人民法院出版社 2016 年版，第 257 页。有法官也讨论了"被小三"者的利益保护。但同时承认，就事实证明角度而言，实践中重婚一方很难证明自己无过错。

1. 申请

《婚姻登记条例》第 4 条、第 5 条区分了当事人"双方皆为内地居民"与"仅一方为内地居民"两种情形。对于前者，男女双方应当共同到任何一方当事人常住户口所在地的婚姻登记机关办理结婚登记。对于后者，无论另一方是外国人还是我国港、澳、台居民或华侨，只要在中国内地结婚，双方就应当共同到内地居民常住户口所在地的婚姻登记机关办理结婚登记。

双方结婚的，应当向婚姻登记机关出具下列证件和证明材料：（1）本人的户口簿、身份证；（2）本人无配偶以及与对方当事人没有直系血亲和三代以内旁系血亲关系的签字声明。另一方为境外居民的，该方应依法出具：（1）《婚姻登记条例》第 5 条规定的本人的有效通行证、身份证或有效护照或其他有效的国际旅行证件；（2）《婚姻登记条例》规定的相关公证机构公证的或使（领）馆出具的本人无配偶以及与对方当事人没有直系血亲和三代以内旁系血亲关系的声明或证明。

2. 审查

（1）审查范围

根据《婚姻登记条例》第 6 条以及《民法典》关于结婚实质条件的规定，婚姻登记机关的审查范围包括：①双方是否自愿；②双方是否达到法定婚龄；③任何一方是否有配偶；④双方是否为直系血亲或三代以内旁系血亲；⑤任何一方是否患有重大疾病。

（2）审查职责及标准

根据《婚姻登记条例》第 7 条的规定，婚姻登记机关应当履行两项审查职责：①对结婚登记当事人出具的证件、证明材料进行审查；②就相关情况向当事人进行询问。

婚姻登记机关应尽到怎样的审查标准，《婚姻登记条例》并未明确规定。但是，考虑到登记机关一方面要提高行政效率，另一方面为了维护公益和当事人的私益，又要努力保障相关结婚信息的真实性，故不宜片面地将登记机关的审查职责界定为实质审查或形式审查。为了兼顾"效率"与"真实"的双重要求，可根据不同事项的审查实际，对登记机关提出不同的审查标准。

首先，对于证件和证明材料的审查而言，登记机关应查验材料的完整性（尤其是申请人相关的签字声明）、各自记载内容的完备性（声明上是否签字、公证书与证明书记载内容是否完备）以及相互之间记载内容的一致性。

其次，登记机关应向当事人询问与上述实质要件相关的情况，并对合理的疑点要求申请人进行说明。如果登记机关未进行询问，或在询问过程中未对根据常理可产生的合理怀疑要求申请人进行说明，或在申请人的说明无法消除该合理怀疑的情形下仍为其登记的，将违反审查职责。

最后，登记机关没有根据相关信息正确制作结婚证的，也违反职责。

3. 登记

婚姻登记机关经审查，当事人符合结婚条件的，应当场予以登记，发给结婚证。对不符合结婚条件的，不予登记，并应向当事人说明理由。

二、未进行登记的法律后果

（一）补办登记

根据《民法典》第1049条的规定，未办理结婚登记就以夫妻名义共同生活的男女可以补办登记。但是，如果将婚姻登记作为结婚生效的形式要件，则这里产生的应该是办理登记，而不是"补办"登记。《解释一》第6条明确规定，男女双方补办结婚登记的，婚姻效力从双方均符合结婚实质要件时起算，而非从登记之日起有效。

"补办"不同于"补发"结婚证。《婚姻登记条例》第17条和第18条第3项还规定了结婚证的补发。后者以已经办理结婚登记为前提，指已经缔结有效婚姻关系的夫妻，由于各种原因而导致结婚证书遗失或毁损，申请登记机关予以重发的行为。补办结婚登记则以从未办理结婚登记为前提，是双方将"同居关系"转正的一种法律手段。

（二）事实婚姻的特殊保护

《解释一》第7条对事实婚姻进行了规定。

1. 认定事实婚姻的时间点

根据《解释一》第7条第1款的规定，1994年2月1日民政部《婚姻登记管理条例》公布实施前，以夫妻名义共同生活的男女，符合结婚实质要件，但未完成婚姻登记的，构成事实婚姻。这样，如果双方在1994年2月1日前以夫妻名义共同生活，但在该日期之后才符合结婚实质要件的，不成立事实婚姻。

此外，应注意的是：事实婚姻之成立不以补办婚姻登记为要件。

2. 不构成事实婚姻的情形

根据《解释一》第7条第2款的规定，1994年2月1日后以夫妻名义共同生活的男女，无论其是否符合结婚实质要件，都只能通过补办登记的方式成为夫妻。如果不补办登记，只能按照一般同居关系处理（适用《解释一》第3条并类推适用《民法典》第1054条）。其补办了登记的，婚姻效力从双方均符合结婚实质要件时起算（《解释一》第6条）。

三、与结婚登记有关的诉讼

司法实践中，与结婚登记相关的问题被称为"结婚登记瑕疵"。[①]不过，最高人民法院似乎认为"结婚登记瑕疵"这一表述并不严谨，因此不应作为科学的法律概念被使用。根据通常的观点，在我国现行法律框架下，结婚登记属于行政确认行为，故对此类纠纷，原则上通过行政裁决的方式来解决。

《解释一》第 17 条第 2 款与上述观点相对应。依此，当事人以结婚登记程序存在瑕疵为由提起民事诉讼，主张撤销结婚登记的，告知其可以依法申请行政复议或者提起行政诉讼。

最高人民法院归纳了实践中此类案件的典型情形，并分别提出了法律解决的方法。

（一）当事人名义不真实的情形

1. 任何一方冒用他人名义与另一方结婚

例如，甲捡到丙丢失的身份证，擅自使用其名义身份与乙办理了结婚登记。

最高人民法院认为，此类案件严重违反结婚程序，也违背了当事人的结婚意志，故法院应在行政诉讼中撤销结婚登记。

2. 任何一方借用他人名义与另一方结婚

例如，甲未达到法定婚龄，便借用其兄丙的名义与乙结婚。其兄丙后来要与丁结婚，甲、乙因感情不和起诉离婚。

对于此类案件，最高人民法院认为，实际共同生活的双方应按照同居关系来处理。但是，被借用名义的人与另一方形成"形式合法的婚姻关系"，在未经法定机关通过法定程序撤销前，不能直接否认其效力。[②]

3. 任何一方使用虚假名义与另一方结婚

对于此类案件，最高人民法院认为，登记行为属于无效行为，应由登记机关或法院（在行政诉讼中）认定。

从私法角度看，《民法典》草案（三次审议稿）第 828 条曾将"以伪造、变造、冒用证件等方式骗取结婚登记"作为婚姻无效的情形之一，但立法机关最终在正式稿中删除了该条，这似乎表明立法机关对从私法角度调整这些情形尚存疑虑。在上述第二种借用情形中，最高人民法院提供的解决方案实际上是基于登记形式主义，丙与其弟媳乙认定为夫妻。这种私法角度的解决方式从事理角度而言并不合理。

[①] 王松主编：《最高人民法院司法观点集成·民事卷》，中国法制出版社 2017 年版，第 2899—2900 页。

[②] 王松主编：《最高人民法院司法观点集成·民事卷》，中国法制出版社 2017 年版，第 2913—2914 页。

最高人民法院《解释一》第 17 条第 2 款想以行政诉讼的方式解决此类问题。但是，从行政法角度来看，当事人能否在行政诉讼中胜诉，还应取决于登记机关是否依法履行了其审查职责。就此而言，该条存在以下问题：如果法院想以该条解除既存婚姻关系，就必须假定只要出现冒用情形，登记机关就存在违反职责进行登记的行为，但如上所述，是否如此往往需要法院进行独立审查，而且法院可能在个案中认为登记机关的确履行了法定审查职责，这时不存在作出撤销判决的法律前提。假如不存在该情形，就无法从行政诉讼角度解决，问题仍然存在。

这里，在行政诉讼之外，私法有必要提供解决方案，有学者就提出"婚姻登记效力纠纷回归民事"的主张。[1] 目前来看，要在根本上使婚姻登记效力的纠纷回归民事，主要有两个途径：其一，从实体法角度，通过体系解释或漏洞填补方式扩大婚姻无效或可撤销的原因，从而使相关纠纷从一开始就合理地落入民事诉讼的范围；其二，从程序法角度，构建针对婚姻效力的家事程序，从而使相关纠纷的解决不仅独立于一般民事程序，而且独立于行政程序，以解决程序困境，这在根本上仍属于立法范围。

（二）任何一方由他人代为办理结婚登记的情形

如前所述，最高人民法院对此类案件的观点是，只要查明当事人双方自愿结婚，并完成结婚的形式要件，其结婚登记中的这一瑕疵不足以影响婚姻效力。

（三）纯属登记机关违反职责的情形

上述两种情形中，既可能仅因为当事人的个人行为而导致登记瑕疵，也可能同时因为登记机关未履行审查职责而导致登记瑕疵。除此之外，最高人民法院还列举了一种情形，即登记瑕疵仅因登记机关违反职责而导致。比如，登记机关在发放结婚证时记载错误，或者越权管辖发放结婚证。根据最高人民法院的观点，当出现这种情形时，当事人只能提起行政诉讼，因为"审查认定结婚证的效力问题超出了民事审判的职权范围"[2]。

针对"登记程序瑕疵"，最高人民法院意识到了"一般程序瑕疵"与"重大程序瑕疵"之间的区分。一般程序瑕疵如果能通过补正等方式解决的，就尽量不要轻易否定结婚登记的效力。因此，程序瑕疵并不必然导致婚姻登记被撤销。比如由他人代办结婚登记、登记机关对结婚证记载错误的情形，就属于一般瑕疵。

---

① 王礼仁：《民法典中婚姻登记效力纠纷回归民事的理解与适用》，载《人民法院报》2020 年 12 月 3 日，第 5 版。

② 最高人民法院民法典贯彻实施工作领导小组主编：《民法典婚姻家庭编继承编理解与适用》，人民法院出版社 2020 年版，第 75 页。

第三章　夫妻身份关系

第一节　概　述

男女双方在婚后将建立起远超于常人的紧密关系，且几乎涵盖生活的各个方面。自伦理角度以观，婚姻具有一些相对稳定的基础因素，可以使它与其他类型的共同生活关系明显地加以区分。这些因素源于本民族的伦理传统、人类对婚姻生活的普遍要求以及两者的互动之中，它们构成婚姻的伦理本质。

理论上，通常将夫妻关系分为人身和财产关系两类。其中，夫妻人身关系不仅能够更生动地体现婚姻共同生活的伦理本质，也构成夫妻共同生活的基础。然而，考虑到婚姻共同生活的主观性、琐碎性和复杂性，立法者无法对这类关系作出具体化的规定。相反，立法者只能根据婚姻生活的本质要素，对其进行有限地规定。除此之外，最好尽量由夫妻双方自行决定适合他们的生活方式。

就《民法典》婚姻家庭编中的夫妻身份关系而言，立法者除明确规定了扶养义务（《民法典》第1059条）和家事代理权（《民法典》第1060条）外，其余仅有原则性的规定（《民法典》第1043条）。对于通说归纳的"忠实义务"，可分别从《民法典》第1043条第2款以及第1091条第1项、第2项和第5项中推导出来。

此外，有观点认为，《民法典》第1050条关于"男女双方可约定互为家庭成员"的规定同时确立了"婚姻住所决定权"。该观点值得商榷。一方面，从字义上看，《民法典》第1050条是对夫妻一方能否与对方家庭成员构成"家庭成员关系"之要件的规定；另外，根据该条，该关系之成立仅取决于双方的约定即可，而非以"共同生活"为要件。这样，如果"婚姻住所"取决于夫妻双方（而非所有家庭成员）婚后共同居住和生活这一要素，则该条显然不能充分确定婚姻住所。

就人格关系而言，《民法典》婚姻家庭编规定了夫妻作为个体的人格权，包括"姓名权"（《民法典》第1056条）和"活动参与自由权"（《民法典》第1057条）。就法律适用角度而言，姓名权的现实意义极为有限，故并无深入讨论的必要；"活动自由权"应结合与夫妻身份关系其他方面之间的衡平来理解[1]（特别是《民法典》第1043条、第1058条至第1060条中包含的照顾、关爱和家务料理等）。此

---

[1]　薛宁兰、谢鸿飞主编：《民法典评注·婚姻家庭编》，中国法制出版社2020年版，第120页。

外，司法实践还处理了"生育权"的问题。

根据现代婚姻家庭观念，夫妻作为独立之个体，其人格不因婚姻共同体的成立而泯灭，故他们根据《民法典》第 109 条、第 110 条所享有的人格权同样应受到保护。不过，同时应考虑到这些人格权因婚姻共同生活而受到的合理限制。

第二节　扶养义务、同居义务和忠实义务

一、扶养义务

（一）界定

《民法典》第 1059 条规定了夫妻之间的相互扶养义务。该义务不受性别的影响，在夫妻之间具有平等性。

首先，通说认为，《民法典》第 1059 条第 1 款规定的"夫妻扶养"包括人身性供养（或非物质扶养义务，又包括精神扶养以及生活照料扶助）和物质扶养[1]（或经济供养[2]）的各个方面。而且，扶养义务通过包括人身劳动和财产给付在内的各种方式实现。也就是说，夫妻任何一方可通过料理家务、照管子女的方式履行扶养义务，也可以通过赚钱养家的方式履行扶养义务。通说和司法实践普遍承认，非物质扶养义务通常仅应根据道德的一般要求与具体家庭的生活方式，由夫妻内部协调解决。在法律层面，该义务自身并不能诉诸强制执行，必要时或可借助其他法律手段，通过一种"迂回"的方式产生法律意义。

其次，扶养义务具有法定性。因为该义务是婚姻的本质要求，随着婚姻关系的形成而自然产生。它并非产生于当事人的"合意"，也不能借由"合意"被免除。其履行在法律上并非可有可无，当事人如不履行该义务，将构成遗弃（罪）或虐待（罪）。而且，扶养义务不仅与婚姻存续时间长短无关，原则上也不受夫妻感情状况之影响。尽管双方结婚时间极短或因感情不和而分居，双方彼此仍应承担扶养义务。

再次，该扶养义务的履行不以夫妻任何一方是否具有抚养能力为条件。理论上，将夫妻（以及父母与未成年子女）之间的扶养义务称为"生活保持义务"，其特点在于不以扶养义务人的扶养能力为履行条件。因此，义务人在必要时应以作出合理"牺牲"（比如降低自己的生活水平）的方式履行其扶养义务。最高人民法院

---

[1] 官玉琴：《亲属身份法论》，厦门大学出版社 2010 年版，第 69 页。同见薛宁兰、谢鸿飞主编：《民法典评注·婚姻家庭编》，中国法制出版社 2020 年版，第 139 页。

[2] 夏吟兰等：《中国民法典释评·婚姻家庭编》，中国人民大学出版社 2020 年版，第 104 页。

接受了该学术观点："无论义务人是否富裕，都应尽其所能甚至降低自己的生活水平，履行扶养义务，使受扶养人的生活水平达到与扶养人相当或接近的标准。"[①] 这与祖孙间兄弟姐妹的扶养义务（《民法典》第 1074 条、第 1075 条）不同，后者以相关法定条件为前提，理论上被称为"一般生活扶助义务"。

最后，扶养义务具有人身专属性，与其对应的扶养请求权不得进行继承、处分或代位行使，也不受诉讼时效的限制。

（二）扶养费请求权

《民法典》第 1059 条第 2 款规定了夫妻任何一方的扶养费请求权："需要扶养的一方，在另一方不履行扶养义务时，有要求其给付扶养费的权利。"依此，扶养费请求权的行使要件是：其一，一方需要扶养；其二，另一方拒绝履行扶养义务。

1. 规范解释

如果仅基于字义解释，享有扶养费请求权的一方行使权利的要件较为宽松。他（她）可能因生活困难需要扶养，也可能因为诸如照顾家庭和子女而无法外出就业需要扶养。《民法典》第 1059 条第 2 款并没有明确将请求权限制在第一种情形。有学者也认为，"本条所涉扶养需求并不以经济上的客观贫困为前提"[②]。这种理解也意味着，当根据共同生活的实际情况需要对方履行非物质性扶养义务时，请求权人尽管不能诉请强制对方履行，却可以（在不起诉离婚的情形下）请求支付扶养费。因此，根据该观点，非物质扶养义务之不履行更容易转换为金钱之给付。[③]

但是，根据最高人民法院的观点，"如果一方可以自食其力，只是双方缺乏精神上的慰藉和生活上的照顾，可通过离婚途径解决……夫妻之间的扶养主要是为了满足（因失业或失去劳动谋生能力）困难一方的基本生活需要和其他必要开支"[④]。依此，扶养费请求权的目的是要解决权利人生活困难的问题，"需要扶养"就应指权利人不能维持生活且无谋生能力，两者缺一不可。对此，反对观点认为实践中的这种做法"实属不妥"。

此外，如果权利人因其主观原因（如懒惰成性、挥霍无度或向他人超出道德习俗合理限度的赠与）而导致生活困难的，可根据个案情况相应减轻或免除另一方的扶养义务。

---

① 最高人民法院民法典贯彻实施工作领导小组主编：《民法典婚姻家庭编继承编理解与适用》，人民法院出版社 2020 年版，第 133 页。

② 薛宁兰、谢鸿飞主编：《民法典评注·婚姻家庭编》，中国法制出版社 2020 年版，第 143 页。

③ 有极个别激烈的观点甚至认为，未履行精神扶养义务的，法律还可规定其应支付一定的精神抚慰金等。参见余延满：《亲属法原论》，法律出版社 2007 年版，第 513 页。

④ 最高人民法院民法典贯彻实施工作领导小组主编：《民法典婚姻家庭编继承编理解与适用》，人民法院出版社 2020 年版，第 133 页。

2. 实践问题

（1）扶养费数额的确定

根据司法观点，既然扶养费请求权的目的主要是满足生活困难一方的基本生活需要和必要的其他开支，则法院通常应根据权利人一方的实际需要，并结合义务方的经济能力及当地居民的平均生活水平综合确定扶养费的数额。

（2）扶养费约定的效力

尽管扶养义务的产生或消灭不受夫妻双方合意的影响，但这是否就意味着夫妻双方关于扶养费数额的约定不具有法律约束力，在实践中仍存在不确定性。英国法上，夫妻可以就扶养费数额进行约定，但该协议不能排除法院干预的权力。也就是说，法院有权变更并使扶养费协议中的条款无效，或者依任何一方的申请加入新的条款。该规则值得借鉴，因为其与婚姻本质相吻合。

（3）扶养费请求权与夫妻财产制的关系

实践中，负有扶养义务的一方不得以对方持有一定数量的夫妻共同财产为由，拒绝给付扶养费。最高人民法院认为，扶养请求权人只要生活困难，且可对夫妻存款去向进行合理解释，就应支持其扶养费请求权。至于其持有的夫妻共同财产的争议，可留待离婚诉讼中一并解决。在不解除婚姻关系的情况下，该处理方式"可加强对弱者的保护，也不会对另一方造成实质性利益损失"[1]。

此外，基于扶养义务的法定性，分别财产制不影响该义务的履行。即使夫妻有此约定，当一方的个人财产难以维持正常生活时，也有权请求对方给付扶养费。

二、同居义务

同居义务同样是婚姻关系的本质要求。它是指配偶在婚姻住所共同生活的义务。理论上通常认为，同居义务包括夫妻间的性生活，相互理解、慰藉和体谅的精神生活，共同料理家务、相互扶助和照顾的物质生活三个方面。但也有个别观点暗示，同居义务主要包括婚姻居所决定和性生活两个内容，而通说中的其余内容则被置于协助义务、生活保障义务和家庭生活费用负担义务之中。[2] 如果根据通说，同居义务与《民法典》第 1059 条第 1 款规定的扶养义务在内容上有重合之处，这也意味着，当违反该扶养义务时，可以适用这里提出的（学理上的）法律后果。

（一）法律规定

《民法典》并未明确规定夫妻的同居义务，仅将"因感情不和分居满二年"作

---

[1]　最高人民法院民法典贯彻实施工作领导小组主编：《民法典婚姻家庭编继承编理解与适用》，人民法院出版社 2020 年版，第 135 页。

[2]　史尚宽：《亲属法论》，中国政法大学出版社 2000 年版，第 295—300 页。

为判决离婚的法定理由之一（《民法典》第 1079 条第 3 款第 4 项）。依此，夫妻共同生活作为婚姻理所当然的要素之一，是婚姻成立的当然后果及婚姻维系的基本条件，立法者似乎认为没有必要予以明确。

由于《民法典》缺乏相应规定，故对关于履行同居义务的诉求，法院将不予受理；已经受理的，裁定驳回起诉。一方因感情不和而拒绝履行同居义务，并符合上述《民法典》第 1079 条第 3 款第 4 项之规定的，可成为法院判决离婚的法定原因。

以下仅从学理角度对同居义务进行说明。

（二）学理观点

1. "不履行同居义务"的法定事由和法律后果

学说指出：任何一方可在具有正当理由时中止履行同居义务（由此产生"别居权"[1]）。值得在法律上加以规定的理由包括但不限于：一方擅自改变婚姻住所或在不适当的地点定居；一方的合法权益（健康、名誉或经济状况）因夫妻共同生活受到严重威胁；一方提起离婚、婚姻无效或可撤销之诉；出现导致夫妻感情破裂的法定情形（《民法典》第 1079 条第 3 款第 1 项至第 3 项）。[2] 就此而言，即使认为《民法典》第 1079 条第 3 款第 4 项包含着关于分居条件（"感情不和"）的规定，但也极不充分。

如果以《民法典》第 1079 条第 3 款第 4 项为基础，任何一方似乎通过主张"感情不和"即可请求分居。但因该条件在主张和认定的主观性，可能置另一方及婚姻关系于不利之境地。这一点应结合下述（理论上提出的）违反同居义务的法律后果来理解。

有学说认为，任何一方无正当理由不履行同居义务的，基于诚信原则，可免除另一方生活保障义务，即该方可由此不负担对方的生活费用。[3] 依此，如果一方仅以"感情不和"即可不履行同居义务，同时请求对方承担生活保障义务，则有悖公平。

2. "不履行同居义务"的约定和法律后果

学说认为，因为同居义务乃婚姻的本质要素，故夫妻关于不履行同居义务的约定（"别居合意"），应不具有任何法律意义。[4] 因此，任何一方不得以别居合意为由，拒绝另一方同居的请求。

司法实践中，有些所谓的"忠实协议"以一方不履行同居义务时的金钱补偿为

---

[1] 官玉琴：《亲属身份法论》，厦门大学出版社 2010 年版，第 75—83 页。
[2] 史尚宽：《亲属法论》，中国政法大学出版社 2000 年版，第 296 页。
[3] 余延满：《亲属法原论》，法律出版社 2007 年版，第 230 页。
[4] 史尚宽：《亲属法论》，中国政法大学出版社 2000 年版，第 295 页。

内容。如下文所述，最高人民法院认为，这种"忠实协议"的约定不具有法律效力。上述学说在某种意义上支持最高人民法院的观点：既然别居合意都无效，遑论其金钱补偿之约定。

三、忠实义务

（一）界定

忠实义务可从狭义和广义两个角度进行界定。[1] 前者主要是指夫妻贞操义务，以及夫妻婚后在性生活上互负专一的义务，不得为婚外性行为。后者则除贞操义务之外，还包括不得恶意遗弃配偶，以及不得为第三人的利益而损害或牺牲配偶方的利益。本书采狭义界定的立场，因为恶意遗弃行为可被置于扶养义务之下进行讨论；与他人串通损害配偶利益的，可根据行为的具体性质及所侵犯的具体权益进行分析。

夫妻互负忠实义务是婚姻关系的本质要求。[2] 也就是说，性爱的本能应受到婚姻伦理的强烈约束，而不能完全取决于任何一方或双方的自由意志。这一本质要求不受国家意志和法律对婚姻关系介入程度的影响，婚姻家庭法应承认其属于规范体系的前提之一。因此，男女在结婚时关于部分或完全免除彼此忠实义务的约定，并无任何法律意义；即使男女订立了所谓的"忠实协议"，也不意味着忠实义务仅产生于该约定。

（二）法典中的有限调整

《民法典》第 1043 条第 2 款虽然规定了"夫妻应当互相忠实"，但在婚姻关系存续期间，立法者似乎对任何一方违反忠实义务的行为都采取了克制态度，仅有意将其交由道德和夫妻个人自行处理。

不过，在离婚过程中，任何一方之前实施的违反忠实义务的特定行为将产生法律后果。即任何一方与他人重婚或同居的，可以构成离婚的原因（《民法典》第 1079 条第 3 款）；而任何一方因违反忠实义务而与他人重婚、同居或属于"有其他重大过错"行为的，可构成无过错的另一方行使离婚损害赔偿请求权的原因（《民法典》第 1091 条）。

对一方违反忠实义务行为的调整，原《婚姻法》的规制态度大致相同。原《最高人民法院关于〈中华人民共和国婚姻法〉若干问题的解释（一）》第 3 条规定，如果当事人仅依据"夫妻应当互相忠实，互相尊重"这一原则性规定起诉的，

---

① 陈苇主编：《婚姻家庭继承法学》（第三版），中国政法大学出版社 2018 年版，第 110 页。

② 史尚宽：《亲属法论》，中国政法大学出版社 2000 年版，第 300 页。官玉琴：《亲属身份法论》，厦门大学出版社 2010 年版，第 42 页。

法院不予受理。这似乎意味着，宽泛意义上的忠实义务并不属于法律调整的范围。原《婚姻法》第 46 条也仅在离婚损害赔偿请求权中规定：只有一方违反忠实义务而与他人重婚或同居的，另一方才可在离婚之诉中请求赔偿。

应注意《民法典》与原《婚姻法》之间在规定上的差异。其一，《解释一》并未保留上述第 3 条的规定。但这是否意味着最高人民法院放弃了原来的做法，目前尚不明确。考虑到法律调整的成本和难度，在该问题上保持原来的克制态度似乎更为可取。其二，根据原《婚姻法》第 46 条的规定，只有重婚或同居才能作为法律规制的行为。与其相比，《民法典》第 1091 条增加了"有其他重大过错"这一情形，在客观上扩大了离婚时对违反忠实义务的调整范围。

《民法典》施行后，最高人民法院对"忠实协议"似乎有意采取否定态度："法律并不禁止夫妻之间签订忠诚协议，但也不赋予此类协议强制执行力……从整体社会效果考虑，法院对夫妻之间的忠诚协议纠纷以不受理为宜……忠诚协议实质上属于情感、道德范畴，如果一方不愿履行，不应强迫其履行，是否履行全凭自愿。"①

最高人民法院的观点值得赞同。基于婚姻的本质，忠实义务本身不能通过约定产生或消灭，故"忠实协议"实际上是对违反法定义务之赔偿数额的约定。这里，可与侵权法实践的相关处理方式保持一致。在既往的婚姻法实践中，当赔偿数额过高时（这种约定十分常见），法院经常采取调低的做法。在这个意义上，"忠实协议"不仅名不副实，其约束力事实上也不取决于当事人的意思自治。此外，考虑到当事人通常都是在离婚时才依据"忠实协议"提出赔偿请求，故从根本上看，它实际上发挥的是弥补离婚损害赔偿请求权的原因过于单薄的作用。不过，因为《民法典》第 1091 条增加了"有其他重大过错"这一内容，导致该作用的意义大为降低。此外，根据最高人民法院的上述观点，如果双方已经自愿履行忠实协议的，似乎可以从自然之债的角度加以解释。

从方法论角度看，这种错误的概念形成方法亦不可取。② 该方法通常并不充分考虑法律体系的约束，仅通过对生活事实的表面观察，草率地形成某一"法律"概念或类型，并且对司法实践和学术讨论造成不同程度的障碍。而如果合理考虑概念体系和上述法律评价的约束，就会发现这种方法及概念的谬误。

---

① 最高人民法院民法典贯彻实施工作领导小组主编：《民法典婚姻家庭编继承编理解与适用》，人民法院出版社 2020 年版，第 36—40 页。

② 实践中值得商榷的还有"借名买房合同"这一概念。

第三节 日常家事代理权

一、界定

为满足家庭日常生活的需要，夫妻任何一方都有权与他人实施法律行为。在《民法典》中，该权利被称为"日常家事代理权"（第 1060 条）。其目的在于：保障任何一方在料理家庭日常事务时，享有行动和经济自由。

初看上去，"日常家事代理权"与"代理"（《民法典》第 162 条）的构造较为相似：夫妻任何一方根据日常家事代理权与第三人实施的法律行为，同样对另一方发生效力。因此，在这种情形下，人们常说夫妻"互为代理"。然而，这两种制度实际上具有根本区别：在日常家事代理权中，任何一方实施交易的权利并非源于另一方的授权，而取决于所实施之事务本身的特质；而且，实施交易的一方无须具有为另一方代理的意图，也无须向交易相对方表明这种意图。简言之，仅因为相关事务与共同生活所需密切相关，所以夫妻双方皆要承担行为后果。因此，"日常家事代理权的法律性质极其独特，几乎无法借助其他法律制度进行说明"[①]。

而且，从《民法典》第 1060 条、第 1064 条等婚姻家庭法的特殊规则出发，"日常家事代理权"几乎没有必要去类推适用代理的相关规定。比如，如果一方超出日常家事范围实施交易或在交易时实施违法行为所产生的债务，可直接根据《民法典》第 1064 条（以及必要时，第 1089 条）确定其承担即可。如果一方在日常家事范围内无权代理，夫妻双方与相对人的关系直接依据《民法典》第 1060 条第 2 款进行调整，夫妻内部的债务承担不可能简单地适用《民法典》第 171 条第 1 款进行调整。而相对人为恶意时，或可依据《民法典》第 171 条第 4 款确定实施交易的夫妻一方与相对人的过错责任，但该责任在夫妻内部的承担仍应依据婚姻家庭法的特殊规则加以确定。

只有对那些非属"日常家事"范围的"重要事务"（以及"个人决定事务"），一方未经对方同意而单独实施相关法律行为的，才属于代理制度直接调整的范围。但这已经不属于"日常家事代理权"制度的调整范围了。

---

① ［德］迪特尔·施瓦布：《德国家庭法》，王葆莳译，法律出版社 2010 年版，第 87 页。

二、内部关系

《民法典》第 1060 条第 1 款规定了日常家事代理权的内部效力。[①] 根据该规定，夫妻一方因家庭日常生活需要而实施的法律行为，对夫妻双方直接发生效力。但是，对另一方的效力可因行为方与相对人的约定加以排除。

（一）日常家事和重要事务

1. 范围

根据《民法典》第 1060 条的规定，只要是为了家庭日常生活需要而进行的事务，都属于日常家事。显然，这些日常生活范围极为广泛，其不仅因特定夫妻的主观因素（比如其职业、收入、资产和社会地位）而异，而且也随其所处地域之文化和风俗等客观因素的变化而不同。[②] 因为各具体婚姻共同体生活形式的多样性或许更应受到尊重，故或可将主观因素置于更优先考量之地位；存在疑义时，可进一步考虑一般地域习俗的作用。就此而言，日常家事属于不确定概念，往往需要结合个案进行具体化。

整体而言，如果特定事务与"共同日常生活"相关，不需要事先进行协商，原则上就可以被认定为日常家事，而非重要事务。最高人民法院认为：它涵盖了必要的日用品购买、医疗和医药服务、合理的保健与锻炼、文化消费与娱乐、子女教育以及家庭用工的雇用等决定家庭共同生活必要的一切事务。[③] 对此，最高人民法院列举如下：（1）维持共同生活的费用；（2）抚养教育子女的费用；（3）家庭成员所需的医疗费用；（4）其他日常生活所需的费用（比如雇用或辞退从事家政服务的小时工）。

相反，"重要事务"仍需双方共同决定，配偶在决定之前要互相询问。这是为了避免任何一方利用"日常家事代理权制度"，强求另一方在重要事项上接受既定事实。"重要事务"的基本特征是：它通常明显超出了家庭日常生活需要的目的，对婚姻生活具有基础性意义和重大的影响。它或者能从根本上改变家庭及其成员的生活状况，或者是一方依法对纯粹个人权益进行的利用和处分。最高人民法院将处分不动产（比如出售、租赁房屋）或其他价值重大之财产的行为，界定为重要事务。

在理论上，订立房屋装修装潢合同、解除租房合同、子女入学、共同财产的投

---

① 夏吟兰等：《中国民法典释评·婚姻家庭编》，中国人民大学出版社 2020 年版，第 111 页。

② 史尚宽：《亲属法论》，中国政法大学出版社 2000 年版，第 316 页。

③ 参见人民法院出版社编：《民事法律文件解读》2021 年第 5 辑（总第 197 辑），人民法院出版社 2021 年版。

资、对另一方个人财产的支配（但在极度困难情形下，为共同生活所需的支配可能除外）、雇用或辞退长期从事家政服务的工人等都属于重要事务，也必须由夫妻双方共同决定。

重要事务还包括"与自身经济水平不符的"大额负担行为。它不仅包括一方为共同生活所需实施的大额负担行为（比如借贷行为），也包括一方为个人特殊爱好而实施的大额负担行为。比如，任何一方会购买奢侈品、办理健身卡或美容卡、度假等。原则上，个人的精神和物质生活不仅不应被婚姻共同生活所排斥，还应被视为其应有之义。如果这些个人消费和家庭收支基本符合，没有给共同生活造成难以承受的负担，就应被视为"日常家事"，并支持一方的行为和经济自由。反之，则应被视为"重要事务"，个人的自由应受到婚姻共同生活的合理限制。

此外，实践中一方对第三人的赠与是否属于日常家事，也值得探讨。原则上，只要一方的赠与属于当地道德和习俗允许的范围与程度，就应被视为日常家事。

2. 个人决定事务

还有一些依法属于个人决定的事务，既不是日常家事，也不是重要事务。比如，人身专属性法律事务，如领取劳动报酬、放弃继承。再如，一方对其个人财产的处分或行使活动参与自由权的行为，对这些事务，一方可单独决定，且不产生"日常家事代理权"的法律后果。不过，活动参与自由权应受到互相体谅原则的合理限制。

（二）效力

夫妻一方实施的日常家事代理权行为对夫妻双方发生效力，具有约束力。具体而言，双方皆享有由该法律行为产生的利益，也共同承担由其产生的债务。

有观点认为，在负担行为场合形成共同债务，夫妻双方应承担连带责任。该债务及承担基于日常家事代理权的法定效力而产生，不受债权人是否知道未与之交易的夫妻另一方存在的影响。[①]

然而，从《民法典》规定来看，对因日常家事代理权产生的共同债务之清偿，首先应考虑适用第1089条的可能性，而不是第518条。因为，第1089条是《民法典》婚姻家庭编关于夫妻共同债务清偿的规定。不过，依该条规定，其适用要件之一是"离婚时"。但是，作为规范核心的"夫妻共同债务"之性质并不因夫妻是否离婚而改变，后者仅对作为信用担保的清偿财产具有影响，故第1089条类推适用于此并无不当。

德国法上，配偶双方承担连带责任。根据德国学者的观点，值得考虑的是应当

---

① 薛宁兰、谢鸿飞主编：《民法典评注·婚姻家庭编》，中国法制出版社2020年版，第157页。

类推适用连带责任的其他规定（《德国民法典》第 425 条），还是应当基于配偶关系的特殊性发展出独立的制度。该问题同样存在于解除权行使的场合（《德国民法典》第 351 条）。婚姻共同体比通常的连带之债当事人的联系更为紧密，且夫妻基于日常家事代理权共同承担义务的基础在于婚姻共同生活，因此，这里应当发展出不同于一般债法规则的独立规则。[①]

（三）效力的排除

根据《民法典》第 1060 条第 1 款的规定，实施法律行为的夫妻一方与相对人如有特别的相反约定，即可排除上述日常家事代理权的效力。这里，仅有该夫妻一方以其个人名义实施法律行为的事实，不足以构成上述约定。双方必须明确表达出排除日常家事代理权效力的意思。有疑义时，不应认定排除之存在。

从《民法典》第 1060 条第 1 款的字面意思来看，双方排除的是相关法律行为的整体效力。夫妻一方能否通过与第三人约定的方式排除另一方依法本应获得的权益，并不十分确定。该字面意思应基于目的考量进行限缩解释。这样，双方只能对共同责任进行排除，但无权对另一方基于法律行为享有的权利进行排除，应基于第 1060 条及其他夫妻财产权规定确定这些权利的归属状况。

三、外部关系

根据《民法典》第 1060 条第 2 款的规定，夫妻之间对任何一方实施的法律行为范围的限制，不得对抗善意相对人。

首先，基于一致性的要求，应结合第 1 款确定该"法律行为"的范围，即它应指日常家事代理权法律行为。根据最高人民法院的观点，对于非日常家事代理权的行为（重要事务和个人决定事务），不属于该款调整的对象，而应类推适用表见代理规则（《民法典》第 172 条）。[②] 也就是说，如果相对人没有理由相信一方有代理权，便构成无权代理并适用第 171 条的规定；反之，构成有权代理，并由夫妻双方承担共同责任。这时，就重要事务而言，必须认为行为人和另一方配偶（被代理人）作为一方主体共同实施了法律行为。

尽管《民法典》第 1060 条第 2 款与第 172 条皆以保护善意相对人为目的，但在表见代理中，应由相对人证明其是否为善意；相反，根据本条的规范陈述，则应

---

① ［德］迪特尔·施瓦布：《德国家庭法》，王葆莳译，法律出版社 2010 年版，第 97—98 页。

② 最高人民法院民法典贯彻实施工作领导小组主编：《民法典婚姻家庭编继承编理解与适用》，人民法院出版社 2020 年版，第 141 页。学说上的观点可参见史尚宽：《亲属法论》，中国政法大学出版社 2000 年版，第 318 页。夏吟兰等：《中国民法典释评·婚姻家庭编》，中国人民大学出版社 2020 年版，第 111 页。

由拒绝承担共同责任的夫妻一方证明相对人为恶意。① 而且，尽管两者皆具有保护交易安全的作用，但在判断本条的"善意"时，应以相对人与婚姻共同体之间的关系为重点；相反，在表见代理场合，应侧重于以一般的交易理性作为判断相对人是否"有理由相信"的标准。② 故相较于一般代理，日常家事代理权场合中相对人的善意认定应更为谨慎一些。

其次，如果夫妻双方对任何一方的家事代理权进行限制协商一致，其有效性自不待言。但一方是否可通过单方行为施加限制，本条并未明确规定（不同于《德国民法典》第 1357 条第 2 款）。有观点主张基于意思自治原则，应承认其效力。③ 从利益衡量的角度来看，也应赋予任何一方单方面限制的权利，以便在任何一方认为重要的事项上实现双方的平等处理权。因为，既然一方以其名义实施的家事代理权法律行为应约束双方，那么，另一方也应有权不经对方同意，先行限制对方的家事代理权。

第四节　夫妻一方的人格权保护

夫妻具有独立、平等的法律人格，任何一方都不能侵犯对方的人格。当发生人格侵犯时，除《民法典》规定外，受害方还可依据其他法律请求保护。其中，最重要的是《反家庭暴力法》，后者为国家权力和社会力量介入家庭生活提供了更充分的法律依据。

一、《民法典》中的保护

当夫妻任何一方的人格权遭受对方侵害时，侵害方应根据《民法典》侵权责任编的相关规定承担侵权责任（第 1165 条）。实践中称其为"婚内侵权"，因为它是

---

① 《民法典》第 172 条的规范陈述为"相对人有理由相信"，表明该条为相对人设置了抗辩权。第 1060 条第 2 款的规范陈述为"不得对抗善意相对人"，应被理解为是对夫妻一方设置的抗辩权条款，因为"不得对抗善意相对人"的反义表述为"可对抗恶意相对人"。通常，相对人请求夫妻承担共同责任时，只需证明自己为相对人和日常家事范围即可。夫妻一方如果以内部设有限制进行抗辩，则不仅应证明该限制之存在，还需提供可证明对方为非善意（恶意）的事实。而且，从常理出发，不可能要求相对人提出承担请求时就知道对方设有内部限制（否则他也不会提出共同承担的请求），既然不知道，就不可能对其提出证明自己为善意的举证要求。从价值上看，本条并不对夫妻内部设置限制的条件进行规定，故对夫妻而言较为宽松。如果还让相对人承担自己为善意的举证责任，则对相对人而言更为严苛，有失合理之衡平。

② 有学者认为，日常家事代理权的目的在于维持夫妻间日常生活需求，便利夫妻共同生活，故并不以保护信赖利益为目的，而应以保护夫妻关系为核心。参见梁慧星：《民法总论》（第五版），法律出版社 2017 年版，第 246 页。

③ 薛宁兰、谢鸿飞主编：《民法典评注·婚姻家庭编》，中国法制出版社 2020 年版，第 159 页。

双方在不解除婚姻关系的前提下提出的保护诉求，因此与"离婚损害赔偿请求权"相对立，后者以离婚为构成要件之一。关于离婚损害赔偿请求权，见后章。

在责任认定方面，其特殊之处在于，必要时应在过错与互相体谅原则之间进行衡平，以避免一方过于自我的权利诉求。

在责任承担方面，根据一般性的司法观点，作为一般侵权责任主要承担方式的损害赔偿能否适用于此，却要取决于"夫妻财产制"的类型。在夫妻实行法定共同财产制的场合，不存在对夫妻之间发生的损害进行赔偿的前提条件和物质基础。因为受损害方所支出的治疗等费用，一般也是从夫妻共同财产中支出，判决夫妻一方对另一方的婚内赔偿，就相当于用自己的钱赔偿自己的损失，没有什么实际意义。

在这种情况下，侵害人应依法承担非财产性的民事责任，包括停止侵害、赔礼道歉等（《民法典》第995条）。此外，法院还可在符合法定条件的情形下，即受害方"有证据证明行为人正在实施或者即将实施侵害其人格权的违法行为"，针对侵害方发出人格权禁令（《民法典》第997条）。

在夫妻双方约定实行分别财产制的场合，因为不存在上述制度逻辑上的矛盾，法院就可以判令侵权方支付相应的赔偿金。

二、《反家庭暴力法》中的保护

夫妻一方实施的特定家庭暴力行为可能构成对另一方人格权的侵犯。对此，《反家庭暴力法》提供了不同性质的法律保护。

首先，对于家庭暴力情节较轻，依法不给予治安管理处罚的，由公安机关对加害人出具告诫书。其内容包括加害人身份信息，家庭暴力的事实陈述和禁止加害人实施家暴等内容（《反家庭暴力法》第16条）。公安机关除将该告诫书送交加害人和受害人（必要时可作为证据使用，《反家庭暴力法》第20条）之外，还应通知加害人所在的社区，并与社区一起对加害人进行监督（《反家庭暴力法》第17条）。

其次，《反家庭暴力法》还规定了"人身安全保护令"（第23条至第32条），它在功能上与《民法典》中的"人格权禁令"极为相近。一方因遭受家庭暴力或面临家庭暴力的现实危险，可书面（例外情形下口头）向申请人或被申请人居住地、暴力行为发生地的基层法院申请人身安全保护令。法院应在受理申请后72小时（情况紧急的24小时）内，以裁定形式作出保护令。保护令的有效期最长为6个月，可根据申请人的申请撤销、变更或延长。当事人对相关裁定不服的，可以在其生效之日起5日内向该法院申请复议，复议期间不停止保护令的执行。保护令由法院执行，公安机关和社区应当协助执行。

人身安全保护令包括但不限于以下措施：（1）禁止被申请人实施家庭暴力；（2）禁止被申请人骚扰、跟踪、接触申请人及其相关近亲属；（3）责令被申请人迁出申请人住所。被申请人违反人身安全保护令的，根据具体情形由执行法院予以训诫、罚款或拘留，直至承担刑事责任。

三、生育权

人们或可从相关制定法的规定中，推导出公民的生育权。[①] 大致来说，生育权包括（广义的）生育决定权、生育隐私权、生育健康权和生育保障权。其中，生育隐私权和生育健康权是特殊的隐私权和健康权，无须在婚姻家庭法中专门讨论其如何保护。[②] 生育保障权则涉及国家对个体权利的保障关系，实践中，可将相关的特殊问题细化并归入相应的公法（或社会法、经济法）法律调整领域，通常亦不属于婚姻家庭法的规制范围。[③]

在婚姻家庭法中，主要涉及生育决定权的问题。通常，生育决定权既包含决定生育的自由（或可称为其积极方面），也包含决定不生育的自由（或可称为其消极方面或不生育权）。当夫妻双方分别予以主张并因此使各自的利益状况处于对立状态时，法律该如何处理？

有较为激进的学术观点强调法律应维护生育决定权的积极方面。[④] 该观点虽然承认生育权是一种人格权，但更强调它是夫妻间基于特定身份而享有的"共同生育权"。因此，夫妻任何一方应满足对方决定生育的权利主张，并因此互负生育义务。这样，当妻子无正当理由擅自终止妊娠；或在双方未达成不生育协议的情形下，一方无故拒绝生育；或在未征得对方同意的情形下，擅自采取人工生育方式；或一方婚外生育并欺诈另一方，使后者陷入错误认识并实施绝育手术的，都构成对另一方生育权的侵犯。在最后一种情形，第三人有过错的，构成共同侵权，承担连带赔偿责任。

这一观点给人的总体印象是：在行使生育权时，夫妻任何一方的个人自决并不发挥决定作用；相反，他们应更多考虑对方的利益状况。比如，夫妻任何一方原则上不能拒绝对方提出的生育要求。就此而言，该观点更强调生育权在特定关系中的

[①] 参见《人口与计划生育法》第 17 条、《妇女权益保障法》第 51 条第 1 款的规定。此外，还可参见最高人民法院民事审判第一庭编著：《最高人民法院婚姻法司法解释（二）的理解与适用》，人民法院出版社 2015 年版，第 149—150 页。

[②] 实践中，对于侵犯生育健康权的行为，司法观点通常也不赞成提起侵犯生育权之诉。

[③] 作为例外，比如在离婚时确定子女抚养权时，丧失劳动能力作为考量因素之一，就是生育保障权的法律表现之一。

[④] 官玉琴：《亲属身份法论》，厦门大学出版社 2010 年版，第 50 页。

义务性，它也因此使生育权更像是一种"义务权"（人身亲属权）。[1]

不过，司法观点与该激进观点并不一致，它事实上更强调"不生育的自由"（消极方面）所具有的法律意义。[2] 在其看来，夫妻一方决定生育的自由不能形成对方的法律义务。

首先，根据《解释一》第23条的规定，最高人民法院倾向于认为，生育子女属于个人（尤其是女方）的自决事项，而不是夫妻彼此所负的积极义务，因此也不是彼此可向对方主张的权利。在该条中，丈夫以妻子"擅自终止妊娠侵犯其生育权为由请求损害赔偿的，法院不予支持"。此外，"夫妻双方因是否生育发生纠纷"，不能提起侵犯生育权之诉，充其量只能依据《民法典》第1079条第3款第5项提起离婚诉讼。由此，亦可推导出妻子也不能以生育权之名，请求对方满足自己的生育要求。

其次，即使在双方订立"生育协议"的情形下，最高人民法院也拒绝赋予其法律效力。比如女方"违约"单方面终止妊娠的情形，男方不能寻求法律救济，其只能提起离婚之诉。最高人民法院的理由是：既然法律应保护任何一方的（消极方面的）生育决定权，那么双方签订的合同就违反了法律与公序良俗，构成对女方人格权的非法限制。

最后，最高人民法院还认为，如果妻子单方面终止妊娠，丈夫针对医疗机构提起侵犯生育权之诉的，医疗机构一般不构成侵权。因为，"法律并没有赋予丈夫对终止妊娠的同意权"。也就是说，妻子享有"不生育的自由"。当然，医疗机构实施了违反医疗卫生管理法律规定和诊疗护理规范的行为，并造成妻子人身损害的，则会产生侵权或违约责任，但这与所谓的"侵犯生育权"没有任何法律关联。

---

[1] ［德］卡尔·拉伦茨：《德国民法通论》，王晓晔等译，法律出版社2003年版，第283页。

[2] 最高人民法院民事审判第一庭编著：《最高人民法院婚姻法司法解释（二）的理解与适用》，人民法院出版社2015年版，第147页。

第四章　夫妻财产关系

第一节　概　　述

一、概念与种类

《民法典》婚姻家庭编中调整夫妻财产关系的法律制度，被称为夫妻财产制或婚姻财产制。[1] 总的来说，夫妻财产制的主要目的是确定婚姻在何种程度上构成一个财产及其管理的共同体。

并非所有基于婚姻的财产关系都属于夫妻财产制的调整范围。[2] 那些与夫妻财产制无关但涉及财产的法律关系至少包括：其一，夫妻以普通民事主体身份形成的一般财产关系（比如一般借贷、夫妻间赠与[3]以及双方对同一企业同时进行投资的情形[4]）；其二，因夫妻人身关系而产生的直接财产义务或责任，比如基于扶养义务的扶养费之给付，基于日常家事代理权的家庭日常生活费用之给付等。前者适用一般财产法的规则，后者则在理论上被认为属于夫妻身份关系的组成部分。

理论上，依不同标准，可对夫妻财产制进行不同的分类。[5]

首先，以夫妻财产制的发生根据为标准，可将其分为约定财产制与法定财产制两类。前者是指夫妻自行决定安排其财产关系的制度，后者则是指夫妻未自行决定财产关系时，当然适用的、由法律直接规定的财产制。进而，根据法律允许当事人自由约定的程度不同，可区分出选择式与独创式的约定财产制两类；前者是指夫妻只能在法律提供的财产制类型或范围内进行选择；后者则是指立法并不规定除法定财产制之外的其他可供夫妻选择的财产制类型，当事人可自由约定财产制的内容。

其次，以夫妻财产制的内容为标准，也可进行不同的分类。因为婚姻家庭关系固有的历史性与民族性，夫妻财产法的内容也因各国（由其历史传统与习俗所决

---

① 史尚宽：《亲属法论》，中国政法大学出版社 2000 年版，第 325 页。

② 德国法上区分了"婚姻财产法上的效果"和"与婚姻财产法无关的效果"之区分。［德］迪特尔·施瓦布：《德国家庭法》，王葆莳译，法律出版社 2010 年版，第 107 页。

③ 对这两种情形的调整规则分别参见《解释一》第 32 条、第 82 条。

④ 在司法实践中，"夫妻关系与股东关系是两类有着不同法律意义的法律关系"。虞政平：《公司法案例教学》，人民法院出版社 2012 年版，第 230 页。

⑤ 马忆南：《婚姻家庭继承法学》（第四版），北京大学出版社 2018 年版，第 86—89 页。

定）的立法差异而极为不同，尽管其程度因法律移植而不如人们想象的那么大。从历史和比较法角度来看，除在今天已较为罕见的吸收财产制、联合财产制和统一财产制外，夫妻财产制的种类还包括共同财产制、分别财产制和折中性的财产制，后者缓和了共同财产制与分别财产制在内容上的对立。

其中，共同财产制又包括一般共同制、所得共同制和其他所得共同制（瑞士法，可统称为"限制的共同财产制"）、延续的共同财产制（德国法）、动产及所得共同制和劳动所得共同制等；典型的折中性财产制包括剩余财产共同制和所得参与制，分别以德国法与瑞士法为代表。

从比较法角度来看，一般共同制是指夫妻各自的财产，无论婚前取得还是婚后取得，无论动产还是不动产，皆属于夫妻共有财产。所得共同制是指在婚姻关系存续期间，因劳力所得之财产及原有财产之孳息，为共同财产。劳动所得共同制则仅以双方各自劳力所得之财产为夫妻共有。[1]

二、《民法典》中的规定

根据《民法典》第 1062 条和第 1063 条的规定，我国的法定财产制采用婚后所得共同制。另外，司法实践对个别财产的处理模式体现了劳动所得共同制的色彩[2]，见后文。不过，这种个别调整模式并没有动摇"婚后所得共同制"作为法定财产制的基础。该财产制适用于夫妻对财产关系未有其他约定的情形。

通说还认为，《民法典》第 1065 条是关于夫妻约定财产制的规定。该条允许夫妻可就某一特定财产或多种财产集合的归属进行自由约定。理论上，这种立法模式属于"独创式"（或"自由式"），[3] 与"选择式的"约定财产制之立法模式相对立。[4] 甚至可以说，第 1065 条的简略性与模糊性使其并不像一条"财产制约定"的规范，而更像是一条关于自由进行"财产约定"的规范。

《民法典》第 1066 条可被视为关于非常夫妻财产制的有限规定。理论上，无论是法定财产制还是约定财产制都属于"正常财产制"。与其相对，是被称为"非常财产制"的情形。[5] "非常财产制"意指当法定事由发生时，夫妻双方必须实行分别财产制。这些情形通常包括：（1）当然的非常财产制，即夫妻一方受破产宣告的；（2）裁判的非常财产制，即法院基于夫妻一方或第三人（债权人）的请求，

---

① 史尚宽：《亲属法论》，中国政法大学出版社 2000 年版，第 328 页。
② 最高人民法院民法典贯彻实施工作领导小组主编：《民法典婚姻家庭编继承编理解与适用》，人民法院出版社 2020 年版，第 155 页。
③ 薛宁兰、谢鸿飞主编：《民法典评注·婚姻家庭编》，中国法制出版社 2020 年版，第 244 页。
④ 最高人民法院理解其为选择式的立法模式，不值得赞同。参见最高人民法院民法典贯彻实施工作领导小组主编：《民法典婚姻家庭编继承编理解与适用》，人民法院出版社 2020 年版，第 174—175 页。
⑤ 史尚宽：《亲属法论》，中国政法大学出版社 2000 年版，第 349 页。

宣告实行分别财产制。其具体情形包括：夫妻一方拒绝给付家庭日常生活费用；夫妻一方财产不足以清偿其债务或夫妻财产不足以清偿其总债务；夫妻一方无正当理由拒绝另一方正常管理或处分共同财产等。《民法典》第 1066 条从我国婚姻法实践出发，对个别情形规定了裁判的非常财产制。

《民法典》第 1064 条是关于夫妻共同债务的认定标准和举证规则的规定。

尽管《民法典》第 1087 条、第 1089 条（共同财产之分割）和第 1092 条（共同债务之清偿）处于"离婚"制度中，在体系上却属于夫妻财产关系消灭的法定规则，因此也是法定财产制的组成部分，本章一并予以讨论。但是，对于夫妻之间关于财产分割或债务清偿的约定，因为同时涉及离婚协议的效力问题，本书将其置于第五章予以说明。调整该约定的规则主要有《民法典》第 1078 条，《解释一》第 69 条、第 70 条。

《解释一》中关于夫妻财产制的规定（主要如第 24 条至第 38 条、第 71 条至第 85 条）。

第二节 归属规则

"婚后所得共同制"可以算得上是共同财产制的一个类型。根据通说，它是指夫妻双方或任何一方在婚姻关系存续期间所得之财产，除另有约定或法定为一方特有财产外，均为夫妻共同共有且由他们平等享有所有权的财产制度。

一、夫妻一方的个人财产

《民法典》第 1063 条规定了"夫妻一方的个人财产"。从比较法的角度看，有立法例将一方个人所有的财产进一步分为"原有财产"和"特有财产"。尽管第 1063 条中可能部分包含着相同的财产类型，但考虑到这两个概念在其他法系中所具有的不同含义，故在《民法典》未明确规定的情形下，不能认为它们可从第 1063 条以及第 1062 条中合理地指示出来。

（一）一方的婚前财产

夫妻一方的婚前财产在婚姻关系成立后依然属于该方个人财产。除非另有约定，原有财产不因婚姻关系的延续而转化为夫妻共同财产（《民法典》第 1063 条第 1 项、《解释一》第 31 条）。根据最高人民法院的观点，如果该财产被夫妻双方消费或自然损耗的，所有权人不享有针对另一方的补偿请求权。[1]

---

[1] 最高人民法院民法典贯彻实施工作领导小组主编：《民法典婚姻家庭编继承编理解与适用》，人民法院出版社 2020 年版，第 157 页。

夫妻一方对婚前财产应享有物上代位权，因此，对原有财产因毁损灭失而产生的损害赔偿金、保险金仍应归夫妻该方个人所有。夫妻一方婚前所有的货币财产在婚后的价值转换物，"应认定为一方的个人财产"①，根据一致性要求，该规则也适用于夫妻一方婚前所有的非货币性财产在婚后转换所得之价款的归属。此外，二次以上价值转换后的所得物或价款能否适用该规则尚有疑问。但是，这一司法观点似乎与增值归属规则之间存在矛盾，详细论述见后文。

（二）婚姻关系存续期间取得但依法属于个人所有的财产

《民法典》第 1063 条第 2 项至第 4 项规定的财产，虽然属于夫妻一方在婚姻关系存续期间取得，但也依法属于该方个人所有，且同样不因婚姻关系之延续而转化为夫妻共同财产，当事人另有约定的除外（《解释一》第 31 条）。

1. 一方因人身损害获得的赔偿或补偿

根据通说，人身损害赔偿请求权具有专属于受害人的特性。该项规定以此为基础，将受害人（同时也是配偶一方）所得的赔偿或补偿规定为其个人特有财产。这里的"赔偿或补偿"应根据《民法典》第 1179 条来确定。该条规定的赔偿或补偿项目包括：医疗费、护理费、交通费、营养费、住院伙食补助费等为治疗和康复支出的合理费用、因误工减少的收入、残疾赔偿金和辅助器具费（造成残疾时）、死亡赔偿金和丧葬费（造成死亡时）。但是，就具体赔偿项目而言，仍应进一步根据其性质确定归属，"不能将所有项目笼统地认定为个人财产"②。比如因误工减少的收入，就应依据《民法典》第 1062 条第 1 项被认定为共有财产。

最高人民法院的这一司法观点值得赞成。这种运用"目的分析法"对损害赔偿各组成部分背后的目的或功能进行分析，进一步确定人身损害赔偿之归属的做法，更合乎事物的本质。③ 通说仅简单地侧重于逻辑要求，与之相比，最高人民法院的观点则尽量在婚姻共同体与个人主义式的权利诉求之间实现合理的衡平，其可扩展适用于对所有人身赔偿项目归属的分析。

2. 遗嘱或赠与合同中确定只归一方的财产

基于对行为人意思自治的尊重，立遗嘱人或赠与人确定仅由夫妻一方获得其财产利益的，该财产属于该方的个人财产。如果行为人未确定只归一方的，财产归双方共有。

---

① 最高人民法院民法典贯彻实施工作领导小组主编：《民法典婚姻家庭编继承编理解与适用》，人民法院出版社 2020 年版，第 153 页。
② 最高人民法院民法典贯彻实施工作领导小组主编：《民法典婚姻家庭编继承编理解与适用》，人民法院出版社 2020 年版，第 157 页
③ 在美国，有些州实行以共同财产制为中心的西班牙规则（与之相对的是美国规则），对于人身损害赔偿金，运用这种"目的分析法"加以区分。

行为人的赠与意向应以法律行为之效果依法发生时作为认定的时点。尤其在口头赠与的场合，对这一点如何强调都不为过。这意味着，如果必须通过意思表示的解释来探求行为人的赠与意向，则应以赠与时的相关情事作为依据。任何取向于行为生效后甚至争议发生时之情事的做法皆不可取。

3. 一方专用的生活用品

一方专用的生活用品属于该方个人所有。"专用"应依特定生活用品的使用目的而非其使用表象来确定。比如，有些物品虽然由一方经常使用，但实际上服务于家庭共同生活需要，故仍属于共同财产。在这个限制下，一方专用生活用品的范围较为有限。有学者认为它"主要指个人专用的衣物、化妆品、药品和装饰品"①；有学者将其等同于"日常生活必需品"，认为它"指夫妻因各自日常生活所需的专用物品，如个人使用的衣物、书籍等"②。从比较法的角度看，生活用品也往往集中在"夫妻一方专用之衣物及其他用品，并包括其证书及信函"（《葡萄牙民法典》第1733条）、"属于夫妻一方使用的衣被及其他布织品"（《法国民法典》第1404条）、"衣服、鞋和其他（具有相同性质的物品），且不包含贵重物品和其他奢侈品"（《俄罗斯联邦家庭法典》第36条）。

实践中的争议可能产生于：一方专用的贵重物品或奢侈品（比如贵重首饰）是否属于"生活用品"？有学者认为应基于公平原则，将其界定为夫妻共同财产。③因为第1063条第4项并未像前述比较法那样，采取列举或例外规定的方式，故在实践认定中是否可引入公平原则，尚需立法或司法权力的进一步确认。④当然，就那些明显不属于"生活用品"的财产（比如价值较大的图书资料）而言，则不存在这样的适用问题。也有观点认为金银首饰如果并非用于生活，则不属于"生活用品"⑤。

（三）司法实践中"其他应归一方的财产"

《民法典》第1063条第5项规定了一项"兜底条款"，依此，法院可以根据个案情形，发展出关于"特有财产"的其他归属规则。实践中，法院也发展出了一些裁判规则，以下对此予以说明。

1. 一方以个人财产投资所得的"孳息"和"自然增值"

《解释一》第26条规定，夫妻一方个人财产在婚后产生的收益，除孳息和自然增值外，应认定为夫妻共同财产。基于该规定，一方个人财产在婚后的收益，原则上仍应被认定为共同财产。仅孳息与自然增值（由最高人民法院建构的"收益"

---

① 杨大文主编：《亲属法》（第四版），法律出版社2004年版，第134页。
② 陈苇主编：《婚姻家庭继承法学》（第三版），中国政法大学出版社2018年版，第126页。
③ 余延满：《亲属法原论》，法律出版社2007年版，第278页。
④ 或可通过区分"生活必需品"与"生活专用品"这两个概念的方式实现这一公平要求。
⑤ 吴晓芳主编：《婚姻家庭、继承案件裁判要点与观点》，法律出版社2016年版，第49页。

种类）被认定为一方个人财产。

（1）孳息

根据《解释一》第26条的规定，一方个人财产（包括原有财产和特有财产）在婚后产生的孳息，属于该方个人所有。

这一规则的考量主要有二：其一，孳息归属于原物所有权人是民法的一般原理；其二，孳息与夫妻一方或双方付出的劳务、扶持无关，认定为个人财产亦符合公平原则。

事实上，所谓的"民法一般原理"或一般财产法规则在这里并不具有决定性，因为基于婚姻家庭关系的特质，夫妻财产制具有"改变"一般规则的权力和力量。毋宁是，这里仅涉及婚姻家庭法领域内部的特殊考量。

如前所述，所得共同制的内容正是要将夫妻各自劳力所得及孳息纳入共同财产的范围。这里，最高人民法院把这一财产制的要素"掺入"婚后所得共同制之中，将二者的个别要素加以"混合"，并形成孳息归属规则。换言之，特定财产制类型之含义的逻辑力量可以向法律经验作出合理地让步。

（2）自然增值

根据《解释一》第26条的规定，一方个人财产（包括原有财产和特有财产）在婚后产生的自然增值，属于该方个人所有。

"自然增值"是最高人民法院自行形成的法律概念，它被用来指因通货膨胀或市场行情变化所产生的收益。其突出的特征在于：夫妻一方或双方并未对收益的产生投入任何劳动、管理或其他物力、人力。该概念似乎没有引起学说的足够重视。

最高人民法院在将"自然增值"认定为"收益"的基础上，认为一方财产之增值原则上属于共同财产（婚后所得共同制的一般要求）；只有当所有权人一方对其价值之增加没有付出劳动时，才可独享所谓的"自然增值"（与劳动所得共同制相结合的结果）。这样，两种财产制的思想以一种奇特的方式被结合在一起，共同说明[1]该规则的正当性。

还应注意《解释一》第26条与前述"价值转换"规则之间的可能冲突。基于后者，夫妻一方个人财产的价值转换物依然归属于该方个人所有。但是，根据《解释一》第26条的规定，只有其中"自然增值"才归夫妻一方个人所有。

2. 涉及军人身份的财产

（1）伤亡保险金、伤残补助金、医药生活补助费

根据《解释一》第30条的规定，军人取得的伤亡保险金、伤残补助金和医药生活补助费属于军人的个人财产，而非夫妻共同财产。

---

① 此外，最高人民法院还提供了其他考量因素，比如对家务劳动的保护。

（2）复员费、自主择业费

根据《解释一》第 71 条的规定，对一次性发放给军人的复员费，自主择业费等，应通过合理的计算区分出夫妻共同财产和军人一方个人财产。即以婚姻关系存续年限乘以年平均值所得之数额为夫妻共同财产，其余为军人一方个人财产。"年平均值"是费用总额在人均寿命 70 岁与军人入伍时实际年龄之差额间的均摊。

3. 具有特定人身属性的物

对于具有特定人身属性的物，比如荣誉标志物品，属于一方个人财产。但对于奖金，则应依据《民法典》第 1062 条第 1 款第 1 项的规定认定为共同财产。[①]

二、婚后所得

（一）初步说明

根据法定财产制，夫妻双方共同或任何一方单独的"婚后所得"，除法律另有明确规定或当事人另有约定外，皆为共同财产。

在立法模式上，《民法典》除在第 1063 条对个人财产进行列举规定外，在第 1062 条第 1 款对典型的婚后所得也进行了列举性规定。从理论上来说，除个别财产之外的其他财产本应自动依法成为共同财产。因此，在采取婚后所得共同制的立法模式下，仅需对例外性的个人所有财产进行列举规定就足够了，但立法者仍然采取了"双重列举"的立法模式。尽管如此，婚后所得归夫妻共有仍是一般规则。因此，在例外规则未明确规定或依其确定财产归属有疑问的情形下，应适用一般规则进行确定。

通说和司法实践皆认为，"所得"强调对财产权利的取得，而非对财产的实际占有。故对那些由当事人在婚前已享有权利但于婚后才实际占有的财产，非属"婚后所得"，如婚前继承开始，婚后才实际分到的遗产；对那些结婚后已享有权利，但于离婚后才实际占有的财产，属于"婚后所得"。

（二）工资、奖金和劳动报酬

《民法典》第 1062 条第 1 款第 1 项源于原《婚姻法》第 17 条第 1 款第 1 项。与后者相比，第 1062 条第 1 款第 1 项增加了"劳务报酬"的内容。这样，夫妻任何一方在婚后所得的"工资、奖金和劳务报酬"都属于婚后所得。劳务报酬是指当事人通过非固定工作获得的报酬，如咨询费、讲课费和稿费等。

（三）生产、经营和投资收益

根据《民法典》第 1062 条第 1 款第 2 项的规定，生产、经营和投资收益归夫

[①] 薛宁兰、谢鸿飞主编：《民法典评注·婚姻家庭编》，中国法制出版社 2020 年版，第 181 页。

妻共有。

生产、经营收益属于劳务性收入，它指夫妻一方或双方从事生产、经营活动的收益，包括农业、工业、服务业、信息业等各种行业的生产、经营收益。[①] 投资收益则属于一种资本性收入，包括夫妻一方个人财产和共同财产产生的投资收益（同时见《解释一》第 25 条第 1 项）。收益归属规则不影响"本金"财产之归属。

投资收益原则上为夫妻共有。如前所述，最高人民法院为其发展出了例外规则。这样，只有不属于"自然增值"或"孳息"的投资收益才归夫妻共有。最高人民法院将其中基于一方或双方劳动而产生的价格增加称为"主动增值"，将其他不属于自然增值或孳息的收益依然称为"投资收益"。此二者皆为夫妻共同财产。

整体而言，这些概念的含义略显混乱，并不利于法律适用的确定性。或许，概念形成者只是用抽象概念的界定方式掩饰其仅侧重于具体情形之调整的真实意图。因此，考虑到清晰界定这些术语时所面临的困难，只要例外情形能够用其他方式被描述和理解，就应尽量避免进行这种意义模糊不清之概念的形成工作。

（四）知识产权的收益

根据《民法典》第 1062 条第 1 款第 3 项的规定，一方享有的知识产权在婚姻关系存续期间取得的收益归夫妻共有。从知识产权的性质来看，该收益为一方基于其知识产权相关权能的行使所得转让价款、许可使用费用或其他报酬等。因此，一方婚前取得知识产权的，只要其收益的取得发生于婚后，该收益即为夫妻共同财产。

根据《解释一》第 24 条的规定，取得包括"实际取得"和"可明确取得"两种情形。也就是说，《民法典》第 1062 条第 1 款第 3 项的适用并非仅以相关收益在婚姻关系存续期间必须实际取得为准，只要"明确可以取得"即为已足。后者指根据合同或其他规定可确定获得，只是支付期限并未届至的情形。这样，一方婚后已明确可以取得的收益，即使离婚后才实际取得，其也属于夫妻共同财产。同样，基于反推，一方婚前已明确可以取得的知识产权收益，即使在婚后实际取得，也不应属于夫妻共同财产。

从规范陈述来看，该条款仅涉及知识产权收益的归属，而未涉及知识产权自身的归属。也就是说，夫妻财产制的效力仅及于相关权能行使的经济成果或"具体体现"，而不及于该权能本身。故应认为，一方在婚姻关系存续期间取得的知识产权并不归夫妻双方共有，而归实施创作或创造行为的个人所有。因此，主张"对知识

---

① 夏吟兰等：《中国民法典释评·婚姻家庭编》，中国人民大学出版社 2020 年版，第 120 页。

产权收益归属的判断在于知识产权是否于婚姻关系存续期间取得"的观点①值得商榷，因为它为《民法典》第 1062 条第 1 款第 3 项施加了一个时间要件，即知识产权（注意：而非其收益）应在婚姻关系存续期间取得。但是，从《民法典》第 1062 条第 1 款的整体规定来看，无法推导出这一要件的存在。

（五）继承或受赠与的财产

根据《民法典》第 1062 条第 1 款第 4 项的规定，夫妻任何一方继承或受赠所得的财产归夫妻共有，除非立遗嘱人或赠与人确定相关财产仅归一方所有。从比较法的角度来看，《民法典》的这一规定与其他典型民法典的相关规定不同，较为严格地贯彻了婚后所得共同制的逻辑要求。

就《民法典》第 1062 条第 1 款第 4 项而言，有两个问题值得讨论。

其一，一方在婚姻关系存续期间继承的财产，与其他继承人未实际分割的，是否属于夫妻共有财产？根据《解释一》第 81 条的规定，婚姻关系存续期间，夫妻一方作为继承人可以继承的遗产，在继承人之间尚未实际分割，起诉离婚时另一方请求分割的，法院应告知当事人在继承人之间实际分割遗产后另行起诉。最高人民法院进一步解释如下：只要继承事实发生于婚姻关系存续期间，即使当时没有对遗产进行分割，在离婚后，遗产分割的配偶一方仍可主张相关权益。②

最高人民法院的这一观点值得赞同。因为它不仅符合继承开始后各继承人对遗产的权利状况（尤其是自动取得原则，《民法典》第 230 条），也符合《民法典》第 1062 条第 1 款第 4 项的字义要求。相反，如果认为继承人在遗产分割前仅享有继承权，故另一方不能参与分割，则属于对上述法律规则的误解。

其二，一方在婚姻关系存续期间是否可自由放弃继承权？最高人民法院基于自治原则，允许一方自由放弃继承权。因为，这属于继承人对其继承权的自由处分。不过，从比较法的角度看，比如《瑞士民法典》第 230 条第 1 款规定，夫妻一方未经另一方同意，不得放弃可能归属共同财产的遗产，也不得接受不足清偿债务的遗产。

---

① 余延满：《亲属法原论》，法律出版社 2007 年版，第 269 页。薛宁兰、谢鸿飞主编：《民法典评注·婚姻家庭编》，中国法制出版社 2020 年版，第 188 页。依据该观点，知识产权在婚前取得的，其收益就应归该方个人所有；反之，知识产权在婚后取得的，其离婚后收益也归夫妻共有。其中还涉及"取得"在婚姻法上的界定问题，对此，本书的观点是：婚姻法尽管相较于一般财产法规则具有特殊性，但这不能构成任意冲击后者的充分理由。

② 最高人民法院民事审判第一庭编著：《最高人民法院民法典婚姻家庭编司法解释（一）理解与适用》，人民法院出版社 2021 年版，第 152 页。

（六）司法实践中"其他应归共同所有的财产"

1. 军人复员费、自主择业费

如前所述，根据《解释一》第71条的规定，军人复员费、自主择业费中依法计算的一部分属于夫妻共有财产，于此不赘。

2. 住房补贴、住房公积金

根据《解释一》第25条第2项、第3项的规定，夫妻在婚姻关系存续期间各自实际或应当取得的住房补贴、住房公积金、基本养老金和破产安置补偿费也属于夫妻共同财产。

根据最高人民法院的观点，住房公积金和住房补贴实质上作为夫妻一方工资的一部分，是工资的另一种表现形式，故只要在婚姻关系存续期间取得，就应认定为夫妻共有财产。在分割时，应先计算出婚姻存续期间双方取得的总额，然后将其作为总括财产的一部分（如果仅单项分割，在该单项可抵销情形下并无分割之必要），在夫妻之间进行分割。

3. 基本养老金和养老保险费

根据《社会保险法》的规定，参加基本养老保险的个人，由其和用人单位共同缴纳基本养老保险费；当符合领取基本养老金的条件时，可以依法领取基本养老金。最高人民法院认为，尽管退休前缴纳养老保险费是退休后领取基本养老金的前提，但两者和含义并不等同：养老保险费通常是职工退休前由单位从职工工资中扣缴或统筹的资金，基本养老金实际上是职工在退休后领取的工资。[①]

《解释一》第80条规定了基本养老金和基本养老保险费的分割方法。最高人民法院在区分二者的基础上，一方面考虑到婚后所得共同制的约束，另一方面考虑到符合养老金领取的条件。依此，如果离婚时因不符合领取条件而不能领取基本养老金的，不得请求分割；反之，如果任何一方符合领取条件，则其所领取的基本养老金应作为共同财产分割。对任何一方在婚姻存续期间实际缴纳的养老保险费部分及其利息，可作为共同财产进行分割，因为个人缴纳部分具有工资属性，是法定的共同财产。离婚后，一方才退休并实际领取基本养老金的，另一方不得另行提起分割之诉，因为上述分割方法被视为完成了对相关共同财产的分割。

---

① 最高人民法院民事审判第一庭编著：《最高人民法院民法典婚姻家庭编司法解释（一）理解与适用》，人民法院出版社2021年版，第682页。

第三节 婚后所得共同制的消灭

根据《民法典》的规定，婚后所得共同制在两种情形下得以消灭：其一，基于"裁判的非常财产制"而分割共同财产（第 1066 条）；其二，夫妻双方因解除婚姻关系而分割共有财产（第 1087 条）。

一、基于非常财产制的消灭

《民法典》第 1066 条的规定实质上属于"裁判的非常财产制"。依此，在婚姻关系存续期间，如果发生该条规定的法定情形，则依裁判实行分别财产制。这些情形包括：（1）一方实施严重损害夫妻共同财产利益的行为，比如一方故意毁损、侵占（隐藏、转移、通过伪造夫妻共同债务）、无权处分或挥霍共同财产的行为；（2）一方负有法定扶养义务的人患重大疾病（长期治疗、花费较高或者直接关涉生命安全的疾病）需要医治，另一方不同意支付相关医疗费用（但不含营养费、陪护费等非医疗费用）。

根据《解释一》第 38 条的规定，《民法典》第 1066 条规定的分割情形具有封闭性。因此，该条既不能类推适用，也不能进行扩大解释。

但是，依《最高人民法院关于人民法院民事执行中查封、扣押、冻结财产的规定》第 12 条的规定，法院对共有财产采取强制措施时，应及时通知共有人；且在共有人达成经债权人认可的分割协议且经法院认定有效后，可强制执行作为债务人的共有人的个人财产。该规定实际上也包含着基于非常财产制消灭的情形，即一方承担个人债务时，至少在履行所需的范围内消灭法定财产制。

理论上认为可以适当扩大一方当事人请求分割共同财产的情形。包括：其一，夫妻一方依法应给付家庭生活费用而不给付的；其二，夫妻一方管理和处分（比如经营投资）共同财产，他方无（经济或道德上的）正当理由拒绝同意的；其三，一方财产不足以清偿个人债务的；其四，夫妻一方拒绝向他方告知收入等共同财产状况或债务的。

法院判决分割共同财产的，就内部关系而言，婚后所得共同制从判决生效之日起转换为分别财产制。就外部关系而言，最高人民法院认为，不应损害外部债权人利益。外部债权人依然可以要求夫妻双方承担连带清偿责任，[1] 共同债务的清偿不

---

[1] 最高人民法院民法典贯彻实施工作领导小组主编：《民法典婚姻家庭编继承编理解与适用》，人民法院出版社 2020 年版，第 183 页。

受 "裁判的非常财产制" 的影响。最高人民法院显然将债权人保护置于更优先地位，但可以考虑将保护范围限制为善意债权人，以进行衡平。另外，夫妻如果以损害第三人利益为目的，恶意串通协议分割共同财产的，协议无效。

夫妻之间不履行扶养义务的，不适用该条。权利人可直接请求对方履行法定扶养义务。

二、基于解除婚姻关系的消灭

婚姻关系消灭时，夫妻财产制也随之消灭。因为该消灭方式以离婚为前提，故对于其中涉及的共同财产分割问题，在第五章另行说明，于此不赘。

第四节　夫妻财产约定

当事人可对婚姻关系存续期间所得的财产以及婚前财产（与婚姻有关的财产）的归属进行约定，以排除法定财产制中的归属规则。根据《民法典》第 1065 条的规定，对与婚姻有关的财产，男女双方可以约定它们归各自所有、共同所有或者部分各自所有、部分共同所有。

一、法律界定

根据《民法典》第 1065 条的规定，可从以下四个方面理解 "夫妻财产约定" 这一概念。首先，"男女双方" 这一规范陈述意味着，约定不以具有夫妻身份为前提，即双方既可以在婚前也可以在婚后进行约定。[1] 婚前关于夫妻财产的约定只能被归入以结婚为条件的法律行为。也就是说，夫妻财产约定若要发生效力，就应以婚姻关系成立为前提。[2] 这样，一方婚前就特定财产进行的非 "夫妻财产约定"，不能适用第 1065 条；相反，应根据其性质适用《解释一》第 32 条或第 5 条。

其次，可以被约定的、与婚姻有关的财产既包括婚前财产，也包括婚姻关系期间所得的财产。后者应指夫妻双方或任何一方在婚姻关系存续期间取得的所有财产，而非仅根据法定财产制属于共有的 "婚后所得"。事实上，《民法典》第 1062 条的规范陈述表明属于夫妻共有的 "婚后所得" 只是 "婚姻关系期间所得财产" 的一部分。

---

① 最高人民法院民法典贯彻实施工作领导小组主编：《民法典婚姻家庭编继承编理解与适用》，人民法院出版社 2020 年版，第 173 页。

② 最高人民法院将婚姻关系成立界定为该约定 "特殊的成立要件"，参见最高人民法院民法典贯彻实施工作领导小组主编：《民法典婚姻家庭编继承编理解与适用》，人民法院出版社 2020 年版，第 177 页。

而且，从《民法典》第 1065 条的规范陈述来看，双方既可就财产之集合的归属进行约定，也可就单个客体的归属进行约定，并未设置特殊限制。但是，双方不能将单个客体（比如单套房屋）进行"切割"后，就其部分约定归属。如果这样，则会违反"一物一权原则"。

再次，从约定的形式来看，虽然《民法典》第 1065 条规定约定应采取书面形式，但最高人民法院并未将其理解为一条强制性规范。因为，在其看来，实践中"如果双方当事人主张以口头形式进行了约定，且双方对此并无异议的，（对其效力）也应予以认可"[①]。就此而言，该规范内容在性质上仅具有"指导性"。如果一方对口头约定的主张提出异议，主张方又不能举证证明的，就应适用法定财产制。

最后，《民法典》第 1065 条允许双方约定的种类包括：各自所有、共同所有、部分各自所有、部分共同所有。据此，双方不得约定按份共有（但是，依据相关规范的逻辑却可能产生房屋的法定按份共有）。

另外，该规范陈述中使用了"各自所有"这一术语。在典型情形下，"各自所有"的约定针对的财产范围是：婚后个人一方所得但依法应共有的财产。因为如果是婚前财产或婚后法定属一方个人所有的财产，就不需要约定为"各自所有"。将上述范围内的财产约定为依然由所得方个人所有，即为对法定财产制归属规则的变更。但是，该术语是否包括将个人财产约定为另一方所有的情形，或是否包括将共同财产约定为任何一方所有的情形，则值得商榷。因为它们是夫妻财产约定还是赠与，尚存争议。当然，如果规范陈述在这里使用的是（约定为）"个人所有"，而不使用"各自"一词，则基于语言的习惯用法，就可能指称更广泛的情形。指出这一问题的法律意义在于：它影响对特定的财产约定性质的界定，从而影响相关的法律适用。

二、概念区分

（一）夫妻财产约定与财产分割约定

首先应将夫妻财产约定与离婚合意中的财产分割协议区分开来。财产分割协议以解除婚姻关系为前提，在性质上属于共同财产制的清算约定，其内容主要是离婚时，共同财产如何在夫妻之间进行分割，共同财产转换为每一方个人所有，因此其内容也较为单一。财产分割协议之履行将导致夫妻财产制的结束。相反，根据《民法典》第 1062 条的规定，夫妻财产约定则以婚姻关系存续为前提，夫妻在法定类型的范围内约定与婚姻相关之财产的归属。同时，其必然也涉及基于该归属的财产

[①] 最高人民法院民法典贯彻实施工作领导小组主编：《民法典婚姻家庭编继承编理解与适用》，人民法院出版社 2020 年版，第 176 页。

管理、用益和处分。

而且，尽管二者皆包含确定共同财产归属个人所有的内容，但夫妻财产约定的效力依《民法典》第 1065 条第 2 款加以确定；而对财产分割协议而言，考虑到其自身的性质以及司法实践赋予《民法典》第 1065 条第 2 款的意义（见后文），其效力则不应类推适用《民法典》第 1065 条第 2 款。

（二）夫妻财产约定与赠与约定

无论面对何种困难，应在理论上区分夫妻财产约定与赠与约定。从既有的法律实践来看，该区分的意义在于：夫妻财产约定的效力适用《民法典》第 1065 条第 2 款，而赠与约定则适用《民法典》第 657 条至第 666 条的规定。

此前，最高人民法院采取的区分方法是：以《民法典》第 1065 条规定的约定类型为限，将夫妻一方个人财产归属另一方个人所有的约定，确定为赠与约定。现在，《解释一》第 32 条增加了一种赠与情形：一方将其个人房屋约定为双方共有的，也属于赠与。对于其他财产而言，该条不应具有类推适用的效力，因为它事实上属于《民法典》第 1065 条第 1 款规定的例外。

此外，实践中将夫妻共同财产约定为一方个人所有的，是应被界定为"赠与"还是"夫妻财产约定"，取决于对《民法典》第 1065 条"各自"一词的理解，即其涉及"各自"与"个人"能否做同等理解。如前所述，就语言在共同体中的使用而言，"各自"与"个人"的意义并不完全相同，故该约定不能归入第 1065 条，而属于（共有份额的）"赠与"。当然，如果超出字义约束，则该约定的性质则似乎只能取决于法律权力的意志。也有观点认为这种约定"本质上是夫妻共同财产的分割协议"[1]，依本书之见，如果该约定的效力发生于夫妻关系存续期间，这种观点就值得商榷。

理论上，基于婚姻家庭法与一般财产法之体系划分，也有观点主张区分"夫妻财产约定"与"夫妻间有财产法内容的法律行为"。[2] 依此，前者属于婚姻财产法秩序的一部分，后者（如赠与、买卖、借贷、租赁和合伙）则处于一般财产法秩序之中。根据该观点，二者的主要区别是：前者之目的在于决定配偶在婚姻财产法上的法律地位，而非一般性的权利主体地位。夫妻共同生活和财产约定可与一般性的财产行为相结合。比如，丈夫允诺对妻子之劳务给予一定的数额，并非夫妻财产契约，可解释为对妻子的赠与。

---

[1] 薛宁兰、谢鸿飞主编：《民法典评注·婚姻家庭编》，中国法制出版社 2020 年版，第 249 页。
[2] 史尚宽：《亲属法论》，中国政法大学出版社 2000 年版，第 341 页。

三、法律效力

"夫妻财产约定"属于法律行为的一种，故应受法律行为一般效力规则的约束。

这里，尤为重要的是，应结合婚姻关系的特殊性适用公序良俗原则。对于财产约定中关于排除或限制处分权的约定，或者与婚姻本质不相符合的约定（例如，婚后所得全部归于任何一方、与财产归属相关的否定扶养义务或日常家事费用负担的约定），都可能无效。此外，违反两性之实质平等的财产约定也无效。

（一）内部效力

有学者认为，夫妻财产契约作为婚姻行为的"从行为"或"附随行为"。依此观点，虽然财产契约可于婚前约定，但只有在婚姻成立时才发生效力。婚姻不成立或无效，财产契约不发生效力。

根据《民法典》第 1065 条第 2 款的规定，夫妻财产约定生效后，在夫妻内部产生约束力。理论上，该条的"法律约束力"可能出现歧义，这涉及夫妻财产约定的性质。一种观点认为，夫妻财产约定仅具有债权拘束力，一方基于该约定仅享有债权性质的请求权，权利变动仍需遵循相关法律规定。另一种观点认为，该约定可直接发生财产权取得效力。因为，约定财产制与法定财产制的法律性质处在同一位阶，法律效力层次也应具有一致性。就物权而言，仅基于该约定就可以直接发生物权变动的效果，相关财产的归属应依该约定进行确定。

上述第二种观点逐渐成为司法实践中的主流观点。而且，司法实践考虑到这种解释背离了《民法典》第 208 条、第 209 条以及第 224 条规定的物权变动要件的一般要求，故倾向于将《民法典》第 1065 条第 2 款视为第 209 条和第 224 条规定中的例外情形。这样，基于"夫妻财产约定直接引起物权变动"就成为物权变动要件的例外规定。

从理论上讲，将夫妻财产约定归入"处分合意"（"物权行为"呼之欲出），并使其直接发生权利变动的法律效果，并非不可行。即使认为法律不要求在夫妻内部采用一般性的公示程序，也可将其视为特定法律秩序的内部要求。但是，如果欠缺法定公示程序，而产生对第三人利益的保护问题，就需要进行进一步的规制。理想的规制状态是：对该处分合意进行登记。然而，《民法典》并未提供相关规则。

（二）外部效力

司法实践倾向于将夫妻财产约定的物权效力仅限制于夫妻内部关系。当外部关系中的相关当事人产生利益冲突时，司法实践主要针对不动产（因为其他财产可能根本上就不具备登记的条件）采取了登记对抗的处理方式。依此，仅夫妻财产约定确定的不动产归属状态如果没有进行权属登记，不能对抗善意第三人。

比如，甲乙为夫妻，有房屋一套，登记在甲名下，双方在婚姻关系存续期间约定共有房屋归乙所有。双方离婚后，甲的债权人丙请求强制执行依然登记在甲名下的房屋，乙认为房屋归自己所有，遂提起执行异议之诉。法院认为，尽管基于第1065条第2款的规定，夫妻财产约定具有可直接确定财产归属的效力，但未经登记公示的物权不得对抗善意第三人所享有的物权（但可对抗其债权主张）。[①]

第五节　夫妻共同债务

一、概述

《民法典》第1064条、第1065条第3款（即"夫妻财产约定的对外效力"）、第1089条和《解释一》第33条至第37条对夫妻债务进行了规定。可从认定标准、举证责任和清偿规则三个方面对这些规定进行说明。

二、认定标准

《民法典》第1064条规定了两种情形：其一，以夫妻双方"共同意思"举债的情形（包括双方"共同签名"和一方"事后追认"的方式）；其二，以一方个人意思（"个人名义"）举债的情形。以下以此两种情形为准，对各自的认定标准予以说明。

（一）双方以共同意思举债

"夫妻双方以共同意思举债"的情形在实践中被俗称为"共债共签"。就夫妻共同债务的认定而言，《民法典》第1064条以意思自治为标准，将相关债务规定为夫妻共同债务。从体系角度来看，对于夫妻事先共同签名承担债务的情形，属于一般财产法中共同债务人的情形。进而，对于夫妻一方事后愿意承担债务的，似可区分不同事实情形，直接适用追认（《民法典》第171条）或"债务的并存承担"（《民法典》第552条）来调整即可。换句话说，初步来看，《民法典》对第1064条规定的第一种情形，通过制定援引性规范的形式就可以解决。

《民法典》并没有以制定援引规范的方式调整该种情形。相反，如果仅从其字义出发，第1064条包含着不同于一般财产法的规则内容。首先，当夫妻一方"事后追认"时，债权人拒绝同意（尽管实践中较为罕见）不具有法律意义。换言之，

---

① 案例参见最高人民法院中国应用法学研究所编：《人民法院案例选》2016年第2辑（总第96辑），人民法院出版社2016年版，第145页。

追认行为完成后，该债务将确定地属于夫妻共同债务。

其次，一旦被认定为夫妻共同债务，就应先适用婚姻家庭法体系中的清偿规则（尤其是《民法典》第 1089 条），而非一般财产法的清偿规则。

实践中，该规定对法律生活的影响还是十分明显的。在大额举债情形中，债权人通常会要求"共债共签"，以便获得更充分的信用担保，避免对自己不利的清偿局面之产生。不过，该规定也因此遭受不够效率的指责。

（二）一方以个人名义举债

对婚姻家庭法实践而言，更具规制意义的是夫妻一方以个人名义举债的情形。因为在这种情形中，另一方如果明确拒绝承担清偿责任的，债务人或债权人会提出认定要求。另外，当出现如下法律事实时，上述第一种情形也会与第二种情形实质相同：另一方以共同承担的意思具有瑕疵（比如对债务归属产生了错误认识等）为由，予以撤销或否认其效力，以之抗辩债权人的履行请求。这时，债务人或债权人可能提出夫妻共同债务的认定请求。

1. "家庭日常生活需要" 标准

根据《民法典》第 1064 条第 1 款的规定，夫妻一方以个人名义为"家庭日常生活需要"所负的债务，属于夫妻共同债务。依此，"家庭日常生活需要"是认定共同债务的法律标准之一。因为"家庭日常生活需要"即为"日常家事范围"[①]，故夫妻任何一方行使"日常家事代理权"而产生的债务，就应被认定为夫妻共同债务。

2. "夫妻共同生活" 标准

（1）含义

根据《民法典》第 1064 条第 2 款的规定，当夫妻一方以个人名义所负债务超出"家庭日常生活需要"时，则首先可适用"夫妻共同生活"标准。

从制定法演变的角度看，原《婚姻法》第 41 条将"是否用于夫妻共同生活"作为认定夫妻共同债务的一般标准。在《民法典》第 1064 条中，立法者在"家庭日常生活所需"与"超出家庭日常生活所需"的二分之下来认定夫妻共同债务，而且，将"夫妻共同生活"作为一方举债"超出家庭日常生活需要"时的认定标准。就此而言，该标准在原《婚姻法》中的一般性地位被改变了。

这样就会涉及"夫妻共同生活"标准与"家庭日常生活需要"标准的关系。通常，后者可被包含于前者之中。也就是说，考虑到可能的生活情形，前者的范围应大于后者。因此，属于"夫妻共同生活"的事项，却可能无法落入"日常家事"

---

① 比较《民法典》第 1064 条与第 1060 条的规范陈述，同时参见最高人民法院民法典贯彻实施工作领导小组主编：《民法典婚姻家庭编继承编理解与适用》，人民法院出版社 2020 年版，第 167 页。

的范围。① 这样，"夫妻共同生活"标准仍具有独立的法律意义。实践中，比如一方通过大额负债购买或装修房屋或进行其他大额消费的，只能适用"夫妻共同生活"标准来判断。

（2）具体适用

司法实践中，法院根据"夫妻共同生活"标准，通常会认为下列债务并非夫妻共同债务，而属于夫妻个人债务：①夫妻一方的婚前债务，但如果该债务用于婚后家庭共同生活的，则属于共同债务；②夫妻一方未经对方同意，擅自资助没有抚养义务的人所负的债务；③夫妻一方未经对方同意，独自筹资从事生产经营活动所负的债务，且其收入的确未用于共同生活的；④夫妻双方依法约定由个人负担的债务；⑤夫妻一方因个人不合理开支所负的债务（比如酗酒）。②

实践中，如果夫妻一方对外担保之债与夫妻共同生活无关的，也不能被认定为夫妻共同债务。③ 如果夫妻一方作为法定代表人，以个人名义举债且用于公司经营，不属于夫妻共同债务。

分居状态也会对夫妻共同债务的认定产生影响。通常，夫妻分居期间一方所负的债务，如果未用于共同生活，也不能被认定为共同债务。此时，未举债方只要证明所借债务发生在双方分居期间即可。

（3）个人债务清偿中的共同财产分割

当夫妻一方要清偿个人债务时，通常会引发强制执行程序，且依据最高人民法院规定应先分割共同财产，但实践中往往由于各种原因不能实现分割。此时，司法实践还对一些替代性的解决方法进行考虑。这些方法包括：①直接拍卖共同财产，从变现所得中执行被执行人的财产份额。②直接执行共同财产变现后的价款，不考虑份额。③如果仅对被执行人夫妻共同财产中的非主要部分（小额存款、车辆等）进行处置，或者该共同财产的价值明显不超过被执行人在全部共同财产中享有的份额，可直接予以执行。④对于物理上不能分割的财产，因涉及案外人份额，执行中不予处置。非负债一方认为因"负债方行为"造成自身权利侵害的，可以通过析产诉讼对夫妻财产进行分割。

通常，这些方案虽然降低了司法成本，提高了执行效率，但容易侵害夫妻另一方的合法权益，引发新的矛盾。无论如何，债权人应穷尽《最高人民法院关于人民

① 最高人民法院民事审判第一庭编：《民事审判指导与参考》2018 年第 1 辑（总第 73 辑），人民法院出版社 2018 年版，第 37 页。

② 最高人民法院民法典贯彻实施工作领导小组主编：《民法典婚姻家庭编继承编理解与适用》，人民法院出版社 2020 年版，第 261 页。

③ 人民法院出版社编：《最高人民法院司法观点集成·民事卷》（第三版），人民法院出版社 2017 年版，第 343—344 页。

法院民事执行中查封、扣押、冻结财产的规定》第 12 条规定的所有手段，包括代位提起析产诉讼。否则，法院无权直接强制执行共同财产。

3. "共同生产经营"标准

《民法典》第 1064 条第 2 款还规定了"共同生产经营"标准，适用于债务超出"家庭日常生活需要"的另一情形。依此，如果大额负债用于共同生产经营的，属于夫妻共同债务。

依据最高人民法院的观点，"夫妻共同经营"是指由夫妻双方共同决定生产经营的事项，或虽由一方决定但另一方进行了授权的情形。[1] 实践中，可根据经营活动的性质以及夫妻双方在其中的地位作用等因素综合认定。通常，夫妻共同经营所负债务一般包括双方共同从事工商业、共同投资以及购买生产资料等所负的债务。

除上述两种情形外，"夫妻共同经营"是否包括"仅一方实际经营并负债、但收益为双方共享"的情形，也值得讨论。在《民法典》施行之前，最高人民法院对此似乎并不排斥："……债务发生后，夫妻双方如果共同分享了该债务所带来的利益，同样应视其为共同债务……这里的共同生产、经营既包括夫妻双方一起共同从事投资、生产经营活动，也包括夫妻一方从事生产、经营活动但利益归家庭共享的债务。"[2]

最高人民法院对上述解释的利益考量说明如下："既然《婚姻法》第 17 条第 1 款第 2 项规定婚姻关系存续期间生产、经营的收益归夫妻共同所有，那么根据权利、义务、责任相统一原则，因投资经营产生的债务由夫妻共同承担自是应有之义。因此，对夫妻一方因投资经营所负债务，使用《最高人民法院关于适用〈中华人民共和国婚姻法〉若干问题的解释（二）》（以下简称《婚姻法司法解释二》）第 24 条按夫妻共同债务处理，与婚姻法相关规定精神是一致的。"[3]

4. 司法实践中的"家庭共同利益"标准及其适用

上述最高人民法院对"共同生产经营"标准的解释即"虽然仅一方实际经营并负债、但收益为双方共享"的情形中，已经包含着"家庭共同利益"的债务认定标准。显然，该标准以"权利义务相一致"的法律思想为基础，认为如果某一利益为夫妻共享，则与其相关的债务也应认定为夫妻共同债务。最高人民法院在所谓的"八民纪要"中开始明确考虑该标准独立的可能性："在夫妻共同债务的认定

---

[1] 最高人民法院民事审判第一庭编：《民事审判指导与参考》2018 年第 1 辑（总第 73 辑），人民法院出版社 2018 年版，第 37 页。

[2] 最高人民法院民事审判第一庭编著：《最高人民法院婚姻法司法解释（二）的理解与适用》，人民法院出版社 2015 年版，第 260—261 页。

[3] 最高人民法院民事审判第一庭编著：《最高人民法院婚姻法司法解释（二）的理解与适用》，人民法院出版社 2015 年版，第 260—261 页。

中，除用于夫妻共同生活的标准外，是否要考虑增加为了家庭共同利益的标准。"①

司法实践中，"家庭共同利益"标准主要被用于不法行为所产生之债务的认定中。

首先，根据最高人民法院的观点，就侵权之债而言："如果夫妻一方对外形成侵权之债，一般应认定为个人债务，但如果债权人能举证证明该侵权之债的形成与夫妻家庭生活有关，或者家庭因该行为享有利益，则夫妻双方应共同偿还。如果该侵权行为系为了家庭利益或事实上使家庭受益的，比如出租司机因交通事故需进行赔偿产生的债务，应当认定为夫妻共同债务。如并非为了家庭利益且事实上家庭也未获益的，比如打伤别人需要进行赔偿、侵犯他人名誉权进行赔偿等，应当认定为一方的个人债务。"②

其次，如果借贷行为构成刑事犯罪（诈骗罪），但所借款项未用于夫妻共同生活的，不能认定为夫妻共同债务。③ 据此，如果所借款项用于夫妻共同生活的，将可能被认定为夫妻共同债务。

最后，就一方因赌博、吸毒等不法行为而举债的，通常不能被认定为夫妻债务。因为，吸毒行为显然与"婚姻共同生活"毫无关联。"赌博之债"充其量算是"自然之债"，不受法律的保护。

5. 《民法典》第 1065 条第 3 款与夫妻共同债务的认定

该款规定的是特定种类的夫妻财产约定的对外效力。依此，当夫妻任何一方对外负有债务时，债权人如果知道夫妻就"与婚姻相关之财产"约定了各自所有的，则只能请求以该方的"个人财产"清偿。

最高人民法院认为《民法典》第 1065 条第 3 款适用于夫妻基于财产"各自所有"的约定，而同时约定各自债务各自承担的情形。④ 在这种情形下，夫妻一方向他人负债的，夫妻不得以该约定对抗善意债权人。此时，"该债务应按照在夫妻共同财产制下的清偿原则进行偿还。"债权人的"善意"不仅包括知道约定的存在，还包括知道约定的内容。"善意"应以债务产生时债权人的状态进行判断。

另外，根据上述司法释义，该条主要是关于由何种性质的夫妻财产清偿的问题，而并不涉及是否为夫妻共同债务的认定问题。

---

① 杜万华主编：《第八次全国法院民事商事审判工作会议（民事部分）纪要理解与适用》，人民法院出版社 2017 年版，第 63—64 页。

② 人民法院出版社编：《最高人民法院司法观点集成·民事卷》（第三版），人民法院出版社 2017 年版，第 327—328 页、第 330 页。

③ 人民法院出版社编：《最高人民法院司法观点集成·民事卷》（第三版），人民法院出版社 2017 年版，第 345 页。

④ 最高人民法院民法典贯彻实施工作领导小组主编：《民法典婚姻家庭编继承编理解与适用》，人民法院出版社 2020 年版，第 176 页。

有理论观点提出疑问："只规定了相对人知道夫妻双方实行分别财产制情形，未规定双方实行类型财产约定对第三人的效力。实际上，夫妻财产约定所能涵盖的范围远大于本条第 3 款。比如，双方约定财产共有，但各自债务各自清偿的，如果债权人知道该情况，则同样无权主张要求夫妻双方承担连带责任。"① 依据该观点，《民法典》第 1065 条第 3 款的缺陷在于其狭隘地将对债权人的对抗效力仅仅适用于"各自所有"的约定情形。

实际上，《民法典》第 1065 条第 3 款的规制目的是：当夫妻约定财产各自所有时，知情的债权人不得以另一方所有的财产作为其债权清偿的信用担保。但是，对不知情的善意债权人而言，该款并未明确其效果。最高人民法院的相关立法释义，通过反推方式为其添加了"该债务应按照在夫妻共同财产制下的清偿原则进行偿还"的效果。

根据最高人民法院的上述理解，第 1065 条第 3 款包含的规范内容就是：（1）夫妻双方约定与婚姻有关的财产归各自所有；（2）夫妻任何一方以个人意思负债，且无论该债务是否依《民法典》第 1064 条为夫妻共同债务；（3）如果债权人对财产归属约定为恶意，则仅能请求作为债务人的夫妻一方以其个人财产偿还（即受归属约定之约束）；反之，如果债权人为善意，则应"按照夫妻共同财产制下的清偿原则进行偿还"。

至此，该款的关键问题就是：如何理解"夫妻共同财产制下的清偿原则"？对此见后文"清偿规则"中的进一步讨论。

三、举证责任

就上述认定标准之适用所需的相关事实，由何方当事人承担举证责任，是另一个重要的问题。这些待证事实包括：债之关系的真实性、款项的流向等。

（一）债务真实性的证明责任

针对债权人或配偶一方的清偿主张，未以其个人意思举债的另一方可提出虚假债务抗辩。在常见的民间借贷纠纷中，根据《最高人民法院关于审理民间借贷案件适用法律若干问题的规定》（以下简称《民间借贷司法解释》）第 15 条、第 18 条的规定，当借贷合同未依法成立、债权人仅有债权凭证或举债一方与债权人存在虚假诉讼时，该抗辩具有重要的意义。此外，最高人民法院于 2017 年发布了《关于依法妥善审理涉及夫妻债务案件有关问题的通知》（以下简称《通知》），其中第 3 条通过援引《民间借贷司法解释》第 15 条、第 18 条的规定，对债务是否真实存在

---

① 薛宁兰、谢鸿飞主编：《民法典评注·婚姻家庭编》，中国法制出版社 2020 年版，第 253 页。

中的证明问题进行了规定。

根据上述规定，在民间借贷关系中，不能仅凭债权人所持有的债权凭证就认定债务关系真实存在。

对债权人而言，还需要提供证据证明其已经将款项实际交给举债的配偶一方。

对债务人而言，如果抗辩借贷行为并未实际发生，应对其抗辩进行合理说明。

对法院而言，在债务人作出合理说明的情况下，法院应结合当事人之间关系及其到庭情况、借贷金额、款项交付、当事人的经济能力、当地或者当事人之间的交易方式、交易习惯、当事人财产变动情况以及当事人陈述、证人证言等事实和因素，综合判断债务是否发生。简言之，在当事人举证的基础上，法院要依职权查明举债一方作出有悖常理的自认的真实性，防止仅凭借条、借据等债权凭证就认定存在债务的简单做法（《通知》第3条、《民间借贷司法解释》第15条第2款）。

这里，特别应注意的是：举债的配偶一方的自认也不能成为认定债务的决定性证据。而且，法院尤其不能仅要求未举债的配偶一方证明特定债务没有发生。因为如果这样，就相当于证明没有发生的事实。

另外，这里还涉及诉讼法上的问题，即债权人在离婚诉讼中的地位问题。司法实践中存在一种普遍的倾向，即其他人不应作为第三人介入夫妻的离婚诉讼。因为夫妻通常就人身关系和财产关系一并提起诉讼，故这种倾向导致在解决财产关系纠纷时，与特定财产（包括债务）相关的当事人无法参与诉讼，充其量只能在执行程序中提出执行异议。

不过，就债务关系而言，《通知》第2条明确规定："……在审理以夫妻一方名义举债的案件中，原则上应当传唤夫妻双方本人和案件其他当事人本人到庭；需要证人出庭作证的，除法定事由外，应当通知证人出庭作证……"这表明，债权人可以作为当事人出庭，以便查清事实。在债权人不出庭或当事人对债务不予认可，法院一时难以查明事实真相的，可在离婚案件中不予处理债务问题，告知债权人另案起诉解决。

对于当事人伪造虚假债务的，除了可能采取妨碍民事诉讼的强制措施外，涉及犯罪的，应进入刑事程序。

（二）与各认定标准相关之事实的证明责任

如果所负债务是真实的，就需要证明存在相关认定标准所要求的事实。根据《民法典》第1064条所确定的三个认定标准，相关当事人需要证明所负债务"是否用于家庭日常生活所需"或"其他共同生活所需"，或者需要证明所负债务"是否用于共同生产经营"。

在司法实践中，相关诉讼可能由债权人提起，也可能由举债一方在离婚诉讼中提起。最高人民法院似乎愿意在此基础上考虑证明责任的承担问题，且表明了如下举证责任分配原则：切忌机械僵化地理解举证证明责任，要注意根据不同案件事实，区分争议点是配偶双方内部关系还是与债权人之间的外部关系，合理分配举证证明责任。

1. 债权人提起诉讼

在债权人起诉请求夫妻共同承担债务的案件中，根据最高人民法院的观点，如果是夫妻一方为家庭日常生活所负的债务，原则上应首先推定为夫妻共同债务。这样，债权人在已经证明债权债务关系真实存在的前提下，再证明债务符合当地一般认为的家庭日常生活范围即可，而不需要举证证明该债务具体用于家庭日常生活。未举债的配偶一方如果提出抗辩，则需要证明所负债务并非用于家庭日常生活。尤其是，如果未举债的配偶一方举证证明举债一方所举债务明显超出日常生活所需，或者举债一方有赌博、吸毒等不良嗜好，或者所借债务发生在双方分居期间等情形的，举证责任就相应地转回到债权人一方。

这一要求"大大减轻了债权人的举证证明责任"。相反，如果一方所负债务"超出家庭日常生活需要"，尤其是数额较大的债务，则债权人就应承担证明该债务用于夫妻共同生活、共同生产经营或基于夫妻共同意思所负的责任。显然，与第一种情形相比，债权人的证明责任明显加重，其目的在于"引导债权人在债务形成时尽到充分的谨慎注意义务"①。

这里，最高人民法院所称的"符合当地一般认为的家庭生活范围"的法律意义如何，将影响债权人应尽到怎样的举证责任问题。在该范围之内的债务，未举债的配偶一方的举证责任更重，债权人只需证明债务的数额及其可得而知的债务内容、用途符合当地一般的家庭日常生活范围即可；反之，债权人举证责任更重。在这个过程中，债务用途和数额一开始就具有决定意义。

此外，债权人还需要证明该债务是债务人婚姻关系存续期间所负。

2. 举债一方诉请认定为夫妻共同债务

如果相关诉讼仅仅发生在夫妻之间，则举证责任主要在夫妻内部分配。最高人民法院认为，在这种情形下，应首先由举债一方证明该债务是否用于家庭日常生活或其他共同生活或共同生产经营："……（2）当夫妻双方对外共同偿还债务后，如果该债务确为夫妻一方的个人债务，在夫妻内部产生求偿关系。此时，举债方必须承担举证义务，证明该借款用于家庭共同生活或履行共同的义务，如举证不能，其应承担返还责任。（3）当债权人仅起诉夫妻中借款一方还款，在法院作出裁判

---

① 最高人民法院民事审判第一庭编：《民事审判指导与参考》2018 年第 1 辑（总第 73 辑），人民法院出版社2018 年版，第 47—48 页。

后，债务人在离婚案件中要求配偶共同偿还的，则由其证明该债务是否用于家庭共同生产或生活。在涉及夫妻债务的内部法律关系时，应按照原《婚姻法》第41条的规定，由债务人举证证明所借债务是否用于夫妻共同生活，如举证不足，另一方不承担偿还责任。离婚案件中，（举债的）夫妻一方当事人除了要证明债务的真实存在并产生于婚姻关系存续期间外，还有责任证明所借款项用于夫妻共同生活。离婚诉讼中，夫妻一方持婚姻关系存续期间一方所欠债务的生效法律文书，主张该债务为夫妻共同债务的，不宜直接将该法律文书作为认定夫妻共同债务的依据，对于夫妻共同债务的认定应加强举债一方的举证责任，其应当能够证明所借债务用于夫妻共同生活、经营。"[1]

对分居期间所负债务，司法实践通常认为，未举债方只要证明所借债务发生在双方分居期间即可，由举债一方证明它是否用于共同生活。

四、婚前所负债务的认定及举证责任

《解释一》第33条对一方婚前所负债务的认定及举证责任问题进行了规定。依此，配偶一方婚前所负债务原则上属于该方个人债务，但如果其用于婚后家庭共同生活的除外。在举证责任方面，由债权人对是否用于婚后共同生活承担举证责任。也就是说，婚前债务首先推定该债务为举债一方的个人债务。

实践中，一些婚前个人债务向婚后共同债务"转换"的情形，如一方婚前举债购置大量结婚用品，婚后为夫妻双方共同生活需要时，可以转换为婚后共同债务；一方婚前借款装修房屋，该房屋供夫妻双方婚后共同居住或使用的。[2]

就举证责任而言，在债权人和夫妻之间依然存在责任转换的可能性："如债权人……证明了借款的时间、结婚的时间以及结婚时购置的大量物品等，就可以推定债务人所负债务用于婚后共同生活。此时，法院可以要求债务人及其配偶就否认的事实承担证明责任，如果夫妻双方能够证明共同财产的形成与该婚前所举债务无关，债务人的配偶就不承担清偿责任。如果双方所持证据均不能完全证明自己的主张时，法院可以根据证明力较大的证据进行判决。"[3]

如果举债的夫妻一方请求认定其婚前所负债务为夫妻共同债务，同样应由其首先证明该债务被用于家庭共同生活。

---

① 参见人民法院出版社编：《最高人民法院司法观点集成·民事卷》（第三版），人民法院出版社2017年版，第327页、第335页、第342—343页、第345页。

② 最高人民法院民事审判第一庭编著：《最高人民法院婚姻法司法解释（二）的理解与适用》，人民法院出版社2015年版，第255页。

③ 人民法院出版社编：《最高人民法院司法观点集成·民事卷》（第三版），人民法院出版社2017年版，第255页。

五、清偿规则

(一)《民法典》中的清偿规则

《民法典》仅在第 1089 条对共同债务的清偿进行了有限规定。依此,离婚时,夫妻应用共同财产清偿共同债务;当共同财产不足以清偿或已经清算完毕的,由双方协议清偿;协议不成的,由法院判决。

就夫妻共同债务之清偿而言,《民法典》第 1089 条是不完整的。因为一方面,它仅调整离婚时的共同债务清偿,因此以夫妻财产制之清算为前提。如此,对于婚姻关系存续期间的清偿问题,就会引发能否"参照"适用的问题。另一方面,在共同财产不足以清偿且夫妻双方协议不成的,立法者并未提供有效的解决方案,而是依赖法院的"裁决"。这一问题在原《婚姻法》中就一直存在。

从当前的司法实践来看,法院通常判决由夫妻对共同债务承担连带责任:"夫妻对婚姻法关系存续期间的共同债务应当承担连带清偿责任……如果债权人在夫妻双方解除婚姻关系之后,又以夫妻双方在婚姻关系存续期间所欠共同债务为由向债务人及配偶主张权利的,不得以离婚协议或裁判文书已经对共同财产予以分割作为其拒不承担连带清偿责任的抗辩理由。夫或妻对婚姻关系存续期间的共同债务负连带清偿责任,此责任不因夫妻一方死亡而消灭。连带责任之特点在于,所有连带债务人,有义务就债权人同意给付利益为全部之满足。"[1]

(二) 清偿顺序下的连带责任

根据《民法典》第 1089 条的规定,夫妻共同债务首先应由共同财产清偿。不足以清偿时,在理论上可由双方以其个人财产继续清偿。最高人民法院也倾向于采用这种顺序清偿方式解决第 1089 条中的"留白":(夫妻共同债务)偿还责任的履行需要按照一定的顺序进行。首先应当以夫妻共同财产偿还……共同财产的数额无法覆盖全部共同债务的,由双方以其个人财产部分偿还……这时,需要注意双方对债务的承担比例问题。双方无法通过协议确定偿还比例的,则由法院根据案件的实际情况依法判决。[2]

必要时,法院可适用《民法典》第 1087 条,并结合双方的经济能力、对债务形成、支配或受益的参与等因素综合确定,且"不得对当事人的生存权利造成不良

---

① 最高人民法院民事审判第一庭编:《民事审判指导与参考》2012 年第 2 辑(总第 50 辑),人民法院出版社 2012 年版,第 238—239 页。

② 最高人民法院民法典贯彻实施工作领导小组主编:《民法典婚姻家庭编继承编理解与适用》,人民法院出版社 2020 年版,第 319 页。

影响"①。

但是，这种清偿比例仅具有内部效力，对债权人并不形成按份之债，而依然是连带之债。② 依此，无论是双方协议还是法院裁决，所确定的清偿比例仅对男女双方具有约束力；对债权人来说，双方对共同债务仍承担连带偿还责任。一方承担连带责任后，可基于清偿协议或法律文书中确定的比例向另一方追偿。

对于夫妻协议或法院裁决的这种内部效力，最高人民法院认为它可以避免使第三人的权利处于不确定的状态："如果允许债务人通过离婚协议或人民法院的生效判决，来移转或改变夫妻对外承担的连带清偿责任，债权人的权利就可能因债务人婚姻关系的变化而落空和丧失，这有悖于公平和正义之法理。"③

（三）区分债务类型的清偿规则

有理论观点赞成应根据债务产生的不同原因，分别确定夫妻共同债务的责任方式和责任财产范围。比如，如属合意型夫妻共同债务或是基于日常家事代理权之行使产生的债务，由双方以所有财产承担连带责任；一方以个人意思所负的合同债务，则由共同财产和该方的个人财产清偿。

还有观点甚至认为，除应适用一般财产法规范确定如何清偿的债务，以及属于日常家事代理权之行使而产生的债务之外，那些与"家庭共同利益"相关的债务应被认定为个人债务，由负债方个人承担。

最高人民法院则特别考虑了未以个人意思举债的夫妻一方享有经营收益的情形。如前所述，《民法典》施行前，最高人民法院已倾向于将"仅一方实际经营并负债、但收益为双方共享"的情形纳入"夫妻共同经营"的意义范围之内。在《民法典》施行后，最高人民法院似乎仍坚持该司法观点，不过也意识到了该解释对未以其个人意思举债的夫妻一方所具有的清偿风险："目前实践中一般掌握的是，如果未举债一方已经基于该债务受益，则认定为夫妻共同债务。在此情况下，基于权利义务一致原则，似无不妥。但实际上，在夫妻一方对外投资经营的情况下，基于婚后法定共同财产制，另一方受益的情况是常态，而由于生产经营的风险巨大，如果只有较少的受益而负担巨额债务的，亦存在权利义务的失衡问题……因此，应

---

① 最高人民法院民法典贯彻实施工作领导小组主编：《民法典婚姻家庭编继承编理解与适用》，人民法院出版社 2020 年版，第 321 页。

② 最高人民法院民法典贯彻实施工作领导小组主编：《民法典婚姻家庭编继承编理解与适用》，人民法院出版社 2020 年版，第 320 页、第 168 页。

③ 最高人民法院民事审判第一庭编著：《最高人民法院婚姻法司法解释（二）的理解与适用》，人民法院出版社 2015 年版，第 269—270 页。参见人民法院出版社编：《最高人民法院司法观点集成·民事卷》（第三版），人民法院出版社 2017 年版，第 331—332 页。

进一步探索债务的清偿规则。"①

最高人民法院同时试探性地提出了一个衡平式的解决方法："在不认定为夫妻共同债务的情况下，是否可以基于夫妻共同财产所负债务的原理，未举债方以共同财产为限对此承担责任，其婚前个人财产、离婚后取得的财产以及其他法定个人财产不再作为责任财产范围……当然，这有待于实践的进一步探索和总结。"②

通过区分不同类型的债务，确定相应的清偿规则，或许更符合事物的本质。就基于日常家事代理权之行使而产生的债务，显然应由夫妻承担连带责任。基于合意产生的债务以及在一方债务加入的场合，则依据一般财产法规则处理即可。在一方以个人意思举债、而他方并无加入意思的其他场合，如果另一方因该行为受益，或该行为以家庭利益为目的，则比较符合事理的处理方式似乎是婚姻共同体或另一方在其受益范围内承担清偿责任。

最高人民法院在对原《婚姻法司法解释二》第 23 条的适用说明中已表明过这种法律思想，尽管该条涉及的是一方婚前个人债务婚后转换为共同债务时的清偿责任问题："一种观点认为，夫妻一方的婚前个人债务转化为共同债务后，夫妻双方应当承担连带清偿责任，因此，未举债配偶一方不得以其接受婚前财产的范围作为抗辩的理由。另一种观点认为，夫妻一方的婚前个人债务转化为共同债务后，债务人的配偶只在其实际接受财产或受益的范围内承担清偿责任，这更符合公平负担的原则。我们同意后一种观点。"③

但在很多情形下，人们往往难以确定或计算另一方受益的范围，故这种最符合事理的处理方式可能会带来操作上的困难。因此，实践中可能更需要基于裁决便利之考量的解决方法。对此，发挥根本作用的不是法律逻辑的约束力，而主要是基于价值评价的意志选择。

---

① 最高人民法院民法典贯彻实施工作领导小组主编：《民法典婚姻家庭编继承编理解与适用》，人民法院出版社 2020 年版，第 168 页。

② 最高人民法院民法典贯彻实施工作领导小组主编：《民法典婚姻家庭编继承编理解与适用》，人民法院出版社 2020 年版，第 169 页。

③ 最高人民法院民法典贯彻实施工作领导小组主编：《民法典婚姻家庭编继承编理解与适用》，人民法院出版社 2020 年版，第 255 页。

第五章 婚姻关系的终止

婚姻关系基于夫妻一方死亡或双方离婚而终止或"消灭"①。婚姻终止与婚姻被撤销或无效存在明显的法律差异：前者以合法有效的婚姻为前提，可撤销或无效婚姻则存在不同程度的法律瑕疵。因此，婚姻终止并不否定此前既存的婚姻关系的效力，而根据《民法典》第1054条的规定，无效或被撤销的婚姻自始无效，当事人之间视为自始无婚姻关系。

第一节 基于死亡的婚姻终止

一、死亡导致婚姻关系终止

如果配偶一方死亡的，婚姻关系在法律上即行消灭。无论是自然死亡抑或拟制死亡，就导致婚姻关系消灭这一法律后果而言，两者并无不同。

在实践中办理特定事务时，当事人经常被要求出具其配偶已经死亡的证明，以证明其婚姻关系状况。但相关要求往往是行政思维取代法律思维的结果，因此超出合理的界限。正确的做法应该是：如果配偶一方能够出具有效的死亡证明，他人便不应再要求该当事人继续出示其他证据。

二、拟制死亡的亲属法后果

（一）体系位置

立法者将拟制死亡的婚姻法后果规定于《民法典》总则编之中，这种外部体系的安排值得商榷。因为尽管"死亡"乃自然人民事权利能力消灭的事由，从而可以在主体制度中予以规定，但以死亡为要件的其他后果却应依其本质被安排在《民法典》的其他部分。就此而言，立法者对事物依其本质在体系中所处位置的理解并不十分妥当。附带提及的是，立法者关于"监护"的位置安排存在同样的问题。

（二）婚姻关系消灭及例外

根据《民法典》第51条第1句的规定，当配偶一方被宣告死亡时，婚姻关系从死亡宣告之日起即行"消除"。根据第2句的规定，除非该被宣告死亡人的配偶

---

① 陈苇主编：《婚姻家庭继承法学》（第三版），中国政法大学出版社2018年版，第215页。

再婚或者向婚姻登记机关书面声明（向官方作出的意思通知）不愿意恢复婚姻关系，否则双方的婚姻关系自行恢复。

根据该规范陈述，可得出如下结论：其一，因为宣告死亡生效后，双方的婚姻关系消灭，故被宣告死亡人的配偶可以同第三人再婚。

其二，"（被宣告死亡一方的）配偶再婚"作为双方恢复原婚姻关系的法律障碍之一，它不仅指被宣告死亡人的配偶正处于新的婚姻关系之中，而且也包括其再婚关系因另一方再婚配偶死亡或双方离婚而消灭的情形。

其三，只要不存在法律障碍情形，双方将"自动"恢复婚姻关系，因此，这一"自行恢复"的后果并不取决于当事人的选择。也就是说，该规范后果具有法律强制性。此外，从字义上理解，"自行"意味着双方无必要履行任何程序或"手续"。

（三）收养关系的效力

与婚姻家庭有关，拟制死亡还涉及配偶一方被宣告死亡期间，另一方所实施的收养关系的效力问题。根据《民法典》第52条的规定，在一方被宣告死亡期间，另一方将子女送养于他人的，该方不得以对方未经自己同意而送养子女为由，否定收养关系的效力。

但是，制定法并未直接调整相反情形，即另一方在此期间收养他人子女的情形。基于对配偶及未成年人保护之优先性和法律评价一致性的要求，对该实质上与本条构成事实相似的情形应作相同规制。据此，只要婚姻关系"自行恢复"，曾被宣告死亡的夫妻一方就必须承认该养子女也是其法律上的"子女"。

三、拟制死亡宣告被撤销后的财产法后果

与财产继承有关，这里还涉及死亡宣告被撤销后，被宣告死亡的人对他人基于继承取得其财产的返还请求权与救济问题。《民法典》第53条对此进行了规定。首先应注意的是：不应在继承回复的角度上理解这些请求权，因为这里涉及的恰好是非继承的情形，故相关的请求权并非发生于继承人之间。此外，《民法典》第53条统一使用了"财产"一词，而不再混杂性地使用"财产"与"原物（及其孳息）"。

首先，根据《民法典》第53条第1款的规定，被撤销死亡宣告的人对依照继承编的规定而取得其财产的人享有财产返还请求权。最高人民法院认为，义务主体除返还财产本身之外，还应返还"用该财产进行投资而取得的财产"[①]。在相关财产"无法返还"时，被宣告死亡的人还享有适当补偿请求权。显然，该款适用的前

---

① 最高人民法院民法典贯彻实施工作领导小组主编：《民法典总则编理解与适用》，人民法院出版社2020年版，第283页。

提是：义务主体应被视为依继承法对财产有权占有之人。

但是，实践中的情形可能更为复杂。如果取得人开始为有权占有，嗣后转换为恶意占有，则《民法典》第 53 条的调整就不足了。此时，针对不同种类的财产，所有物返还请求权与不当得利返还请求权有适用余地。具体而言，针对特定物，就需要基于特定时点进行区分：考虑到义务主体一开始的占有是基于法律承认的状态而取得，应被视为有权占有；就此而言，在法院撤销死亡宣告之前①，其占有为有权占有，嗣后转为无权占有。此时，人们才可认为形成所有物返还请求权，并依据《民法典》物权编相关规定确定请求权的内容。针对其他财产，被宣告失踪人可依不当得利请求权请求返还。

其次，实施了《民法典》第 53 条第 2 款中规定行为的利害关系人，视为侵权（同时也是恶意）占有人，故该条中的请求权可归入侵权损害赔偿请求权。

第二节　登记离婚

夫妻双方还可通过登记或诉讼方式解除婚姻关系。就登记离婚而言，《民法典》第 1076 条至第 1078 条对其要件和程序进行了规定。此外，《婚姻登记条例》第 10 条至第 14 条对登记离婚的要件与程序进行了具体规定。本节主要对登记离婚的要件和程序进行说明。

一、登记离婚的一般要件

首先，夫妻双方应为完全行为能力人，若夫妻一方或双方为无行为能力或限制行为能力人，则婚姻登记机关不能为其办理离婚登记（《婚姻登记条例》第 12 条第 2 项）。该规则进一步导致如下法律后果：其一，如果双方已经办理离婚登记，任何一方当事人可提起行政诉讼，以登记机关违反行政职责为由，请求法院撤销；其二，对于无行为能力人或限制行为能力人的婚姻关系，只能通过诉讼方式解除。其中，最高人民法院对限制行为能力人的评价矛盾问题，参见本章第四节。

其次，夫妻双方必须订立书面离婚协议（要式行为），并将复印件交由登记机关备案。如果双方未达成该书面协议，则婚姻登记机关不予受理离婚申请（《婚姻登记条例》第 12 条第 1 项）。

再次，夫妻双方应携带户口簿、身份证、结婚证等"证件、证明材料"，亲自

---

① 理论上，未尝不可将该时点界定为"义务主体知道或应当知道被宣告死亡人尚生存"之时。当然，如何选择属于立法政策和价值判断问题。

到一方当事人户口所在地的婚姻登记机关申请办理离婚登记。基于离婚行为的身份性，任何一方都不应使用代理人。自登记机关收到离婚申请之日起 30 日内，任何一方可以撤回离婚申请。

又次，在上述撤回期限届满之后 30 日内，双方应再次亲自到婚姻登记机关申请离婚。

最后，婚姻登记机关应对当事人的证件、材料的真实性进行审查，并"询问相关情况"。登记机关审查、询问完毕后，予以登记，发给离婚证。

如果夫妻一方是外国人或我国港、澳、台居民，则受理机关、应出具的证件及证明材料应分别适用《婚姻登记条例》第 10 条第 2 款、第 11 条第 2 款的规定。

只有上述所有要件被满足，才能产生登记离婚的效果。因此，仅有夫妻达成的离婚协议，而无登记机关的登记，不可能产生婚姻关系解除的后果。相反，登记机关也不能在当事人未达成离婚协议的情形下，径直基于法定程序进行登记。

理论上，有学者基于"登记离婚的要件"这一上位概念对前述规定进行体系化解读。[1] 据此，包含于上述规定之中的"离婚协议"与"完全行为能力"是登记离婚的"积极性实质要件"；离婚冷静期制度可被界定为"消极性实质要件"；最后，"登记程序"则被建构为"形式要件"，它包括"申请""审查""登记"三个方面的内容。

二、离婚冷静期制度

就登记离婚制度而言，与原《婚姻法》规定相比，《民法典》婚姻家庭编最大的变化就是增加了离婚冷静期制度（第 1077 条）。该制度最大的特点在于：如果双方意欲达成离婚效果，必须进行二次申请。

根据该制度，尽管夫妻双方达成离婚协议，但仍不能在申请之即时获得离婚登记。而且，任何一方可在申请（初次申请）之日起 30 日内向登记机关随时撤回申请。双方在该期限内皆未撤回申请的，则在该期限届满后的 30 日内再次亲自申请离婚登记（二次申请）。在第二个 30 日也未申请的，视为撤回离婚登记申请。

由该规定可知，不仅在第一个冷静期 30 日内，允许任何一方随时随意撤回离婚申请，而且在第二个 30 日内，仍要求双方亲自申请登记。在后一个时期内，如果不能满足双方亲自申请条件的，仍被视为撤回申请。

该制度实施的可能后果显而易见，无论是从允许任何一方任意随时撤回申请的角度，还是从要求第二个 30 日内双方必须再次共同申请的角度，都无形中增加了登记离婚的难度。尤其是，《民法典》第 1077 条第 2 款事实上使得第二个 30 日也

---

① 余延满：《亲属法原论》，法律出版社 2007 年版，第 313—318 页。

成为实质上的冷静期。

三、婚姻登记机关的审查义务及行政责任

(一) 审查义务

与结婚登记时一样，婚姻登记机关对离婚申请也负有一定的审查义务。根据《婚姻登记条例》的规定，登记机关的审查对象应该包括：(1) 当事人出具的户口簿、身份证、结婚证；(2) 当事人共同签署的离婚协议书；(3) 当事人的行为能力。根据《婚姻登记条例》第 13 条的用语，"审查"与"询问"处于同等的法律地位，具有相同的法律作用。

1. 对相关证件的审查义务

登记机关需要通过对相关证件的审查，初步确定当事人身份以及婚姻关系的真实性。实践中，可能出现申请人之间并不存在婚姻关系，一方冒充配偶身份申请离婚登记的情形。

对于相关证件，婚姻登记机关至少应负有较低程度的实质审查义务。为此，登记机关一方面应对各证件所载明的信息进行对比 (对比验证义务)，另一方面应对每一证件的真实性进行验证 (真实性验证义务)。在这里，即使主张登记机关的义务主要侧重于形式审查，似乎也不能免除它对身份关系真实性的验证义务。通常，对比是必要且可能的，但真实性验证经常需要借助特定的技术手段进行。

2. 对离婚协议书的审查义务

婚姻登记机关需要审查申请人的离婚协议书。根据最高人民法院的说明，登记机关仅需进行形式审查即可："根据民政部 2003 年 7 月发布的《婚姻登记条例》的规定，婚姻登记部门在为婚姻关系当事人办理离婚手续时，只是审查其是否自愿离婚并已经就财产和子女抚养问题作出了安排，而不对其财产分割条款或协议进行实质性审查。"[①]

从登记离婚的性质及其要件来看，登记机关的确也不应负有对离婚协议实质审查的义务，当然也不享有实质审查的职权。登记离婚的要件之一是双方当事人自愿离婚，因此，法律预设了当事人的自治性。如果事后发现合意事实上具有效力瑕疵，在性质上也属于民事纠纷，通过民事审判活动解决。不能使登记机关在事实上变成审判机关，对合理的合法性或效力进行审查。

3. 对成年人行为能力的审查

首先，因为对身份信息的审查中包含着对年龄的审查，所以也同时包含着对行

---

① 最高人民法院民事审判第一庭编著：《最高人民法院婚姻法司法解释 (二) 的理解与适用》，人民法院出版社 2015 年版，第 125 页。

为能力的部分审查。

其次，这里主要涉及对成年人是否具有完全行为能力的审查义务。在一则地方法院的判决书中，法院并未课以登记机关以严苛的审查义务。其判决认为，如果当事人在离婚时表现正常，其各种相关举动使登记机关认为其能够理解、辨识相关行为的后果，登记机关就算尽到了审查义务。[①] 依此，婚姻登记机关只要通过对当事人的询问与初步观察，就算尽到了审查义务。该司法观点基本上符合行政效率及行政负担的合理性之要求。

最后，考虑到《民法典》第24条的规定，不能将登记机关的职责扩展到认定当事人是否具有完全行为能力之上。因为是由法院而非婚姻登记机关对当事人的行为能力进行认定。

因此，登记机关的审查义务只需使其产生合理怀疑即可，而不以认定申请人是否事实上具有行为能力为内容。登记机关基于该合理怀疑享有登记拒绝权。当登记机关罔顾可使其产生合理怀疑的相关事实，仍然坚持予以离婚登记时，便可认定其并未尽到审查义务。

（二）行政责任

司法实践普遍认为，登记属于具体行政行为之一种，且应被界定为（民政管理中的）"行政确认"。这意味着，一旦登记机关违反上述法定审查义务进行了离婚登记，当事人可单独提起行政诉讼，登记机关应该承担行政责任。

1. 违反审查义务时的撤销和赔偿责任

登记机关如果未依法履行审查义务，导致错误登记的，应承担撤销登记的行政责任。

登记机关因其过错给当事人造成损害时，应承担赔偿责任。

2. 尽到审查义务时的撤销

在上述地方案例中，法院认定登记机关尽到了审查义务，但仍发生了对涉及无行为能力人的申请予以登记离婚的后果。对此，法院直接判决登记机关应予以撤销登记："本案在为当事人办理离婚登记过程中，民政局已经尽到了审慎的审查义务。但根据鉴定意见书，一方当事人在离婚时无行为能力，对于当事人的离婚登记申请，民政局不应予以受理，因此对相应的离婚登记行为应予以撤销。"[②]

在这类情形中，可在法律上为登记机关明确设定一种非基于职责违反的撤销义务。当登记机关违反该义务时，当事人也可以通过行政途径予以救济。不过，该救济显然与登记机关是否尽到审查义务无关，因为这里涉及的恰好是登记机关已经尽

---

① 详见北京市海淀区人民法院（2015）海行初字第1051号民事判决书。
② 详见北京市海淀区人民法院（2015）海行初字第1051号民事判决书。

到审查义务的情形。

3. 仅离婚合意瑕疵时的民事责任

除当事人行为能力之外，法院对离婚合意，特别是其中的后果合意（见第三节）的效力原则上仅负有形式审查的义务。因此，当离婚（后果）合意出现瑕疵时，基于其私法属性，只应产生民事责任，而不应产生行政责任。

第三节　离婚协议及其效力

在离婚过程中，当事人可能达成各种"合意"。法律规定将其统称为"离婚协议"，理论上可将其称为"离婚中的合意"。《民法典》第 1076 条第 2 款就要求夫妻双方在登记离婚时应当达成"离婚协议"，并在其中对与离婚相关的各种事项进行约定。根据《婚姻登记条例》的规定，该离婚协议是婚姻登记机关是否予以离婚登记的实质要件之一。另外，《解释一》第 69 条和第 70 条对一些离婚"合意"的效力进行了调整。

一、离婚协议的分类

《民法典》第 1072 条第 2 款以及第 1078 条规定，在"离婚协议"名下，包含"双方是否自愿离婚的意思表示"以及"子女抚养、财产以及债务处理等事项"。依据《解释一》第 69 条的规定，当事人可以达成"以协议离婚或到人民法院调解离婚为条件的财产以及债务处理协议"。

这意味着，"离婚协议"不仅能够被进一步分类，而且根据教义学归入的要求，有必要被进一步细分。只有在事实类型化的基础上，才能在教义学上对相关合意进行合理归入，并确定能够决定其效力的规范依据。尤其是考虑到司法实践中，人们并不总是分析单一的"离婚协议"的效力，而是需要讨论不同合意之间的效力关系，如此，这种区分和进一步的教义学归入分析就更显得重要。

（一）"解除合意"与"后果合意"

首先应区分的乃是"解除合意"与"后果合意"。前者即包含于离婚协议之中的、夫妻双方同意解除既存之婚姻关系的合意内容；后者则是夫妻双方就婚姻关系解除后的子女抚养、财产处理等其余涉及离婚后果的事项达成的合意。

该区分具有实证法基础。上述《民法典》第 1072 条第 2 款、第 1078 条以及《解释一》第 69 条的规定中皆包含了这种区分。

(二)"人身关系合意"与"财产关系合意"

基于离婚后果中不同事实的性质差异,可进一步将"后果合意"分为"人身关系合意"与"财产关系合意"。

"人身关系合意"在本质上是当事人对除解除婚姻关系之外的其他特定身份关系之内容进行安排的直接合意,尽管可能最后表现为货币支付的形式。基于实证法规定,这种合意通常包括离婚后的"子女抚养合意"与"经济帮助合意"。

"财产关系合意"则是夫妻双方就相关财产之处理达成的约定。与上述合意不同,它与身份关系仅具有间接相关性,在本质上是双方直接处理相关财产的合意。

(三)"财产分割合意"与"财产的非分割合意"

根据夫妻双方对财产"处理"的方式,可进一步将"财产关系合意"分为"财产分割合意"与"财产的非分割合意"。

1. 财产分割合意

"财产分割合意"即夫妻通过约定清算并分割共同财产的合意。借此,财产共有关系被消灭,相关财产被确定为各自所有。

就其内容而言,"财产分割合意"具有如下特征。

其一,分割对象仅涉及"共同财产",只有那些被认定为夫妻共有的财产才可被分割,这也是"分割"这一法律术语的本意。如果仅涉及一方的个人财产,便无关乎这里的"分割"合意。

比如,甲乙再婚,甲每月在户名为乙的存折上存入 100 元作为甲去世后乙的生活费。后甲起诉离婚,要求分割这笔存款。最高人民法院的观点是:当夫妻之间没有约定或约定不明时,婚姻关系存续期间所得原则上属于夫妻共同财产。本案中,如果甲因为乙没有其他经济来源,而与乙达成每月为其存 100 元以救济其将来生活的合意,则应视为对该部分共同财产归一方个人所有的约定,因此不得参与分割。①

其二,分割对象仅涉及"积极财产"。理论上,"财产"概念当然可涵盖"消极财产"。不过,婚姻家庭法的学术实践通常并不使用"债务分割"这样的表述,司法实践通常也不在"财产分割合意"这一概念之下处理夫妻共同债务的承担问题。而且,《民法典》对"积极财产"的分割与共同债务的偿还也分别进行规定。基于这些考虑,可将债务排除在"财产分割"的对象之外。

其三,分割的主体为夫妻,其目的是通过分割,将本属于夫妻共有的财产转化为一方个人所有。如果夫妻双方将其共同财产向第三人进行"无偿给予",虽可构成《民法典》第 1076 条的"处理",但不一定能够被归类为这里的"分割"。

---

① 关于该案例的详细内容请参见《人民司法》2005 年第 12 期。

就此而言，"在共有人之间进行分割"与"将共同财产给予第三人"之间，存在意义差异。前者基于一种交互一致的"合意"，后者则存在接受财产的相对人，就夫妻一方而言，充其量形成的是一方主体为数人时的单方"共同意思"。

2. "财产的非分割合意"的界定

与本书采取的标准不同，最高人民法院基于是否以财产分割为主要内容，将离婚合意分为"财产分割合意"与"非财产分割合意"两类。可归入该概念下的事实情形包括："夫妻各自财产处理条款、子女抚养权归属条款、抚养费给付条款、夫妻共同债务甚至夫妻个人债务承担条款、损害赔偿数额条款和经济帮助条款。"离婚协议中常见的非财产分割条款至少包括夫妻各自财产处理条款……除了财产分割协议之外，夫妻一方为促成协议离婚，还可能在离婚协议中作出其他对己不利的承诺。这些承诺在离婚协议中的主要表现就是非财产分割条款。"[①]

尽管本书不采用最高人民法院的上述概念，但其区分思维值得借鉴。"财产非分割合意"可涵盖法律实践中所有与财产处理相关的但不属于财产分割的合意。初步来看，可能被归入该类合意的主要情形有：其一，夫妻一方以各种原因（动机、目的）将其特定财产无偿给予对方的约定；其二，夫妻双方将特定财产（通常是共有房屋）在离婚后无偿给予其子女的约定；其三，夫妻双方对共同债务如何承担的约定。

二、离婚协议的效力

（一）离婚协议的生效

根据《解释一》第69条第1款的规定，"财产及债务分割协议"似乎被界定为附条件的法律行为，其条件为"协议离婚或法院调解离婚之实现"。

实践中，法院普遍将"协议离婚实现"理解为完成离婚登记，并最终将登记离婚中的"离婚协议"理解为附条件的法律行为。比如："附协议离婚条件的财产分割协议……具有民事合同的性质……它并不自双方当事人签字时起生效，而是以双方协议离婚为生效条件，即从婚姻登记机关领取离婚证，可视为所附条件已经成就，当事人所签署的财产分割协议因此而生效。在双方未能在婚姻登记机关或法院协议离婚的情况下，该离婚协议并未生效，对夫妻双方均不产生法律约束力。"[②]再如："附登记离婚条件的财产分割协议是以双方协议离婚为前提的，在双方未能

---

① 人民法院出版社编：《最高人民法院司法观点集成·民事卷》（第三版），人民法院出版社2017年版，第262页。

② 最高人民法院民事审判第一庭编著：《最高人民法院婚姻法司法解释（三）的理解与适用》，人民法院出版社2015年版，第32页。

在婚姻登记机关协议离婚的情形下，该离婚协议没有生效，对夫妻双方不产生法律约束力，不能作为人民法院处理离婚案件的直接依据。"①

依此，双方在上述条件成就之前，相关协议只能在法律上成立，此后才能生效。就协议离婚而言，《解释一》第 69 条第 2 款进一步补强了这一结论。

然而，根据《解释一》第 69 条第 1 款的规定，"法院调解离婚"如何成为财产处理协议的"条件"，值得商榷。设想：如果法院最终出具调解书，双方因此解除婚姻关系，则相关的财产处理协议内容就成为调解书的内容，而不再具有双方协议的性质，因此谈不上协议基于条件成就的生效。反之，如果法院通过调解双方达成相关合意并撤诉，则因为法院调解自身并不具有登记那样的效力，故该合意当然随时可被"反悔"。也就是说，这里并不存在基于所谓条件成就的生效情形。所以，《解释一》第 69 条第 1 款规定的这一情形无法在法律和事理上被合理地理解，除非赋予法院调解（且双方基于此达成合意并撤诉）自身与登记同样的法律地位。

此外，"解除合意"的性质决定了其不能附条件，因为不能将婚姻关系置于不确定的法律状态。故上述解释即使可行，也不能适用于解除合意。这也意味着，司法观点对离婚中的合意没有形成体系性解读。

（二）离婚协议的一般效力

1. 登记前不具有任何法律意义

根据最高人民法院的观点，如果夫妻最终并未进行离婚登记，则因离婚合意条件未成就，故其并未生效。司法实践中，任何一方皆可以"反悔"，也可以要求重新形成新的约定。尤其是，双方如果已经开始履行约定，则该履行行为将被视为无效。②

而且，如果双方随后进入诉讼离婚程序，此前达成的合意因为不具有任何法律意义，故不能成为法院处理离婚案件的直接依据。"当事人达成的以登记离婚……为条件的财产分割协议，如果双方协议离婚未成……人民法院应当认定该财产分割协议没有生效，并根据实际情况依法对夫妻共同财产进行分割。"③

2. 登记后离婚协议的约束力

当事人（事实上）的离婚合意结合登记，即告生效，并产生约束力。

（1）具有约束力

生效之离婚协议的约束力主要体现为：其一，夫妻任何一方必须按照相关后果

---

① 人民法院出版社编：《最高人民法院司法观点集成·民事卷》（第三版），人民法院出版社 2017 年版，第 257 页。

② 该案例请参见《最高人民法院公报》2011 年第 12 期。

③ 最高人民法院民事审判第一庭编著：《最高人民法院婚姻法司法解释（三）的理解与适用》，人民法院出版社 2015 年版，第 211 页。

合意的内容进行履行，或承担相应的义务，否则，另一方有权提起强制履行之诉。其二，夫妻任何一方仅因单纯反悔而请求解除协议的，不受支持（《解释一》第69条第2款和第70条第1款）。

（2）可撤销

离婚合意可能被撤销。如果在订立离婚合意时存在欺诈、胁迫现象，当事人可请求法院予以撤销。尤其是，如前所述，因为登记机关对后果合意仅进行形式上的审查，故协议签订过程中是否存在欺诈、胁迫的情形，协议的内容是否合法，缺乏保障，当事人可基于《民法典》第148条至第150条的规定予以救济。

不过，不应以当事人的主观情感作为判断标准。比如，如果当事人纯粹主张"感情欺诈或胁迫"的，该主张不应具有法律意义。

在撤销问题上，值得进一步探讨的问题是：一方是否可以乘人之危导致的显失公平为由，请求撤销或变更后果合意。最高人民法院在对原《婚姻法司法解释二》第9条（《解释一》第70条之前身）进行阐释时说道：第2款使用了"等"字，说明欺诈、胁迫不是法院支持当事人诉讼请求的唯一条件，法院发现协议内容有乘人之危、显失公平的情况时，仍然可以根据当事人的请求变更或撤销该协议。[①]

但是，在认定时应"十分谨慎"，不应轻易认定协议显失公平而支持当事人撤销或者变更协议的主张。在判断时，最高人民法院表明"只有在一方利用他方生病、行为能力受限而监护人监护不力的情况下，迫使其签订达成了明显损害其原配偶合法权益的协议的行为"，才可认定为乘人之危。

应注意的是，对于当事人达成的、具有利益牵制衡平性质的合意，不能轻易认定为乘人之危，而应基于当事人之真意考虑其法律效力。这里尤其要考虑"情感上的脆弱或让步"不能作为判断标准。最高人民法院对这一适用考量解释如下："因为在离婚涉及的财产分割协议中确实存在一些与一般民事合同的不同之处，离婚的男女双方……除了纯粹的利益考虑外，常常会难以避免掺杂一些感情因素，一方在感情支配下，可能答应将夫妻共同财产的大部分给予对方。衡量这类协议是否公平，不能像对待其他民事合同一样，以等价有偿作为唯一的标准……尤其是对那些以获得配偶同意迅速离婚为目的，将大部分或者全部夫妻共同财产答应给予对方，而一旦达到离婚目的，又以协议显失公平为由起诉的，不能予以支持……不能将男女双方中急于离婚的一方在财产上作出的让步视为另一方乘人之危的后果。"[②]

对于"重大误解"是否可作为撤销事由这一问题上，最高人民法院认为，一般

---

① 最高人民法院民事审判第一庭编著：《最高人民法院婚姻法司法解释（二）的理解与适用》，人民法院出版社2015年版，第127页。

② 最高人民法院民事审判第一庭编著：《最高人民法院婚姻法司法解释（二）的理解与适用》，人民法院出版社2015年版，第129页。

不应当将重大误解作为支持当事人变更或撤销财产分割协议的理由。但是，该表述并不具有绝对的效力，并不排除在特定情形下基于重大误解撤销的可能性。

但是，最高人民法院并未解释其理由。从最高人民法院使用的表述"一般"中可以看出，这一排除性规范并不具有绝对的效力。在个别情形下，并不排除基于重大误解的撤销。

就撤销权行使的除斥期间而言，应适用《民法典》总则编第 152 条的规定。

（3）无效

离婚后果合意可能无效。最高人民法院承认，尽管经过离婚登记，后果合意也可能无效。因为，登记机关的审查仅具有形式性。[1] 依此，如果后果合意属于《民法典》总则编第 146 条、第 153 条、第 154 条规定的情形的，应属无效。

这里，需要特别讨论解除合意是否无效的问题，即实践中所称的"假离婚"问题。当事人基于一些特殊考量（比如规避房屋限购政策），进行"假离婚"。基于不同的个案情形，这类解除合意可能被评价为通谋虚伪或恶意串通行为。从理论上讲，应以其基于评价而被归入的行为种类之规则确定其效力。比如，如果解除合意具有通谋虚伪的瑕疵，故应被认定为无效，登记机关则"应依法撤销其离婚登记，收回其离婚证，重新发给其结婚证"[2]。但实践中，法院通常并不从体系逻辑的角度认定，而是直接基于离婚登记，认可这类解除合意的效力[3]，从而使其具有"真离婚"的效力。

第四节　诉讼离婚

当夫妻双方无法达成离婚协议时，便会以诉讼方式解除婚姻关系。围绕诉讼离婚的法律规则可以被分为两部分：其一，涉及提请离婚过程中特定当事人的法律保护；其二，涉及裁决离婚的标准。

---

① 最高人民法院民事审判第一庭编著：《最高人民法院婚姻法司法解释（二）的理解与适用》，人民法院出版社 2015 年版，第 125 页。

② 余延满：《亲属法原论》，法律出版社 2007 年版，第 319 页。此外，关于"解除合意应适用合同法规定"的主张，还可参见朱广新：《合同法总则》（第二版），中国人民大学出版社 2012 年版，第 12—13 页。

③ 马忆南：《婚姻家庭继承法学》（第四版），北京大学出版社 2018 年版，第 113 页。

一、提请离婚中的法律保护

（一）非完全行为能力人的保护

如前所述，根据《婚姻登记条例》第 12 条第 2 项的规定，无民事行为能力人或限制民事行为能力人不能通过登记离婚方式解除婚姻关系，因为他们并不具有自愿达成协议所需的行为能力。这意味着，他们的婚姻关系只能通过诉讼方式解除。

《解释一》第 62 条对无民事行为能力人的婚姻解除进行了规制。依此，当无民事行为能力人的配偶实施了严重侵害其合法权益行为的，其他具有监护资格的人首先可以请求变更监护关系，变更后的监护人可代理无民事行为能力一方提起离婚请求。

《解释一》第 62 条仅适用于无民事行为能力人的配偶一方之权益受到侵害的情形，无民事行为能力人的配偶不能依据该条提起离婚请求。

变更监护人是其他法定监护人代为提起离婚诉讼的前提。如果未变更监护人，其他近亲属不得随意提起离婚诉讼，以避免对本来能够维持的婚姻关系造成危机，反而不利于无民事行为能力人的保护。这也意味着，法院应先行对是否存在严重侵害权益行为进行实质性判断。

对于限制民事行为能力人而言，最高人民法院之前认为限制行为能力人"并未完全丧失辨认能力与控制能力，故无论结婚或离婚，应由其自行决定"[①]。

显然，最高人民法院认为，限制行为能力人具有婚姻能力，但该观点与《婚姻登记条例》第 12 条第 2 项蕴含的法律评价相矛盾。根据后者，不仅无民事行为能力人，而且限制民事行为能力人也不能协议离婚。这种将两者同等处理的方式表明：必要时他们都应以相同方式受到同等的法律保护。

这里需要澄清的是，特定主体在婚姻生活领域是否具有相应行为能力的问题，在规则层面，则可能需要形成能表达这种判断的专有概念。

（二）对女方的保护

根据《民法典》第 1082 条的规定，女方在怀孕期间、分娩后 1 年内或者终止妊娠后 6 个月内，男方不得提出离婚；但女方提出离婚或者法院根据个案情形认为确有必要受理男方离婚请求的，不在此限。

（三）对军婚的保护

根据《民法典》第 1081 条的规定，现役军人的配偶要求离婚的，必须征得军

[①] 最高人民法院民事审判第一庭编著：《最高人民法院民法典婚姻家庭编司法解释（一）理解与适用》，人民法院出版社 2021 年版，第 129 页。

人同意，但军人一方有重大过错的除外。关于军人的重大过错，可以根据《民法典》第 1079 条第 3 款的情形进行判断。

（四）夫妻一方失踪时的诉请离婚

如果夫妻一方被宣告失踪，另一方起诉离婚的，法院应准予离婚（《民法典》第 1079 条第 4 款）。这里应注意，如果夫妻一方被宣告死亡，将直接导致婚姻关系的消灭。因此，宣告死亡制度的法律效果与《民法典》第 1079 条第 4 款的规定并不相同。

二、裁判离婚的标准

（一）感情破裂标准及其推定

法院裁决离婚的标准是"感情确已破裂"（《民法典》第 1079 条第 2 款）。据此，法院必须从法律角度对当事人的主观感受进行考察，以确定裁决标准是否被满足。这种考察只能通过对当事人的生活细节进行外部检视才能实现。

《民法典》第 1079 条第 3 款规定了可直接推定感情破裂的事由。它们分别是：（1）重婚或与他人同居的；（2）实施家庭暴力或虐待、遗弃家庭成员的；（3）有赌博、吸毒等恶习屡教不改的；（4）因感情不和分居满二年的；（5）其他导致夫妻感情破裂的情形。当存在这些事由时，法院可直接推定夫妻双方感情破裂。而且，这些推定事由的适用不受当事人过错的影响（《解释一》第 63 条）。

另外，经法院判决不准离婚后，双方又分居满一年，一方再次提起离婚诉讼的，也应推定双方感情确已破裂（《民法典》第 1079 条第 5 款）。

（二）一方为无民事行为能力人时的裁决标准

无民事行为能力人的监护人代为提请离婚诉讼的，法院应以《民法典》第 36 条规定的情形为准，判决是否应准予离婚。

无民事行为能力人的配偶不能基于《解释一》第 62 条的规定提请离婚，否则将背离该规则的目的。

（三）调解先行原则

法院在裁决离婚前，必须先行调解。即使存在可直接推定感情破裂的事由，亦是如此。

第五节　夫妻共同财产的分割

一、概述

作为夫妻共同财产制的清算方式，共同财产之分割一般发生于婚姻关系解除时，例外地发生于婚姻关系存续期间（《民法典》第1066条）。本节主要说明婚姻关系解除时的共同财产的分割规则。

整体而言，婚姻家庭法体系对离婚财产分割的法律规范大致分为三类：（1）关于夫妻共同财产的分割原则；（2）关于特殊财产的分割规则；（3）对离婚时存在未分割共同财产的情形进行规制而形成的规则。

二、分割原则

（一）合意原则

基于意思自治原则，夫妻可以达成分割共同财产的合意（《民法典》第1087条第1款第1分句），此即为"合意原则"。关于分割合意在诉讼离婚中的法律地位，见前文。

（二）均分原则

实践中，若当事人无法达成合意，通常会适用均等分割原则，即夫妻双方按照共有财产的价值额进行均分。

（三）照顾子女、女方与无过错方权益原则

在分割时，还应遵循"照顾子女、女方与无过错方权益原则"（《民法典》第1087条第1款第2分句）。

根据《民法典》第1087条第1款的规定，该原则仅具有补充作用，即合意原则应优先于该原则得到考量。如果仅涉及夫妻双方的利益状况（照顾女方或无过错方），这也许是妥当的，因为可以认为相关的受保护方基于合意自动放弃法律优待地位。但是如果涉及"子女"这一第三人的利益保护，该原则就应具有限制作用。此外，对于实践中通行的均分原则，该原则也具有限制作用。

三、特殊财产的分割规则

(一) 向有限责任公司出资的分割

1. 一方以共同财产出资

夫妻一方以共同财产向有限责任公司出资的"出资额"如何分割,《解释一》第 73 条进行了规定。如果分割所涉财产是可在特定市场上自由交易的资本证券,则适用《解释一》第 72 条即可。

《解释一》第 73 条在《公司法》第 71 条第 2 款关于股东向股东以外的第三人转让股权的规定的基础上,结合夫妻财产分割的实际情况对其规范内容稍作变通,并添加了关于证据规则的规定。

根据《解释一》第 73 条的规定,当夫妻一方以个人名义将夫妻共同财产向有限责任公司出资,另一方在离婚时请求分割,而且双方就部分或全部出资额转让给非股东的配偶一方达成合意的:(1) 过半数股东同意,且明确表示放弃优先购买权的,该股东配偶可以成为该公司股东;(2) 过半数股东不同意转让,但愿意以同等条件购买该出资额的,法院对转让出资所得财产进行分割;(3) 过半数股东不同意转让,也不愿意以同等条件购买该出资额,视为其同意转让,该股东的配偶可以成为该公司股东;(4) 用于证明"过半数股东同意"的证据,可以是股东会议材料,也可以是当事人通过其他合法途径取得的股东的书面声明材料。

《解释一》第 73 条不适用于夫妻双方就转让相关出资额未达成合意的情形。[①]最高人民法院认为,这种情形"应通过另外的办法解决",但并未提供具体规则。对此,或可考虑作如下调整:可由法院先行根据共同财产分割原则确定双方应得的出资份额,再以此为基础,根据第 73 条规定的方式进行分割。

《解释一》第 73 条隐含如下前提:在夫妻共同财产与出资额形成的股权之间存在代位性,在此基础上,夫妻共同财产的分割实质上成为公司股权的分割。

基于股东认缴出资而获得的股权,不同于有形财产,虽然最重要的是其具有的财产权属性,但还包括一定的管理权、身份权,因此,其权能是综合的。依此,夫妻共同财产在内容上与股权存在重大差异,两者之间难以同等视之。

如果将夫妻共同财产分割转换为股权分割,则夫妻另一方要求的就不仅仅是共有财产的分割,还包括股东身份的获得。后者实际上已经僭越了共同财产分割的界限。

这导致了该规则的实效问题。首先,即使非股东配偶一方不愿参与公司经营,

---

① 最高人民法院民事审判第一庭编著:《最高人民法院婚姻法司法解释(二)的理解与适用》,人民法院出版社 2015 年版,第 188 页。

也必须加入公司，否则就无法实现共同财产分割的目的。其次，欲通过共同财产分割参与公司经营的非股东一方，因为其他股东的不配合，也经常难以加入。

最高人民法院也意识到了该规则实施方面的困难："（该规则）忽略了现实生活中可能存在的一个问题，即股东为了阻止其配偶获得股权，可能会与其他股东串通，以其他股东不同意为由，只给其配偶补偿，而不给其股权。离婚纠纷具有不确定性，谁也无法保证离婚时恰好可以召开股东会的定期会议……更有希望的方式，就是召开股东会临时会议。但是可能出现……根本无法达到提议召开的程度。其次，即使大股东提议召开股东会临时会议也可能因股东人数不足而无法取证。再次，离婚是个人的事，是否有必要为此召开股东临时会议？一对夫妻离婚……很可能成为股东推托的理由而拒绝前来。总之，当事人要想通过召开股东会会议就股权转让问题作出协议，从而达到合法取证的目的，是非常困难的。这对于离婚诉讼中的财产分割来说，是非常不利的。"[1]

因此，《解释一》第73条规定"当事人通过其他合法途径取得的股东的书面声明材料"也可以作为证据。但是，非股东配偶一方能否顺利取得这些材料，也存在极大的不确定性。

进而，这里根本的问题涉及婚姻共同体与交易共同体之间的利益衡平。

在这种情形下，法律似乎应采取如下衡平原则：不能仅以达成分割为目的，罔顾公司的商业特质，破坏其完整性或独立性。至少就《解释一》第73条而言，它在照顾婚姻共同体利益状况的道路上走得太远了。

本书提出如下建议：当其他股东不同意非股东的配偶一方进入公司时，首先可通过其他夫妻财产的补偿性分割实现其权利要求。当不存在这一可能性时，则非股东配偶一方只能获得一种针对另一方的债权请求权。为增强其法律地位，可考虑针对该权利对公司施加一种法定保障义务。这种建构可避免使非股东配偶一方强制性地进入公司，同时保障不破坏公司既有结构的独立性和完整性；而作为一种衡平措施，（不取决于当事人意思自治的）法定义务可更高程度地确保非股东配偶一方的债权请求权之实现。

实践中，当夫妻一方仅作为名义股东时，因为并非股权的实际享有者，该部分股权不能作为夫妻共同财产，夫妻一方不得主张对之进行分割。如果该部分股权被转让，夫妻一方也不能主张其无效。

2. 夫妻同时作为股东

对于以双方名义向有限责任公司的出资额之分割，不适用《解释一》第73条

---

[1] 最高人民法院民事审判第一庭编著：《最高人民法院婚姻法司法解释（二）的理解与适用》，人民法院出版社2015年版，第190页。

的规定。对于这种情形，只要可能，直接适用《公司法》第71条第1款关于有限责任公司股东间转让出资额的规定即可。最高人民法院说明如下："因为如果夫妻双方的身份都是同一有限责任公司股东的，公司法对此有明确的规定，股东之间可以相互转让其全部出资或部分出资……所以只需适用其明文规定就可以解决。"[①]

对于有限责任公司全部股东仅为夫妻二人的情形（"夫妻公司"），如果一方提出分割共同财产的，同样可"转换为"股权分割。在这里，"转换"自身的合理性可能较少受到质疑。因为根据实践的通常情形，可以认定夫妻之间具有某种将"股权"作为分割对象的合意。此外，就"夫妻公司"而言，实践中经常存在经工商登记的夫妻投资比例与实际不符的情形。

对"夫妻公司"，最高人民法院提出如下分割规则。

其一，工商登记中载明的夫妻投资比例不能绝对等同于夫妻之间的财产约定，此时需要结合其他证据去探究夫妻双方的真实意思。因为，这种记载往往只是基于设立公司时形式上的需要。

其二，如何分割由此出资额"转换"而来的股权，还取决于夫妻对公司命运的态度。据此，（1）夫妻双方离婚后还愿意继续共同经营的，可直接分割双方的股权比例。（2）双方要求解散清算公司的，根据相关法律规定进行，并对剩余财产进行分割。（3）一方要求保留公司，另一方要求退出公司并获得相应补偿的，可以考虑通过将股权部分转让给第三人的方法来解决。其中，应根据《公司法》的规定对外部债权人进行保护。[②]

（二）向合伙企业出资的分割

1. 出资额分割规则

当夫妻一方以共同财产在合伙企业中出资，非合伙人一方在离婚时请求分割该共同财产时，《解释一》第74条对此予以调整。

依此，如果双方就出资份额分割达成合意的，则：

（1）其他合伙人一致同意的，该配偶依法取得合伙人地位，即"入伙须经全体合伙人同意规则"（《合伙企业法》第43条）。

（2）其他合伙人不同意转让，在同等条件下行使优先购买权的，可以对转让所得的财产进行分割，或者同意该合伙人退伙或者削减部分财产份额的，可以对结算后的财产进行分割。这一规则导致的后果是作为合伙人的配偶一方或者退伙，或者

---

① 最高人民法院民事审判第一庭编著：《最高人民法院婚姻法司法解释（二）的理解与适用》，人民法院出版社2015年版，第187页。

② 人民法院出版社编：《最高人民法院司法观点集成·民事卷》（第三版），人民法院出版社2017年版，第298—300页。

减持合伙份额（《合伙企业法》第 22 条、第 23 条）。

《合伙企业法》在区分"未约定合伙期限"与"约定合伙期限"的前提下，规定了合伙人退伙的规则。其他合伙人"同意"仅适用于后一种情形，在前一种情形原则上采取"退伙自愿"调整方式。与之相比，该规范内容更接近于《公司法》第 71 条。

（3）其他合伙人既不同意转让，也不行使优先购买权，又不同意该合伙人退伙或者削减部分财产份额的，视为全体合伙人同意转让，该配偶依法取得合伙人地位。该规则是对《公司法》第 71 条相关内容的"套用"，其结果是将非合伙人的配偶一方"强行塞入"合伙企业。因为合伙企业与有限责任公司在人合性程度方面存在重要差异，故这一"套用"的合理性值得商榷。

总的来说，如上所述，《解释一》第 74 条的部分内容为了解决夫妻共同财产的分割问题，却改变了合伙企业法既有的相关规则，并为合伙企业创造了一些关于退伙和入伙的新规则。这在很大程度上忽视了合伙的人合性，损害了交易组织规则的独立性及其体现的利益状况。这种为解决一个问题而催生出另一个问题的做法，依然值得商榷。

为合理平衡婚姻共同体与合伙企业这一交易共同体之间的利益，依自治原则和《合伙企业法》的既有规定，配偶一方以共同财产向合伙企业出资及其所得收益的分割，可以如下方式进行。

（1）基于自治原则入伙，即非合伙人的配偶一方可以基于各方当事人的意思自治而成为合伙人，分割因此而完成。

（2）基于自治原则减持合伙份额，即合伙人的配偶一方可以基于自治原则减持合伙份额，因此所得在夫妻之间进行分割。

（3）基于自治原则退伙，即合伙人的配偶一方可基于自治原则退伙，因此所得在夫妻之间进行分割。这主要依据《合伙企业法》第 46 条（退伙自由）或第 45 条第 1 项而发生。

（4）基于法律规定退伙，即合伙人的配偶一方可基于法律规定而退伙，这主要依据《合伙企业法》第 45 条第 3 项（"发生合伙人难以继续参加合伙的事由"）而发生。在这里，第 45 条第 3 项的强制性效力应予以充分的重视。如果一方基于合伙关系的利益诉求与另一方基于婚姻关系的利益诉求发生激烈冲突，且无法通过各方当事人的自治加以解决时，必须认为发生了"合伙人难以继续参加合伙的事由"，而强制其退伙。其中，作为合伙人的配偶一方的个人意愿不具有决定意义。

2. 合伙债务的承担

作为合伙人的配偶应依法对合伙企业的债务承担责任。但是，非合伙人的配偶一方是否因此受到影响，则需要适用夫妻共同债务规则。

同样，如果因分割财产给合伙企业造成损害的，合伙人配偶一方应根据合伙企业法的规定承担赔偿责任。非合伙人的配偶的利益状况则应依"家庭共同利益"标准来确定。

（三）一方设立的不具独立主体地位的独资企业

当夫妻一方以共同财产设立不具独立主体地位的、由设立者对经营债务承担无限连带责任的独资企业时，根据《解释一》第75条的规定进行分割。

根据《解释一》第75条的规定，这种独资企业应被视为一个为夫妻共有的财产整体被分割。其方式为：（1）一方主张经营该企业的，对企业资产进行评估后，由取得企业资产所有权一方给予另一方相应的补偿；（2）双方均主张经营该企业的，在双方竞价基础上，由取得企业资产所有权的一方给予另一方相应的补偿；（3）双方均不愿意经营该企业的，按照《个人独资企业法》等有关规定办理。

（四）共有房屋的分割方式

就房屋这一特殊财产的分割方式而言，《解释一》第76条对此进行了规定。据此，当双方对夫妻共同财产中的房屋价值及归属无法达成协议时，人民法院根据双方主张的具体情况按竞价分割、补偿分割或拍卖分割的方式处理。

就夫妻对共有房屋的竞价分割方式而言，最高人民法院曾提出如下司法观点："竞价方式应具备三个条件：一是双方对房屋价值及归属无法达成协议；二是双方均主张房屋所有权，且双方经济条件相当，以保障双方在同一水平上对财产进行竞价，体现竞价制度的公平性与合理性；三是双方都同意适用竞价方式。"[1]

比如，一方在离婚诉讼中认为房屋价值100万元，另一方认为可值120万元，在双方无法达成协议的情形下，不能简单直接地采取竞价分割的模式，由出价120万元的一方直接取得所有权。

对共有房屋分割而言，最高人民法院否定了可导致双方"按份共有"的结果的分割方式。[2] 但是，在其他情形中，仍可能出现按份共有的结果，因此，最高人民法院的这些观点中包含着评价矛盾。

四、离婚时未分割的共同财产的法律调整

离婚时，夫妻共同财产未参与分割的原因通常有二：其一，因夫妻任何一方实

---

① 人民法院出版社编：《最高人民法院司法观点集成·民事卷》（第三版），人民法院出版社2017年版，第290页。

② 人民法院出版社编：《最高人民法院司法观点集成·民事卷》（第三版），人民法院出版社2017年版，第230—231页。

施了"妨害分割的行为"而导致共同财产无法参与分割；其二，非因夫妻任何一方的过错导致未分割共同财产。根据既有规则，第一种情形由《民法典》第 1092 条及《解释一》第 84 条来调整；第二种情形由《解释一》第 83 条来调整。此外，《解释一》第 81 条可被视为其第 83 条（以及《民法典》第 1062 条第 1 款第 4 项结合第 230 条、第 1121 条）的具体化，本部分对这些规范进行分析。

（一）基于"妨害分割行为"的请求权

1. 请求权规范

可将《民法典》第 1092 条中规定的夫妻一方实施的隐藏、转移、变卖、毁损、挥霍夫妻共同财产以及以侵占另一方财产为目的的伪造债务行为，统称为"妨害分割行为"。

根据《民法典》第 1092 条及《解释一》第 84 条的规定，夫妻任何一方在婚姻关系存续期间实施妨害分割行为的，在离婚时将少分或不分夫妻共同财产。离婚后上述行为被另一方发现的，该另一方可请求法院再次分割夫妻共同财产。该请求权的诉讼时效为 3 年，从该另一方发现之日起计算。

根据最高人民法院的观点，对妨害一方"不分或少分"的财产范围，仅限于对方妨害行为针对的共同财产范围，并非全部夫妻共同财产。

比如，甲、乙办理了离婚登记后，甲还藏匿了一套房屋，价值 62 万元。乙起诉请求分割。法院认为，在离婚时，甲已经取得房产所有权，但在离婚时却主张是他人借用其名购买，又没有证据证明，因此构成"隐匿"。故虽由其取得所有权，但应对乙补偿房价的 60%。

又如，甲、乙离婚，诉讼中，法院查明甲在婚姻关系存续期间将存款 20 万元转给案外人丙。法院最终判决甲应补偿乙 12 万元。

在举证责任上，如果一方主张对方存在妨害分割行为的，应承担举证责任。法院在该证据的基础上，应审查财产转移的目的、用途、时间等具体证据，综合认定。证据不足的，不能予以认定。

2. 教义学归入问题

最高人民法院认为，妨害分割行为在性质上界定为"侵权行为"。[①] 该观点值得商榷。

首先，从行为性质分析，《民法典》第 1092 条规定几类行为或者构成侵权行为，或者构成无权处分行为，或者形成二者的竞合。

其次，从体系角度分析，《民法典》第 1092 条不仅涉及所有物或不当得利返还

---

① 最高人民法院民法典贯彻实施工作领导小组主编：《民法典婚姻家庭编继承编理解与适用》，人民法院出版社 2020 年版，第 340—341 页。

请求权（取决于不同的财产形态），还可能直接涉及损害赔偿请求权（比如事实毁损）。在返还或赔偿的基础上，还会涉及对相应财产的再分割请求权。

最后，对上述所有可能的请求权，是否能够适用诉讼时效，也需要分别分析。所有物返还请求权可能依据《民法典》第196条第2项的规定不适用诉讼时效，而对相应财产的再分割请求权因属于形成权，也不应适用诉讼时效。在这里，也不能认为最高人民法院是基于特定司法政策之考量，在此规定了一个特殊规则，因为该规则仍处于《民法典》体系之中，故应考虑避免相关法律评价之间的矛盾。

（二）非因任何一方过错的分割请求权

根据《解释一》第83条的规定，如果特定共同财产未参与分割并非源于任何一方的过错妨害行为，而仅因为双方不小心遗漏了，则任何一方可在婚姻关系解除后请求分割。

《解释一》第83条同样属于诉请分割权，是形成权的一种，因此并不适用诉讼时效。最高人民法院认为："对于离婚时未分割的夫妻共同财产，任何一方都有权诉请进行分割，而不受两年诉讼时效的限制。其理由是：其一，根据《物权法》第99条的规定，共有人分割请求权虽然名为请求权，但并非请求他人同意分割的权利，而实质是使他人负有与其协议分割的具体方法之义务。因此，分割共有物之请求权，实质是形成权，不应受诉讼时效的限制。其二，我国物权法没有规定诉讼时效取得制度，因此，所有权不会单纯因为时间的经过而发生改变，夫妻共同财产如果在离婚时没有分割，不会因为时间的经过而改变性质。其三，如果离婚时未经分割的夫妻共同财产经过两年的诉讼时效就不能再进行分割，无疑会鼓励转移、隐藏夫妻共同财产的不诚信行为，这种结果与我国的主流价值观念是相悖的。"[1]

根据《解释一》第81条的规定，在婚姻关系存续期间，夫妻一方继承的遗产在继承人之间尚未实际分割，从而离婚时无法分割的，另一方可在遗产实际分割后另行起诉，请求分割。

第六节　离婚损害赔偿请求权

《民法典》第1091条赋予了夫妻任何一方在离婚时请求损害赔偿的权利，此即通常所称的"离婚损害赔偿请求权"。《解释一》第86条至第90条对《民法典》第1091条适用中的具体问题进行了解释。

---

① 人民法院出版社编：《最高人民法院司法观点集成·民事卷》（第三版），人民法院出版社2017年版，第187页。

一、请求权规范

（一）请求权人无过错

提起离婚损害赔偿请求的一方应无过错，即没有实施《民法典》第1091条规定的行为。如果双方在婚姻关系存续期间皆实施了这些行为，则任何一方都无权在离婚时请求对方承担赔偿责任（《解释一》第90条）。

不过，应注意的是，该要件并不要求夫妻双方必须在种类相同或程度相当的意义上实施这些行为①，更不要求考虑夫妻彼此所实施行为之间的事实关联性。因此，如果一方实施虐待、遗弃行为，另一方因此与他人同居的，就应认为双方皆有过错。

（二）过错行为

《民法典》第1091条在原《婚姻法》第46条所列举情形的基础上，增加了一种具有兜底性质的情形，即"有其他重大过错"。依此，能够产生离婚损害赔偿请求权的过错行为包括：（1）重婚；（2）与他人同居；（3）遗弃；（4）实施家庭暴力、虐待；（5）其他重大过错行为。

通过立法上添加的"其他重大过错行为"，原立法者留下的"有计划的漏洞"被自行填补，从而使得《民法典》第1091条不再具有封闭性调整的特征。但是，这一调整范围的变化仅针对另一方的行为范围，而并不涉及主体的"扩展"。因此，生活中所谓的"第三者"仍应由道德规范来调整。而且，这一兜底条款自身包含着约束性的评价标准，即可被法律调整的行为必须具有重大过错的特征。这一扩展的意义在于：对夫妻一方实施的既不构成同居也不构成重婚的严重违反忠实义务的行为，现在可借由该扩展规定纳入《民法典》第1091条的调整范围。

就重婚而言，不能借鉴刑法实践中的相关定义进行扩大解释，即它仅指有配偶的人同他人登记结婚的情形，不包含有配偶的人与他人以夫妻相称，在固定住所共同生活的情形。否则，根据《解释一》第7条不能被界定为"事实婚姻"的情形，在界定重婚时，却可能被视为"婚姻关系"。

虽然从利益状况来看，刑法上的扩大解释更有利于保护无过错一方的利益，但从法律适用角度来看，它导致了"婚姻关系之成立"这一概念的意义在婚姻法内部的断裂。考虑到"有配偶者与他人同居"时，无过错一方也可以提起损害赔偿，这一规定已经足够涵盖上述利益保护，故这一扩大解释并不可取。

---

① 最高人民法院民事审判第一庭编：《民事审判指导与参考》2004年第1集（总第17集），法律出版社2004年版，第165—171页。

就家庭暴力概念而言，它在《民法典》第1091条中的含义应与《反家庭暴力法》中的界定保持一致。依据《反家庭暴力法》第2条的规定，家庭暴力"是指家庭成员之间以殴打、捆绑、残害、限制人身自由以及经常性谩骂、恐吓等方式实施的身体、精神等侵害行为"。最高人民法院提出，家庭暴力的典型方式包括身体暴力与性暴力，即以殴打、捆绑、禁闭、残害或其他手段，对家庭成员从身体、性等方面进行伤害和摧残的行为。① 司法实践中，所谓的"冷暴力"一般不被认定为"家庭暴力"。有个别法院基于家暴的核心是一方对另一方施加的"控制"这一理论，将"经济控制"认定为家庭暴力。比如，夫妻一方将收入所得交由另一方实际控制后，如果控制方拒绝给予另一方合理数额的金钱以供其正常的日常交往所需，该行为可能被认定为家庭暴力。

实践中，一些严重的精神暴力行为也应被认定为"家庭暴力"。生活中，夫妻一方尽管对另一方未实施直接身体伤害，其行为却可能给对方的精神与心理造成直接的伤害。比如经常性地威胁、恫吓、辱骂；以伤害相威胁，以损害家具、伤害动物、打骂孩子相恫吓造成对方精神恐惧、安全受到威胁；为达到精神控制的目的对配偶经常性地当众或私下恶意贬低、羞辱、挖苦、奚落、嘲笑、谩骂致对方不堪忍受的；经常刁难、干涉、猜疑、阻止限制对方行动自由，影响对方正常工作生活的；公开带第三者回家同居羞辱配偶等。这些行为使受暴者产生屈辱、恐惧以及无价值的心理感觉，应该被认定为"家庭暴力"。

但是，夫妻之间偶尔的打闹、争吵因为不具有手段残酷性、情节恶劣性、后果严重性及时间持久性，因此不应被认定为"家庭暴力"。此外，在双方互相实施暴力的情形下，如果一方明显是为了防御另一方的暴力行为而实施反抗的，其行为不属于家庭暴力。但是，另一方主动实施的特定暴力行为并不足以需要通过身体暴力行为来反抗的，则应当将该反抗行为认定为家庭暴力。比如，一方实施了精神暴力，另一方不能以身体暴力进行反抗；一方实施了轻微的身体暴力，另一方还之以严重的暴力行为，后者自然构成家庭暴力。

家庭暴力可通过实际伤害、公安机关的出警记录进行证明。但如果一方仅以人身安全保护裁定为证据，证明对方存在家庭暴力，法院将不予支持。因为人身安全保护裁定的目的可能是制止即将发生的家庭暴力，因此，它不能作为家庭暴力已经发生的证据。

持续性、经常性的家庭暴力构成虐待。就此而言，虐待与家庭暴力在某些重要特征上具有相同性。

---

① 最高人民法院民事审判第一庭编著：《最高人民法院婚姻法司法解释（三）的理解与适用》，人民法院出版社2010年版，第248页。

"遗弃"属于违反法定扶养义务的行为，它指法律上负有扶养义务的人拒绝履行其义务的行为。它通常主要表现为对年老、年幼、患病或其他没有独立生活能力的人负有扶养义务而拒绝扶养、情节恶劣的行为。

另外，根据《民法典》第 1091 条的规范陈述，虐待、遗弃行为并不限于夫妻之间。一方对其他家庭成员实施此等行为，无过错方在离婚时也可以提起离婚损害赔偿。但是，考虑到《民法典》在合适的地方为其他家庭成员提供了相关的请求权规范，是否有必要将其利益纳入离婚损害赔偿请求权规则中加以保护，值得商榷。

（三）损害赔偿范围

受害方可以请求另一方赔偿因上述行为遭受的精神损害与物质损害（《解释一》第 86 条）。其中，涉及精神损害赔偿的，可适用《最高人民法院关于确定民事侵权精神损害赔偿责任若干问题的解释》的有关规定。此外，在无过错方受到伤害需要治疗或对方应支付扶养费的情形下，也存在实际财产损害。

（四）受害方原则上不得单独提起离婚损害赔偿请求

原则上，受害方不得在婚姻关系存续期间，单独依据《民法典》第 1091 条请求离婚损害赔偿（《解释一》第 87 条第 3 款）。他应该在离婚诉讼的同时提出离婚损害赔偿请求（《解释一》第 88 条第 1 项）。

但是，有三种例外情形（《解释一》第 88 条第 2 项、第 3 项与第 89 条）。其一，无过错方作为被告不同意离婚，也未提出损害赔偿的，可在离婚判决生效后单独提出。其二，无过错方在一审期间未提出，但在二审期间提出的，且二审法院调解不成的，应告知在离婚后另行起诉。其三，因为在夫妻双方登记离婚时，一方也不可能向婚姻登记机关提起离婚损害赔偿，故为了保护无过错方的合法权益，法律允许该方在离婚登记生效后单独提起离婚损害赔偿之诉，但当事人在协议离婚时明确表示放弃该项请求的除外。该请求权受一般诉讼时效的限制。

在诉讼程序方面，如果无过错方作为离婚诉讼中的被告提起离婚损害赔偿的，则该请求不构成针对过错方作为原告提起的离婚请求的反诉，而是一个独立的诉讼。法院应基于诉讼请求的合并将其与原告的离婚之诉合并审理。

（五）请求权得到支持应以解除婚姻关系为前提

受害方提出的损害赔偿请求获得支持的条件是：配偶一方实施的这些义务违反行为必须同时导致双方婚姻关系的解除。依此，如果法院判决不准离婚，即使一方有上述过错行为，另一方的离婚损害赔偿请求权也不能得到支持（《解释一》第 87 条第 2 款）。

（六）学说上的抗辩事由

有学说认为，行为人没有能力或具有合理原因而不履行夫妻间的扶养义务的，可以构成抗辩离婚损害赔偿请求权的事由。[①]

二、请求权规范的竞合

（一）竞合问题

就离婚损害赔偿请求权而言，存在如下竞合问题：若夫妻任何一方因不符合围绕《民法典》第 1091 条形成的规范群所包含的构成要件，从而不能提起离婚损害赔偿之诉，则他还能否提起侵权损害赔偿之诉，以保护其权益？

请求权规范竞合学说依赖的问题情境是"同一生活事实或大致相同的生活事实构成不同的请求权发生的规范要件"[②]。这时候，人们必须讨论，是否存在规范竞合？如果存在，是只能适用一种规范（排除性竞合），还是同时可以适用两种规范（选择性竞合）？

（二）对《民法典》第 1091 条中所包含义务的划分

为回答该问题，首先应该审视该条所包含的义务的性质。因为，考虑到亲属法的特殊性质，能否将其中的义务完全纳入一般侵权责任法之中，存在不同的看法。

依其本质，《民法典》第 1091 条包含的义务可被划分为两类。一类是夫妻任何一方违反忠实义务和扶养义务的行为，另一类是夫妻任何一方侵犯对方人格权或财产权的行为。第一类行为所违反的义务是由婚姻关系的特殊本质所决定的，因而只能发生于具有特定身份关系的主体之间，独属于家庭法领域。人们显然不可能讨论普通人之间的婚姻忠实或扶养义务。第二类行为所侵犯的权利并不完全取决于婚姻关系的本质，它也是一般交往关系中的法律要求。换言之，人们也可以在普通人的角度考察法律保护的这些权利，因此可以在违反一般注意义务的角度上加以考察。第一类行为包括重婚、同居、遗弃和所侵犯的义务具有相同本质特征的其他重大过错行为；第二类行为则包括家庭暴力、虐待和所侵犯的义务具有相同本质特征的其他重大过错行为。

因此，夫妻之间的"忠实义务"和"扶养义务"独属于婚姻家庭法领域，具有封闭性的特征。虐待、暴力行为属于对个体的身体伤害行为，它作为普通的"注意义务"也可同时发生于普通人之间。就此而言，后一类行为与义务具有向民法其他领域开放的特征。以此为基础，可将《民法典》第 1091 条中的行为分别称为"违反封闭义务的行为"与"违反一般义务的行为"。

（三）对两类义务的调整差异

从比较法上看，德国法院就以《德国民法典》对违反婚姻义务的规定具有封闭

[①] 王德意、李明舜主编：《新婚姻法的理解与适用》，中国致公出版社 2001 年版，第 151 页。

[②] ［德］卡尔·拉伦茨：《德国民法通论》，王晓晔译，法律出版社 2003 年版，第 348 页。

性为由拒绝适用一般侵权责任法调整夫妻一方的不忠行为，也不支持另一方针对不忠一方及"第三者"提出的侵权损害赔偿请求，认为应由家庭法条款特有的规则进行调整。德国法院论证道："损害某些法律关系，可能导致产生赔偿财产损失的一般性请求权，但婚姻不属于这些法律关系之列，夫妻间的关系由家庭法的条款进行专门调整；在（《德国民法典》）第823条第1款的保护目的中，也没有考虑第三者对属于家庭法范畴内的婚姻关系的侵害；如果基于公平考量，仅让第三者而不让不忠的一方承担责任，并不公平；但如果让不忠的一方承担共同责任，又与《德国民法典》中对违反婚姻义务的封闭性规定不一致；另外，也无法明确界定损害赔偿请求权的范围。"① 德国联邦最高法院也不接受将夫妻一方的不忠行为视为侵害一般人格权的观点。当然，如果违反婚姻义务导致其他损害的，当事人则可以请求赔偿。比如"假父亲"就抚养给付提起的"损害赔偿请求权"，对此请参见第六章。

《民法典》第112条规定了婚姻家庭关系中的人身权利受法律保护，最高人民法院有意将"配偶权"纳入其中。② 但是这里讨论的忠实义务（及其对应的权利）是否应同时纳入一般侵权责任法的保护范围，则涉及《民法典》第1164条的立法目的问题。

由此可产生两个相反的理论主张。其一，如果认为，第1164条同时包含着对第110条与第112条所规定之权利的保护，且不忠实义务对应的法益和家庭成员之间的扶养权属于第112条之内容，则可认为第1091条是一般侵权责任法的特殊规范，发生排除性竞合。在必要时，一般侵权法只能发挥补充适用的作用。

其二，若以上述特定的比较法结论为前提，则第1091条中规定的违反封闭义务的过错行为就不存在竞合问题，属于婚姻家庭法独立调整的对象。相反，违反开放义务的过错行为则存在竞合问题。以此为前提，在"离婚赔偿请求权"这一名义之下，第1091条实际上包含两种不同性质的请求权规范。对于针对第一类过错行为的请求权规范而言，其具有独立于一般侵权责任法的性质，且后者不能直接适用。对于针对第二类过错行为的请求权规范而言，则属于一般侵权责任法的特殊规范，适用方式同上。

就此而言，如何确定第1091条的性质，取决于对《民法典》其余条文意义的解释。最高人民法院在此前的司法观点中，倾向于认为：夫妻之间违反忠实义务和扶养义务的，最好适用离婚损害赔偿请求权规范进行调整，一般性的侵权责任法规

---

① ［德］马克西米利安·福克斯：《侵权行为法》，齐晓琨译，法律出版社2006年版，第44—45页。

② 最高人民法院民法典贯彻实施工作领导小组主编：《民法典总则编理解与适用》，人民法院出版社2020年版，第564页。

范不可能被直接适用，从而有否定请求规范竞合之意①；相反，对于开放义务违反行为，则可同时适用侵权责任法的规定加以调整。

在这里附带提及的是，就竞合形态而言，最高人民法院的观点显然采用了"排除性竞合说"，而非"选择性竞合说"。选择性竞合说认为，在两个规范之间，当事人可以"择一行使"。相反，依据排除性竞合说，一种请求权规范构成另一种请求权规范的"特殊法"。也就是说，第一种规范是第二种规范要件中的特别情形。因此，立法者将第二种规范中包括的某些情形单列了出来，并对其进行了特别的规定。据此，两个规范之间具有相同的"本质"，却在内容细节上并不相同。其中，特殊规范优于一般规范加以适用。而且，除非特殊法内容有未尽事宜，否则应排除一般法的直接适用。依此，当一方违反开放性义务时，与此相关的离婚损害赔偿首先适用《民法典》第1091条的规定。只有对其未尽之事宜，才可以直接适用一般侵权责任的法律规则。

此外，还有学说主张从违约责任的角度对这些义务的违反进行调整。该观点值得商榷。因为，尽管结婚行为自身可以在一定程度上被视为一种合意，但基于婚姻关系的持续性以及特定婚姻义务的先验性等特征，很难将婚姻关系与"合同"简单地等同起来。

第七节　其他请求权

一、家务劳动补偿请求权

在婚姻存续期间，法律对双方的分工合作方式采取克制态度，并不予以干预。但在离婚时，对于在料理共同事务中（比如抚养子女、照料老人）负担较多义务的一方，《民法典》第1088条赋予其补偿请求权。

从另一个角度看，《民法典》第1088条还包含对家务料理和从事职业之衡平的调整。根据该条规定，在仅配偶一方从事职业的情形下，该方对另一方负有补偿义务；在双方皆从事职业的情形下，一方负担较多的家务料理义务，且因此对另一方从事职业具有协助作用，另一方同样负有补偿义务。此外，在配偶一方以自己的责任料理家务时，并不完全排除另一方的责任。当然，对家务的协助越多，独立料理责任的特征就越淡化。

---

① 人民法院出版社编：《最高人民法院司法观点集成·民事卷》（第三版），人民法院出版社2017年版，第304页。

《民法典》第 1088 条并非基于等价有偿的原则来评价家务劳动。相反，其立法思想是：一方以机会或时间牺牲为代价，使另一方在从事职业中处于有利地位，另一方因此应予以补偿。而且，另一方不能以对方根本就没有工作能力或机会等为由进行抗辩。

夫妻双方对家务料理的协议不应被视为法律行为，因为当事人通常欠缺使其产生法律约束力的意思。而且，夫妻对分工的约定通常总会因共同生活中出现的新问题和新情况而随时发生变化，决定婚姻共同生活的不是契约必守原则，而是互相帮助和体谅原则。

但是，考虑到家务协议具有具体化共同生活的功能，可以使其在适用《民法典》第 1088 条时产生法律上的意义。比如，可基于夫妻双方的协议以及由此产生的相互期待，判断双方应承担照料义务的比例。但是，补偿请求权并不是违反协议的后果；这里应结合违反协议的原因和方式认定夫妻双方的行为是否符合互相照顾和体谅原则。

在补偿数额上，《民法典》第 1088 条首先尊重当事人的意思自治；只有在双方无法达成合意时，才由法院根据个案情形进行裁决。最高人民法院认为，法院在确定补偿数额时，可综合考虑家务劳动的时间、种类、强度和效益（包括另一方因此获得各种利益）、婚姻时间长短、补偿义务方的收入、负担较多义务一方对婚姻前景的合理期待、当地一般生活水平等因素进行判断。[①]

在对一方进行具体补偿时，应首先分割夫妻共同财产，然后从一方个人财产中支取补偿金。不能反其道而行之，先在共同财产分割前进行补偿，再对剩余共同财产进行分割。后者实际上存在以一方个人应得财产对该方进行补偿的可能性，从而导致经济补偿的救济功能失去意义。

原《婚姻法》将家务劳动补偿请求权限制在夫妻实行分别财产制的场合。《民法典》第 1088 条取消了这一限制，使其不再受夫妻财产制类型的影响。然而，一些学者仍然指出，当夫妻双方采取婚后所得共同制时，该立法选择可能导致对一方家务劳动的双重评价。因为，在这种财产制下，家务劳动和社会劳动具有等值性，一方虽较多地从事家务劳动，但在均等分割共同财产时实际上已经得到补偿，家务劳动和社会劳动得到了同等的法律评价。因此，共同财产制下不存在家务劳动补偿的问题。

上述观点以对《民法典》第 1088 条一定程度的误解为基础。事实上，如上所述，该条并不完全甚至不主要是以对两类劳动的同等评价和等值补偿为目的。虽然

---

① 最高人民法院民法典贯彻实施工作领导小组主编：《民法典婚姻家庭编继承编理解与适用》，人民法院出版社 2020 年版，第 316 页。

该条要求以金钱方式对一方的家务劳动进行补偿，但这并不意味着要在夫妻双方之间进行共同财产的平衡，它也不是财产关系规范。相反，对一方因长期从事家务劳动而导致的"丧失社会经验、工作经验老化、专业素质下降、重新工作获取收入面临困难或只能获得较低收入"的补偿，都远远超出了等值补偿的范畴，而以互相照顾和体谅原则为基础，具有强烈的伦理性。就此而言，夫妻共同财产分割充其量只能作为一个极其次要的参考因素，而不能发挥决定作用。

二、离婚经济帮助请求权

《民法典》第1090条规定了一方在离婚时的经济帮助请求权。如果一方在离婚时生活困难，有负担能力的一方就应给予适当帮助。帮助方式和数额由双方具体约定，无法达成合意的，则由法院根据个案情形判决。

该条的适用取决于两个构成要件，即一方在离婚后将陷入生活困难，且另一方有负担能力。前者如一方缺乏或丧失劳动能力，没有或较少收入来源，无法维持当地一般生活水平的；一方因患病而生活困难的；一方没有住处的；等等。

从比较法上看，国外立法例有关于夫妻任何一方离婚后扶养请求权的规定，但《民法典》第1090条不能与此同等视之，因为该请求权仅在离婚时提出，且仅能行使一次（但其履行则可通过定期帮助的方式进行）。将其理解为一种基于道德责任的法定救济制度，可能更为妥当。

第六章　父母子女关系

第一节　概　　述

一、基本分类

在婚姻家庭法中，父母子女关系是除夫妻关系之外另一重要的法律关系。其他直系血亲（祖父母、外祖父母与孙子女、外孙子女之间）、旁系血亲（兄弟姐妹之间）与姻亲关系（儿媳与公婆、女婿与岳父母之间）在婚姻家庭法中已退至次要地位，其法律意义仅存在于极其有限的场合中（主要如结婚条件与有条件的扶养）。因此，婚姻家庭法对于非配偶之亲属关系的调整，可以说主要集中在父母子女关系上。

父母子女关系又被称为"亲子关系"。此外，理论上尚有"亲权""父母责任""父母照顾"等概念指称父母子女之间的关系。

有学者也主张应正确地区分"监护关系"与"亲子关系"。但在《民法典》中，立法者虽然在第 26 条单独规定了父母子女关系，似乎有意强调父母子女关系之于一般监护关系的特殊性，但从该条所处的体系位置来看，立法者仍有意在"监护"这一上位概念之下规定这种亲子关系。从司法实践角度来看，名称之争意义有限。对于本书而言，这种争论的主要意义在于：父母子女关系虽然在《民法典》中被规定于监护制度之中，但在婚姻家庭法中应被独立讨论；在监护制度中，仅讨论其他主体之间的监护关系。为示区别，本章将父母与未成年子女之间的关系称为"父母照顾责任"或"亲权"。两相比较之下，前者更能凸显出"亲权"所具有的"义务权"[①] 的特征。

父母子女关系主要包括该关系的形成和内容。前者涉及父母身份的确认，后者涉及父母子女之间的权利和义务（责任）。为了能够比较清晰地理解父母子女关系法，可先行进行如下分类，并以之作为本章内容的基本框架。

首先，根据不同的形成方式，可将父母子女关系划分为自然血亲和拟制血亲两类。如前文所述（见第一章），拟制血亲乃法律将本无血缘关系的人视为血亲，其

---

① ［德］卡尔·拉伦茨：《德国民法通论》，王晓晔译，法律出版社 2003 年版，第 283 页。

亲属关系脉络乃以拟制父母子女关系（包括养父母子女关系与继父母子女关系两类）作为其开端。从父母子女关系角度而言，拟制血亲涉及在父母子女关系形成和消灭上的特殊性。亦即自然血亲中父母身份的确定规范，与拟制血亲中父母身份的形成规范完全不同。

其次，根据不同的子女孕育方式，可将自然血亲继续划分为基于自然孕育出生而形成的父母子女关系与借助人工辅助生育技术出生形成的父母子女关系。随着科学技术的发展，借助人工辅助技术生育子女的情形越来越多。这一划分的法律意义在于：不同的孕育方式对父母身份的确定规则会产生重要的影响。实践表明，借助人工技术而出生的子女，其父母身份的确定往往存在特殊的困难。

再次，根据子女是否成年，可以将这种法律关系划分为父母与未成年子女之间的法律关系及父母与成年子女之间的法律关系。该组概念在分析父母子女关系的具体内容时具有重要意义：前者主要涉及父母对未成年子女的抚养和保护关系，后者主要涉及成年子女对父母的赡养关系。因为不能独立生活的成年子女仍需要父母的抚养和保护，故在法律上应将这类成年子女与未成年子女同等对待。

最后，根据子女是否在父母婚姻关系存续期间内出生，可将子女分为"婚生子女"与"非婚生子女"。这一划分对父母身份确认规则同样具有重要的法律意义。不过，就父母子女之间的法律关系内容而言，这一划分的意义几乎可以被忽略。因此，无论婚生子女抑或非婚生子女，在父母子女关系、继承及应获得的其他"照顾"上，都享有平等的法律权利；在对父母的赡养方面，他们也应承担同样的义务。

二、从"父权"到子女权益之保护

（一）父权

在传统的父母子女关系中，父亲相对于子女而言，具有相当程度的统治地位。在西方的罗马法中，父亲属于"自权人"，对其子享有"家父权"，而家子并不因其成年或结婚就可以摆脱家父权的"控制"。尽管在家子结婚后，享有对妻子的"夫权"，并在这个意义上成为自权人，但对于其父而言，仍为"他权人"。

罗马法中的"家父权"是家父统治地位的法律体现，以表征家父对其管领之人所具有的权力。比如，家子无论是否成年，在人身与财产上皆必须依附家父；他虽然可以根据（与宗族身份相对的）市民身份，与他人缔结合同，但所得权利却归于家父并由后者行使；除例外情形外（比如其人身被他人侵犯），家子不得行使诉权；家父甚至有权转让其子女。直到帝政时期，家父权才受到些许限制，家子的地位逐渐得到改善。

因此可以说，在罗马法中，家庭甚至更大范围内的宗族的基础乃是"父"的权威，而非父母的婚姻。借助家父权而结合起来的家庭是全部人法从中孕育并得以产生的"温床"。在西方，这种专制型的家庭结构为随后的早期国家所接受并沿用。

后来的启蒙运动从根本上开始变革这种家父权。以普芬道夫在《论人与公民在自然法上之责任》一书中的论述为例，"亲权"概念虽然强调父母对子女的权威，但这种权威以"履行必要的照料责任"为目的，且建立在子女"默示的同意之上"。父母对子女的惩罚权力"只能被限制在合理的限度内"，而且父母对子女的各种权力在"孩子建立自己的新家庭或加入其他家庭时"被解除。①

因此，至少从自然法的角度来看，"亲权"以实现子女独立生活为其最终目的。在父母权威不可避免的同时，子女作为独立存在之个体，其人格的独立性与权利的自主性也开始在法律层面得以建构。

随着20世纪平等观念在西方的普及，子女的权利获得重要的法律地位。尽管父母子女关系仍保持内部性的特征，但国家实证法开始将子女作为独立的权利主体，在家庭内部保护其合法权益，并赋予其针对父母的独立请求权。

我国古代的法律制度同样赋予父亲在家庭内部的绝对权力，即"父权"。通常认为，这种制度以新儒家的家国同构观念为基础。后者由董仲舒在先秦儒家正名主义思想的基础上加以发展，并结合封建专制权力之所需而形成。本来，在殷周萌芽时期，对父子及其他长幼关系还秉承一种对等的伦理观念，然而，在后朝代表性的法律制度中，人们看到的却主要是尊卑之间在法律地位上的不对等。具体到父母子女关系方面，即为子女对父母所承担的、极高程度的服从义务，法律运用严苛的规范维护这种义务。

现代中国受西方父母子女关系观念的影响，传统法观念开始发生变化。在中华人民共和国成立后，1950年《婚姻法》第2条确定了"保护子女合法权益"的法律原则。此后，1980年《婚姻法》与2001年《婚姻法》皆明确了"保护儿童权益"的法律原则。此外，《未成年人保护法》也专设"家庭保护"一章，在家庭范围内对未成年人的权益进行保护。不仅如此，我国于1991年就批准参加了"联合国儿童权利公约"，后者正是以保护与促进儿童权利作为其主要目标。

（二）未成年子女利益最大化原则

在当下关于父母子女关系的法律实践中，占据主导地位的当属"未成年子女利益最大化"这一原则。一直以来，学术与司法实践不断强调该原则在父母子女关系中的重要性。在司法实践中，如下做法已较为普遍：只要可能，法院就会尝试运用

① ［德］萨缪尔·普芬道夫：《论人与公民在自然法上的责任》，支振锋译，北京大学出版社2010年版，第147—150页。

该原则，证成与父母子女关系相关的裁决结论。最高人民法院明确指出，在审理涉及亲子关系的婚姻家庭案件中，未成年子女利益最大化原则是人民法院在考量衡平各方当事人利益时不能忽略的一个原则。[①] 可以说，该原则在相关的司法实践中已经发挥着重要作用。

在《民法典》中，子女利益最大化原则并未作为一般性原则被明示出来，仅在个别规范中有所体现（第 35 条、第 1044 条）。但该原则作为家庭法秩序的必要组成部分，先于制定法而存在，并应通过制定法中的法律规则及其适用来贯彻。事实上，既有实证法规则都或多或少地体现了这一原则。

应说明的是："子女利益最大化"作为法律原则，其实践运用应受到"权衡"方法的约束。换言之，在调整父母子女关系时，依然应将其置于与其他相关原则（比如父母权利与意思自治）的比较衡平之中发挥作用。换言之，不能因为强调对子女利益的保护，就使该原则总处于排他且最优先的地位。

第二节　自然血亲中母亲身份的确认规则

《民法典》第 1073 条规定，允许特定当事人以诉讼方式确认或否认亲子关系。《解释一》第 39 条进一步对相关的证据规则进行了规定，第 40 条则对人工授精所生子女的父母身份如何确认进行了规定。

如前所述，自然血亲中的子女可以"自然孕育"和"人工辅助生育技术"的方式进行生育。在任何情形下，母亲身份与父亲身份的确认规则都不尽相同，故有必要分别予以讨论。而且，这两种孕育方式对母亲身份确认可能具有的不同影响，也值得说明。本节将结合上述实证法源，对自然血亲中的母亲身份确认问题进行说明。

一、"自然孕育"中的确认规则

在"自然孕育"情形中，通过"生育"标准来确认母亲的身份，并无任何疑问。在这里，法律标准、生育事实与基因来源事实获得了统一：子女在法律上的母亲就是实际分娩该子女的妇女，同时也是为其生命提供胚胎卵细胞的妇女。此即"分娩者为母"。

---

① 王松主编：《最高人民法院司法观点集成·民事卷》，中国法制出版社 2017 年版，第 2982 页。

二、"人工辅助生育"中的确认规则

(一) 人工辅助生育技术

人工辅助生育技术包括"人工授精"与"体外受精"两大类。就人工授精而言，以精子提供者与受精者是否具有婚姻关系为标准，可将人工授精分为"同质"与"异质"两种。"同质人工授精"或曰"婚内授精"是将丈夫的精子导入妻子体内而受孕；"异质人工授精"或曰"婚外受精"则是将丈夫以外男子的精子导入妻子体内而受孕。

"体外受精"与胚胎移植技术密不可分，是将从女性体内提取出来的卵子与精子在人体外结合受孕，再将胚胎移植入妇女体内以生育的技术。"体外受精—胚胎移植"产生的就是通常所谓的"试管婴儿"。该技术与上述人工授精技术相比，会导致更复杂的父母认定问题。

可将体外受精的情形划分如下：(1)"婚内体外受精"，即从妻子体内提取卵细胞，与丈夫的精子在体外受孕后，再将受孕胚胎植入妻子体内。(2)"代孕行为"，即将受精卵子 (胚胎) 移入妇女体内，由该妇女进行生育的情形。在代孕行为中，可能出现基因母亲与生育母亲不一致的情形 (但其中一者与妻子身份相一致)，也可能出现基因母亲、生育母亲与妻子三者身份互不一致的情形。妻子同时以婴儿的实际抚养人 ("抚养母亲") 身份参与其中。(3)"卵子提供行为"，即将丈夫或非丈夫的精子与非妻子的卵子体外受孕，并将胚胎植入妻子体内以生育的行为。

(二) 人工辅助生育的合法性

在法律层面，首先应考虑这些人工辅助生育技术的合法性问题。

就人工授精而言，《人类辅助生殖技术管理办法》(以下简称《管理办法》) 允许用同质与异质人工授精的方式孕育子女 (第8条)，但两者的审批机构不同。

就体外受精技术而言，《管理办法》规定，医疗机构在经过卫生部审批后，可以实施"体外受精—胚胎移植"技术 (第8条第2款)。

根据《管理办法》第3条的规定，任何买卖胚胎的行为和代孕行为是被禁止的。依此，不仅上述各种代孕行为违法，而且对于有偿的卵子提供行为，亦属非法。如果当事人之间实施了以代孕、有偿卵子提供为内容的法律行为，该行为将因违法而无效。

但是，即使当事人违法实施生殖技术，也不影响父母身份的确认。就基于上述违法行为所出生的子女而言，仍需要根据相关规则确认其父母。

（三）生育标准的运用

人工辅助生育技术的产生和发展为父母身份的确认带来了新的挑战。

就母亲身份认定而言，在"人工授精"与"婚内体外受精"中，由于妻子、生育母亲与基因母亲并未出现身份分裂，法律标准、生育事实与基因来源仍然是统一的，故不存在母亲身份确认的特殊问题，生育标准可直接适用。这里存在的仅为受孕方式的"技术特性"。

在卵子提供行为中，尽管生育母亲与基因母亲发生分裂，但考虑到生育母亲与妻子身份的统一性，以生育标准作为确认母亲身份的依据，依然是可行的。在实践中，尽管有偿卵子提供的合意是违法的，但法律并未明确禁止无偿卵子提供行为。这样，当后者基于生育母亲与基因母亲的合意而实施，还可补强生育标准的合理性。

代孕行为的情形可能更为复杂，因为妻子与生育母亲的身份发生了分裂。这里，人们可继续主张适用生育标准确认母亲的身份。但是，如果查找不到生育母亲的，能否确认妻子的母亲身份，就成为实践中可能面对的难题。

实务中有如下案例：甲、乙为夫妻，因乙存在生育缺陷，双方决定通过代孕方式生育孩子。丙提供受精（甲的精子）卵子，植入丁的身体。丁生育的孩子交由甲、乙抚养。后甲车祸身亡，甲的父母与乙为争夺孩子的监护权发生纠纷。

本案中存在卵子提供行为和代孕行为的结合。法院认为，生育标准是认定母亲身份的法律标准："分娩说"符合传统民法中"分娩者为母"的认定原则，亦与其他两种人工生殖方式（注：人工授精）中的亲子关系认定标准相同，且符合我国传统的伦理原则及价值观念。另外，"分娩者为母"的认定原则亦与我国目前对代孕行为的禁止立场相一致。[1]

确认母亲身份适用何种法律标准，在一定程度上取决于立法者的价值判断。就逻辑而言，"生育标准"与"基因标准"都可能适用。但无论如何，二者不可能同时适用。因为如此会造成母亲身份的分裂，导致一个人同时有两个"自然"母亲的结果，除非立法政策对此结果不予拒斥。

通行做法倾向于采取生育标准。在德国法律实践中，"分娩者为母"也是一条强制性规范。据此，即使当事人之间有约定，也不能改变生育者的母亲身份。任何人都不能拒绝承认生育者的母亲身份。

如果生育母亲不愿履行母亲职责（这种情形在代孕行为中较为常见），可以基于子女利益最大化原则，在抚养者与子女之间（有时甚至可以通过法律拟制的方

---

① 参见上海市第一中级人民法院（2015）沪一中少民终字第56号民事判决书。

式）确立一种收养关系，使抚养者成为子女法律上的养母。但是，在抚养者也不愿意承担养育责任的情形下，该拟制就失去了法律基础。此时，子女将在事实上处于非常不利的情形。

第三节　自然血亲中父亲身份的确认规则

生育标准显然不适用于父亲身份的确认。在确认父亲身份时，基因标准显然具有最终的决定意义。但是，基于是否存在婚姻关系，法律通常首先采取的是一种推定规则。

一、"自然孕育"中的确认规则

（一）婚生子女父亲身份的初步推定

就以自然孕育方式生育的"婚生子女"而言，可将与其母具有夫妻关系的丈夫初步推定为他的父亲。

基于婚姻关系推定父亲身份，在罗马法中就已经被承认，《学说汇纂》中就确立了"父是与母结婚的人"这一标准。[①] 将丈夫推定为妻子所生子女的父亲，是再自然不过的事情。我国司法实践对此也予以承认，即婚姻关系存续期间出生的子女一般应认定为婚生子女，是法院在审判实践中掌握的一项不成文的办案规则。

推定应以子女的出生时间为准，而非以妻子的怀孕时间为准。故尽管妻子婚前怀孕，只要在婚后生育，甚至在结婚后短于正常孕育所需的时间内生育，其丈夫也被推定为该子女的父亲。当然，丈夫可提起关于身份的否认之诉。

如果子女在丈夫死亡后出生，且妻子在丈夫死亡后未再婚的，同样可适用该推定规则，确认该已逝丈夫的父亲身份。比如，德国法规定，在丈夫死亡后 300 天内出生的子女，视为死者的子女。

但如果妻子在丈夫死亡后再婚且生育的，则后夫将基于现有之婚姻关系被优先推定为父亲，除非他或其他人通过否认之诉撤销了其父亲身份。

基于该推定时间规则，当时间要件不符合时禁止推定。因此，在非婚出生子女情形下，不能基于嗣后或曾经存在的婚姻关系，进行父亲身份推定。

该禁止推定主要包括两种情形：其一，如果子女在结婚前出生，不能基于他人与母亲之间嗣后缔结的婚姻关系，而推定该他人为父亲。其二，如果子女在离婚后

---

① ［德］迪特尔·施瓦布：《德国家庭法》，王葆莳译，法律出版社 2010 年版，第 272 页。

出生，也不能基于他人曾与母亲存在婚姻关系，而推定其为父亲。在这两种情形中，该"他人"可以作出认领（承认）的意思表示，从而成为该子女的父亲。当然，真正的父亲也可以针对该认领结果提起亲子关系确认之诉。

（二）非婚生子女父亲身份的确认规则

就"非婚生子女"而言，不存在父亲身份推定的事实基础。此时，特定男子应通过认领来获得父亲身份。

《民法典》并未明确规定"认领"制度。从体系上看，"认领"可被建构为一种单方法律行为。代表性的学术观点还主张存在由该行为加以实现的"承认权"或曰"认领权"。[①] 显然，如果存在这种权利，它应属于形成权的一种。

认领行为的作出不应受时间限制。其是否为要式行为，则取决于实证法秩序的安排。此外，认领作为一种单方身份行为，不仅不能附条件与期限，原则上也不能委托他人代理实施。不过，或可考虑的是：当认领人无行为能力或不具有相应的辨识能力时，应允许其法定代理人代为实施，或经过其法定代理人同意实施。在这种情形下，认领人作出的意思表示分别为无效或效力待定。

认领行为也可能出现瑕疵，比如错误或受欺诈。此时，或可考虑赋予认领人以撤销权。当然，考虑到身份关系的特殊性，也可以拒绝赋予其撤销权，而仅允许认领者通过否认之诉取消已经发生的法律效果。这两种形成诉权的区别在于：因为当事人依据不同的法律规范，故其举证责任的内容有所差异。

认领行为若要生效，尚需特定的人认可。因此该"认可"是认领行为生效的法律要件。"特定人认可"要件意味着：仅认领还不足以充分确认行为人的父亲身份。特定人的范围至少包括母亲和成年子女。

德国法将"认领"界定为无须受领的单方法律行为，故不能将"认可"和"认领"视为一个法律行为的两个组成部分（意思表示）。相反，"认可"是独立于认领的单方法律行为，是认领行为的生效要件。此外，在德国法上，无论母亲在认领行为实施时是否处于婚姻关系之中，其"认可"都必不可少。如果母亲尚处于婚姻关系之中，还必须有其丈夫的认可。如果欠缺任何一个认可行为，都不发生确认认领人父亲身份的法律后果。此外，如果在认领行为实施时子女已经成年，则还需要子女的认可。

二、"人工辅助生育"中的确认规则

父亲身份的确认问题主要存在于异质人工授精的场合。对此，《解释一》第40

---

① 参见杨大文主编：《亲属法》（第四版），法律出版社 2004 年版，第 227—229 页。

条予以调整。该条采取"合意标准",即婚姻关系存续期间,夫妻双方一致同意进行人工授精,所生子女应视为婚生子女。该条源于《最高人民法院关于夫妻离婚后人工授精所生子女的法律地位如何确定的复函》(1991 民他字第 12 号)以及最高人民法院指导性案例第 50 号的裁判规则。

同样,该标准可类推适用于体外受精情形。即尽管体外受精中可能使用的是非丈夫的精子,但只要夫妻双方具有合意,丈夫也应被认定为具有父亲身份。因为对丈夫及其父亲身份认定而言,这两种场合具有本质相同性。

当不存在婚姻关系的男女一致同意异质人工授精,且男子同意成为孩子的父亲时,可认为其通过认领行为成为该子女的父亲。

在这里,仍应注意是否存在婚姻关系对父亲身份所具有的影响。《解释一》第 40 条中的认定结果无论是对丈夫还是基因父亲,都具有终局性的约束力。换言之,一旦该子女被"视为婚生子女",不仅丈夫不得再行否认其父亲身份,所谓的基因父亲也不得另行提起确认之诉,以请求确认其父亲身份。因为对于丈夫而言,发挥根本作用的不再是上述推定规则,而是法律的直接规定。但是,对于非婚姻关系中的子女而言,基因父亲确认之诉的权利不应受到否决。毕竟,《解释一》第 40 条是法律针对丈夫的父亲身份的特殊强制性规定,其能否被类推适用于非丈夫身份的关系之中,尚存疑问。这与上述生育方式之可类比性相比,具有根本的不同。

三、父母身份的确认之诉和否认之诉

(一)界定

《民法典》第 1073 条规定了父母身份的确认之诉和否认之诉。该条将确认之诉的主体限定为父母和成年子女,将否认之诉的主体仅限定为父母。依此,其他主体(尤其是祖父母、外祖父母)无权以自己的名义提起父母身份的有关诉讼。不过,当父母属于无民事行为能力人或限制民事行为能力人时,不排除其他主体代理诉讼的理论可能性。

顾名思义,确认是要求对尚未形成的父母子女关系予以确认,否认则要求对既存的亲子关系予以否认。

(二)确认之诉

1. 对亲子关系有异议

根据《民法典》第 1073 条的规定,确认之诉以对亲子关系有异议为前提。这不仅包括对既存之亲子关系的异议,也包括要求他人确认或他人要求确认亲子关系但遭拒绝的情形。

在第一种情形中,他人通常已经基于特定的确认规则被推定为父或母(见前

文）。如果亲子关系双方或第三人对此并无异议，通常也不会产生纠纷。反之，如果相关当事人对此提出异议，则会产生确认之诉。但因为亲子关系既存的事实，确认诉讼往往必须以否认之诉为前提。在第二种情形中，子女与父或母的亲子关系尚未确定，当事人只是要求确认亲子关系，因此不以否认之诉为前提。

2. 有正当理由

《民法典》第 1073 条规定的这一要件首先意味着：当事人对自己提出的确认之诉，有责任提供必要证据予以证明。当事人至少可从与孕育相关的基本常识出发，提出可证明其主张的初步证据。

实践中，最为有力的证据当属基于 DNA 鉴定的亲子鉴定报告。如果起诉的一方（原告）因与涉案子女的亲子关系，可自行进行并提供亲子鉴定报告，则该报告可作为证据在起诉时提交。反之，如果需要对方（被告）配合作亲子鉴定，则原告方仅提供必要的初步证据即可。另一方没有其他相反证据又拒绝配合做亲子鉴定的，法院可认定原告方的确认主张成立（《解释一》第 39 条第 2 款）。

此外，这一要件还意味着诉讼目的的正当性。比如，如果确认之诉不是为了子女的利益，而是为了自己的一己私利，则不符合该要件。

3. 提起主体

实践中，亲子关系的确认往往与父亲身份相关。因为母亲身份通常基于分娩事实即可终局性的确认，但父亲身份最初只是通过推定规则而确认。随着人工辅助生育技术的出现，即使仅遵循生育标准，也存在实际抚养人与生育母亲的分裂，故实践中也存在关于母亲身份的确认之诉。[1]

当父母或成年子女不具有相应的民事行为能力（及诉讼能力）时，由其监护人代为提起亲子关系的确认之诉，似乎并不存在可强烈反对的实用性理由。但是，当父母或成年子女死亡时，则不能由祖父母或其他近亲属以自己的名义自行提出。因为如果这样，就违反了《民法典》第 1073 条明确的字义。[2]

另外，值得讨论的问题是：确认之诉能否由未成年子女提出？《民法典》第 1073 条仅规定了成年子女的确认之诉，能否反推出对未成年子女确认之诉的否认，值得商榷。最高人民法院认为，在这种情形下，可由父或母作为原告以自己的名义提出。言下之意似为基于第 1073 条的整体规定，没有必要规定未成年子女的这一权利。但有学术观点认为，当父母不是未成年子女的监护人或者母亲已经死亡时，

---

① 施迪：《代孕风波，妈妈还是妈妈吗？——生父代子起诉名义母亲，请求确认无亲子关系获法院支持》，载《人民法院报》2020 年 7 月 17 日。

② 最高人民法院民法典贯彻实施工作领导小组主编：《民法典婚姻家庭编继承编理解与适用》，人民法院出版社 2020 年版，第 322 页。

不允许未成年子女（由其监护人代为提出）起诉，对其利益保护明显不妥。① 最高人民法院似乎对这种情形没有充分地予以考虑。

与该问题相关的另一个理论上的问题是：生母提起确认之诉是否属于其应承担的法律义务？从如果每个子女都有权知晓自己的出身这一考虑出发，那么作为未成年子女的法定代理人，生母负有为子女弄清楚其父亲身份的职责。以此为出发点，提起相关诉讼是母亲的一项义务或职责。

综上所述，亲子关系确认之诉的提起主体包括：（1）潜在的生父或生母；（2）已经借由法律规则认定的父或母（法律上的父或母）；（3）成年子女。如果不考虑人工辅助生育技术，《民法典》第1073条典型地适用于生母或潜在的生父提起确认之诉的情形，且生母的确认之诉主要针对生父不愿意认可亲子关系的情形而提起。但如果考虑到生育技术产生的结果，则潜在的生母或法律上的父母都可能提起确认之诉。其中，潜在的生母作为生育母亲，可能针对法律上的母亲身份提起；法律上的父或母则可能针对潜在的生育母亲的身份而提起。

4. 法律效果

（1）溯及力

当事人提起的确认之诉一旦得到法律支持，则产生溯及既往的效力。也就是说，其父亲身份或母亲身份溯及子女出生时具备。以此为基础，只要可能，应以该时点为标准确定其法定抚养义务的产生和履行。这对于那些因此被否定了父母身份的"法律上的父母"而言，往往具有重要的法律意义。关于此点，见下文对否认之诉的法律后果的说明。

（2）成年子女与原事实抚养人的关系

成年子女提起确认之诉并成功后，如果该成年子女此前已经处于被他人抚养成人的状态，则该抚养人的父母身份如何界定，双方法律关系如何，《民法典》并未提及。这里当然首先需要排除合法收养的情形。因为在这种情形下，并不存在否认诉权产生的合法条件，其充其量产生成年养子女解除收养关系的问题（《民法典》第1115条）。

在既有收养制度的约束下，难以将成年子女与事实抚养人之间的关系界定为亲子关系。因此，需要考虑与该关系之形成和解除的各种要素，确定其内容。这里，《民法典》第1118条具有类推适用的价值。

（三）否认之诉

1. 对亲子关系有异议

在亲子关系否认之诉中，当事人的异议主要针对基于特定确定规则形成的亲子

---

① 薛宁兰、谢鸿飞主编：《民法典评注·婚姻家庭编》，中国法制出版社2020年版，第326页。

关系存在异议。因此，在未婚生育的情形下，因为父亲身份的推定规则没有适用的前提，故如果没有（通常是）父亲自行认领，或生母没有提起确认之诉的情形下，难有否认之诉的产生。对于母亲身份而言，因为生育事实与抚养事实基于辅助生育技术可能发生分离，故母亲身份的否认之诉的发生在理论上不受是否存在婚姻关系的影响。

2. 有正当理由

提起否认之诉的当事人同样需要提供必要证据证明其主张。比如，证明夫妻在受孕期间没有同居，或一方有生理缺陷或没有生育能力。否认之诉的当事人也可进行亲子鉴定，并提供鉴定报告，以证明其否认亲子关系的合理性。同样，在原告方提出初步证据，且需要另一方配合进行亲子鉴定时，另一方拒绝的，法院可以支持原告否认亲子关系的主张（《解释一》第 39 条第 1 款）。

最高人民法院在之前的司法观点中认为，提起方如果仅提供了其"私自"进行亲子鉴定而得出的结论，并不构成这里的"必要证据"。据此，如果一方要提起否认之诉，就必须提供其他证据，或者请求对方通过基因检测确定子女的出身。另一方如果拒绝进行亲子鉴定，就要依据《解释一》第 39 条第 1 款承担举证不能的后果。还有司法观点认为，基于"子女利益最大化原则"提出如下要求：当 10 岁以上且具有一定理解程度的未成年人坚决不同意进行亲子鉴定时，法院不能"简单地"支持夫妻一方的否认请求。

此外，"正当理由"同样包含否认目的的正当性之要求，在此毋庸赘言。

《德国民法典》第 1598a 条第 3 款也规定，当确认未成年人的血统对其利益有明显之危害时，并可能给未成年子女造成不当要求的，法院可以在衡平提起人利益的基础上，停止相关的诉讼程序。

3. 提起主体

提起否认之诉的主体是父或母，但不包括成年子女。具体而言：（1）基于确定规则被推定的父亲或基于认领意思而成为父亲的人，可提起否认之诉。（2）潜在的生父在他人基于确定规则被推定为父亲的情形下，可提起否认之诉。（3）生母可针对法律上的父亲或作出认领意思的父亲提起否认之诉。

但是最高人民法院认为，应考虑维护既有亲子关系的稳定性，为未成年人健康成长创造和谐安宁的家庭环境，不应允许潜在的生父母提起否认之诉[1]，从而将否认权人限制在较小的范围内。

从比较法角度考察，可以基于"社会的家庭关系"对潜在生父否认诉权施加法

---

[1]　最高人民法院民法典贯彻实施工作领导小组主编：《民法典婚姻家庭编继承编理解与适用》，人民法院出版社 2020 年版，第 328 页。

律限制进行正当化。"社会的家庭关系"乃《德国民法典》第 1600 条所包含之概念，意指"有父亲身份的人与生育母亲结婚，或与子女长期共同生活，通常即存在事实上的责任。"此时，在有父亲身份的人与子女之间，即使不存在基因上的联系，但已经基于长期的家庭共同生活产生了亲情联系，丈夫已将子女视如己出，而子女也将其视为"心理上的父亲"。在这种情况下，如果支持潜在生父提起的否认之诉，就可能破坏这种已经牢固确立的心理与家庭联系，给子女的心理与精神造成伤害，不符合保护子女利益的原则。所以，德国法规定，当潜在的生父提起否认亲子关系之诉并意欲确认其父亲身份时，必须受制于该"社会家庭关系"要素。据此，即使他是子女的基因父亲，也只有在子女与当下的"父亲"并未确立社会家庭关系时，才可确认其父亲身份。

与此不同，在潜在的生父通过认领行为确定父亲身份时，如果"丈夫"（现在的"父亲"）已经作出同意，则不用考虑这种"社会家庭关系"的约束。这是因为，"同意"意味着"丈夫"已经不顾忌由此可能给子女产生的心理影响了，因此法律也没有必要再考虑这种"社会的家庭关系"的约束力。这时候，确定认领人的父亲身份，反而会更有利于子女。

其他近亲属似乎也无权以自己的名义提起否认之诉。德国法同样没有赋予"具有父亲身份之男子的父母或其他血亲"提起否认之诉的权利。

至于成年子女否认之诉被否认的原因，最高人民法院认为："当子女成年后，即便父母与其没有血缘关系，但对付出心血将其抚养成人的父母而言，允许子女行使否认权有失公允。"①《民法典》采纳了这一司法观点，并未规定成年子女的否认权。但是，最高人民法院将子女与事实抚养人之间的关系界定为亲子关系，有失妥当。

《民法典》第 1073 条也未规定未成年子女的否认权。基于该规范的明确字义，原则上也不应进行扩张适用。但在例外的情况下，考虑到未成年子女的利益保护，应承认其否认权。

从比较法角度来看，德国法的规定不尽相同。德国法允许子女单独提起否认之诉，且与子女是否具有民事行为能力无关。如果子女为无民事行为能力人或限制民事行为能力人，由其法定代理人提起。但是，这一代理权限必须以符合该子女的最大利益为前提。这样，如果未成年子女由父母共同照顾的，作为其共同法定代理人，父母必须同时提起否认之诉。如果该子女仅由母亲一方单独照顾，则其既可以自己名义，也可以子女名义提起否认之诉。当然，为了避免子女最佳利益这一要件

① 人民法院出版社编：《最高人民法院司法观点集成·民事卷》（第三版），人民法院出版社 2017 年版，第 227 页。

的限制，母亲可以选择前者。如果子女为完全行为能力人，则可以自行提起否认之诉。

（四）法律效果

1. 溯及力

与确认之诉相同，否认之诉一旦成功，相应的裁决结果具有"溯及力"，并溯及子女出生之时。原来的父亲（以下称为假父亲）不仅面向将来失去其父亲身份，不再负有继续照顾子女的责任，而且双方之间的"亲子关系"自始消灭，因此其"父亲身份"从一开始就不具有。

随着父亲身份的丧失，假父亲或可请求特定主体返还此前已经履行的抚养给付。可基于实践情形划分出"欺诈性抚养"与"非欺诈性抚养"两个法律类型，以下分别予以讨论。

2. 基于"欺诈性抚养"的后续请求权

（1）司法实践

对于假父亲因受欺诈而对未成年子女进行的抚养给付而言，婚姻家庭编并未为其提供明确的返还请求权规范。最高人民法院早先的态度并不明朗，在《关于夫妻关系存续期间男方受欺骗抚养非亲生子女离婚后可否向女方追索抚养费的复函》中，最高人民法院认为，该抚养费应否返还，因涉及的问题比较复杂，尚需研究。

后来，最高人民法院的态度发生了变化，开始明确支持抚养给付请求权："男方受欺骗抚养了非亲生子女，代替孩子的生父履行了法定扶养义务，男方当然有权利追索所支付的抚养费。而女方在婚姻关系存续期间与他人通奸生育子女，对其精神上造成了巨大伤害，故同时有权要求侵权者赔偿精神损失。"[1]

除那些未明示请求权基础的法院裁判外，有地方法院以假父亲的"一般人格权"被侵犯为由，从侵权损害赔偿请求权的角度支持假父亲的抚养给付请求。还有一类观点认为假父亲的抚养导致子女的亲生父母获得法律上的不当利益，根据《民法典》第 122 条、第 985 条规定的不当得利请求权予以返还。

（2）教义学归入问题

尽管司法实践普遍认为应对假父亲的抚养给付请求权予以支持，但该请求权的体系位置为何，仍需进一步分析。

最高人民法院虽然同时支持假父亲的精神损害赔偿与抚养费请求，但并未明确表明抚养费返还请求可纳入离婚损害赔偿请求权的调整范围。

"一般人格权"的理由也值得商榷。一方面，如果仅涉及女方违反忠实义务的

---

[1] 王松主编：《最高人民法院司法观点集成·民事卷》，中国法制出版社 2017 年版，第 2943—2944 页。

"重大过错"行为，则属于《民法典》第 1091 条的调整范围，与侵犯一般人格权无关。另一方面，如果为了抚养给付之赔偿而引入"侵犯一般人格权"这一论据，也无法实现裁决目的。因为在抚养给付这一"损害"与本案事实中"一般人格侵犯"之间并不存在合理的因果关联。换言之，在本案事实中，侵犯一般人格并未导致抚养给付这一损失，二者之间南辕北辙。

（3）能否归入侵权责任

如前所述①，德国法并不认可将独属于婚姻家庭法领域的义务违反由一般性的侵权责任法进行调整。因此，在欺诈性抚养中，对妻子一方违反忠实义务的行为，侵权责任法不能介入调整。

但是，对于抚养给付而言，情况则完全不同。德国法根据欺诈与婚姻成立的因果关系，将欺诈性抚养案件进一步细分为两类：一是母亲在怀孕后欺骗男方，以诱使对方与自己结婚，因此男方以父亲身份向子女履行抚养给付；二是在婚姻关系存续期间，妻子与他人通奸并生子，且通过不实陈述或明确否认打消对方的身份怀疑，因此丈夫抚养了该子女。②

在第一类案型中，德国联邦最高法院认为，这里涉及的问题与关涉夫妻一方忠实义务问题的性质并不相同，并非基于婚姻本应存续却破裂而造成的一方的财产不利状况的补偿，因此不能优先适用家庭法。相反，应该适用一般性的侵权法，并应依据《德国民法典》第 823 条第 2 款和《德国刑法典》第 263 条（诈骗罪）或者第 826 条，赋予假父亲以针对抚养给付的侵权损害赔偿请求权。这样，抚养给付赔偿可以在侵权法上得到调整。

就第二种案件类型而言，法院同样认为可依据《德国刑法典》第 826 条赋予丈夫针对抚养给付的侵权损害赔偿请求权，因为："案件中的后果是由于导致婚姻破裂的（不忠实）行为而产生的，从而使婚姻家庭法规范对一般的侵权行为法中的请求权的适用产生了排斥。但即使如此，如果同时产生了其他损害事实的，也不排除第 826 条中侵权行为的特别规范作为一种'较高类别的法律规范'而得以适用。据此，在导致婚姻破裂的情况中，如果一方还做出了其他违反道德的损害行为，并且该行为是出于故意的，第 826 条也可能在损害夫妻间婚内性关系的情况中作为例外而得以适用。如果评判违反道德的价值标准不是出于婚姻生活共同体，而是出于独立的评判范畴，则因此可能产生第 826 条适用的前提条件。"③

---

① 见第五章，关于德国法上的调整方式同时参见 ［德］迪特尔·施瓦布：《德国家庭法》，王葆莳译，法律出版社 2010 年版，第 81—83 页。

② ［德］马克西米利安·福克斯：《侵权行为法》，齐晓琨译，法律出版社 2006 年版，第 45—46 页。同时请参见 ［德］迪特尔·施瓦布：《德国家庭法》，王葆莳译，法律出版社 2010 年版，第 286—287 页。

③ ［德］马克西米利安·福克斯：《侵权行为法》，齐晓琨译，法律出版社 2006 年版，第 45—46 页。

这里，妻子欺诈丈夫并骗取后者支付抚养给付的行为独立于其违反忠实义务的行为，应得到独立评价。

我国《民法典》并未明确规定背俗侵权，也未明确规定基于法律保护目的的法益保护，故假父亲的抚养给付损失能否作为一项绝对性权益受到侵权责任法的保护，尚值得商榷。不过应注意的是，最高人民法院已在其他个案中实际运用了背俗侵权规则对当事人的债权进行保护①，但这似乎并不能肯定地被视为背俗侵权规则的普遍性适用。

在学说上，有观点主张假父亲可基于其亲权被侵犯而提起抚养费返还之请求。该观点因为背离了"亲权"这一概念的意义而同样值得商榷。在这里讨论的事实情形中，假父亲对未成年子女并不享有亲权，也没有人侵夺其子女照顾或监护权，所以，并不存在侵犯亲权的法律事实。换言之，假父亲恰好是基于对亲子关系之否定而提出请求，因此不存在侵犯亲权的法律基础。

（4）能否归入离婚损害赔偿请求权

能否将假父亲享有的抚养给付请求权视为离婚损害赔偿请求权的一种，从而在《民法典》第1091条的规范框架中进行调整，取决于人们对该条的规定认识。如前所述，尽管《民法典》第1091条被称为"离婚损害赔偿请求权规范"，但包含着独属于婚姻法领域的义务违反的调整和竞合调整两种情形。就此而言，该条自身就在很大程度上欠缺体系性，而更侧重于功能考量。这样，人们就可能将女方隐瞒亲子关系事实，进而骗取丈夫抚养他人子女的情形界定为"其他重大过错"的行为，允许丈夫在离婚时就抚养给付损害请求赔偿。

应注意的是，在原《婚姻法》第46条较为狭隘的规范内容之下，上述归入不可能实现。与其相比，《民法典》第1091条因为增加了一个兜底性质的条款，才可能进行上述分析。但是，即使能够进行上述归入，仍应将基于抚养给付赔偿的离婚损害赔偿请求权（该条第5项）与基于忠实义务之违反的离婚损害赔偿请求权（该条第1项、第2项）区分开来。而且，抚养给付赔偿以对特定身份关系之否认为前提，故并不独属于婚姻家庭法领域。换言之，这里仍存在一般侵权责任法适用的可能性。

此外，基于《民法典》第1019条的构成要件，假父亲只能向其妻子请求赔偿。这里，并不涉及生父的损害赔偿责任。

（5）能否归入不当得利返还请求权

归入不当得利返还请求权也是一个值得考虑的方式。从比较法角度来看，受益人范围的确定可能受到子女利益保护原则的限制。德国法禁止假父亲向子女提出不

---

① 详见最高人民法院（2017）最高法民终181号民事判决书。

当得利请求权（《德国民法典》第818条第3款），这主要是考虑到子女利益保护原则的合理约束。因为如果支持假父亲的这一请求权，可能对子女的心理健康造成不利影响。

德国法支持假父亲可以向真正的父亲进行追索，前提是生父身份已经"获得有效且对抗一切人的确认"。但是，该请求权的性质并非不当得利。因为依据不当得利请求权的构成要件，被请求人应当是作为直接受益人的子女，而非其生父，但基于上述法价值层面的理由又应排除子女的义务主体地位。

这样，假父亲返还请求权的规范依据是《德国民法典》第1607条第3款第2句。根据该规定，第三人以父之身份对该子女给予抚养者，则子女对生父的抚养请求权移转于该第三人。据此，假父亲基于债权的法定移转，可向生父追索自己已经履行的抚养给付。此外，他还可以请求生父补偿自己为撤销程序而支付的费用。

但是根据上述条文的字义，它仅调整假父亲与生父之间的法律关系，所以，该条款不能直接适用于假父亲与生母之间的返还关系。

基于上述比较法的观点，若要将抚养给付请求权归入不当得利请求权，需要考虑将未成年子女作为义务主体时的法价值权衡问题。该问题在本质上仍是法价值的衡平选择问题。适用者或可通过将生父母解释为（间接）受益者的方式避免这一价值衡平问题，毕竟生父母都从假父亲的抚养给付中间接获得法律上的利益。

3. "非欺诈性抚养"中的法律关系

当妻子并未隐瞒子女为非婚生的这一事实，而丈夫依然愿意实施抚养时，构成"非欺诈性抚养"。此时，丈夫的抚养给付请求权可基于《民法典》第985条第3项的规定，或基于赠与之建构而不存在。

第四节　拟制性亲子关系的成立与消灭

在《民法典》中，拟制性亲子关系包括养父母子女关系与继父母子女关系两种。就这种亲子关系而言，其一经成立且在存续期间，养（继）父母子女关系与生父母子女关系在内容上并无不同。其主要差异在于：不同种类之拟制性亲子关系的成立与消灭规则具有特殊性。本节就其成立与消灭规则分别予以说明。

一、养父母子女关系

无论西方的罗马法抑或我国的习惯法，皆允许通过收养关系在非自然血亲之间成立亲属关系。相较于具有天然血缘关系的自然血亲，人们通常称这种关系为拟制血亲。

基于拟制血亲的亲属网络不仅以养父母子女关系的成立为基础，而且以其为核心。

收养制度的内容受其目的约束。在家国同构的皇权专制社会中，收养制度的目的通常在于保障家庭的延续性，使无子嗣之人能够借此"立嫡"，延续"家族香火"。所以，比如在《宋刑统》中，"依户令，无子者，听养同宗"之子，如果"养异姓男者"，将遭受1年徒刑。因为"异姓之男，本非族类"，所以相应的收养行为亦违法。但收养女儿则为法律所容。此外，如果3岁以下的"异姓小儿"遭到父母遗弃，若不允许收养将有性命之忧的，则可以改姓收养；如果其父母后来相认，则应予归还，其亲生父母应"量酬乳哺之直"。而为立嫡之需收养同族男子的，如果收养人后来生育亲子，或者被收养人的父母没有亲生子，收养人欲遣还该子女的，法律予以支持。[①]

中华人民共和国成立后，尽管将西方近代以降的民法思想引入婚姻家庭法领域，并制定了《婚姻法》，但收养一直由作为传统之不可分割部分的民间习惯来决定。直到1991年，国家才正式制定了《收养法》，并在1998年进行了修正。在《民法典》编纂过程中，立法者有意识地将收养关系纳入婚姻家庭编之中加以调整。这一体系安排在根本上符合其属性要求。现在，收养制度成为《民法典》外部体系的重要组成部分。

与传统制度相比，收养制度在法律思想上呈现出以下特点：其一，摒弃了以"立嫡"而传承家业的传统收养目的，代之以"有利于未成年人的抚养与成长原则"。因此，尽管未成年人看起来是收养的对象，但实际上是受到严格保护的法律主体。其二，主要以意思自治原则建构收养人与送养人之间的法律关系，双方当事人必须在自愿的基础上，通过要式法律行为来成立收养关系，同时还要在特定情形下考虑被收养人的意愿。其三，收养关系接受国家生育政策的约束。随着国家生育政策的变化，收养的一些生效要件也会随之改变。

（一）养父母子女关系的成立

应先行区分收养和事实上的抚养两个概念。《民法典》第1107条规定了生父母的亲属朋友可对孤儿或生父母无力抚养的子女进行事实上的抚养，该抚养不同于收养，在事实抚养人与被抚养人之间并不形成养父母子女关系。第1108条还规定了祖父母、外祖父母在特定条件下的优先抚养权。事实抚养人与被抚养人之间如果未形成监护的，可类推适用监护关系的规定。

1. 被收养人的条件

被收养人必须是父母双亡或查找不到父母的未成年人，或者虽有生父母，但因

---

① （宋）窦仪等详定：《宋刑统校证》，岳纯之校证，北京大学出版社2015年版，第166页。

特殊困难无力抚养的未成年子女。"特殊困难无力抚养"是指父母因经济困难、患有严重疾病或丧失民事行为能力等原因，无力履行父母责任。

2. 送养人的条件

（1）生父母

有特殊困难无力抚养子女的生父母可以送养生子女。依此，有抚养能力的父母原则上不能将子女送养他人。但如果收养三代以内旁系血亲的子女的，送养人可以不受"有特殊困难无力抚养"这一条件的限制。

另外，配偶一方死亡，另一方送养子女的，死亡一方的父母有优先抚养的权利（《民法典》第 1108 条）。

（2）监护人

孤儿的监护人，在征得有抚养义务的人（有负担能力的祖父母或兄姐，《民法典》第 1074 条、第 1075 条、第 1096 条）同意的情形下，可以将孤儿送养他人。有抚养义务的人不同意送养，现监护人也不愿意继续履行监护职责的，应先行确定监护人（《民法典》第 1096 条）。

对于其父母均不具备完全民事行为能力且对未成年子女有严重危害的可能的，监护人可将其送养（《民法典》第 1095 条）。但监护人同样应征得有抚养义务的人的同意，同时受《民法典》第 1096 条规定的限制。

（3）儿童福利机构

儿童福利结构也可以将其收留抚养的未成年人送养。

3. 收养人的条件

根据《民法典》第 1098 条等规定，收养人应具备以下条件。

（1）收养人应无子女或只有一名子女。依此，收养人最多能收养两名子女：如果他无子女，可以收养两名了女；如果收养人有一名子女，则只能收养一名子女。

但收养孤儿、残疾未成年人、儿童福利机构抚养的查找不到生父母的未成年人以及华侨收养三代以内旁系同辈血亲的子女的，不受此条件的限制（《民法典》第 1100 条、第 1099 条第 2 款）。

（2）有抚养、教育和保护被收养人的能力。

（3）未患有医学上认为不应收养子女的疾病。

（4）年满 30 周岁。

（5）无不利于被收养人健康成长的违法犯罪记录。

（6）无配偶者收养异性子女的，年龄应相差 40 周岁以上（《民法典》第 1102 条）。

（7）收养继子女时，收养人可享有条件优待。根据《民法典》第 1103 条的规定，继父或者继母经继子女的生父母同意，也可以收养继子女。且不受生父母有特殊困难无力抚养、收养人生子女人数这两个条件的限制。

4. 收养合意

（1）收养合意的成立

首先，收养应以合意为之（《民法典》第 1104 条第 1 句）。

就送养人而言，除非生父母一方不明（比如非婚生子女）或查找不到，否则应由父母双方共同做出送养的意思表示（《民法典》第 1097 条）。此外，该条应类推适用于一方不具备作出送养意思的行为能力的情形。一方被宣告死亡的，其应受《民法典》第 52 条的约束。

对于查找不到生父母的未成年人，民政部门应在登记前予以公告（《民法典》第 1105 条第 2 款）。如果登记机关未进行公告，应视为未取得生父母一方的同意，收养合意未成立。

在德国法上，如果是由母亲单独行使照顾权的非婚生子女，则在满足下述条件时，生母单独作出送养的意思表示即可。应全面权衡子女的利益与父的利益，只有当收养能给子女带来显著的好处，而该好处是独立照顾子女的父母一方及其血亲无法给予的。

就收养人而言，如果其处于婚姻关系之中，则应由夫妻作出共同收养的意思表示。

其次，该合意必须经过民政部门的登记。考虑到登记对收养行为的法律意义，它与收养合意一起，应被建构为收养成立的"双重构成要件"。因此，仅有收养合意并不足以使收养行为成立。只有在县级以上政府的民政部门进行收养登记后，收养关系才能成立，登记前民政部门还应依法进行收养评估（《民法典》第 1105 条第 5 款）。

如果登记机关未进行收养评估，导致当事人利益受损的，当事人可提起行政诉讼请求救济。但是，不应认为收养评估之阙如能够导致收养行为不成立或无效。因为一方面当事人自身已经具备收养所需的意思自决，另一方面当事人可通过《民法典》第 1114 条规定的方式解除收养关系，以矫正可能的不利后果，而没有必要通过将收养评估建构为成立或生效要件的方式进行矫正。

最后，根据当事人的约定，收养行为可以成为约定要式行为（《民法典》第 1105 条第 3 款、第 4 款）。在当事人约定的前提下，可以签订收养协议或办理收养公证。

（2）收养合意的生效

如果被收养人 8 周岁以上，或者监护人送养孤儿的，被收养人或有抚养义务的人的同意（《民法典》第1096条、第1104条第2句）是收养合意的法定生效要件。"同意"是被收养人可以单独实施的单方法律行为。

（3）收养观察期

实践中，为了被收养人的利益，或可在收养关系成立前设置一段"收养观察期"。在该期限内，只有在收养人与被收养人之间可以适宜地产生父母子女关系时，再行成立收养关系。

"收养观察期"可被纳入收养评估程序之中。

5. 户口登记与保守收养秘密的义务

收养关系成立后，公安机关应按照户籍管理制度为被收养人办理户口登记（《民法典》第1106条）。收养关系当事人要求保守收养秘密的，其他人应尊重其意愿，不得泄露收养信息（《民法典》第1110条）。

（二）收养的效力

1. "完全收养"原则

收养关系一经成立，便产生被称为"完全收养"的效力。一方面，子女与原家庭，包括与生父母及其他近亲属之间的法律关系完全消灭；另一方面，子女与养父母及养父母的近亲属之间的法律关系完全建立（《民法典》第1111条）。

但是，在下述两种情形中，完全收养原则将受到限制。首先，在继父（母）收养继子女的情形中，该养子女与共同生活的生母（父）的亲子关系不会消灭。因为基于再婚关系的特性，该收养关系仅仅发生于继父（母）与子女之间。其次，具有特定亲属关系的当事人之间成立收养关系的，尽管子女与生父母的关系因收养而消灭，但他（她）与其他近亲属（比如祖父母）之间的关系并不会消灭。最后，如果夫妻一方收养了另一方的非婚生子女，则该子女与其生父（母）的亲子关系也不会消灭。

2. 养子女的姓氏

除非相关当事人之间协商一致，否则养子女应随养父或养母的姓氏（《民法典》第1112条）。

3. 收养行为的无效具有溯及力

违反收养成立和生效之规定的，收养行为无效。无效的收养行为自始无效（《民法典》第1113条）。

（三）收养关系的解除及其法律后果

1. 未成年养子女的情形

（1）原则上不得解除及其例外

在被收养人成年前，为了保护其成长利益，收养人原则上不享有解除权。这与自然血亲中的父母子女关系不同,后者在任何情形下都禁止一方以任何形式,比如生活中断绝父母子女关系的声明、协议解除。即使生父母被依法剥夺监护权,但其仍负有抚养义务,且该监护权在必要时可依法恢复。当然,依法剥夺父母监护权的情形除外。

但是,如果收养人与送养人之间达成解除合意的,则收养关系可以解除(《民法典》第1114条第1款)。

另外,如果收养人侵害了养子女的合法权益,比如不履行抚养义务,或对被收养人有虐待、遗弃行为的,送养人可以单方面提出解除。该解除的意思表示应先向收养人作出,收养人有异议的,送养人才可向法院提起解除诉请(《民法典》第1114条第2款)。

(2)协议解除中的登记与未成年养子女的同意

当事人达成的解除合意还应到民政部门进行登记。这里,同样可将该登记建构为解除合意的构成要件。

如果养子女年满8周岁,还应征得其同意。同样,该同意作为限制民事行为能力人可以独立实施的单方法律行为,属于解除协议生效的法律要件。

(3)解除后果

收养协议的解除后果主要体现在亲属关系与养父母的抚养费请求权两个方面。

收养关系解除后,未成年养子女与养父母及其他近亲属之间的权利义务关系即行消灭,与生父母及其他近亲属之间的权利义务关系自行恢复。

在协议解除中,如果是生父母提出解除收养关系的,养父母享有抚养给付的适当补偿请求权。但是,生父母基于《民法典》第1114条第2款法定情形进行法定解除的,养父母则因其过错而不享有上述补偿请求权。

2. 成年养子女的情形

(1)解除条件

养子女成年后,如果和养父母关系恶化,无法继续共同生活的,则双方可以协议解除收养关系。

无法达成合意的,一方可起诉并由法院根据个案事实进行裁决。

(2)协议解除中的登记

如果双方达成解除协议的,应到民政部门办理解除登记。该登记应被建构为该解除协议的构成要件。

(3)解除后果

成年养子女在收养关系解除后,与养父母以及其他近亲属间的权利义务关系即行消除,但与生父母及其他近亲属间的权利义务是否恢复,由当事人协商确定。

养父母在缺乏劳动能力又无生活来源的情形下，对成年养子女享有生活费给付请求权。

如果因为成年子女虐待、遗弃养父母而导致收养关系解除，则养父母还享有抚养给付返还请求权。

二、继父母子女关系

除了收养关系外，基于再婚关系在继父母与继子女之间也可以成立父母子女关系。本来，再婚配偶一方的生子女与另一方配偶之间是姻亲关系。但是，实证法秩序允许在符合特定条件时，在这些姻亲当事人之间成立拟制血亲关系。当然，在姻亲当事人之间亦可成立收养关系（《民法典》第 1103 条）。

（一）成立及其效力

1. 成立要件

（1）再婚关系

根据通说和生活实践，继父母子女关系源于姻亲而产生，故其发生于生父母一方再婚的情形。在再婚关系中，一方配偶的前婚子女与其再婚配偶就可能形成继父母子女关系。

但是，在没有再婚关系的情形下，能否形成继父母子女关系，未尝不值得进一步讨论。

例 1：甲、乙为母子，乙为非婚生子女。甲与丙结婚后，丙一直抚养教育乙，但未办理收养手续。

例 2：甲、乙为夫妻，乙无法生育，双方遂同意让丙代孕生育子女丁。丁乃甲之精子与 A 之卵子体外受精形成胚胎，植入丙体内孕育而生。丁出生后由甲、乙抚养，但并未办理收养手续。在亲子关系诉讼中，法院认为乙、丁关系适用继父母子女关系的规定。[①]

在上述两例中，如果认为可以成立继父母子女关系，则应充分考虑对继亲子关系这一概念的传统要素产生的冲击。在第 1 例中，甲与乙的生父并不存在婚姻关系，故甲、丙之间的婚姻关系难谓再婚；在第 2 例中，尽管就法律上而言，丁乃甲、丙的生子女，但在甲、丙之间不存在婚姻关系，在甲、乙之间也不存在再婚关系。

当然，也可以认为在相关当事人之间不成立拟制血亲关系，但这可能不利于未成年人的保护。

[①] 参见上海市第一中级人民法院（2015）沪一中少民终字第 56 号民事判决书。

（2）事实上的抚养教育关系

如果仅有再婚关系，尚不能形成法律上的继父母子女关系，充其量仅形成生活上的继父母子女关系，其本质是一种没有法律意义的姻亲关系。根据《民法典》第1072条第2款的规定，只有当继父母与继子女之间形成事实上的抚养教育关系后，双方之间才能成立法律上的继父母子女关系。

这种抚养教育关系是否形成，在判断时容易产生分歧。宽泛地讲，只要在具有一般常识经验的人看来，继父母对继子女进行了与生父母对生子女同等程度的照料，就可以认定形成抚养教育关系。有司法观点倾向于主张应在整体上采取一种"适当限制"的态度来认定继亲子关系，但司法实践并不十分统一。

司法实践和理论上提出了一些较为具体的判断标准。

首先，抚养教育关系只能发生在未成年子女的场合。如果再婚关系形成时子女已经成年，原则上就不能加以认定。

其次，当事人之间是否存在"持续性的共同生活"极为重要。因此，一时性、短暂性的抚养教育不具有重要性。但是，《民法典》并未明确规定该期间。从比较法角度来看，《俄罗斯联邦家庭法典》规定的期间是5年；《罗马尼亚家庭法》则规定为10年。

再次，还存在同时要求物质性抚养的标准。将该标准独立出来，实际上以"物质性抚养标准"与"共同生活标准"相分离为前提。后者要求只要双方共同生活，即可认定形成抚养教育关系；前者则还要求对继子女形成了教育和生活上的照料，甚至负担全部或部分的生活费和教育费，故较为严苛。

最后，就物质性抚养标准而言，也有宽严之分。有研究者提出了"生活扶助义务"与"生活保持义务"之分。前者意指惟于不牺牲自己地位相当的生活之限度，给予必要的生活费，后者意指为其身份关系之本质上不可缺之要素，维持对方生活，即系保持自己生活，父母以其子女之生活为自己生活之一部分而维持，夫养其妻即系保持自己之生活，其程度与自己之生活程度相等，虽牺牲自己地位相当之生活，亦不得不予以维持，故又可称为共生义务。①

从后果考量方面来看，较低程度的标准更有利于认定继父母子女关系之形成，从而使更多的"继父母"老有所养，但也容易导致继子女与生子女之间的继承纠纷。

（3）相关当事人的意思

从《民法典》第1072条第2款的规定出发，不应将相关当事人的意愿视为继亲子关系成立的判断要素。因为，如果认为其构成析取性要素，或者继亲子关系的成立，仅其亦可足够，则违反了第1072条第2款的明确字义。根据后者，抚养教

---

① 史尚宽：《亲属法论》，中国政法大学出版社2000年版，第753页。

育事实无论如何都应具有决定性。同样，也难以主张当事人的意思可构成合取性要素。这意味着，在考察是否存在抚养教育事实的同时，还应考虑相关当事人的意思。该主张实际上等于为第 1072 条第 2 款添加了一个法律要件。

然而，在认定是否成立法律上的继父母子女关系时，应考虑相关当事人的意志。依此，除事实上的抚养教育关系之外，相关当事人的意思也应作为考量因素。这里主要考虑的是：尽管可能存在抚养教育的事实，但当事人可能并无意借此形成具有法律意义的继亲子关系。

在认定是否形成继亲子关系时，未亲自抚养子女的生父母一方的同意不应具有法律意义。因为，既存法秩序允许一个人可以通过与他人形成继亲子关系——有两个父亲或母亲。在该前提之下，一个人可以在继亲子关系的情形中有两个父亲或母亲，其生父母身份就并不因继亲子关系之成立而受到影响。况且，就再婚关系中继子女的抚养教育利益而言，其与继父母是否进行事实上的抚养教育有关，而与生父母的同意无关。

此外，直接抚养的生父母一方同意的法律实践意义甚微。通常，该生父母一方同意与他人再次缔结婚姻关系，往往就包含着同意成立继亲子关系的意思表示，没有必要作为一个单独要件加以明示。

继父母是否同意，无论在理论上还是实践中都是有意义的。如果仅基于抚养教育的事实，就让继父母多出法律上的子女，且因此持续性地负有抚养教育的义务，似乎不甚妥当。但是，如果继父母一开始就愿意负担抚养教育继子女的职责，其同意在认定成立继子女关系时似乎同样没有必要单独讨论。

依本书之见，在认定是否形成继亲子关系时，不要求继父母作出同意的明确意思，但应允许继父母作出拒绝的意思。这样，继父母如果未明确拒绝，就应推定其默示同意。依此，就继亲子关系成立而言，仅继父母的抚养教育之事实即为已足，除非其作出明确拒绝的意思表示。

在认定继亲子关系是否形成时，与在法律上可不考虑其生父母之意愿的情形不同，继子女的意愿应得到尊重；与在继亲子关系消灭时才需考虑继父母终止的意思不同，继子女同意的意思在形成认定中就应该被考虑。因为这里不仅存在该子女"多出"一个父亲或母亲的情形，且因此影响其利益，而且该子女一开始通常"被动"地接受这种生活安排，这一点与继父母一开始主动实施抚养教育不同。因此，从一开始就征求继子女的同意，对其利益状况更为重要。

这样，继子女如果具有相应的判断识别能力，其同意应在继亲子关系形成认定中被有条件地加以考虑。亦即，如果子女无实施同意的行为能力时，则不存在对其同意意思的考虑。

（4）"继子女同意"的非绝对性

进一步的问题是："继子女同意"应被建构为一个必须适用的法律要件，还是裁决的非绝对性考量因素之一？

基于子女利益保护原则和抚养教育事实的持续性，不应将子女的同意居于绝对地位。就前者而言，未成年继子女的意愿可能欠缺理性，故并不总是符合其自身利益。就后者而言，继子女与继父母之间可能已经存在照料关系，而这种关系如果中断，可能不利于未成年子女的成长或抚育。这与收养关系不同：在后一关系中，当子女决定是否同意时，与收养人之间通常尚未建立密切联系，故可赋予其"同意"以绝对生效要件的地位。

2. 效力

继父母子女关系一旦形成，就具有与生父母子女关系同等的效力。

（1）继亲子关系不必然仅因再婚关系消灭而消灭

根据一些司法观点，继亲子关系的效力不受其生父母与继父母之婚姻关系是否持续存在的影响。

例如，甲某 11 岁时父亲因病去世，母亲又组建了家庭。继父因不能生育，视甲某如亲生儿子，日常生活中的吃穿用大都由母亲和继父来负担。甲某长大成人结婚生子后，继父和母亲的关系开始恶化，最终解除了婚姻关系。继父年老患病后，希望甲某能负担一些自己的生活费和医疗费，但甲某不同意。对此，最高人民法院认为，甲某由母亲和继父抚养长大，可以认定已经形成抚养、教育关系。继父母与继子女抚养关系形成后，不以继父与生母或继母与生父的婚姻关系为存在基础，离婚并不意味着抚养关系当然解除。在甲某长大成人而继父需要赡养的情况下，甲某应当依据法律规定对继父履行赡养义务。[①]

还有司法观点认为，当再婚关系解除时，如果继父母没有作出解除继亲子关系表示的，则对继子女享有探望权。这也表明，仅解除再婚关系尚不足以导致继亲子关系消灭。

同样，再婚关系因生父母一方死亡而消灭的，已经拟制成立的继亲子关系也不因此消灭。比如在钱某诉宋某变更抚养关系纠纷案中，法院认为，法律意义上的继父母子女关系一旦成立，就和亲生的父母子女关系一样，他们之间就产生了父母子女的权利和义务，这种抚养关系不因生父母的死亡而自然终止，继子女可以由继父母继续抚养。[②]

---

① 李某某诉郭某抚养费纠纷案，该案例请参见《人民法院报》2005 年 3 月 29 日。其中，法院认为继父母与继子女之间的拟制血亲关系并不随着再婚关系的解除而当然消灭。

② 杜万华主编：《中华人民共和国婚姻法案典》，人民法院出版社 2014 年版，第 192—195 页。

（2）原亲子关系不受影响

继子女与未和其共同生活的生父母的关系不受影响。在此点上，继父母子女关系与收养关系不同。依此，继子女在法律上将有两个父亲或母亲。

（二）消灭及其效力

《民法典》并未规定继亲子关系消灭的事由。但如上所述，继父母子女关系不因再婚关系的消灭而当然消灭。这样，在理论上就需要考虑继亲子关系消灭的可能事由。

以实践理性和相关司法实践为基础，可以分别讨论基于当事人意思的消灭与法定消灭两种情形。

1. 基于当事人消灭意思的消灭

（1）继父母单方终止的意思

继父母经常会作出拒绝继续抚养继子女的意思表示。从现有实践来看，继父母单方终止的意思可导致继亲子关系的消灭。《解释一》第 54 条中就包含这样的意思。根据该规定，当事人解除婚姻关系时，对继父母不同意继续抚养曾受其抚养教育的子女，仍应由生父母抚养。据此，继父母否认的意思具有决定意义。

个别司法实践也会依据继父母拒绝抚养的意思来认定继亲子关系消灭。比如，在上述李某某诉郭某抚养费纠纷一案中，法院同时认为，虽然仅再婚关系的解除不能导致继父母子女关系消灭，但继父母对其是否消灭具有"选择权"。

有学理观点认为，一方面，应基于子女利益最大化原则，在生父母一方死亡时，对继父母施加继续抚养的义务；另一方面，继父母不同意且不再履行照顾义务的，可认为继父母子女关系已经解除。[1] 这里，继父母的意思同样发挥重要作用。

此外，基于子女利益保护原则，也应该尊重继父母拒绝抚养的意思。因为如果将子女强行留在这种拟制血亲关系之中，反而不利于其利益保护。而且，该子女所具有的法律利益也不会因此变得更糟，因为他依然为"有父母之人"，并对生父母享有抚养请求权。

（2）生父母和成年继子女的终止意思不使继子女关系消灭

如前所述，无论是否直接抚养子女，生父母拒绝继父母抚养的意思并不必然消灭继亲子关系。一方面，依法定条件形成的继亲子关系应得到尊重；另一方面，应充分考虑到未成年继子女的利益保护与继父母未来的赡养需求。当然，如前所述，法律也允许一个人基于这种拟制关系有两个父亲或母亲，该法律秩序是一个重要的前提。

如果子女已经成年，根据通说和司法实践的共识，他们不能通过其意愿终止继

---

① 吴卫义、张寅编著：《婚姻家庭案件司法观点集成》，法律出版社 2015 年出版，第 173—174 页。

父母子女关系。因为这样做可能使其逃避赡养义务，导致道德风险。

2. 法定消灭或撤销监护资格

对继亲子关系，根据子女利益保护原则和共同生活维持原则，可以设置非基于相关当事人意思的消灭事由。如此，在继父母对继子女有虐待、遗弃等严重损害其合法权益的情形的，继亲子关系可以消灭。在继子女成年后对继父母有虐待、遗弃等严重损害其合法权益的情形的，继亲子关系也可以消灭。

在一则案件中，未成年子女在其生母再婚后，与继父形成抚养教育关系。其生母死亡后，继父基于业已形成的抚养教育关系，以及基于其自身作出的"同意表示"，请求法院认定成立继父母子女关系，并意欲借此成为该子女的"法定监护人"。由于该未成年子女拥有价值不菲的个人财产，法院认为："在涉及未成年人监护权的案件中，维护未成年人的合法权益是人民法院确认监护人时必须首先考虑的问题。我国现行法律并未规定继父母在与继子女的身份关系消灭后，仍有抚养继子女的法定义务。对于曾受继父母抚养教育的继子女来说，其生父死亡后，继父母并未成为未成年继子女当然的法定监护人。"[①]

当然，在未成年继子女的情形中，基于其利益保护（比如生父母双亡或皆无抚养能力），也可以考虑仅剥夺继父母的监护权，从而使其继续承担抚养教育费的义务（《民法典》第 37 条）。

3. 效力

（1）继续抚养教育义务的消灭

通常情形下，继亲子关系消灭后，继父母不再履行父母照顾责任，尤其是不再负担继子女的抚养费。继父母同时也放弃了将来请求继子女赡养的权利。当然，实践中如果继父母愿意继续负担抚养费的，其并非法定义务的履行，继父母可以随时终止给付。

在特定情形下（比如未成年子女无人抚养的情形下），基于对子女最佳利益的考量，在继亲子关系解除后，可以考虑对继父母施加纯粹性的抚养费义务。比如，在上述李某某诉郭某抚养费纠纷案中，法院认为，出于保护未成年人健康成长的考量，在继父母与继子女间的拟制血亲关系解除后，生父死亡且无法找到生母的情况下，未成年人因无人抚养，继父或继母仍有义务继续抚养继子女。

（2）继父（母）的抚养费给付请求权和生活费给付请求权

就未成年继子女而言，继父母在继亲子关系消灭的情形下，可否享有抚养给付返还请求权；就成年继子女而言，继父母可否享有未来的生活费给付请求权和抚养

---

① 人民法院出版社编：《最高人民法院司法观点集成·民事卷》（第三版），人民法院出版社 2017 年版，第 160 页。

给付返还请求权，皆可类推适用《民法典》第 1114 条第 2 款和第 1118 条的规定。

（3）生父母的抚养教育义务不受影响

无论继亲子关系是否消灭，都不影响生父母履行其抚养教育义务。因为无论生父母的婚姻状况如何，他们与生子女之间的法律关系并不会受到影响。

第五节　父母与未成年子女之间的关系

一、姓名决定权及其限制

姓名权为人格权，故可由个人自主决定（《民法典》第 1016 条）。但在生活中，姓名最初是由他人决定的，故所谓的个人自主决定通常指对初始姓名的变更决定权。本节仅讨论这种初始决定的情形。

（一）姓氏选取权

1. 姓氏范围

姓氏是姓名的一部分。根据《民法典》第 1015 条第 1 款的规定，自然人原则上应当随父姓或母姓。但是，在特殊情形下，也可以选取其他直系长辈血亲的姓氏或法定抚养人以外的抚养人姓氏。此外，当存在"不违背公序良俗的其他正当理由"的情形时，还可以选取上述范围之外的其他姓氏。

2. 选取权

《民法典》第 1015 条使用了"选取"一词。"选取"意指在既存之物中挑选取用，因此与"创造"意义不同，后者有"无中生有"之意。

"选取"的这一含义同时限制了姓氏的范围。尽管当事人可以基于"不违背公序良俗的其他正当理由"，在更大的范围内选取姓氏，但不能创造姓氏。如果将子女起名为"北雁云依"，则属于非法。实践中，将父母姓氏叠加作为子女姓名的一部分，比如"张李某""张李某某"，也只能将第二个姓氏作为名字的一部分，而不能作为姓氏的一部分。就此而言，最高人民法院认为这种做法应被允许的观点不值得赞同。[1] 因为这些行为已经超出了"选取"一词的合理界限，等于创造了新的姓氏，故不合法。

选取自由还可能造成如下结果：其中一个子女从父姓，另一个随母姓。这样，传统中兄弟姐妹应该"同姓"的情况就被改变了。

---

[1] 最高人民法院民法典贯彻实施工作领导小组主编：《民法典婚姻家庭编继承编理解与适用》，人民法院出版社 2020 年版，第 214 页。

从溯源角度来看，尽管姓氏最初皆由人创制形成，但这并不意味着任何人可依其意志随意创设。对此，意思自决应接受历史传统的合理约束。任何姓氏作为民族文化的部分表征，皆有其历史积淀，其自身承载着传统文化和习俗，亦属家族传承及识别的表征，非个人可依自由或男女平等之名随意更改。即使随父姓，也不阻滞男女平等的主张及实现。况且今人皆已有其固定姓氏，却为其子女变更其固有姓氏，明显过于随意。如上所述，尽管姓氏最初由人创制，但一旦创制完成并开始使用，未见有人可随意更改，故该事实并不构成今人可随意创设新姓氏的充分理据。德国法明确禁止父母将各自的"姓氏合并组成复姓"的决定。此外，第一个子女的姓氏确定后，将自动适用于父母的其他共同子女。

3. 选取主体

（1）父母双方共同选取

通常，姓氏选取权主体为父母。《民法典》虽未明文规定应由父母共同选取，但《解释一》第59条中包含着这样的思想。原《最高人民法院关于审理离婚案件处理子女抚养问题的具体意见》第19条明确规定，离婚后父母任何一方都无权擅自变更子女的姓氏。

当父母选取出现冲突时，《民法典》人格权编与婚姻家庭编并未提供明确的解决规则。这里应通过公序良俗原则来解决该冲突。依本书之见，传统习俗的约束力应优先得到尊重，即应以父姓优先。

对于父母共同决定的姓氏，父母任何一方都无权单独变更。这一效力在婚姻关系解除后尤其具有法律意义。最高人民法院认为，如果一方擅自变更的，应当恢复子女原来的姓氏。[1]《解释一》第59条第2句则规定了再婚关系中，直接抚养的生父母一方擅自变更子女姓氏的，应责令其恢复子女的原姓氏。

（2）父或母单方选取

在未成年人的父母无法共同选取的情形下，可由父母一方单独行使选取权。这些情形主要包括：其一，父母一方不具有选取所需之能力；其二，不具备双方选取之客观条件。此时，由具备决定能力或条件的父母一方单方决定，更符合子女利益原则。

比如，在子女出生时，父母并未缔结婚姻关系且由一方单独履行父母照顾责任，另一方下落不明或拒绝履行父母责任，可以由该方单独决定子女的姓氏。再如，父母一方因智力障碍等不具备相应的识别选取能力，也可由另一方单独选取。

---

① 人民法院出版社编：《最高人民法院司法观点集成·民事卷》（第三版），人民法院出版社2017年版，第165页。

（3）第三人选取

如果父母双方都无法行使选取权的，可否由其他近亲属选取，《民法典》对此虽未明文规定，但从事理上来看应予以允许。如此，子女的祖父母、外祖父母或兄姐就具有选取权。且这些近亲属只能在该子女的父姓、母姓或直系长辈血亲的姓氏中进行选择。事实上，这些近亲属也是婚姻家庭编规定的法定扶养人（《民法典》第 1074 条、第 1075 条）。

如果子女是由上述近亲属之外的其他人扶养，则扶养人享有选取权，且他还可以选取自己的姓氏作为被扶养人的姓氏（《民法典》第 1015 条第 1 款第 2 项）。因为立法者使用的是"扶养"一词，故这里的被扶养人并不限于未成年人。但是，因为扶养人的选取权应受到被扶养人的自由决定权（《民法典》第 1016 条）的限制，所以其选取权往往并不如想象的那么大。

在不存在自然人扶养人的情形下，作为监护人的机构就应履行姓氏选取的职责。在这种情形下，监护的职责属性尤为明显。《民法典》第 1015 条第 1 款规定的选取范围仍应被优先考虑。

需要说明的是，在父母双方或一方能够行使选取权的情形下，其他近亲属（实践中以祖父母、外祖父母尤为常见）能否也享有选取权，《民法典》亦未予以明示。为避免或减少纠纷，可从法律上将这些其他近亲属排除在决定人范围之外，尽管他们可能在决定子女姓氏时会现实地发挥作用。

4. 拟制亲子关系中的子女姓氏问题

（1）养子女的姓氏

原则上，养子女可以从养父姓，也可以从养母姓；如果当事人协商一致，也可以保留原姓（《民法典》第 1112 条）。因此，如果当事人未有协商或无法达成合意，则应随养父或养母的姓氏。

与《民法典》第 1015 条相比，第 1112 条应被视为特殊规定而优先适用。因此，养子女的姓氏原则上要在养父或养母的姓氏中优先选取。

当养父母子女关系消灭后，如果养子女尚未成年，且生父母要求其改回原姓，应予以支持。如果子女已经成年且使用的是养父或养母的姓氏，则可能会在养父母拒绝使用其姓氏与养子女自行决定和变更权之间发生冲突。

（2）继子女的姓氏

《解释一》第 59 条对继子女的姓氏进行了规定。依此，直接抚养子女一方再婚后，不得擅自变更生子女的姓氏，否则未直接抚养的一方可请求法院责令恢复子女的原姓氏。

在继亲子关系中，事实上出现两个父亲或两个母亲的情形。在这种情形下，很难说再婚夫妻就享有优先性的共同决定权。因此，最好尊重既存的姓氏状态。除非得到生父母（尤其是未直接抚养一方）的同意，否则继父（母）与直接抚养一方无权改变子女的姓氏。

（二）名字决定权

父母在决定子女的名字时，首先应符合子女利益保护原则。比如，不应选取那些可能损害子女尊严、使子女招致嘲笑的名字。有些名字则可能因为有损社会对特定事物通常的美感或其他感受，而导致子女遭受嘲笑。其次，父母不得违反公序良俗原则。

（三）姓名登记

子女的姓名一旦决定，应依法进行登记。根据现行《户口登记条例》第17条、第18条的规定，初始登记的姓名嗣后也可通过登记进行变更。如果未成年人需要更改姓名的，应由本人、夫妇或监护人共同向户口登记机关申请变更登记。如果成年人需要更改姓名的，应由本人向户口登记机关申请变更登记。

公安机关实施的姓名登记是一种行政确认行为。一个人要获得表征其身份的、具有法律决定性的姓名，特定主体的决定（或特定情形下的主体合意）和登记都是必不可少的。同时，登记作为一种具体行政行为，当事人在公安机关拒绝登记或登记不当时，有权寻求行政诉讼法上的救济。

二、父母照顾责任

（一）概说

父母对未成年子女负有抚养、教育和保护的义务，可将其称为"父母照顾责任"或"亲权"。根据最有利于未成年子女原则，照顾责任应在最广泛的意义上进行理解：它包括父母对子女的身体、心灵、思想、精神、获得知识和各项技能等成长及发展所需者进行全面抚育、培养和照顾的义务。而且，其中的"保护"不仅包括未成年子女的人身权利，还包括其财产权利与其他合法权益（人身照顾责任和财产照顾责任）；不仅包括使子女免遭第三人或自我的伤害，也包括使子女免遭父母任何一方的伤害，还包括防止子女对第三人造成损害。

在父母履行照顾责任的过程中，未成年子女享有与其年龄和智力状况相一致的决定自由。未成年子女的成长过程，也是其人格得以逐渐形塑的过程，其中，尊重子女必要的意志自决是必需的。当然，基于未成年子女认知、判断和情感能力的固有特点，父母在必要时必须以其意愿为子女作决定，但应受未成年子女权益保护原则的限制。比如，在法律上，父母决定权经常体现在其作为法定代理人的同意权上。

当有利于未成年子女原则与未成年人自决原则发生冲突时，应根据个案实际情况进行衡平。裁决者应遵循未成年人成长、心理发展与教育的客观规律，因此，其他学科知识对这里的法律判断往往具有实质意义。

此外，还应讨论父母的适当惩戒权。在要求父母履行其责任时，应赋予父母对未成年子女的适当惩戒权。就此而言，"抚养、教育与保护义务"中同时包含对父母所具有之特定"权力"的肯定，父母可以借此采取适当的、具有惩戒性的教育措施。

父母惩戒权源于父母权威，而这种权威又可通过子女利益最大化原则加以合理化。现代亲子关系观念反对传统的父权思想，以禁止体罚、侮辱性谩骂以及容易造成心灵伤害的管教措施为其重要内容。但是，不能因此否认父母对子女的权威。如果对父母权威进行不当的限制或消除，全面照顾责任就是片面的，其实现也将受到阻挠。

父母权威与父母子女之间的平等法律地位并不冲突。只要不将父母权威视为目的，而是"为达到维护和促进子女利益这一目标"的手段，它就能与子女利益最佳原则保持一致。换言之，父母的"惩戒权力"只要被限制在子女利益最大化原则所要求的合理限度之内即可。

父母对子女的照顾责任不受婚姻关系是否存续的影响。换言之，父母子女关系不因父母离婚而消除。夫妻离婚后，子女仍是双方的子女，双方仍是子女的父母，对子女仍应负有照顾责任。

(二) 人身照顾责任

1. 界定

父母对子女的人身照顾包括父母对未成年子女的抚养、教育和人身保护义务。在最广泛的意义上，它包括"除对子女的财产照顾之外的其他所有照顾事项"。从消极方面来看，父母不应通过以法律所禁止的体罚、侮辱或其他给子女身心造成伤害的措施进行所谓的"人身照顾"，否则将导致国家干预。

父母为子女人身照顾而实施的日常性照料行为并非法律行为。因此，不能用与法律行为有关的法律概念与规范进行分析。

2. 不履行

《民法典》第 36 条抽象地规定了包括父母在内的监护人不履行监护责任的情形。依此，父母在履行人身照顾责任时，不应消极不履行，也不应实施严重损害被监护人身心健康的行为。

理论上，基于父母主观上是否有过错，或可将其不履行照顾责任的情形分为"客观不能履行照顾责任"和"违反照顾责任"两大类。前者又可分为"客观绝对不能"和"客观相对不能"两类。"客观绝对不能"指父母双方死亡或皆不具备相应的行为能力两种情形。"客观相对不能"指：（1）父母双方不完全具备相应的行为能力；（2）父母双方完全或部分失去劳动能力或收入较低无力抚养未成年子女的（无力维持当地一般生活水平所需的费用），比如父母双方罹患重大疾病，或身有残疾，从而完全或基本失去劳动能力的；（3）父母对子女自害其利益的行为束手无策的，比如生活中子女沉溺于游戏、逃学或从事违法犯罪行为，父母却无力管教。

"父母违反照顾责任"指父母因过错不履行父母责任，从而导致子女利益遭受重大损害的行为。实践中常见的情形有对子女实施犯罪、暴力伤害、利用行为、忽视行为，等等。比如：（1）父母双方直接对子女实施犯罪的，如遗弃或遗弃子女构成犯罪的；或因父母性格暴躁，对子女经常谩骂殴打的。（2）父母利用子女实施犯罪的，如通过诱骗、胁迫手段利用子女实施犯罪行为或利用子女乞讨的。（3）父母对因各种原因导致子女自害其利益的行为或遭受的外部欺凌有意置之不理的，如父母经常赌博、吸毒，对孩子辍学、轻微违法、犯罪、不符合社会公德的不道德行为或子女患病等置之不理的。（4）要求处于义务教育阶段的子女辍学的。

但是，应注意父母自身实施违法犯罪行为并不必然构成对照顾责任的违反。父母因犯罪等原因在一定时期内事实上完全丧失人身自由，从而无法履行父母责任的，应区分对待。如果父母并没有上述违法行为，则不能认为其违反父母照顾责任。

3. 法律后果

（1）不能履行的法律后果

在父母照顾责任相对不能履行的情形下，基于"父母照顾是子女利益最大化之常态"的思想，不能剥夺其照顾责任。这里，应首先考虑由国家为父母履行照顾责任提供必要的帮助或者由父母进行委托监护（《民法典》第36条第1款第2项情形之一、第1189条）。如果仍无法解决问题，则应考虑通过"协议监护"来确定监护人（《民法典》第27条、第30条）。在存在监护争议的情形下，可通过法定解决程序进行"指定监护"（《民法典》第31条）。在没有监护人的情形下，由公职监护人进行监护（《民法典》第32条）。

（2）违反人身照顾责任的法律后果

父母违反照顾责任的，首先应考虑暂时撤销父母的照顾资格（《民法典》第36条），该撤销必须由法院基于有关个人或组织的申请而为之。法院作出撤销裁定后，应为未成年子女安排必要的临时监护措施，同时依法指定监护人。如果父母对未成年子女实施故意犯罪的，其照顾资格将被永久剥夺。但是，被剥夺照顾责任的父母向未成年人支付抚养费的义务不受影响（《民法典》第37条）。

父母的照顾资格被撤销后，除非其对子女实施故意犯罪，否则在"确有悔改表现"的情形下，可经其申请，同时在尊重未成年子女真实意愿的前提下，由法院根据具体情况决定是否恢复。一旦恢复，指定的其他监护人与未成年子女之间的监护关系同时终止。

如果未成年子女对他人造成损害的，父母应承担监护责任（《民法典》第1068条）。通说认为该责任属于无过错责任。

（3）委托监护时的责任承担

父母可将其照顾责任的内容委托给他人行使，该"责任内容的移转"不同于"监护资格的移转"。前者构成委托监护，其中父母的照顾资格仍被保留。后者则导致父母监护资格的剥夺，父母因此不再是监护人。

通常情况下，父母不能将监护资格移转于他人。尤其是，父母在一般情形下不能通过协议监护的方式移转监护资格。也就是说，应该对《民法典》第30条中的"依法具有监护资格的人"进行限缩解释，从而将父母排除于其外。这也符合立法者的构想。立法释义表明：未成年人的父母如果有监护能力，就不能与他人就监护资格进行协议移转。只有在父母因上述极端原因无法履行照顾责任时，才能例外地移转监护资格。①

不过，根据《民法典》第36条第1款第2项及第1189条的规定，父母可在特定情形下将监护职责部分或全部委托给他人。比如，父母外出打工，留下较小的儿童独立在家生活，处于危困状态，在这种情形下，就应该将父母照顾责任的内容（监护职责）全部或部分委托给他人。但如前所述，这种"委托"并不导致父母监护人身份的丧失。

委托监护中，与未成年子女相关的损害大致有以下几种情形。

其一，受托人对未成年子女实施侵害行为的，可根据《民法典》第1165条的规定认定其侵权责任。这里，受托人既可能构成作为侵权，还可能构成不作为侵权。比如，受托人不积极履行监护职责，未成年子女因此导致自己损害的，受托人就应承担过错侵权责任。

比如，甲承诺照顾乙未满2周岁的孩子丙，但因疏于注意，导致丙在照顾期间因病身亡。在委托监护期间，甲应认真履行临时监护职责，如果因其过错致使被监护人丙遭受人身或财产损失的，被委托人应当根据其过错程度承担赔偿责任。

其二，被委托监护的子女造成第三人损害的，可直接适用《民法典》第1189

---

① 参见石宏主编：《中华人民共和国民法总则条文说明、立法理由及相关规定》，北京大学出版社2017年版，第61页。因为《民法总则》条文与《民法典》条文具有极强的连续性，故该书中关于《民法总则》第30条的立法理由可适用于此。

条的规定。依此，受托人承担过错责任，委托人则依据《民法典》第1188条承担监护责任。

其三，被委托监护的子女遭受第三人损害的，情形较为复杂。受制于既有的责任体系，较为合理的是基于补充责任的法律思想，让受托人承担补充责任。不过，如果是在受托人监护之下的、两个以上被监护人之间互相造成伤害的，如果受托人有过错的，则应直接适用《民法典》第1189条的规定。这两种情形的区别在于：加害人是否处于监护职责的范围之内。

实践中，父母经常将未成年子女托付给"托管中心"或个人经营的"小饭桌"照顾。期间未成年人之间游戏受伤的，有法院以受托人违反安全保障义务为由，认定这些经营者的侵权责任。但该判决值得商榷，因为这些"托管中心"或"小饭桌"并不符合《民法典》第1198条规定的"公共场所"的特征，因此，不应认定其负有安全保障义务。

需要说明的是，这里不应考虑《民法典》第1199条至第1210条的类推适用。根据《民法典》第1188条、第1199条至第1201条的规定，监护人、受托监护人与教育机构被并列为"特殊主体"。而且，第1199条、第1200条对教育机构职责的用语是"教育、管理职责"，第1201条规定的是"管理职责"，与监护职责的内容不同。另外，教育机构的职责并非直接基于家长委托而产生，而是基于其作为公益机构的本质及法律规定而产生。这些都表明立法者似乎有意将教育机构的责任建立在不同于监护责任的义务基础之上，故不可认为教育机构是特殊的受托监护人，而应将其视为一类独立于受托监护人的责任主体。

在体系上，还可从"委托合同"角度来建构当事人之间的关系，并考虑受托人的违约责任。可以认为在父母与受托人之间存在关于职责行使的"委托合同"。因为《民法典》第919条使用了"事务"一词，而其意义并不仅限于法律行为，故可将这里委托内容归入"事务"的意义范围之内。依此，受托人作为合同相对人，其义务是接受监护人委托，代为行使对被监护人的监护职责。该合同既可以无偿，也可以有偿。受托人违反合同约定的，其违约责任应依据《民法典》合同编的相关规定来调整。

（三）财产照顾责任

根据《民法典》第34条第1款和第3款的规定，监护人负有保护未成年子女财产权利的义务，监护人不履行该义务的，应承担法律责任。从理论上讲，基于该保护义务，父母不仅负有保护财产不受他人侵犯的义务，也负有不积极侵犯未成年子女个人财产的义务。其中包括父母不得为自己的利益而处分子女个人财产的情形。换言之，除非父母是为维护被监护人的利益，否则不得处分其个人财产（《民法典》第35条第1款第2句）。这样，父母可为了子女的利益而保存、使用财产或使其增值。如果父母基于家庭的互相帮助义务在一定程度上使用子女财产之收益的，也应被视为对子女利益之维护。

此外，实践中还有一些其他侵害子女财产权利的情形。比如父母一方为了自己的利益，以自己与未成年子女为共同债务人向第三人借款，在无力偿还的情形下导致未成年子女的财产被查封。在这种情形中，同样应认定父母使子女负债的行为严重侵害其权益。在相对人非善意的情形下，未成年子女的利益应优先于交易安全受到保护。故应认为父母代理行为无效，严重的还应撤销父母的监护资格。

实践中常见的情形是，父母为自己利益处分子女个人财产。

比如，甲、乙为夫妻，有一未成年子女丙，三人因继承共有一套房屋。甲、乙为了能够从银行贷款进行商业经营，将该共有房屋抵押。

因为《民法典》第35条第1款为父母设定了处分禁止，故父母的非为子女而进行的财产处分行为构成无权处分。在该情形中，除非相对人为善意，否则不能取得物权。

三、未成年子女的抚养费请求权

（一）婚姻关系存续期间

当父母任何一方不履行对未成年子女的人身照顾责任时，法律难以强制其履行，未成年子女不因此享有强制履行请求权。这不仅因为该照顾责任具有高度的人身性质，也因为强制履行可能并不真正符合未成年子女的利益状况。在这种情形下，《民法典》赋予未成年子女抚养费请求权，使不履行照顾责任的一方支付抚养费。抚养费包括"生活费、教育费与医疗费"（《解释一》第42条），是未成年子女生活与成长所必需的费用。

在婚姻关系存续期间，父母一方不履行法定抚养义务，未成年子女向其行使抚养费请求权的，该方不得以"分居或未共同生活期间任何一方取得的财产仍属夫妻共同财产"为由，主张只要配偶另一方尽了抚养义务，就等于自己也支付了抚养费。该抗辩不能成立。因为，如上所述，抚养费支付是父母一方不亲自履行抚养义务时，法律要求其对未成年子女作出的强制补偿。换言之，另一方应否承担抚养费，只能取决于其是否承担了抚养义务，而与夫妻财产制无关。而且，抚养费请求权并非为父母任何一方的利益而设。相反它属于子女的权利，用于维护子女的合法权益。有法院判决就明确指出，该抗辩混淆了夫妻财产制与子女抚养义务的关系，在法律上不能成立。

比如，甲、乙分居，未成年子女丙与乙共同生活，并由乙单独抚养，甲对丙不闻不问。现丙向其请求支付抚养费。甲拒绝，其理由是：分居期间丙取得的财产仍为夫妻共同财产，丙用该财产抚养子女，等于自己也尽到了抚养义务。该抗辩不能成立。

（二）婚姻关系解除后

婚姻关系解除后，因为未直接抚养子女的父母一方（关于离婚后的直接抚养权，见下文）对未成年子女仍负有抚养义务，故仍应向子女支付全部或部分抚养费（《民法典》第1085条第1款第1句）。夫妻双方可通过协议就抚养费数额、支付期限及支付方式达成合意。协议不成的，由法院判决（《民法典》第1085条第1款第2句）。

双方可以约定，由一方承担全部抚养费。但是，如果承担方的抚养能力明显不能保障子女所需费用，影响子女健康成长的，该约定无效（《解释一》第52条）。

双方虽达成关于抚养费支付的离婚合意，或法院在双方无法达成合意时作出相关判决，但该合意或判决内容并非一成不变。首先，未成年子女可在必要时向父母提出超过协议或判决原定数额的合理要求（《民法典》第1085条第2款）。依此，抚养费的数额要求必须是合理的，即在父母能够承受的范围之内（《解释一》第58条），以避免对父母过于严苛的情形产生。其次，必须基于必要情形而提出。比如，原定抚养费数额不足以维持当地实际生活水平；子女患病、上学，实际需要已超过原定数额；亲自抚养一方死亡、失踪，造成约定履行客观不能；亲自抚养的一方遭受重大人身事故，全部或大部分丧失劳动能力，丧失抚养能力；亲自抚养的一方遭受重大自然事故、社会事件，造成巨大经济损失或重大生活负担增加，无力履行抚养能力；等等。

这也意味着，如果不存在增加抚养费的"必要情形"，原离婚抚养合意仍具有约束力，不得随意变更。

比如，甲男与乙女结婚后育一子丙。双方协议离婚，离婚协议中明确约定：婚生子随乙共同生活，乙不要求甲支付丙的抚养费。离婚后不到3个月，乙以丙的名义起诉甲，要求其支付抚养费。

在这个案例中，离婚双方均应履行自己依据真实意思表示达成的离婚协议。如果不存在变更协议的必要情形，则乙的诉求不能得到支持。《民法典》第1085条第2款不能被随意滥用。

在下面的例子中，"必要性"的判断更为复杂一些。

甲、乙系夫妻，有一子丙。双方离婚后，丙由乙抚养，甲基于当地生活标准应于每月10日前支付抚养费，丙在学习、医疗等方面的开支双方共同承担。后来，丙参加某少儿围棋培训，共支出教育费10000元，丙又参加学习辅导班，共支出教育费 10000 元。乙起诉请求增加每月应当支付的抚养费。

首先，原则上应根据《民法典》的规定肯定子女的抚养费增加请求权。其次，可讨论"兴趣班学习费用"这一类事实情形是否构成增加请求权所要求的"必要情形"：为保护未成年人利益，促进未成年人身心的全面发展，未成年人可以根据个人天赋与爱好参与一定的课外辅导课程。审判实践中，应着眼于未成年人的合理需求，既排斥奢侈性的抚养费请求，也避免过低的抚养费给付，遵循未成年人最大利益原则。因此，应当先考虑该请求是否符合未成年人的利益以及是否有相应的法律依据，再考虑该请求是否属于因未成年人合理需求产生的支出，法律不鼓励超前的或者奢侈的抚养费需求。

这里，可结合"兴趣班"这一特定类事实，对"子女利益最大化原则"的适用进行具体化。一方面，未成年人当然可以根据其天赋爱好参加课外兴趣班；另一方面，也需要判断未成年人对相关的"兴趣"是否真正爱好。如果所谓的"爱好"只是父母的一厢情愿，则"逼迫"未成年人参加学习便不是其最佳利益之要求。

如果父母双方约定了"违约责任"，则该条款部分无效。基于合同法的规定，违约金主要具有填补性质：一方面，违约金用于填补因一方违约而给对方造成的期待利益的损失；另一方面，在较为复杂的违约情形下，违约金约定可以减少利益难以计算的麻烦，同时降低司法成本。然而，在子女抚养费的相关约定中，合意目的并非使另一方获得"期待利益"，而是子女抚养的需要。因此，难以将一般财产合同与子女抚养约定进行等同或类比。退一步讲，即使一方未按约定支付抚养费，亲自抚养的一方也负有抚养照顾子女的义务。在这里，应强调子女的抚养费约定与一般财产合同在利益性质上并不相同，它以抚养子女为必要，而非以营利为目的。

在父母双方未就抚养费支付达成协议的情形下，法院就应对其进行判决。首先，就抚养费数额而言，法院可以根据子女的实际需要、父母双方的负担能力和当地的实际生活水平来确定。有固定收入的，抚养费一般可以按其月总收入的20%至30%的比例给付。负担两个以上子女抚养费的，比例可以适当提高，但一般不得超过月总收入的50%。无固定收入的，抚养费的数额可以依据当年总收入或者同行业平均收入，参照上述比例确定。有特殊情况的，可以适当提高或者降低上述比例（《解释一》第49条）。其次，就给付方式而言，抚养费原则上应定期支付，有条件的可一次性支付（《解释一》第50条）。再次，就给付期限而言，原则上应支付至子女成年，但对于拟制完全行为能力的未成年子女，可以不再给付（《解释一》第53条）。最后，如果一方无经济收入或下落不明，可用其财物折抵子女抚养费（《解释一》第51条）。

抚养费请求权不适用诉讼时效（《民法典》第196条第3项）。依此，尽管父母在离婚时约定了抚养费的给付期限，也不应根据该期限计算诉讼时效。

在理论上，有研究者持相同观点，即请求权基于纯粹身份关系而生者，不适用消灭时效的规定。"请求权若着重于身份关系者，无诉讼时效规定适用之可能（比如因夫妻关系而生之同居请求权）……准此以言，父母对第三人请求交还未成年子女的请求权，亦不会罹于诉讼时效。至于非纯粹身份关系，如夫妻间的损害请求权、赡养费各期给付请求权等，具有财产权的性质，仍有消灭时效的适用。"[1] 据此，抚养费请求权作为具有财产权性质的请求权，仍应适用于诉讼时效。

四、离婚后父母一方的直接抚养权与另一方的探望权

（一）直接抚养权

离婚后，未成年子女需要与父母一方共同生活。在双方都拒绝与子女共同生活的情形下，将可能构成遗弃。这时，可能需要为子女指定新的监护人。在双方都要求与子女共同生活的情形下，就涉及一方的直接抚养权确定问题。其本质上并非"争夺"监护、父母照顾或"抚养权"，因为如前所述，直接抚养权并不否认另一方的监护职责。

首先，夫妻双方可就直接抚养权达成合意。但该合意受到有利于保护子女利益原则的限制：如果子女未满2周岁，则原则上应由母亲抚养，但如果对子女健康成长无不利影响，双方也可协议由父亲直接抚养（《解释一》第45条）；如果子女已满8周岁，还应尊重子女的真实意愿（《民法典》第1084条第3款）。夫妻也可以在有利于保护子女利益的前提下，约定轮流直接抚养（《解释一》第48条）。

其次，在夫妻无法就直接抚养权达成合意的情形下，法院应基于子女利益保护原则，进行裁决（《民法典》第1084条第3款）。

在下列情形下，应由父亲直接抚养：患有久治不愈的传染性疾病或者其他严重疾病，子女不宜与其共同生活；或有抚养条件不尽抚养义务，而父亲要求子女随其生活；等等（《解释一》第44条）。在下列情形下，已满2周岁的子女由具有相关情形的一方直接抚养：（1）已做绝育手术或者因其他原因丧失生育能力；（2）子女随其生活时间较长，改变生活环境对子女健康成长明显不利；（3）无其他子女，而另一方有其他子女；（4）子女随其生活，对子女成长有利，而另一方患有久治不愈的传染性疾病或者其他严重疾病，或者有其他不利于子女身心健康的情形，不宜与子女共同生活（《解释一》第46条）。此外，在父母抚养子女的条件基本相同的前提下，如果双方均要求直接抚养子女的，则祖父母抚养的情况也可以作为确定父

---

[1]　王泽鉴：《民法总则》，中国政法大学出版社2001年版，第523—524页。

母一方直接抚养权的考虑因素（《解释一》第 47 条）。依此，子女单独随祖父母或者外祖父母共同生活多年，且祖父母或者外祖父母要求并且有能力帮助子女照顾孙子女或者外孙子女的，可以作为父或者母直接抚养子女的优先条件予以考虑。

司法实践中，也允许夫妻双方达成一种附条件的抚养合意。比如，双方约定若直接抚养的一方将来不在某一特定城市生活，就不能再直接抚养子女。较具争议的情形是：如果双方约定，亲自抚养的一方如果再婚，就不能继续直接抚养子女。这一条件是否因为"侵犯另一方的婚姻自由权"而无效？实践中个别观点往往简单地基于婚姻自由原则否认该约定的效力，但值得商榷。在这里，似乎并不存在可与"包办、买卖"婚姻等侵犯婚姻自主权之典型行为相同或类比的情形。该约定只是要求，如果一方意欲与第三人结婚，就失去对子女的直接抚养。这一"利益关联状况"不宜在法律上被评价为"侵犯了另一方的婚姻自主权"。

父母已经达成的直接抚养合意可以通过合意或诉讼的方式加以变更，当事人可以在离婚后另行提起直接抚养的变更之诉。尤其出现如下情形时，一方可通过诉讼的方式请求变更亲自抚养关系：其一，与子女共同生活的一方因患严重疾病或因伤残无力继续抚养子女的；其二，与子女共同生活的一方不尽扶养义务或有虐待子女的行为，或与子女共同生活对子女身心健康确有不利影响的；其三，已满 8 周岁的子女，愿随另一方生活，该方又有抚养能力（《解释一》第 56 条）。再如，在再婚关系中，与子女共同生活一方的再婚配偶对该子女虐待的，未共同生活一方也有权请求变更抚养关系。

（二）未直接抚养一方的探望权

探望权是亲权的主要内容。不直接抚养子女的父母一方则享有探望权。夫妻双方可就探望权行使方式、时间达成合意，若无法达成合意，则由法院判决（《民法典》第 1086 条第 1 款、第 2 款）。法院在离婚判决中未涉及探望权的，当事人可就此单独提起诉讼（《解释一》第 65 条）。因为探望权是当事人的一项实体权利，故如果未直接抚养方没有自行提出探望权请求，法院不得依职权主动裁决。[①]

即使夫妻双方达成了关于探望权及其行使的合意，若不直接抚养的一方认为它不足以满足其探望子女之需求的，仍可继续提起探望权之诉。法院也应当受理，而不能以双方已经达成"探望权合意"或"一事不再理原则"为由，拒绝受理。[②]

探望权的主体应为父母。依此，（外）祖父母或兄弟姐妹等其他近亲属不是探

---

① 人民法院出版社编：《最高人民法院司法观点集成·民事卷》（第三版），人民法院出版社 2017 年版，第 214 页。

② 人民法院出版社编：《最高人民法院司法观点集成·民事卷》（第三版），人民法院出版社 2017 年版，第 213 页。

望权主体。《民法典》生效之前的司法实践中，最高人民法院认为在特定条件下，可将（外）祖父母纳入探望权的主体：如果（直接抚养的）父母一方无力抚养，子女因此交由另一方直接抚养时，（外）祖父母也可以行使探望权。

但是，最高人民法院对一般性地赋予祖父母以探望权持消极态度："祖父母探望孙子女是合情合理的，但不是法律调整的范围……（它）有赖于通过道德规范、风俗习惯来加以调整……鉴于（外）祖父母起诉请求保护其探望（外）孙子女的权利缺乏相应的法律依据，故法院应裁定驳回起诉。"[①]

未直接抚养一方的探望可以被中止，该中止必须由特定主体的申请而作出。[②]中止探望的申请人包括：未成年子女、直接抚养子女的父或母或其他法定监护人，中止申请应向法院提出。法院在裁定是否予以中止时，应以是否有利于未成年子女身心健康为原则，并征询双方当事人的意见，依法作出裁定。中止探望的情形消失的，法院应根据当事人的请求书面通知其恢复探望。

通常，法院裁定中止探望的情形包括：（1）患有影响子女身体健康的疾病；（2）有赌博、吸毒等恶习；（3）对子女有侵犯或者暴力行为；（4）教唆、引诱子女实施违法行为。有学者还主张将拒付抚养费的情形也纳入中止探望的事由。

直接抚养的一方负有协助探望的义务。但是，直接抚养方拒绝履行该协助义务的，法院不能对子女的人身及探望行为实施强制执行，只能对其采取罚款、拘留等强制措施。法院负有释明义务，应向父母双方释明探望权对子女健康成长的重要意义，同时根据未成年子女的年龄、智力与认知水平，尊重其意愿。

根据最高人民法院的观点，如果夫妻双方分居，未与子女共同生活的一方也可以享有探望权。

五、未直接抚养一方的监护责任

未直接抚养未成年子女的父母一方仍然是子女的父母，应履行照顾责任。[③] 这里，特别需要讨论的问题是：当未成年子女对他人造成损害时，未直接抚养方是否需要依据《民法典》第 1188 条承担监护责任？

在《民法典》生效之前，最高人民法院曾对未直接抚养方的监护责任作出如下说明："夫妻离婚后，双方仍是未成年人的法定监护人……当未成年子女侵害他人权益时，同该子女共同生活的一方首先应当承担监护责任，因为未与子女共同生活

[①] 人民法院出版社编：《最高人民法院司法观点集成·民事卷》（第三版），人民法院出版社 2017 年版，第 224 页。

[②] 薛宁兰、谢鸿飞主编：《民法典评注·婚姻家庭编》，中国法制出版社 2020 年版，第 302 页。

[③] 人民法院出版社编：《最高人民法院司法观点集成·民事卷》（第三版），人民法院出版社 2017 年版，第 233 页。

的一方客观上很难履行监护职责，等于把监护职责委托给直接抚养子女的一方行使。与子女共同生活一方的监护职责与另一方相比，更为直接和具体，其管教和保护未成年子女的义务也更重要。如果直接抚养子女的一方独立承担民事责任确有困难的，未与子女共同生活的一方应共同承担民事责任。"①

依此，当子女对第三人造成损害时，未直接抚养方原则上不承担监护责任。只有在例外情形下，即直接抚养方单独承担侵权责任确有困难的，才需要共同承担责任。

然而，最高人民法院的上述结论或可接受，但论证缺乏合理性。首先，难以在解除婚姻关系的父母之间拟制一种委托监护关系。因为，未直接抚养方对子女的法律地位并不因离婚而发生根本改变。其次，即使这种拟制关系成立，委托方原则上也应承担监护责任（《民法典》第 1189 条）。

这里，因为涉及对受害第三人的保护，故基于其利益保护，应考虑未直接抚养方的责任承担问题。也就是说，未直接抚养方作为法定监护人，也应依据《民法典》第 1188 条对受害人承担外部责任。只不过，《民法典》欠缺的是对父母双方承担责任方式的规定。最高人民法院的上述观点也仅指出双方应共同承担责任，但对承担方式也语焉不详。从理论建构的角度上看，基于衡平思想的补充责任或许较符合各当事人之间的利益状况。

六、第三人侵害亲权

父母照顾责任中包含着决定权。尤其是，父母有权决定子女可以和哪些人保持交往，有权决定子女的住处或停留地点。当第三人不顾父母对子女住处或停留地点上的决定，擅自将该子女带离该指定地点时，将构成对父母基于其照顾责任所产生的绝对权的侵犯，此为通常所言的"侵犯亲权（监护权）"。

虽然亲权不能被视为支配权，但具有绝对权的特征，故其应受侵权责任法的保护。这样，比如子女遭受他人诱拐时，父母可以请求他人在返还子女的同时，承担侵权责任。当然，如果侵害人同时侵犯了子女的个人权利，比如人格权、健康权或财产权，则父母还可以基于其法定代理人身份，以未成年子女名义提起相应的侵权之诉。

侵害亲权的人既可以是与未成年人无近亲属关系的第三人，也可以是除其父母之外的近亲属。如下案件涉及未成年人的祖父母侵犯亲权的情形。

比如，甲、乙为夫妻，乙在医院丙处生下一女，生产时女婴因有窒息，需进行

---

① 人民法院出版社编：《最高人民法院司法观点集成·民事卷》（第三版），人民法院出版社 2017 年版，第 239—240 页。

治疗。期间，甲在国外，故一切事项均由甲父办理。甲父发现是女婴，便擅自表示不要，并放弃治疗，交医院处理。医院在治疗完成后将女婴交他人抚养。同时，医院与甲父签署约定：甲父确认放弃治疗；对乙进行谎称婴儿死亡；医院不承担责任。后乙经过调查才得知真相，以医院为被告并请求交还孩子，同时赔偿其精神损失。法院认为医院构成侵犯亲权，同时甲父应承担主要责任。

与一般侵权责任相比，侵害亲权在法律后果上也具有特殊性，即父母不仅享有损害赔偿请求权，更重要的是享有请求侵害人交还未成年子女的权利。这是该侵权之诉的主要目的。

理论上，损害赔偿请求权可因时效届满而消灭，但交还子女的请求权并不罹于诉讼时效。不过，在上述案件中，法院仍以该交还请求权适用诉讼时效为前提。但法院同时认为，只要未成年子女脱离父母监护的状态（侵权状态）一直持续，父母的请求权就不会罹于诉讼时效。

第六节　父母与成年子女之间的关系

一、成年子女对父母的赡养义务

（一）一般规则

成年子女对父母负有赡养、扶助和保护义务（《民法典》第26条第2款），该义务具有法定性。亦即该义务基于法律规定而产生，而非经由当事人之间的约定而产生，因此也不能以约定的方式被免除。该义务的这种特点源于我国悠久的家庭生活传统。此外，根据《老年人权益保障法》第19条的规定，赡养人不得以放弃继承权或者其他理由，拒绝履行赡养义务。

成年子女不履行赡养义务的，缺乏劳动能力或生活困难的父母享有赡养费给付请求权（《民法典》第1067条第2款）。该请求权不受成年子女是否为其监护人的影响。根据《民法典》第33条的规定，父母可以事先自行确定监护人，以便在自己将来丧失行为能力时为其履行监护职责（意定监护）。父母如果决定由成年子女以外的人担任监护人，则成年子女的赡养费给付义务并不因此而免除。

在确定赡养费数额时，应根据父母日常生活水平，并结合子女的收入情况或经济条件来确定。在有数名成年子女的情形下，赡养费、医疗费甚至丧葬费通常应由各子女公平承担。但如果各子女的经济条件不同，每人需要支付的赡养费可能不尽相同。此外，如果父母有收入且由其中部分子女代管，且这些子女无法证明对父母就医有个人支出的，比较合理的做法是代管的子女无权就父母医疗费用要求其他子女承担。

子女如果请求降低既定的赡养费数额，必须能够充分证明所需的赡养费数额及其履行赡养义务的能力发生了重大变化，否则不能支持其请求。

从《老年人权益保障法》第14条、第18条规定的内容来看，成年子女还应对父母尽到精神性照顾责任。尽管该法第18条第2款规定了子女的"看望与问候"义务，但从理论上讲，父母难以享有一种关于精神赡养的给付请求权，因为该请求权无法得到强制执行。所以，该法律规定只能在实质上仅成为一种道德义务的宣示。

（二）赡养协议

1. 类型

实践中，争议偶尔产生于所谓的"赡养协议"情形，这一概念被规定在《老年人权益保障法》第20条第1款之中。据此，经老年人同意，各赡养人之间可以就如何履行赡养义务订立协议；同时，协议内容不得违反法律的规定。

第一种典型的赡养协议是：子女之间可能约定，父母分别由不同的子女进行赡养，包括给付赡养费，或者子女之间轮流赡养。在这里，该协议内容仅关涉子女对父母纯粹的赡养，并没有与其他"对偿关系"结合起来。可暂称为"单向型赡养协议"。

第二种赡养协议则可被暂称为"对偿型赡养协议"，即当事人将赡养份额与特定的"对偿关系"结合起来，并进行约定。其内容通常表现为：各当事人以在分家析产中获得的财产份额为"对偿"，确定赡养人应承担的赡养份额之大小。

2. 效力

只要当事人意思表示真实，且内容不违反法律规定，赡养协议就应被视为有效。这意味着，各赡养人与被赡养人作为该协议的当事人，应遵守该约定。

实践中，可能产生两个问题：其一，如果任何一名赡养人违反约定，不履行其依协议应承担的赡养义务，父母是否有权请求其他子女赡养，尽管该其他子女已经承担了约定的义务？其二，如果父母对该其他子女依然享有赡养费请求权，则该其他子女在履行了赡养义务后，对不履行约定赡养义务的子女享有怎样的权利？以下分别结合"单向型赡养协议"与"对偿型赡养协议"进行讨论。

（1）单向型赡养协议

比如，甲、乙为夫妻。与其两子丙、丁达成协议，由丙赡养甲，丁赡养乙。后甲去世，丙再也没有支付乙的赡养费和医疗费。现乙请求丙支付这些费用。丙以自己已经履行了赡养协议为由，拒绝承担。根据《老年人权益保障法》第19条的规定，丙应承担赡养义务。

就上述第一个问题而言，尽管子女之间可以订立赡养协议，并"分配"赡养义务，但基于赡养义务的法定性这一特征，父母对其他子女继续享有赡养费请求权。换言之，赡养协议即使经过父母同意，且部分子女已经依约履行了其赡养义务，仍不能免除任何一名子女的法定赡养义务，因此也不能合法剥夺父母的赡养费请求权，子女不得以其已经履行相关约定义务而进行抗辩。

就第二个问题而言，可基于数名赡养人之间应该公平承担赡养责任的规则，认为在子女内部，超出"公平承担范围"的子女有权向其他不满足"公平承担"要求的子女追偿赡养费份额。

如果仅要求依约定无须承担赡养义务的子女依法承担该义务，则单向型赡养协议将仅具有道德上的约束力。为了赋予该协议以法律约束力，可将其解释为是在子女内部就赡养义务进行的"份额"约定。因为赡养义务作为一种法定义务，并非可由约定产生或消灭。因此，这里涉及的只能是：在不消灭任何一个赡养人所负有的赡养义务的前提下，该约定最好被视为"赡养份额"的约定。这种约定整体上涉及法定赡养义务如何履行，而不涉及赡养义务之消灭。各子女可以通过约定方式确定各自应承担的赡养义务份额，但不能借此免除任何一方的法定赡养义务。如有这样的免除约定，当属无效。尽管基于该方式确定的份额看起来可能并不那么公平，但因当事人的意思自治而得以正当化。进而，当其中个别子女不履行该份额时，其他子女在必须向父母履行赡养义务的同时，可基于该约定有权向其他子女追偿相应的赡养费。

（2）对偿型赡养协议

实践中，与上述单向型赡养协议相比，对偿型赡养协议通常将赡养义务与所谓的分家析产结合起来。其特殊之处在于：各当事人有意将赡养人履行赡养义务的份额与其获得的相关财产数额联系起来。由于涉及财产利益，同样很难简单地认为这样的协议不具有法律意义。

可进一步将对偿型赡养协议划分为"不涉及被赡养人个人财产处分的协议"和"涉及被赡养人个人财产处分的协议"两类。

第一类协议不涉及被赡养人的个人财产之分配，而仅涉及其他家庭财产之分配。

例如，甲有二子乙、丙，三人订立一份析产协议：乙多承担赡养甲的义务，并多分得除甲个人财产以外的家庭财产；丙少承担赡养甲的义务，并少分得除甲个人财产以外的家庭财产。

在这种协议中，依照赡养协议的法定性，如果任何一名赡养人不根据约定履行赡养义务，则被赡养人有权请求其他赡养人赡养，或向其他赡养人行使赡养费请求权。而且，其他赡养人履行了该赡养义务后，有权根据约定的份额向不履行约定义务的赡养人追偿。

换言之，大致可将该类协议与上述"单向型赡养协议"进行同等处理。只不过，这里要求返还的是不依约履行赡养义务所分得的家庭财产。而且，考虑到当事人之间有意将家庭财产与赡养义务份额的分配联系起来，故仅将诉请范围限制在该家庭财产份额即可。

第二类协议则涉及被赡养人的个人财产之分配。这里除了考虑赡养义务的法定性与强制性之外，还应考虑被赡养人基于约定而可能享有的一些请求权。

例如，甲有二子乙、丙，三人订立一份析产协议：乙多承担赡养甲的义务，并多分得甲个人的财产；丙少承担赡养甲的义务，并少分得甲个人的财产。

在这类协议中，当其中一个赡养人不履行其依约定的赡养义务时，被赡养人同样有权请求其余赡养人履行法定赡养义务。除此之外，由于每个赡养人都分得了被赡养人的个人财产，可以考虑在被赡养人与不依约履行义务一方的赡养人之间建构一种财产返还关系，同时对依约履行义务一方的赡养人实施保护。

该建构遵循如下法律思想：其一，尊重并维护赡养义务的法定性；其二，考虑当事人之间利益的合理权衡；其三，尽最大可能尊重当事人的意思自治，维护协议所具有的合理约束力。

以上述法律思想为指导，首先，基于赡养义务的法定性及赡养协议的约束性，被赡养人在赡养给付请求权与财产返还请求权之间享有选择权。如此，基于协议的约定，被赡养人可先行请求不履行赡养义务的子女继续依约承担赡养义务。如果该赡养人依然不履行，被赡养人可以请求解除协议，继而享有对所处分之个人财产的返还请求权。当然，被赡养人依法享有的赡养给付请求权不受解除协议的影响。

其次，基于赡养义务的法定性，被赡养人还可以基于法定的赡养费请求权选择（或在约定的赡养义务份额请求权不能实现时）向其他守约子女请求履行赡养义务，后者无权拒绝。此时，为了保护守约子女的利益，同时基于对各当事人利益的合理权衡，守约子女可以享有本应由被赡养人行使的法定解除权与返还请求权。对此，可以建构一种权利的法定移转。

有司法观点倾向于将"分家析产"的生活事实归入"赠与"这一典型合同之下加以讨论："分家……是将原有家庭财产分成份额给分家后的各个家庭所有的一种法律行为……根据财产所有权的原有状况，发生赠与或分割的问题。即用于分家的财产，如属父母所有的，则属父母对其所有的财产以赠与方式处分的问题；如属原家庭成员共有的，则属共同财产的分割问题。如家庭财产中既有父母所有的财产，又有家庭成员共有的财产，则赠与、分割均包括在内。"①

下列案例涉及分家析产协议的性质。

甲有四子，分别为 A、B、C、D。在村委会有关人员主持下订立分居协议书，对甲的家庭财产进行了分配。后因为拆迁置换等发生纠纷。A 主张该协议为赠与合同，请求撤销赠与。基于利益衡平考量，分家析产协议应具有独立的性质，与赠与合同不同，其一旦成立，便对当事人产生约束力，不得像赠与合同那样，基于任意撤销权而撤销。

如果将赡养协议中被赡养人财产的给予理解为赠与，前文所述的解除权就不能在非典型合同的前提下界定，而属于赠与中的法定撤销权，相关的法律后果应以此为基础进行说明。但是，这种体系归入的障碍在于：将法定性的赡养义务作为赠与合同所附的义务，似乎并不妥当。

最后，还应考虑协议部分无效可能导致整体无效的情形。如果各当事人约定，其中部分赡养人以不分得家产为代价，换取对其任何赡养义务之免除，则该部分约定无效。而且，该部分无效可能导致这类协议整体无效（《民法典》第 156 条）。必要时，应根据具体个案中当事人的利益状况进行权衡。如果协议整体无效，则应根据无效的相关规定进行处理。

协议的该部分内容无效是否导致赡养协议的整体无效，需依据《民法典》第 156 条进一步判断。根据《民法典》第 156 条的规定，部分无效如果不影响法律行为的其他部分效力的，其他部分仍有效；反之，该其他部分甚至法律行为全部同时无效。其根本上涉及的是利益权衡问题，其超越了对当事人事实性的"假想意思"的探求。这里，先应权衡行为内容，即该无效部分被除去后，法律行为能否"仍保留其本义"。换言之，相关当事人的利益关系是否因该部分无效而发生变化。除行为内容之外，还应考虑当事人在行为之外所意欲追求的利益。在这里的权衡中，"也应当考虑那些不构成法律行为内容的、法律行为当事人单方面追求的合法利益"②。据此，与"对法律行为规则的效力意义予以解释的情形"不同，这种利益追求不应被视为行为动机而被一般性地排除于考量范围之外。

---

① 人民法院出版社编：《最高人民法院司法观点集成·民事卷》（第三版），人民法院出版社 2017 年版，第 182—183 页。

② ［德］维尔纳·弗卢梅：《法律行为论》，迟颖译，法律出版社 2013 年版，第 690 页。

二、父母对特定成年子女的照顾

（一）抚养给付义务与监护责任

父母对成年子女的照顾分两种情形：其一，父母对具有行为能力却不能独立生活的成年子女，负有抚养给付义务（《民法典》第 1067 条第 1 款）。"不能独立生活的成年子女"指"尚在校接受高中及其以下学历教育，或者丧失、部分丧失劳动能力等非因主观原因而无法维持正常生活的成年子女"（《解释一》第 41 条）。

其二，如果成年子女不具有相应行为能力的，父母负有对未成年子女同样的照顾责任。就此而言，在成年子女的照顾中，抚养给付义务不能完全取代照顾责任。

以下案例涉及父母对无完全行为能力的成年子女所负监护责任的问题。

甲与其妻离婚，其女丙由甲抚养。甲、乙于 2004 年开始同居，乙与丙在一次扭打中，致丙死亡。经鉴定，乙为间歇性精神病患者。甲对此明知。同时甲、乙还伪造结婚证欺骗乙的父母 A 与 B，谎称自己与乙已经结婚。甲以乙的父母为被告，请求他们承担被监护人责任，向自己的女儿丙进行赔偿。

在该案例中，鉴于乙的行为能力状况且甲、乙伪造了结婚证，故无论就结婚的实质要件抑或形式要件而言，甲、乙皆因不符合这些法定要件未形成婚姻关系，因此 A、B 依然是乙的监护人，对其负有照顾职责，并应承担监护责任。因为 A、B 明知自己的女儿属于限制行为能力人，对于结婚这种与其行为能力明显不符的行为不进行干预保护，因此对于乙因其行为而导致丙死亡这一后果，A、B 未尽到监护职责，要承担无过错责任。

同时，甲对该损害后果也具有过错。因为他不仅采取欺骗手段导致乙脱离其法定监护人的监护，使其误认为女儿已经结婚，而且在明知乙的精神状况的情形下，任由丙与乙同居，从而将其女儿置于一种可能的危险境地，没有尽到父母应尽的保护义务，以此认定其对损害具有过错，故也应承担相应的责任。

此外，甲采取欺骗手段导致乙脱离 A、B 的监护，无疑也侵犯了 A、B 对其子女的监护权。

（二）抚养给付义务

《最高人民法院关于人民法院审理离婚案件处理子女抚养问题的若干具体意见》（现已失效）第 11 条、第 12 条规定，具有完全行为能力的成年子女只能在其"尚未独立生活"时才享有抚养费请求权，且这些情形包括：（1）丧失劳动能力或尚未完全丧失劳动能力，其收入不足以维持生活的；（2）尚在校就读的；（3）确无独立生活能力和条件的。

与《解释一》第 41 条相比，上述第 11 条、第 12 条内容具有如下特点：依其规范陈述，因为"在校就读"与"接受高中及其以下学历教育"相比，其意义显然可以更为广泛，所以其保护的成年子女的范围似乎更广泛。比如，至少可以将接受高等教育的子女包含在内。

从规范内容来看，似乎《解释一》第41条是在上述两条的基础上形成的。如果是这样，可以认为最高人民法院对成年子女的内容进行了限缩。如果仅依据《解释一》第41条的规定，则大学生就失去了对父母的抚养费请求权，但父母自愿抚养的除外。

第七章 监 护

监护是指监护人对无民事行为能力人和限制民事行为能力人的人身、财产及其他合法民事权益，进行监督和保护行为。这里的非完全民事行为能力人既包括未成年人，也包括成年人。

一、监护人的范围和确定

(一) 未成年人的法定监护人和遗嘱指定监护

父母是未成年子女的监护人（《民法典》第 27 条第 1 款）。因本书主张区分"亲权"与"监护"，故父母监护及其规则上的特殊性被置于第七章中予以说明，此处不再赘述。此外，如前所述，父母如果已经离婚，没有与子女共同生活的一方的照顾责任（监护资格）不受影响，但是其对未成年人的健康成长明显不利的除外。

作为法定监护的延伸，父母可以通过遗嘱为未成年子女指定监护人（《民法典》第 29 条）。

未成年人的父母死亡或失去监护能力的，由下列有监护能力的人按顺序担任监护人：(1) 祖父母、外祖父母；(2) 兄、姐；(3) 其他愿意担任监护人的个人或者组织，但是须经未成年人住所地的居民委员会、村民委员会或者民政部门同意（《民法典》第 27 条第 2 款）。

没有上述监护人的，监护人应由民政部门或具备履行监护职责条件的被监护人住所地的居民委员会或村民委员会担任（《民法典》第 32 条）。

(二) 非完全民事行为能力的成年人的监护人与事先意定监护

对于无民事行为能力或限制行为能力的成年人，由下列有监护能力的人按顺序担任监护人：(1) 配偶；(2) 父母、子女；(3) 其他近亲属；(4) 其他愿意担任监护人的个人或者组织，但是须经被监护人住所地的居民委员会、村民委员会或者民政部门同意（《民法典》第 28 条）。

同样，如果没有上述监护人的，应由民政部门或具备履行监护职责条件的被监护人住所地的居民委员会、村民委员会担任监护人（《民法典》第 32 条）。

此外，基于私法自治原则，法律允许完全民事行为能力人与他人以事先约定的方式，为自己在失去民事行为能力后确定监护人，该约定属于要式法律行为，应以书面形式作出（《民法典》第 33 条）。

（三）协议监护

依法具有监护资格的人之间可以协议确定监护人，但应当尊重被监护人的真实意愿（《民法典》第30条）。协议监护只能在监护人之间进行。前述的"遗嘱指定监护"与"事先意定监护"尽管也是一种意思自决行为，但与监护资格之移转无关。

就本条而言，应注意两点：其一，本条所包含的"依法具有监护资格的人"应作限缩解释，从而不应包括被监护人的父母。因为除非必要，父母作为"亲权人"，其监护职责实为父母特别承担的"照顾责任"，故其不应随意将自己的监护资格通过约定转移给他人，以逃避父母应承担的义务。

其二，监护人的协议确定不同于委托监护。后者仅属于监护职责的部分或全部委托，并不涉及监护人资格的转移，委托人依然是监护人，受托人并未通过委托获得监护人资格。前者则相反，它不仅涉及监护职责的移转，也涉及监护人资格的产生与消灭。

即使在监护人之间，除非有资格转移的明确约定，当下监护人将被监护人交给另一具有监护资格的人的行为，通常也应该被认定为委托监护。实践中出现需要通过意思表示的解释来确定的模糊情形时，应推定为委托监护，而非协议监护。

这里，因为监护资格的移转对被监护人意义重大，故除当事人的约定之外，还应为其规定其他的法定生效要件，以便与监护人制度整体的强制性特征相符合。就此而言，这一立法政策的缺陷又与家事程序法的缺失具有密切的联系。

（四）有争议时的指定监护及指定前的临时监护

实践中可能会出现如下情形：所有监护人都不愿意承担监护责任，或者几个监护人都要求承担监护责任。这时，就需要指定监护。

指定监护可以由特殊法人（被监护人住所地的居民委员会、村民委员会或者民政机关）基于当事人的申请或主动在依法具有监护资格的人中指定，也可以由法院基于申请指定。指定应尊重被监护人的真实意愿，同时应按照最有利于被监护人的原则进行（《民法典》第31条第1款、第2款）。

监护人被指定后，不得擅自变更；擅自变更的，也不免除被指定的监护人的责任（《民法典》第31条第4款）。

指定监护人前，被监护人的人身权利、财产权利以及其他合法权益处于无人保护状态的，由上述特殊法人或被法律规定的监护人所在地的其他有关组织临时担任监护人（《民法典》第31条第3款）。

（五）临时生活照料措施

监护人因突发紧急情况暂时无法履行监护职责，被监护人的生活处于无人照料状态的，由其住所地的居（村）委会或民政部门为他安排必要的临时生活照料措施。

二、监护职责

（一）保护职责

对被监护人而言，监护人最主要的职责就是基于"最有利于被监护人的原则"保护其人身、财产和其他权益。这不仅包括监护人防止第三人侵害被监护人的权益，也包括监护人自己不得侵害被监护人的权益。在第二种情形中，法律尤其强调，除为了被监护人的利益外，监护人不得处分其财产（《民法典》第35条第1款）。

（二）财产保护职责

鉴于被监护人的人身保护职责在前文关于父母子女关系的讨论中已经提及，这里着重说明财产保护的情形。以下面两种案型为例，进行分析。

其一，处分不动产的案型。

例：甲是未成年人乙的父亲，丙是乙的祖父，丙在去世时将其房屋一套遗赠与乙。甲后来在经营中为了担保自己的债务，在该房屋上为丁设定了抵押权。

司法实践中，法院通常会认定当债权人（相对人）为恶意时，对被监护人的个人财产设定抵押的行为无效。不过，基于最有利保护的原则，即使债权人为善意，保护非完全行为能力人这一目的也应该优于交易安全之保护。也就是说，《民法典》第35条第1款应该被理解为一个强制性规范，并且不能因善意保护原则而出现例外适用情形。

进而，会产生如下问题：对于监护人实施的无权处分行为，由谁来代被监护人提起保护请求？如果被监护人自己能够提起诉讼，自然再好不过。但是，在被监护人自己不能提起诉讼的情形下，这一问题就会突显出来。

如果父母对设定抵押权行为反悔，他们似乎能够基于《民法典》第153条第1款提起无效诉讼。其中，诉讼时效可适用《民法典》第190条加以规制。尽管这一行为有违诚实信用原则，但考虑到被监护人利益保护的优先性，法律秩序应能够容忍该后果。当然，在现有实证法框架下，尽管设定抵押权的处分行为无效，却并不妨碍相对人继续提起违约诉讼。

在其他情形下，基于现行实证法规定，只能首先撤销监护人资格并指定新的监护人（《民法典》第36条），然后由新的监护人对被监护人的利益进行保护。当然，就《民法典》第36条规定的监护资格撤销情形而言，本案型中的事实情形是否能归入其所规定的要件事实，尚需进一步解释。

其二，为追求将来不确定增益而进行处分的案型。

此时，涉及的问题是：监护人为将来获利而处分财产，当财产因此减少时，是否构成侵害？

例 1：甲为未成年人乙的父亲，将乙继承所得财产 100 万元用于购买国债。

例 2：甲是未成年人乙的父亲，将乙继承所得财产 100 万元用于购买股票。

理论上，对此应确定一个抽象的判断标准：当监护人违反理性人或经验人的审慎义务，从而基于不合理的风险而追求利益并给被监护人的财产造成损害时，构成法定职责的违反。至于是采用较严苛的理性人标准，还是较宽松的经验人标准，则取决于被监护人之保护与监护人对相关财产处分自由之间的衡平程度。

此外，该标准尚需在个案中之中具体化。上述例 1 中的收益虽然是将来的，但基于投资实践，几乎不存在风险，故一般不能认定为侵害。例 2 中的收益却可能存在风险，是否构成侵害，则需要具体判断。比如，如果监护人在股市涨落剧烈之时进行投资，可被认定为违反审慎义务。反之，监护人在股市波动正常时进行投资，则可认定为合理风险。此时，理性人标准和经验人标准之间的差异可能会显现出来。

（三）非完全民事行为能力人的自我决定

根据《民法典》第 35 条第 2 款、第 3 款的规定，如果被监护人具有一定的辨识判断能力，监护人在履行保护监护职责时，就应该尊重他们的真实意愿。对成年被监护人而言，如果他具有一定的行为能力，监护人就不能越俎代庖，而应该协助他实施与其智力、精神健康状况相适应的法律行为；对他有能力独立处理的事务，监护人不得干涉。

三、法律责任

（一）侵权责任

《民法典》第 34 条第 3 款仅抽象地规定，监护人应对其不依法监护职责的行为承担法律责任。从体系上看，其应为侵权责任。当然，如果存在协议监护或委托监护的情形，还可能出现更为复杂的责任承担。

（二）监护资格的撤销与恢复

1. 撤销

监护资格应基于申请而撤销（《民法典》第 36 条第 1 款）。在这里，对保护被监护人而言，关键的问题不是法院基于申请而撤销，而是特定主体负有提出申请的义务。在该问题上，"其他具有监护资格"的人和特定的法人虽可以提出撤销申请（《民法典》第 36 条第 2 款），但对于其中的民政部门而言，其同时负有"兜底性"

的申请义务，即在其他申请人未及时向法院申请撤销的情形下，民政部门应当提出申请。就此而言，民政部门负有申请义务，而其他撤销申请人并不负有强制性的申请义务。

撤销监护资格的事实要件是监护人实施了如下行为之一：（1）实施严重损害被监护人身心健康行为的；（2）怠于履行监护职责，或者无法履行监护职责并且拒绝将监护职责部分或者全部委托给他人，导致被监护人处于危困状态的；（3）实施严重侵害被监护人合法权益的其他行为的。

撤销监护资格的法律后果是：法院需要指定临时监护人，并进一步确定永久性监护人，对负有扶养义务的人而言（夫妻、父母子女），监护资格的撤销并不消灭其应该承担的扶养义务（《民法典》第37条）。

2. 恢复

父母或成年子女的监护资格被撤销后，可在一定条件下恢复（《民法典》第38条）。就消极性条件而言，主要指监护人并非因对被监护人实施故意犯罪而被撤销监护资格；就积极性条件而言，监护人须在被撤销监护资格后确有悔改表现。就程序条件而言，须由这些监护人向法院提出恢复申请。

法院在决定是否恢复其监护资格时，一方面需要考察个案中监护人和被监护人各自的实际情形，以及他们之间的关系状况；另一方面需尊重被监护人的真实意愿。

一旦恢复，法院因父母监护资格被撤销而进行的指定监护终止。

四、监护关系的终止

根据《民法典》第39条的规定，监护关系在发生下列情形之一时终止：（1）被监护人取得或者恢复完全民事行为能力；（2）监护人丧失监护能力；（3）被监护人或者监护人死亡；（4）人民法院认定监护关系终止的其他情形。

监护关系终止后，被监护人仍然需要监护的，应当依法另行确定监护人。

·下 编·

继承法

第一章　继承与继承法概述

第一节　继承概述

现代民法中的继承是财产继承，指因人的死亡而由与其有一定亲属关系的生存的人概括继承其财产的法律制度。继承法的立法、司法都要遵循一定的基本原则，如保护私有财产继承权原则，继承权平等原则，养老育幼、照顾无劳动能力又无生活来源者的原则，权利、义务相一致原则。继承人是继承开始时尚生存的人，但胎儿在遗产继承时具有继承能力，应当为胎儿保留继承份额。继承权是一种财产权利，继承开始前的继承权为客观意义上的继承权，是法律保护的一种地位；继承开始后的继承权为主观意义上的继承权，属于既得权。继承人有继承遗产的权利，也有放弃继承权的自由。但是，继承权放弃不得附条件和附期限。出现法定事由时，继承人丧失继承权。继承权被侵害的，继承人可以行使继承回复请求权。遗产是被继承人死亡时遗留下来的合法财产，除了法律明文规定不得继承财产和性质上不适合作为遗产继承的财产，自然人的一切合法生产资料都是遗产。

一、继承的概念

继承，具有多种含义。从词义上说，继承是按照法律或遵照遗嘱接受前人死后留下的财产、职务、头衔、地位等，继承的对象可以是财产等具象物，也可以是作风、事业、名誉等抽象物。

从词性上说，继承可以是动词，也可以是名词。作为动词，继承是指继承人承接死者财产权利义务的有法律意义的动作或行为，如子女继承父母的遗产；作为名词，继承是指将死者生前的权利义务移转归他人所有的法律制度，如继承的本质；或是指死者财产权利义务移转的过程，如继承的开始；或是指因死者的权利义务转移而发生的法律关系，如参加继承。

民法学上的继承有广义与狭义之分。[①] 广义继承，是指对死者生前权利义务的承受，古代继承即是广义继承；狭义继承，是指对死者生前财产权利义务的承受，即财产继承。现代民法上的继承，是指狭义继承，继承的对象只包括财产权利

---

① 马忆南：《婚姻家庭继承法》（第四版），北京大学出版社 2018 年版，第 222 页。

义务。

综上，继承是指依照法律或遗嘱，将自然人死亡时遗留的财产转移给他人所有的法律制度。在继承中，其生前所享有的财产因其死亡而移转给他人的死者称为被继承人，被继承人死亡时遗留的财产为遗产，依法承接被继承人遗产的人为继承人。继承具有以下含义。

（1）继承发生于自然人死亡时。首先，继承只能发生于自然人之间，法人虽可因消灭而"死亡"，但其剩余财产的归属不属于继承范畴；国家或集体所有制组织依照法律规定取得无人继承又无人受遗赠的遗产也非继承。其次，继承始于自然人死亡，包括自然死亡和宣告死亡。只有因自然人死亡而发生的财产所有权的转移才属于继承，非因自然人死亡而发生的财产转移不属于继承，如买卖、夫妻离婚时的财产分割，都不是继承。

（2）继承是财产权利义务发生变更的法律制度。自然人死亡，不再是民事权利义务主体，其财产权的主体势必发生变更，变更的规则就是继承法律规范。然而，并非所有因自然人死亡而发生的财产权利义务变更都是继承，如遗赠，虽然也是基于自然人死亡而发生的死者财产转移，且为我国《民法典》继承编所规定，但其不属于继承。

（3）继承是处理死者财产的法律制度。在现代民法上，继承的标的只能是财产性权利义务。所以，自然人死亡而又留有财产是继承发生的必要条件，也正因为如此，继承是以私有财产的存在为前提的。在没有任何私有财产存在的社会，不会有也不可能有继承的存在。

二、继承的本质

继承的本质，即继承发生的依据，主要有以下学说。

（一）意思说

意思说以自然法学派为代表。该说认为，被继承人有设立遗嘱的自由，因此继承的根据在于被继承人的意愿，即继承发生的主要依据是被继承人的意思。正是因为继承决定于死者的意思，所以被继承人有立遗嘱的自由，在无遗嘱时，立法者也应根据人的自然情感推测死者的意思，以决定应由何人继承死者的遗产。这种学说是自然法学派观念对继承本质认识上的反映，因为自然法学派将一切权利义务变动的根据，都归因于人的意思。

意思说根源于自然法思想，即凡有权利与权利变动，其根据均应求诸个人意思，继承权亦是如此。比如，自然法学派创始人格劳秀斯将遗嘱比拟为一种契约，认为是一种让与行为，以死亡为条件，在让与人一息尚存之时可以撤回，并由让与人保留占有及用益。康德也认为，遗产的取得，系根据于一种拟制的契约，以让与人与其继承人为当事人，该契约推定继承人将依其规定而为承诺，因为不论什么人都追求财富。资产阶级革命胜利之后，私有财产不可侵犯以及个人意志自由成为近现代民法的基本理念，继承被视为财产私有制度的必然逻辑延伸，各国立法都允许死者按照自己的意愿确定遗产的归属。甚至在有的理论中，法定的继承规则也被视为对当事人意思的推定，认为立法机关应该去弄清楚有财产的普通人若立遗嘱的话，他应对其财产做些什么，然后才来制定无遗嘱继承规则，这样的规则应该使他获得与其所立遗嘱同样的效果。

在个人意志凸显的近现代社会，意思说对遗嘱继承中的继承权具有较强的说服力，但是，将法定继承中的继承权也解释为当事人的意思，则显得过于牵强。同时，继承制度与生俱来的深刻伦理性决定了立法在继承权的配置上不可能对家庭关系置若罔闻。因此，现代各国一方面尊重私法自治并承认遗嘱自由，另一方面也以立法手段对遗嘱自由进行必要的限制。

（二）家族协同说

家族协同说，又称家族本位说。该说认为，继承的发生是基于家族协同生活，没有协同生活者不应继承。因为继承制度产生之初是为家族财产的继承，继承人不过是财产管理人的更换，后来遗产虽然为个人的私产，但对它的处分仍然受到种种限制，个人死亡后应该尽量使其财产保留在一定的家族或亲属集团内部。

依照该说，个人死后其财产应传于一定的家族或亲属；即使被继承人立有遗嘱，遗产的一定数额或一定部分也必须留给法定继承人。该说为了说明法定继承人的范围，主张人的生活不仅是生存中的共同生活，而且要有传承，继前代人的生活传至下一代。依据该说，继承系为人类自祖先以至乃子乃孙，维持过去、现在、未来的共同生活。

家族本位说揭示了继承制度发展初期的状态，即继承是从家族共同生活体中发展出来的。在原始的母系氏族社会时期，依照氏族内最初的继承制度，氏族成员死亡以后由他的同氏族亲属继承，财产必须留在氏族以内。当女子死亡时，其财产由她的同族人继承；当男子死亡后，其财产属于他们母亲的氏族而不是他的子女，因为他的子女并不属于他的氏族也就没有继承权利。自父系社会直至漫长的封建社会时期，家族协同说的突出表现是家族财产由男性后裔继承，排斥女性的继承权。

从经济角度看，家族协同说具有积极意义。早期的生产活动是在家族共同劳动的基础上进行的，将死者的遗产保留在家族内部满足共同生活就顺理成章。虽然当今社会的生产活动绝大多数不再以家庭或家族为组织展开，但是家庭仍然是最基本的社会单位，亲属仍然是最重要的社会关系，因此家族协同说在现代各国继承法中仍然占据重要地位。比如，法定继承主要以婚姻和血缘关系作为确定继承人范围和顺序的依据，体现了对传统家族关系的尊重；大多数国家继承法都认可的特留份制度，旨在对特定范围近亲属的继承权给予特别保护，也表明了对亲属关系的维护。

（三）死后扶养说

该说认为，继承的发生根据在于死者的扶养责任。扶养发生于一定范围内的宗族或者亲属之间，负有扶养义务的人在生存时要扶养被扶养人，死亡后扶养也要继续，在负有扶养义务的人死亡后，被扶养的人基于自己受扶养的权利而有权继承扶养人的遗产。依照此说，被扶养人应该与继承人一致，如果家族或亲属的某人不需要扶养，无论其与被继承人关系如何密切，都不能享有继承权；且遗产继承的范围应该以扶养之必要为限。

死后扶养说以被扶养人的生存需要为出发点，体现了基本的人情道义。早期的家族继承说尽管着眼于家产共有，家庭成员之间的扶养需求也是不容忽视的一个重要因素，在过去的法制体系中，家族成员在继承财产时通常是按照父辈的意愿进行的，但这并不意味着个人（继承人）的生活保障与此毫无关系。

在很多国家的继承制度中，死后扶养说主要表现为将扶养关系作为获得扶养费的依据。比如，德国、法国、瑞士等国规定，被继承人死亡后，受其扶养的家庭成员可以请求支付一定期间的生活费。甚至在少数国家，扶养关系被当作取得继承权的直接依据。比如苏联1922年规定，与死者共同生活一年以上的无劳动能力的人也属于法定继承人的范围，且为第一顺序的继承人，或与第二顺序的继承人共同继承遗产，从此开创了以扶养关系作为取得继承权根据的历史。20世纪四五十年代，东欧等社会主义国家的继承立法也纷纷效仿，相继出现了把与死者生前共同生活、共同经营家产并关心家产的人，或将与死者生前同居并实行照顾的人列入法定继承人的范围。

死后扶养说将遗产视为一种家庭扶养金，将继承权的存在依据归结为扶养关系，体现了养老育幼的社会观念。但是，这种观点在以下两方面难以给出令人满意的回答：一是在已经构建了完善的社会保障体系和实行普遍福利政策的国家，继承权可能失去原有意义；二是在遗嘱继承中，扶养说与事实不符。

（四）其他学说

关于继承的本质，除上述主要学说外，还有无主财产之归属说和共分说。无主财产说认为，人的人格因死亡而消灭，人于生存中虽为财产的主体，但于死亡后其财产则成为无主财产，该无主财产应归属何人，则属于继承问题，全由国家的立法政策而定。共分说认为，被继承人的财产上原本有三个所有权，即本人的所有权、亲属的所有权和国家的所有权，因为本人的财产中包含有亲属和国家的帮助，所以，在被继承人死亡后应属于亲属的部分归于亲属，依据是法定继承；应属于国家的部分由国家收回，抵交遗产税，属于本人的部分则由本人自由处分，即遗嘱处分。

上述各种学说都有一定的道理，都在一定程度或者一定的侧面说明了继承的本质和特征，但是也都有一定的片面性和表面性，并不能完全说明继承制度或者继承现象的真实本质和特征继承的发生有其自然的原因，也更有其社会的原因。从自然原因上说，继承决定于人类历史的无限性和人的生命的有限性，由于每个人的生命是有限的，而人的历史又是无限的，人类的生命也就具有延续性，自有法律以来，就会发生后人承受前人的权利义务问题。从社会原因上说，出于社会生产和再生产的需要，有了个人财产的存在和社会需要将这种个人财产关系维持下去，才会发生后人承受前人的权利义务问题，没有个人财产或者社会不需要把这种个人的财产关系维持下去，也就不能发生继承，按照恩格斯在《家庭、私有制和国家的起源》中的说法，人类的生产本身又有两种，一方面是生活资料即食物、衣服、住房以及为此所必需的工具的生产；另一方面是人类自身的生产，即种的繁衍。可以说，继承正是基于这两种生产的社会需要而产生的，实质上是一种社会关系的更替。①

三、继承的种类

继承从不同角度作不同划分，主要种类如下。

（一）法定继承与遗嘱继承

根据是否按被继承人意志继承遗产，继承分为法定继承和遗嘱继承。

法定继承，是指在被继承人没有对其遗产的处理立有遗嘱的情况下，由法律直接规定继承人的范围、继承顺序、遗产分配的原则的一种继承形式。法定继承又称为无遗嘱继承，是相对于遗嘱继承而言的，亦即非遗嘱继承。

法定继承，是继承人范围、继承顺序、继承份额等由法律直接规定的遗产继承方式。我国《民法典》第 1127 条规定了法定继承人的顺序，第一顺位继承人包括：配偶、子女、父母，以及对公婆或岳父母尽了主要赡养义务的丧偶儿媳、丧偶女婿；第二顺位继承人包括：兄弟姐妹、祖父母、外祖父母。在继承权的取得上，第一顺位继承人优先于第二顺位继承人。

法定继承是遗嘱继承以外的依照法律的直接规定将遗产转移给继承人的一种遗产继承方式。在法定继承中，可参加继承的继承人、继承人参加继承的顺序、继承人应继承的遗产份额以及遗产的分配原则，都是由法律直接规定的。因而法定继承

---

① 《马克思恩格斯全集》第 21 卷，人民出版社 1965 年版，第 29—30 页。

并不直接体现被继承人的意志，仅是法律依推定的被继承人的意思将其遗产由其近亲属继承。

遗嘱继承则不同。遗嘱继承，又称指定继承，是按照被继承人所立的合法有效的遗嘱而承受其遗产的继承方式。也就是说，遗嘱继承的继承人范围、继承人顺序、继承份额或对象等，完全取决于被继承人生前的意思。从其法律内核上看，遗嘱继承是由设立遗嘱和遗嘱人死亡两个法律事实所构成，它分别具有设立效力和管理效力。

法定继承和遗嘱继承的主要区别如下。

（1）继承依据不同。法定继承是按法律规定的继承人范围、继承顺序和遗产分配原则进行的，继承的范围及份额等均依法律规定；遗嘱继承则是按被继承人生前所立遗嘱进行的，继承以财产所有人生前的意思为准。

（2）继承份额不同。法定继承人的继承份额是根据所有法定继承人的情况和赡养扶养情况来确定的，一般是同一顺序继承人均分；遗嘱继承人的继承份额是财产所有人在遗嘱中确定的，是由被继承人决定的。

（3）继承人范围不同。遗嘱继承人必须是属于法定继承人范围内的人，而法定继承人不一定都是遗嘱继承人。在遗嘱继承中，根据财产所有人的生前意愿，遗嘱继承人既可以是法定继承人中的一人，也可以是法定继承人中的若干人，至于哪些法定继承人能够继承遗产，这要取决于遗嘱的内容。

（二）有限继承与无限继承

根据继承人继承的权利义务范围是否受限，继承分为有限继承和无限继承。

有限继承，又称限定继承，是指继承人只在一定范围内继承被继承人的财产权利和义务的继承。在有限继承中，继承人继承被继承人的债务仅以遗产的实际价值为限度，对于被继承人生前所欠债务超过遗产的实际价值的部分，继承人可以不负清偿责任。

无限继承又称为不限定继承，是指继承人必须承受被继承人的全部财产权利义务的继承。在无限继承中，即使被继承人的债务超过其遗产的实际价值，继承人也必须继承被继承人的遗产，不得拒绝，继承人须以自己的财产清偿被继承人生前所欠的全部债务。所谓的"父债子还"，就是无限继承的表现。

有学者认为，有限继承与无限继承的区别除了继承的权利义务范围是否受限外，还要看继承人的范围是否受限。[①] 如果继承人的范围受到限制就是有限继承，比如我国《民法典》限制了法定继承人的范围；反之，则为无限继承。

---

① 房绍坤、范李瑛、张洪波编著：《婚姻家庭继承法》（第六版），中国人民大学出版社 2020 年版，第 156 页。

（三）单独继承与共同继承

根据继承人人数是否为多人，继承分为单独继承和共同继承。

单独继承，是指继承人为一人的继承。即使第二顺序的法定继承人有数人，但只要第一顺序继承人仅有一人，也应认为是单独继承。

共同继承，是指继承人为数人，即为两人以上共同继承遗产。继承人的数量以依法享有继承权的人数为准，而不以实际继承的人数计算。例如，继承发生时享有继承权的可能是多数，但因有的继承人放弃继承或者被剥夺继承权，最后可能仅有一人参与继承。但只要继承发生时继承人为两人以上，就属于共同继承。共同继承需要解决的问题较多，以致它比继承人为一人的继承复杂得多，也容易引起纠纷。

两者的区别主要在于：（1）继承人数不同。单独继承的人数只有一人，遗产不用分割；而共同继承的继承人人数超过一人，遗产需要分割。（2）继承顺序不同。单独继承中，继承人是财产的唯一继承者，不用考虑遗产的继承顺序；而共同继承可能会因继承顺序的不同，导致继承权份额不同。

（四）本位继承与代位继承

根据继承人参与继承时的地位，继承可分为本位继承与代位继承。

本位继承，是指继承人基于自己的地位，在自己原来的继承顺序上继承被继承人遗产的继承。例如，我国《民法典》规定，配偶、父母、子女以及对公婆或岳父母尽了主要赡养义务的丧偶儿媳和女婿为第一顺序继承人，兄弟姐妹、祖父母、外祖父母为第二顺序继承人，他们参加继承时即为本位继承。

代位继承，是指在法定继承中，应直接继承被继承人遗产的顺序者不能继承时，由其直系晚辈血亲代其地位的继承。因此，代位继承也称为间接继承。依据我国《民法典》第1128条的规定，被继承人的子女先于被继承人死亡的，由被继承人子女的直系晚辈血亲代位继承。被继承人的兄弟姐妹先于被继承人死亡的，由被继承人的兄弟姐妹的子女代位继承，代位继承人一般只能继承被代位继承人有权继承的遗产份额。

本位继承和代位继承属于对立关系，本位就是按照原先法律规定的法定继承顺序继承被继承人的遗产，代位继承则是因为不特定的因素，被继承人后死亡与继承人的财产继承行为。

（五）直接继承与间接继承

直接继承，是指继承开始后，继承人直接继承被继承人遗产，我国和多数大陆法系国家采用此种制度。我国《民法典》规定，继承人可以在遗产处理前，作出放弃继承的表示，从而放弃对遗产的继承，但这并不影响继承人可以直接继承遗产的权利。

间接继承，是指继承开始后，遗产不直接归属于继承人，而须经过遗产管理人或其他机关清算，然后分配于继承人的继承制度。英美等国与我国不同，实行间接继承制度。

在间接继承制度下，继承人继承的是经过清算的纯粹的财产，不必负担为被继承人清偿债务的义务。由于我国实行直接继承的制度，所以在继承开始后，如果被继承人留有合法有效的遗嘱，继承人就直接按照遗嘱的指定取得遗产，如果没有遗嘱，继承人就应按法定继承的原则，本着互谅互让、团结和睦的精神分配和取得遗产。只要不产生继承纠纷，继承就不必经过法院或其他组织，可直接进行。

第二节　继承法概述

一、继承法的概念

继承法，是指调整因人的死亡而发生的继承关系的法律规范的总称。

继承法有实质意义的继承法与形式意义的继承法之分。形式意义的继承法，是指冠以"继承法"名称的法律，如《民法典》继承编；实质意义的继承法，是指有关继承关系的法律规范的总和。实质意义的继承法不仅包括形式意义的继承法，也包括其他法律、法规中有关继承的规范，还包括有法律效力的关于继承问题的规章、决定、指示等规范性文件，以及最高人民法院有关继承的司法解释等。在继承法学中所学习和研究的继承法，是实质意义的继承法，不限于形式意义的继承法。

继承法又有纯粹继承法与非纯粹继承法之分。纯粹继承法，是指规定与遗产继承直接相关的问题的法律规范。因为继承就其本来意义是指将死者生前所有的财产于其死亡后转给他人所有的法律制度，因此，只有与此有关的内容，如继承因何原因和于何时间开始，继承权应归属何人，继承人有何权利和责任，遗产应当如何清算和分配等，才属于继承法的内容。这种意义上的继承法就属于纯粹继承法，但是，各国的继承法都并不限于上述内容。例如，遗嘱并不完全与遗产的转移有关。立遗嘱人在遗嘱中不仅可以处分其遗产、指定遗嘱继承人对遗产的分配办法、指定遗嘱管理人、指定遗赠等，而且可以指定其未成年子女的监护人等。

二、继承法的性质

继承法，是调整平等主体之间因被继承人死亡而发生的财产继承关系的法律。

继承法的性质，可以从以下四个方面理解。

（一）继承法为亲属关系上的财产法

对于继承法究竟属于财产法还是身份法，理论界莫衷一是，主要包括三种主张：身份法、财产法、亲属关系上的财产法。

身份法说认为，继承法虽然规定财产转移的条件、方式及效力，但这只是身份继承的发生效力，继承法的本质，在于规定有一定身份关系者继承被继承人的地位及其条件，即以身份为基础而发生的权利，是亲属法的补充法，所以属于身份法。[①]

财产法说认为，在现代社会，继承实质上是财产继承，继承法不过是关于财产转移的条件、方式及效力的规定，本质上应当是财产法。即使在仍承认户主继承的立法中，户主权也已无社会意义。因此，不管是纯粹的财产继承，还是仍保留户主继承的继承，本质上都是财产法。[②] 唯因身份财产法原来就是财产法规范，而仅以亲属的身份关系为其媒介，其余则与一般的财产法关系毫无不同。

亲属关系上的财产法说认为，如果从继承法的历史沿革上考察，继承原本是亲属关系的效力，将继承法认定为身份法并无不当。但当今社会，财产属于个人支配，身份继承大都已被废止，继承实际仅为财产继承。在法定继承中，继承权虽然仍为附随于一定亲属关系或家属地位的权利，但已不是亲属关系的当然效力。特别在遗嘱继承中，多数国家规定指定继承人不以有亲属关系为前提，故将其视作纯粹的身份继承已不适当，但在私人所有权基础之上，法定继承仍以家族的共同生活关系为着眼点，故继承法实为财产法与亲属关系的融合。[③]

现代继承法不再承认身份继承，只承认财产继承，对此毋庸置疑。在当今财产继承时代，认为继承法属于身份法已经不合时宜，继承法只调整财产关系，不调整身份关系，这一点与婚姻家庭法等调整身份关系的法律相比大不相同，当然，继承关系多发生在具有一定亲属关系的人之间，可以说，继承法是以身份关系为基础的，但这并不足以说明继承法的性质为身份法。本质上看，继承法主要是解决遗产归属问题的，而继承人与被继承人一般情况下都具有较为亲密的亲属关系，因此亲属关系上的财产法说，更为符合我国继承法的性质。

（二）继承法为私法

自罗马法学家乌尔比安提出公法与私法的划分以来，虽然其备受争议，但公法

---

① ［日］柳川：《相续法注释》（上），第16页。转引自马忆南：《婚姻家庭继承法学》（第四版），北京大学出版社2018年版，第227页。

② ［日］近藤：《相续法论》（上），第34页。转引自马忆南：《婚姻家庭继承法学》（第四版），北京大学出版社2018年版，第227页。

③ 史尚宽：《继承法论》，中国政法大学出版社2000年版，第14页。

与私法依然是法学上最为基本的分类，且私法是调整平等主体之间关系的法律这一观点是被认同的。不论认为继承法是财产法还是身份法，不管继承法调整的是财产关系还是人身关系，一个不可否认的事实是，继承法调整的是平等主体之间因死亡而发生的关系，它属于民法的一部分。所以，继承法为私法。

（三）继承法为普通法

财产继承是一种普遍存在的社会关系。继承法适用于一切自然人，而不是只适用于一部分人。任何人都有依法作为继承权主体的资格，都可基于一定法律事实的发生，如被继承人死亡，而实际参与到继承法律关系中，不因其性别、年龄、身份、地位的差异而不同。一切财产的继承都适用继承法，我国并没有因动产与不动产等不同财产而采取不同的继承法律制度。因此，继承法为普通法。

（四）继承法为强行法

由于继承不仅涉及当事人的利益，而且关系到家庭关系的稳定和社会利益，也关系到被继承人之债权人的利益，与社会的政治、经济、伦理和道德等都有密切的联系，[①] 因而继承法多为强行性规范。如关于遗嘱人的遗嘱能力的规定、关于遗嘱形式的规定、关于继承方式的规定、关于继承人的范围和顺序的规定、关于遗产范围的规定等，当事人都必须遵守，任何人不得任意改变。当然，继承法既然为私法，当中也包括一些任意性规范，比如继承人可以协商如何处理遗产、可以接受或者放弃继承权、可以选择以何种方式立遗嘱以及通过遗嘱决定财产由何人来继承等。

三、继承法的特点

（一）继承法具有鲜明的民族性

继承法的规则可以反映出一个民族、一个国家对于众多民法制度规则的态度，同时体现出鲜明的民族性。现代民法的各类制度众多，典型的如代理制度、债权债务制度、知识产权制度、法人行为制度、民事责任制度等，世界各国的这些民法制度大同小异，甚至趋同。任何一国的立法者对于民法制度，都会在去粗取精后为己所用，不论国家性质，也不论经济形态。比如，我国在建立和发展社会主义市场经济时期，也曾大量学习并借鉴资本主义国家的民事法律制度，到如今我国法律在世界法学中占有一席之地，也经历了博采众长并结合国情特点加以完善的漫长过程。

对于继承法而言，因其与经济政策、家庭形态、伦理观念和民族传统结合紧密，于是继承法规则更注重和体现本国的国情，更具鲜明的民族特点。例如，英美

---

① 郭明瑞、房绍坤：《继承法》（第二版），法律出版社 2007 年出版，第 12—13 页。

等国以遗嘱继承为主，法定继承仅是一种补充的继承方式；而中国、德国、法国、日本等，则以法定继承为主要的继承方式。美国、瑞士、德国等，只要有血缘可循就有继承的权利，没有限制血亲继承人的范围；而我国的法定继承人以配偶、父母、子女、兄弟姐妹和（外）祖父母、（外）孙子女为限。英美法系国家多实行间接继承制度；而大陆法系国家多实行直接继承制度。有些国家，如瑞士、德国、匈牙利等，有继承契约制度；另外一些国家无此种制度。有的国家有特留份制度；有的国家没有特留份制度。

继承法的民族性与进步性是一致的。现代社会中，各国继承法的发展变化具有一些共性。例如，养子女与非婚生子女地位的提高、遗嘱自由的适当限制、配偶继承权的加强、身份继承的普遍废除，等等。但这些共性变化并不意味着继承法的民族性在弱化，在继承法的学习和研究中，要特别注意研究本国的国情，即对于民族性的考量，包括民族的传统习惯、政府的经济政策、婚姻家庭形态、人民的伦理观念等。

（二）继承法是强行法

继承关系到家庭关系的和谐与稳定，家庭稳定，社会方可稳定，因此继承法规定为强行法，当事人不可选择适用。尽管继承法在体系上属于民法，但它与民法的其他部分不同，最主要的表现就是，继承法是强行性规范，而一般民事法律规范大多是任意性规范。例如，法定继承人的范围、顺序、遗嘱的形式、继承的接收和放弃、遗嘱管理等，必须依据法律规定进行，不能由当事人任意决定。不是所有的继承法规范都是强制性规定，当中也有一些任意性规定，如关于遗产分割的时间和分配份额，可由当事人协商决定。但是，整体上看，继承法应当是强行法。

四、继承法与其他法律的关系

继承法与其他法律的关系，就是继承法在法律体系中的地位。首先，继承法是民法的组成部分，它与其他民事法律有着较为密切的联系，如婚姻家庭法、物权法、债法；其次，继承法与其他法律也有着一定程度的联系，法律本就是相通的，都是同一时期同一国家在同一经济基础与社会背景下的产物，任何法律的价值都在于维护经济发展与社会稳定，只是不同法律部门在调整对象与调整方法上有所不同。

（一）继承法与宪法

宪法是我国的根本法，是其他基本法律的"母法"，因此宪法与继承法是"母子"关系。宪法规定的是国家最根本、最重要的问题，无论是国家制度、社会制度，还是自然人的基本权利和义务，国家机构的组织、权限等问题都有涉及，因而宪法一旦制定颁布，即具有最高法律效力，任何机关、组织、个人都必须以之为根本活动准则，这是宪法形式上的本质属性，任何违反宪法的法律都是无效的。《民法典》开篇即规定"根据宪法，制定本法"，也就是说，不仅是继承法，乃至全部民法规范，都是遵照宪法规定而制定的。

（二）继承法与民法

继承法是民法的组成部分，因此民法与继承法是整体与部分的关系。继承编作为《民法典》的其中一编，继承法与民法有着不可分割的密切联系。

首先，《民法典》总则编中关于权利主体和民事行为能力、权利能力的规定，关于民事法律行为和代理、关于权利保护诉讼时效的规定，在继承法中同样适用。例如，有效的遗嘱应当是有效的民事法律行为的结果，关于欺诈、胁迫形成的遗嘱，可能导致遗嘱效力的瑕疵或是遗赠扶养协议效力的瑕疵，而这些可能使继承权无法实现；再如，无行为能力人的继承权、受遗赠权的行使由其法定代理人代理。

其次，《民法典》婚姻家庭编、合同编中因亲属、订立合同等原因而形成的身份关系，是获得继承权的前提条件。继承权是以身份权为基础的，继承人之所以有继承权，就是因为其与被继承人可能存在血缘关系、其他亲属关系等，这种亲密关系可能是法律承认的，如夫妻，也可能是事实形成的，如非婚同居、长期陪伴形成的扶养照顾关系，在这些亲密关系基础上形成了继承人与被继承人的身份关系，也正是这种身份关系促使被继承人愿意将财产权利分配给继承人，因此身份权成为继承的基础。对于继承身份的认定，要根据民法规定来实现，如配偶身份的认定、养父母子女关系的认定等，就是根据婚姻家庭法的规定实现的，遗赠扶养协议的效力，就是根据合同法的规定实现的。

最后，继承权的实现就是财产权利义务的转移。遗产的转移是一种财产转移方式，《民法典》物权编中对于物权主体、物权取得方式、共同财产分割等规定，适用于继承。

但是，继承法也有其特殊性，并非所有《民法典》总则编的规定都完全适用于继承法。继承法有特别规定的，须适用继承法规定，而不适用总则编的规定，此为特别法优于一般法的法理。例如，关于遗嘱的形式，须适用继承法的规定，如除自书遗嘱外的其他形式的遗嘱应当有两个以上的见证人在场，立遗嘱不能适用代理等；又如，指定继承人、放弃继承权，不适用总则编中的代理规定。

（三）继承法与民事诉讼法

民法是民事诉讼法的实体法，继承法是民法的组成部分，民事诉讼法与继承法是程序法与实体法的关系。继承法规定了继承当事人的实体民事权利与义务，而有关继承纠纷案件的处理，需要依照民事诉讼法的程序、制度来处理。例如，继承法规定继承人享有继承权，当事人就一方当事人有无继承权发生争议时，依照民事诉讼法规定审理；又如，继承法规定了受遗赠人的受遗赠权，若其受遗赠权受到侵害，请求人民法院予以保护的，依照民事诉讼法规定的程序处理；再如，继承法规定了法定继承人对遗产的分配可以不均等，当继承人对遗产分配发生纠纷时，也须依照民事诉讼法规定予以审理。可见，民事诉讼法从程序上保障继承法中实体权利义务的实现。

（四）继承法与国际私法

国际私法，是调整涉外民商事法律关系的法律总和，包括涉外的继承关系，因此国际私法与继承法是涉外法与国内法的关系。尽管继承法作为基本法具有普遍效力，但处理涉外继承关系时，要根据国际私法规定确定适用的准据法，这也是国际私法作为涉外民事关系的"法律冲突法"的重要功能。

五、继承法的沿革

（一）古代继承制度

1. 中国古代继承制度

任何时代，经济基础决定上层建筑，奴隶社会与封建社会不同的经济基础决定了两种社会制度下的继承法存在差异。奴隶社会中，奴隶不是权利主体，而是"物"，作为奴隶主的财产，"它们"可以成为继承权的客体，继承只发生在自由民之间，因为只有他们才是民事主体。在封建社会，尽管有些时候存在可作交换物的奴隶，但被剥削阶层主要是农民，而农民依附于土地之上，他们对于土地享有一定的自由和财产权利，因此不再是继承权客体。

在我国古代，单一继承与共同继承并存。由于身份可继承，于是在身份继承上通行单一继承制，就是仅由子女中的一人继承被继承人的身份，如官爵位，我国商周及战国前期，还曾实行爵位"兄终弟及"的继承制度。与此同时，古代的家族财产往往会在诸子之间分配，人人有份，但"嫡生子有、庶生子无"，或"嫡庶子男有，女无"，继承存在差别。

古代社会男女继承权不平等的现象普遍存在，无论是奴隶制社会，还是封建制社会，都从法律上否认男女继承权的平等，这与以男子为中心的家族制度有着直接关系。这种继承上的男女不平等表现有二：首先，女儿不能继承家族遗产。女子除了在出嫁时可以得到一定妆奁外，一般情况下不能继承家产，除非没有儿子仅有女儿，"绝户者"女儿可继承，唐代将女子继承遗产制度化。其次，妻子继承夫家财产的权利受限。妻子不能继承夫家的财产，丈夫死亡后，财产由儿子继承，妻受儿子供养；无子女的寡妇守志者，可以占有管理和使用丈夫留下的财产，但不能买卖财产，更不能改嫁时带走原夫家财产。

土地是古代继承的主要财产。古代社会是农业社会，封建土地所有制为经济基础，土地作为继承的主要客体，归贵族所有。奴隶主和贵族占有土地，"普天之下莫非王土"，战国以后出现了封建地主所有，此后逐步发展为土地所有制经济。尽管土地是统治阶级的私有财产并加以继承，但财产继承远比不上身份继承那样，对被统治阶级如此凶猛。

古代继承的方式，以法定继承为主，主要表现在身份继承上。尽管也存在遗嘱继承，但古代继承尤其强调对土地私有制的保护，因此更重视身份的传承。因为统治阶级的身份在，依附于土地生存的被统治阶级就在，土地私有制就能得到保护，统治阶级的地位就能得到稳固，以此循环往复。

2. 西方国家古代继承制度

西方国家，也同时存在古代身份继承与财产继承。依古印度《摩奴法典》，独有长兄可得全部父产，其余弟兄应该像依靠父亲那样依靠他生活；古希伯来法中，同样规定由长子继承家长身份。财产继承上，古印度将可继承财产的亲属分为六种：亲子生、田生子、过继子、收养子、秘密生子、遗弃子，这六种亲属具有继承权，此外的姑娘生子、随妻来子、买来子、再醮妇生子和首陀罗生子，无财产继承权。

男女不平等现象在西方国家古代继承中同样存在。如《摩奴法典》规定，父产的继承人只能是儿子，不能是兄弟，也不能是父亲；无子者的财产由父亲得，也可由兄弟得，只有未婚女儿可以分母亲的私房。又如，古印度未生儿子的女儿只要一死，女婿就可以立即把她那份遗产拿走，但寡妇不能拿走亡夫的财产，如果寡妇与亡夫的同族生了一个儿子，她要将亡夫的全部财产交给这个儿子。在古日耳曼法上，对动产的继承，继承顺序为子女、父母、兄弟、姐妹，但女子仅得男子遗产一半，即古法谚所谓"男子以双手接受，而女子以一只手接受"。不动产一般只能由儿子继承，无子者遗产交公。再如，欧洲中世纪法兰克王国的法律承认，在同一亲等中男性优先，妻子不能继承丈夫的财产。

奴隶社会和封建社会，最主要的财产就是土地。欧洲中世纪盛行封建领主土地所有制，国王是全国土地的最高所有者，以封地或采邑形式分封给各封建领主，大领主将土地分封给下一级领主，这种采邑为世袭制，形成金字塔式的多级封建土地所有制。地主凭借土地迫使农奴依附于自己，对农奴进行残酷剥削和政治压迫，封建地主无偿占有农民劳动果实的土地，土地作为贵族继承的主要财产不断延续下去。

在继承的方式上，古代西方国家已有遗嘱继承。如《汉谟拉比法典》中就有关于遗嘱继承的规定，在罗马法中遗嘱继承制度已经比较完善；欧洲封建社会受宗教影响严重，在动产继承上遗嘱得到广泛适用。但为了保护土地私有制，不动产的继承仍旧以法定继承为主，如土地。

（二）近现代继承制度

1. 中国近现代继承制度

中国近现代继承法于清末民国初开始立法。1907 年（清光绪三十三年），以沈家本为首的大臣修订法律，主持制定民律；1911 年（清宣统三年）完成《大清民律草案》不久，清政府被推翻，此法尚未颁行。《大清民律草案》第五编为继承法，共六章，包括总则、继承、遗嘱、特留财产、无人承认之继承、债权人或受遗赠人之权力，共 110 条。

中华民国成立后，1925 年，北洋政府着手制定民法，其第五编为继承法。它以《大清民律草案》继承编为基础，吸取其中民事有效部分及历年大理院判例修订而成。此继承法草案将原草案中继承一章分为宗祧继承、遗产继承、继承人未定及无人承认之继承三章，共计 225 条。这部草案未经正式通过，仅供北洋政府司法部作为法理加以引用。

1927 年，国民党南京政府设立法制局，着手制定各重要法典，于 1930 年 12 月颁布民法典继承编，1931 年 5 月 5 日开始施行，继承编施行法（11 条）同时施行。这是中国历史上第一部继承法。南京政府制定的民法继承编分为遗产继承人、遗产之继承、遗嘱三章，共计 88 条。该法的特点有六：一是废除宗祧继承，二是规定女子可以继承，三是规定配偶有相互继承遗产的权利，四是保障遗嘱继承的自由，五是明确继承人对被继承人债务负有限责任，六是规定非婚生子女经抚育或认领后才同婚生子女一样享有继承权。该法于 1949 年被废止。

中华人民共和国成立后，开始进行继承法的立法工作。1985 年《继承法》颁布，该法分为五章，共计 37 条。2021 年，《民法典》开始施行，继承编作为其中第六编，分四章，共计 45 条，在《民法典》中占比比较小。

2. 西方国家近现代继承制度

西方国家近现代继承法从中世纪法律中发展而来，与资本主义工业化的要求相适应。最初的资本主义继承法的立法上保留了封建社会继承法的痕迹，随着资本主义生产力和生产关系发展，各资本主义国家的立法修订，逐渐消除了继承法中的封建残余。尽管各西方国家的立法进程和形式不完全一致，各有特点，但总体上主要有以下特点：一是逐渐取消身份继承，成为单一的财产继承；二是取消长子继承，实行子女分配继承；三是存在事实上的继承不平等；四是遗嘱继承的普遍适用，遗嘱自由与特留份制相结合；五是重视遗产集中防止资本分散。

第三节　继承法的基本原则

继承法的基本原则，贯穿于继承立法、司法和继承活动，是继承法立法的指导思想，也是贯彻管理继承法的研究、解释，以及司法适用的依据和出发点。《民法典》中没有明确规定继承法的基本原则，学界认识不一。① 在学界理论求同存异的基础上，继承法的基本原则有五：保护私有财产继承权原则、继承权男女平等原则、养老育幼扶弱济穷原则、互谅互让团结和睦原则、权利义务相一致原则。

一、保护私有财产继承权原则

我国《宪法》第 13 条第 2 款规定："国家依照法律规定保护公民的私有财产权和继承权。"《民法典》第 124 条规定："自然人依法享有继承权。自然人合法的私有财产，可以依法继承。"第 1120 条规定："国家保护自然人的继承权。"保护自然人私有财产的继承权，不仅是宪法和民法的重要内容，也是继承法的首要原则。保护自然人私有财产继承权，有两层含义：一是法律保护自然人的继承权不受非法侵害；二是继承权受到侵害时，国家以其强制力予以保护。

保护私有财产继承权原则主要体现在以下四个方面。

第一，自然人的合法财产可以得到继承。自然人的合法财产，在其死亡时可依法由继承人继承。《民法典》第 1122 条规定："遗产是自然人死亡时遗留的个人合法财产。依照法律规定或者根据其性质不得继承的遗产，不得继承。"因此，除法律禁止个人享有所有权的财产外，个人享有合法权的财产，都可以作为遗产，由其继承人继承。

第二，被继承人的财产尽可能得到继承。《民法典》第 1131 条规定："对继承人以外的依靠被继承人扶养的人，或者继承人以外的对被继承人扶养较多的人，可以分给适当的遗产。"第 1160 条规定："无人继承又无人受遗赠的遗产，归国家所有，用于公益事业；死者生前是集体所有制组织成员的，归所在集体所有制组织所有。"可见，被继承人的遗产一般不收归国有，而是尽可能地由继承人或受遗赠人取得，对于无人继承又无人受遗赠的遗产，也是先尽可能地由个人取得遗产，而非

---

① 佟柔先生认为，继承法的基本原则有四：保护自然人私有财产继承权原则、养老育幼原则、继承权男女平等原则、互助互让团结和睦原则。刘春茂先生认为，基本原则有六，除上述四项外，还有权利义务相一致原则、限制继承原则。郭明瑞先生认为，基本原则有八：保护自然人继承权原则、互谅互让团结和睦原则、养老育幼原则、继承权男女平等原则、特别保护缺乏劳动能力又缺乏生活来源的继承人原则、权利义务相一致原则、个人利益与社会利益相结合原则、对被继承人债务限定继承原则。

直接归集体或国家所有。

第三，继承权不得被非法剥夺。《民法典》第 1125 条第 1 款、第 2 款规定：
"继承人有下列行为之一的，丧失继承权：（一）故意杀害被继承人；（二）为争夺遗产
而杀害其他继承人；（三）遗弃被继承人，或者虐待被继承人情节严重；（四）伪造、
篡改、隐匿或者销毁遗嘱，情节严重；（五）以欺诈、胁迫手段迫使或者妨碍被继
承人设立、变更或者撤回遗嘱，情节严重。继承人有前款第三项至第五项行为，确
有悔改表现，被继承人表示宽恕或者事后在遗嘱中将其列为继承人的，该继承人不
丧失继承权。"除上述继承法明确规定的事由外，任何组织及个人都无权剥夺继承
人的继承权。

第四，继承权的行使受法律保护。继承法保障继承人、受遗赠人的继承权和受
遗赠权能够得到充分行使，除具有完全民事行为能力的继承人、受遗赠人本人可以
行使继承权和受遗赠权外，如果本人是无民事行为能力或限制民事行为能力人，其
继承权可由法定代理人代为行使或征得法定代理人同意后行使。国家在自然人继承
权受侵害时予以救济。另外，继承人在继承权被侵害时，可以通过诉讼程序请求人
民法院予以保护，诉讼时效为 3 年。

二、继承权平等原则

继承权平等原则，是社会主义平等观念在继承法中的集中反映，这一原则主要
体现在以下五个方面。

第一，男女继承权平等。《民法典》第 1126 条明确规定了男女平等享有继承
权。男女是否享有平等的继承权，是社会是否实现文明的体现。在奴隶社会与封建
社会时期，不论是东方还是西方，男尊女卑思想盛行。进入当代社会，男女平等得
到了充分体现。尤其是在我国，早在中华人民共和国成立前，中国共产党领导的各
革命根据地、边区、解放区人民政府就有许多关于男女平等享有继承权的规定。中
华人民共和国成立后，无论在法律、民事政策，还是司法实践中，都强调和重视贯
彻继承权的男女平等。依据《民法典》的有关规定，男女继承权平等的主要表现
有：在继承人范围确定上，对于父系血亲与母系血亲同等对待；代位继承适用于父
系血亲，也适用于母系血亲；在遗嘱继承中，无论男女都有权按照自己的意愿处分
自己的财产；亲等计算上，男女亲属关系一律计算在内，如女儿与父母是一等亲，
而无论其是否出嫁；儿媳与女婿的继承权平等（《民法典》第 1129 条）。

第二，非婚生子女与婚生子女继承权平等。非婚生子女，是指男女双方无合法
婚姻关系而生出的子女。在私有制社会里，一方面有大量非婚生子女存在，另一方
面非婚生子女被称为"私生子"，受到社会歧视，在继承上与婚生子女权利明显不

同。随着社会进步，非婚生子女的地位逐步提高。我国早在中华人民共和国成立前的革命根据地时期就已经确立了婚生子女与非婚生子女的同等权利，任何人不得歧视非婚生子女。《民法典》第 1071 条再次重申，非婚生子女与婚生子女享有同等的权利。尽管我国形式上规定有非婚生子女的权利义务，但实质上与婚生子女的权利义务相同，两者具有平等的继承权。

第三，夫妻相互继承遗产的继承权平等。我国《民法典》第 1153 条第 1 款规定："夫妻共同所有的财产，除有约定的外，遗产分割时，应当先将共同所有的财产的一半分出为配偶所有，其余的为被继承人的遗产。"夫妻任何一方死亡时，都不得将共同财产全部作为遗产继承，而须先分割出应归配偶所得的部分，其余部分才作为遗产进行分配。在当今的中国社会，寡妇"带产改嫁"不再是陋习，丈夫可以继承妻子的遗产，妻子也可以继承丈夫的遗产，任何人不得干涉。

第四，养子女、形成事实上抚养关系的继子女与亲生子女继承权平等。依《民法典》的规定，养子女与养父母是通过合法的收养关系形成的拟制血亲关系，养子女与亲生子女在亲属关系中的法律地位平等。收养关系形成后，养子女与亲生父母脱离父母子女关系，不再有任何法律上的权利义务关系，养子女与养父母之间形成父母子女关系，产生与自然血亲的父母子女关系一样的法律效力，他们如同亲生子女一样，相互有抚养、赡养的义务，也相互有继承遗产的权利；代位继承中，养子女的晚辈直系血亲与亲生子女的晚辈直系血亲同样享有代位继承权。

第五，同一顺序继承人的继承权平等。依《民法典》的规定，凡为同一顺序的继承人，不分尊卑、男妇、长幼，也不论职业、政治状况，继承被继承人遗产的权利一律平等。

三、养老育幼、扶弱济穷原则

养老育幼，扶弱济穷，就是要尊重、赡养老人，关心、爱护儿童，长幼有序，互帮互助，特别是在遗产的分配上，鼓励照顾无劳动能力又无生活来源的弱势群体，这既是中华民族的传统美德，又与社会主义精神文明建设相吻合，还是社会主义核心价值观的体现。继承法上确认养老育幼、扶弱济穷原则，是由社会主义经济条件和家庭职能决定的，家庭成员之间应当相互扶助，互相照顾。

养老育幼、扶弱济穷原则主要体现在以下五个方面。

第一，分配遗产份额时对缺乏劳动能力又无生活来源者予以照顾。《民法典》第 1130 条第 2 款至第 4 款规定："对生活有特殊困难又缺乏劳动能力的继承人，分配遗产时，应当予以照顾。对被继承人尽了主要扶养义务或者与被继承人共同生活的继承人，分配遗产时，可以多分。有扶养能力和有扶养条件的继承人，不尽扶养义务的，分配遗产时，应当不分或者少分。"第 1131 条规定："对继承人以外的依靠被继承人扶养的人，或者继承人以外的对被继承人扶养较多的人，可以分给适当的遗产。"

第二，以继承人与被继承人的相互扶助义务作为确定继承人范围和继承顺序的考量因素。依我国《民法典》的规定，有直接扶养、抚养、赡养义务的亲属为第一顺序继承人，在一定条件下具有扶养、抚养、赡养义务的人，为第二顺序继承人。第 1129 条明确规定："丧偶儿媳对公婆，丧偶女婿对岳父母，尽了主要赡养义务的，作为第一顺序继承人。"可以看出，继承法对尽了扶养、抚养、赡养义务的亲属，主张其继承权，目的在于鼓励赡养老人和哺育下一代。

第三，遗嘱继承中必要份额的保留。《民法典》第 1141 条规定："遗嘱应当为缺乏劳动能力又没有生活来源的继承人保留必要的遗产份额。"作为其生活需要的基本保障。我国法律充分尊重和保障自然人的权利自由，自然人可在法定范围内依自由意志处分死后的个人合法财产，对于缺乏劳动能力并无生活来源者遗产份额的保留，正是继承法扶弱济穷的体现。

第四，保留胎儿的继承份额。《民法典》第 1155 条规定："遗产分割时，应当保留胎儿的继承份额。胎儿娩出时是死体的，保留的份额按照法定继承办理。"这一规定保护了被继承人死亡后出生的子女的利益，主要目的在于保障胎儿出生后的养育成长。

第五，遗产处理中必要份额的保留。《民法典》第 1159 条规定，遗产分割"应当为缺乏劳动能力又没有生活来源的继承人保留必要的遗产"，这是对于用遗产清偿被继承人的税款和债务时的前提条件。

四、互谅互让、团结和睦原则

互谅互让、团结和睦是社会主义核心价值观的内在要求，将其作为继承法的基本原则，既符合社会主义道德要求，又能树立优良家风，弘扬家庭美德，重视家庭文明建设，还能正确处理继承问题。亲属之间，不是单纯的人身依附关系和等级关系，也不是赤裸裸的金钱利益关系，应当是一种平等、团结、互助、友爱的情感关系。巩固和发展这种关系，是以婚姻家庭继承法为典型的所有法律规范的目的。

互谅互让、团结和睦原则主要体现在以下三个方面。

第一，法律保护继承权的条件是继承人的合法友爱。《民法典》第 1125 条规定，继承人实施故意杀害被继承人、为争夺遗产而杀害其他继承人的，丧失继承权且不可恢复；遗弃被继承人或虐待被继承人情节严重、遗嘱造假情节严重、妨碍设立遗嘱情节严重的，也丧失继承权。由此，如果继承人严重违反社会公德，实施有害于被继承人、其他继承人、破坏社会主义家庭关系的违法行为，继承权利被剥夺。因此，继承人应当本着团结友爱的本意获得继承权，这是继承法的要求，也是家庭关系的要求。

第二，遗产分配可不均等。依《民法典》的规定，法定继承人有平等的继承权，但在法定继承时，并不要求继承人平均分配遗产。在确定继承份额和分割遗产时，应当考虑继承人对被继承人所尽的义务、各继承人的生活需求、照顾缺乏劳动能力又无生活来源的人等情况，正体现了继承人对于其他家庭成员体谅、谦让、友爱的情感，以及维护家庭关系和睦的目的。

第三，遗产分割的时间可由当事人协商。《民法典》第 1132 条规定："继承人应当本着互谅互让、和睦团结的精神，协商处理继承问题……"继承自被继承人死亡时开始，但遗产的分割可以晚于这一时间，由继承人协商后再开始。遗产分割的时间、办法、份额，协商决定，继承人协商时应本着互谅互让、团结和睦的原则进行；否则协商不成的，需由人民调解委员会调解或向人民法院起诉。

五、权利义务相一致原则

权利义务相一致原则是我国处理遗产问题和人民法院审理继承案件的经验总结，是自新民主主义革命时期就开始实行的原则，也是我国继承制度的特点。通说认为，权利义务相一致，是继承法的基本原则之一。

继承法上的权利义务相一致原则，与其他法律领域的权利义务相一致内涵不同。其他法中的权利义务相一致，是指权利、义务基于同一法律关系发生，当事人的权利与义务一一对应。例如，合同法中买方有支付价款的义务、请求交付货物的权利，卖方有交付货物的义务、请求支付价款的权利。在继承法上，权利和义务并不一一对应，相较而言，权利义务相一致的内涵更宽泛。例如，确定继承人范围时，考虑继承人与被继承人之间是否有法定的扶养义务；确定遗产份额时，考虑继承人所尽义务的多寡；分配遗产时，考虑继承人是否履行了法定的扶养义务。

权利义务相一致原则主要体现在以下四个方面。

第一，继承人的范围及继承顺序的确定。《民法典》规定的继承人包括配偶、父母、子女、（外）祖父母、兄弟姐妹，他们是与被继承人有相互扶养义务的人，且配偶、子女、父母是第一顺序的扶养义务人，因此在继承时也排在第一顺位；《民法典》第 1129 条规定，丧偶儿媳与丧偶女婿对公婆或岳父母尽了赡养义务的可作为第一顺序继承人。可见，继承法并不单纯依照婚姻和血缘关系确定继承人，而是尽可能考虑继承人与被继承人之间的权利义务关系。

第二，遗产数额的确定。依据《民法典》的规定，原则上，同一顺序继承人遗产份额一般应当均等，但对被继承人尽了主要扶养义务或对被继承人扶养较多的人，有权取得适当遗产。

第三，遗赠扶养协议。在订有遗赠扶养协议时，扶养人按照扶养协议履行了扶养义务的，有受遗赠的权利，没有履行扶养义务的，丧失接受遗赠的权利。

第四，限定继承。依据《民法典》，继承人以所得遗产实际价值为限清偿被继承人依法应当缴纳的税款和债务，也就是说，继承人继承被继承人的财产权利，同时负有在遗产的实际价值内偿还其生前债务的义务；在遗嘱继承或遗赠附有义务时，继承人或受遗赠人应当履行该义务，否则丧失接受遗产的权利。

第二章　继承法律关系

第一节　继承法律关系概述

一、继承法律关系的概念

继承法律关系，是指由继承法调整的，因自然人死亡而发生于被继承人、继承人及其他自然人之间的财产性权利义务关系。依据《民法典》的规定，我国继承法保护自然人的继承权，因此，继承法律关系发生于自然人之间，而不涉及其他民事主体，如法人。尽管法人可能涉及大量的财产权利义务，但因其不是自然人，而不能成为继承法上的法律主体，在公司因破产而"死亡"时，其财产不可能发生继承法律关系。

从性质上看，继承法律关系属于民事法律关系，因此具有民事法律关系的一般特征，但它又不同于一般的民事法律关系。第一，调整一般民事法律关系的部分原则不能调整财产继承法律关系，例如等价有偿原则。第二，继承法律关系的客体仅包括自然人死亡时的个人合法财产及财产性权利，如房屋、债权，而不包括人身性权利，因此它比一般民事法律关系的客体范围窄。第三，继承权是将被继承人遗留的合法财产转移给继承人，但其内容不同于一般民事法律关系。例如，债权的实现需要相对人履行相对的义务，但继承权的实现，不需要义务人为或不为一定行为。

继承法律关系自被继承人死亡时发生如下效力：继承人和受遗赠人可依照法律规定或按照被继承人所立的合法有效遗嘱行使继承权和受遗赠权；义务人开始履行义务，如遗产管理人应将遗产交给继承人及受遗赠人，其他任何人不得干涉或妨害继承人和受遗赠人实现其权利；继承人和受遗赠人的继承权和受遗赠权受到侵害时，有权向人民法院提起诉讼，以保护自己的合法权益。

二、继承法律关系的特点

（一）继承法律关系是民事法律关系的一种

民事法律关系是受民法调整并以民事权利、义务为内容的社会关系，体现为：由民法规范调整、以权利义务为内容、主体具有平等性。继承法律关系具有民事法律关系的特点，表现有三：一是继承法律关系是继承法调整所形成的社会关系，继承法属于民法的一部分；二是继承法律关系以人身财产权利义务为内容，但比民法上的人身财产关系更为繁杂；三是继承法律关系是发生在平等主体之间的法律关系，不论是继承人之间，还是继承人与其他人之间，地位平等。从体系上看，继承法律关系是民事法律关系的一种。

（二）继承法律关系以亲属关系为基础

确定继承关系的依据主要是亲属关系，包括配偶和血亲。只在极少数情形下才依照扶养关系确定，但即使依照扶养关系确定继承人，继承人与被继承人之间也必须存在姻亲关系，如丧偶儿媳或女婿与公婆或岳父母之间的继承关系。继承法律关系主要是发生在特定的亲属之间的法律关系。以亲属身份为基础是继承法律关系区别于一般财产关系与一般身份关系的重要特点。

（三）继承法律关系是特殊的财产性法律关系

继承法律关系的这个特点包含两层含义：一是继承法律关系是财产性关系；二是它具有特殊性。

首先，继承法律关系是财产性民事法律关系。民事法律关系包括人身关系和财产关系，现代民法只包括财产继承，继承人的确定以亲属关系为基础，但亲属关系本身，不受继承法调整。继承人之间、继承人与其他人之间因遗产继承而发生的社会关系，属于继承法的调整范围。

其次，继承法律关系的财产性具有特殊性。一般的民事法律关系以商品经济为基础，而继承法律关系不以商品经济为基础。虽然同为财产法律关系，但适用于商品经济的许多规则不能适用于继承法律关系，如等价有偿是商品经济的固有原则，也是民法的重要原则，但不能适用于继承法。另外，引起继承法律关系发生的事实仅是被继承人死亡，这与其他财产关系不同。

三、继承法律关系的种类

继承的分类方式有多种，不同分类方法，可能引发继承主体之间的不同的权利义务，但从《民法典》规定的内容看，依据继承方式对继承法律关系进行划分，分为法定继承关系和遗嘱继承关系，这种分类方法与《民法典》内容最相适应。

法定继承法律关系，是指按照法律规定的继承人范围、顺序、份额等发生在法定继承人之间以及法定继承（人）与其他继承人之间的法律关系。遗嘱继承法律关系，是指依照被继承人的遗嘱发生在遗嘱指定的继承人之间以及遗嘱继承人与其他人之间的法律关系。

当同一继承法律关系中，既有遗嘱继承，又有法定继承时，遗嘱继承优先于法定继承。

第二节　继承人

一、继承人的概念和特点

继承人是继承法律关系的权利主体，是指依照继承法的规定，有权利通过法定继承或遗嘱继承方式，继承被继承人遗产的自然人。继承人具有如下特点。

（一）继承人是自然人

根据《民法典》的规定，国家保护的是自然人的继承权；遗产是自然人遗留下的个人合法财产；法定继承人的范围包括配偶、子女、父母、兄弟姐妹、祖父母、外祖父母，以及对公婆或者岳父母尽了主要赡养义务的丧偶儿媳或丧偶女婿，上述都是自然人；遗嘱继承中，只有自然人可以订立遗嘱处分个人财产。可见，无论是法定继承还是遗嘱继承的继承人，只能是自然人，而不能是国家、集体、法人或其他组织。

（二）继承人是继承权的权利主体

继承人通过法定继承或遗嘱继承的方式，继承被继承人的遗产，这种取得的法律依据是其享有的继承权。也就是说，如果一个自然人不是依据其继承权获得被继承人的遗产，则他不是继承人。例如，依《民法典》第1131条的规定，对继承人以外的依靠被继承人扶养的人，或继承人以外的对被继承人扶养较多的人，可以适当分得遗产，然而，这些人取得遗产不是基于继承权，他们对于遗产本身也没有继承权，所以他们不是继承人。再如，受遗赠人有权受领被继承人在遗嘱中指定赠与的财产，但其取得遗产也只是基于受遗赠权，而不是继承权，因此，受遗赠人也不是继承人。

（三）继承人在继承法规定的范围内

无论是法定继承人，还是遗嘱继承人，都应当在《民法典》规定的继承人范围内，包括配偶、子女、父母、祖父母、外祖父母、孙子女、外孙子女、兄弟姐妹。法定继承人与遗嘱继承人的差别在于，法定继承人的范围及顺序都是由法律明确规定的，法定继承人要按照法定继承的顺序进行继承，同一顺序的继承人一般会平分遗产；而遗嘱继承人是被继承人指定的一人或数人，顺序和份额不受限制，但是遗嘱继承人也要在法律规定的范围内。法律规定范围外的其他自然人，即使可以分得遗产，也不是继承人，如受遗赠人。

（四）继承人没有丧失继承权

继承人享有继承权，他们基于继承权获得遗产方成为继承人；但反过来，有继承权的人，不一定是继承人，也就是说，当继承人丧失继承权时，就不再是继承人。根据《民法典》第1125条的规定，继承人丧失继承权具有相对性，只有发生特定事由的继承人丧失继承权，对其他人的继承权依然存在。如果只是相对丧失继承权，仍有恢复继承权的可能，当自然人的继承权恢复，该自然人仍然是继承人。

二、继承能力

（一）继承能力的概念

继承能力，指享有继承权的法律资格，它是继承人得以实现继承权的民事权利能力。根据《民法典》的规定，自然人的民事权利能力，始于出生终于死亡。可见，作为一种民事权利能力，继承能力只与自然人的生命延续相关，与其他因素无关。《民法典》第1124条规定，继承开始后，继承人没有表示放弃继承的，视为接受继承，可见，我国继承法采取当然继承主义，即继承开始时，不需要继承人主张，即可接受被继承人遗产的当然转移。在我国，不论男女，不论婚生还是非婚生子女，自然人自出生始到死亡止，具有继承能力。继承开始时已死亡的人，不能作为权利主体，当然不能成为继承权的权利主体，因此无继承资格。

（二）胎儿的继承能力

继承开始时尚未出生的人——胎儿的继承能力需要明确。胎儿的继承权受到各国法律的广泛承认，如德国、法国、日本、保加利亚、瑞士等，我国亦明确规定胎儿享有该项权利。总体上看，《民法典》对胎儿的保护是全面而积极的。凡是对胎儿有利的，我国立法都是支持的，这也是科学的，符合国际立法潮流的规范方式。

由《民法典》第1155条的规定可知，胎儿的继承按照胎儿出生后的存活情况分为三种：（1）胎儿出生为活体，按照出生前保留的继承份额继承遗产，财产由其监护人保管；（2）胎儿出生为死体，不保留其预留份额，其份额财产按照继承前法定顺序被重新分配；（3）胎儿活体出生不久死亡，其继承份额转为婴儿遗产，按照法定继承处理。因此，胎儿应当有继承能力，除非其娩出时为死体。

胎儿有接受遗赠权。根据《民法典》第16条的规定，涉及遗产继承、接受赠与等胎儿利益保护的，胎儿视为具有民事权利能力。但是，胎儿娩出时为死体的，其民事权利能力自始不存在。可见，在纯获利的条件下，胎儿享有接受赠与的权利，且不需要胎儿进行明确表示作为条件。遗产赠与人通过遗嘱明确表示把遗产遗赠给胎儿的，推知应由孕母代替胎儿明确表示接受遗赠，否则胎儿无法获得遗赠。

胎儿出生为死体的，丧失接受遗赠财产的能力。问题在于，死体胎儿未获得的这部分遗产是被重新分配，还是根据被继承人遗赠的本意由胎儿之母接受遗赠？如果仅从被继承人立遗嘱的本意来看，由胎儿之母代为接受遗赠可能更接近被继承人订立遗赠的本意，但因缺少法律基础而无法实现；如果这部分遗产被重新分配，是在法定继承人之间进行还是在遗嘱继承人之间进行？值得商榷。本书认为，死体胎儿无法接受遗赠的财产，应当作为被继承人的遗产按照法定继承重新分配。原因在于，这部分遗产因遗产被赠与人丧失接受赠与的权利而成为未分配的遗产，从继承法本质上看，未得到被继承人分配的遗产，应当按照继承法的继承规则进行分配，即这部分遗产在法定继承人之间进行分配。

（三）失踪人的继承能力

失踪，是自然人长期离开住所，下落不明到达一定时间的，可能引起法律关系不确定的一种状态。《民法典》第40条规定："自然人下落不明满二年的，利害关系人可以向人民法院申请宣告该自然人为失踪人。"自然人被人民法院依法宣告失踪后，成为失踪人。失踪人的民事权利能力和民事行为能力并不消失，其继承能力也依然存在，因此失踪人仍享有继承权。但是，由于失踪人下落不明，无法接受遗产和管理财产，其继承的遗产应当由财产代管人代为管理。

（四）国家、法人和非法人团体的继承能力

对于国家、法人和非法人团体是否有继承能力，各国家、地区立法持肯定和否定两种态度。

肯定说主张，国家、法人和非法人团体具有民事权利能力，因此具有继承能力，可成为继承人。当代许多国家和地区也支持此主张，如法国、德国、瑞士、匈牙利等，这些国家或地区通过法律明确规定国家和其他社会组织有继承能力，或在理论及司法实践中承认其继承能力。由此，国家是法定继承人，在死者无血亲继承人又无配偶继承人，也无遗嘱处分身后财产时，其遗产由国家继承；国家作为法定继承人，负有限责任且不得拒绝继承。国家既可以是法定继承人，还可以成为遗嘱继承人，被继承人可通过遗嘱指定国家为其继承人，但法人和其他社会组织只能成为遗嘱继承人。

否定说认为，国家、法人和非法人团体只能作为受遗赠人，因为继承权是基于血缘关系和共同生活关系产生的权利，是自然人的专属权，因此国家、法人和非法人团体不能作为继承人，当代支持否定说的国家包括中国、美国、日本等。我国《民法典》明确规定了法定继承人和遗嘱继承人的范围，同时在第1133条规定，国家和集体可以成为受遗赠人；第1160条规定，在遗产无人继承时收归国家或集体所有，这些规定说明我国不承认国家和社会组织的继承能力。

三、继承人的范围

继承人范围是《民法典》直接规定的，不可任意变更。各历史时代、各个国家地区的继承法中，对于法定继承人的范围，都是根据当时社会统治者的根本利益和意志确定的。具体而言，就是以婚姻、血缘和家庭关系等为基本要素，同时参考本国具体的情况，如家庭职能、风俗习惯、伦理道德、社会性质等因素，来确定继承人的范围。

在我国，法定继承人和遗嘱继承人的范围相同。依照《民法典》第1127条的规定，法定继承人包括配偶、子女、父母、兄弟姐妹、祖父母、外祖父母、孙子女、外孙子女，还包括对公婆、岳父母尽了主要赡养义务的丧偶儿媳、丧偶女婿。

我国法律确定继承人范围的依据与许多国家不同，除各国通行的婚姻、血缘关系外，还包括扶养关系。按照依据的不同，继承人可分为三类：一是基于婚姻关系的配偶，二是基于血缘关系和拟制血缘关系的血亲（如子女、父母、兄弟姐妹、祖父母、外祖父母、孙子女、外孙子），三是基于扶养关系的姻亲（如丧偶儿媳、丧偶女婿）。

四、继承人的分类

（一）法定继承人和遗嘱继承人

按照继承权的取得根据，继承人可以分为法定继承人和遗嘱继承人。

1. 法定继承人

法定继承人是依照法律关系关于继承人范围和顺序的规定，取得继承资格的继承人。法定继承人的范围和顺序都是由法律直接规定的。

法定继承人的范围一般限于被继承人的血亲和配偶。也有一些国家，将扶养关系作为法定继承的根据，如《苏俄民法典》规定，死亡人生前扶养不少于1年的无劳动能力的人为法定继承人；《捷克斯洛伐克民法典》规定，在被继承人死亡前与他共同生活1年以上，与被继承人一起经营管理共同家产，并因此关心共同家产和受被继承人扶养的人，是法定继承人。

法定继承人的应继份，我国继承法理论认为必须是法定的，如果被继承人以遗嘱对其应继份作出安排，则视为遗嘱继承人。而按照日本和我国台湾地区的规定，法定的共同继承人根据遗嘱对应继份的指定继承遗产，仍属于法定继承。他们所采取的是罗马法的理论，即遗嘱的首要任务是指定继承人，如果遗嘱没有指定继承人，而仅对继承人的应继份作出安排，不能叫作遗嘱继承。因此在我国台湾地区和日本，没有遗嘱继承制度，只有指定应继份的制度。

2. 遗嘱继承人

遗嘱继承人，是被继承人通过遗嘱指定的继承人，因此是指定继承人。指定继承人的继承资格是由遗嘱确定的，被继承人可以在什么范围内指定继承人，有两种不同的立法例。许多国家允许遗嘱人指定任何人作继承人，遗嘱人可以在法定继承人范围内指定，也可以在法定继承人范围以外指定，甚至可以指定法人为继承人，如美国、德国、瑞士、法国、捷克斯洛伐克等，均属此种类型[①]；另一种立法例以我国为代表，我国继承法规定，被继承人只能在法定继承人的范围内指定继承人。

（二）血亲继承人和配偶继承人

按照继承人与被继承人的关系，可以将继承人分为血亲继承人和配偶继承人。

1. 血亲继承人

血亲继承人指的是基于和被继承人的血缘关系而成为继承人的人，如子女、父母、兄弟姐妹、祖父母、外祖父母。自从人类脱离了原始社会，进入阶级社会以后，血缘关系就成为继承权的主要根据，血亲继承人被称为正常继承人，配偶被称为不正常继承人。根据与被继承人血缘关系的远近亲疏，血亲继承人被划分为不同顺序，血缘关系近者排在优先顺序，较远者次之，以此类推。

2. 配偶继承人

配偶继承人是根据与被继承人的夫妻关系而成为继承人的人，合法的夫妻关系是继承权的依据。夫妻关系是其他亲属关系的基础，夫妻是共同生活的伴侣，夫妻之间无论在感情上，还是在经济的互相依赖程度上和生活中的互相关心、互相照顾上，都是最密切的。因此，在现代继承立法中，配偶的继承地位普遍得到加强。

（三）本位继承人和代位继承人

1. 本位继承人

本位继承人，是相对于代位继承人而言的，它是指基于自己的继承顺序和继承地位而继承的继承人，如父母继承子女、子女继承父母、妻子继承丈夫、兄弟继承姐妹等，在以上继承关系中，父母、子女、妻子、兄弟都属于本位继承人。

2. 代位继承人

代位继承人，是法定继承制度的一种特殊情况，指法定血亲继承人于继承开始前死亡，依法由其直系晚辈血亲代位继承其应继份的一种法律制度。代位继承的特点是代位继承人按照被代位人的继承顺序和应继份继承。在代位继承中可以代位继承的人为代位继承人。在宗祧、身份继承制度下，如爵位继承、户主继承，代位继

[①] 参见《瑞士民法典》第 539 条、第 483 条，《德国民法典》第 2087 条、第 2088 条，《苏俄民法典》第 534 条，《法国民法典》第 1002 条、第 1003 条，《捷克斯洛伐克民法典》第 477 条。

承是为了延续宗嗣,因此,代位继承人必须是被继承人的直系卑亲属,且限于男性后裔,即嫡孙。

不仅我国古代如此,日本旧民法规定,家督继承亦为嫡孙承祖之制,家督应由嫡子嫡孙继承,不及于旁系。韩国民法中户主继承,亦仅限于直系卑亲属中的男子有代位继承权。现代民法大多废除了身份继承。所谓继承,实际上仅指财产继承,代位继承人的范围也随之扩大,但各国规定差异很大。

(四)前位继承人、后位继承人和补充继承人

1. 前位继承人和后位继承人

前位继承人和后位继承人是两个相对的概念。遗嘱人在遗嘱中指示继承人或受遗赠人于某种条件成就或某一时间到来时,将其所得遗产移交于另一人或几人,这种制度为后位继承制度。在这一制度中,被指定的继承人叫前位继承人,通过前位继承人移交而取得遗产的人叫后位继承人或次位继承人。例如,丈夫以遗嘱指定妻子为自己的继承人,同时在遗嘱中指示,待儿子年满25周岁时,将遗产交由儿子继承。在这里,妻子为前位继承人,儿子为后位继承人。

按照后位继承制度,前位继承人对其所继承的遗产没有完全的处分权,实际上处于用益权人的地位。前位继承人对遗产的处分行为如损害后位继承人的利益,则无效。后位继承人对前位继承人有关遗产的行为有一定的监督控制权。前位继承人应像管理自己的事务一样精心管理遗产,因过失使遗产遭受损失者,应对后位继承人负赔偿责任。

后位继承制度发端于罗马法,在中世纪的欧洲发展为后位继承制度。由于后位继承制度限制了继承人对继承财产的处分权,不利于财产的自由流通和商品经济的发展,后来在一些国家被取消。目前德国、瑞士、奥地利等国仍保留后位继承制度。

2. 补充继承人

补充继承人又叫替补继承人、第二继承人。遗嘱人在遗嘱中指定,如果指定继承人因故不能成为继承人,由另外的人替补继承,被指定替补继承的人就叫补充继承人、替补继承人或第二继承人。被继承人可以指定一个替补继承人替补几个继承人。替补指定也适用于遗赠。

替补指定制度起源于罗马法。目前德国、瑞士、奥地利、匈牙利等国明文规定替补指定制度。由于替补指定制度能够充分保护遗嘱人的遗嘱自由,保证遗产的归属符合遗嘱人的意愿,又没有后位继承制度的弊端,因此,即使法律未明文规定此项制度的国家,也大多承认替补指定的效力。

（五）推定继承人和应召继承人

推定继承人是在继承开始前享有继承期待权的继承人。推定继承人处于这样一种法律地位，即在将来继承开始之时，可以继承，但在继承开始之前，推定继承人既不能支配被继承人的财产，也不能限制被继承人的财产处分权。

应召继承人是继承开始以后，处于优先继承顺序，享有继承既得权，可以实际继承遗产的人。在一般立法文件中，推定继承人和应召继承人都叫继承人。有些国家在立法中，将二者加以区分，将继承开始前享有继承期待权的继承人叫推定继承人，如《日本民法典》；将继承开始后，处于实际继承遗产地位的继承人叫应召继承人，如《苏俄民法典》。

五、继承人的法律地位

继承人的法律地位是指继承人在继承过程中所享有的权利和负担的义务。在各国法律上，对继承人的法律地位有两种立法体例。一是在法律上集中规定继承人的法律地位，如德国。《德国民法典》在继承编第二章专门规定了"继承人的法律地位"，包括继承的允受或拒绝、遗产法院的监督、继承人对遗产债务的责任、遗产请求权、多数继承人等。二是在法律上并不集中规定继承人的法律地位，而在有关章、节分别规定。我国《民法典》对继承人法律地位的规定采后者。

继承开始后，因被继承人遗产的转移会发生各种不同的法律关系，如继承法律关系、遗产分割关系、遗赠关系、被继承人债务的清偿关系等。在不同的法律关系中，继承人与不同的人共同构成该法律关系的主体。在不同法律关系中，继承人的权利义务是不同的。

（一）继承人与非继承人之间的关系

继承人与非继承人之间的关系是继承法律关系。在这种关系中继承人享有继承权，继承人可以接受继承，也可以放弃继承，继承人也享有继承权回复请求权。继承人以外的其他人为继承关系的义务主体，负有不侵害继承人继承权的消极不作为义务。

（二）继承人相互之间的关系

继承人为数人共同继承同一被继承人的遗产时，则发生共同继承人相互之间的共同继承关系。在共同继承人之间，继承人的权利主要有遗产的共有权、遗产分割的请求权、个人应得份额的处分权；继承人的义务主要是管理和保管遗产。同时，共同继承人对于遗产中的债权债务和基于遗产产生的债权债务发生连带关系。

（三）继承人与受遗赠人之间的关系

继承人与受遗赠人之间，是一种因遗赠发生的具有债权债务性质的法律关系，但不同于债权债务关系。遗赠是被继承人生前实施的，于其死后发生效力的单方法律行为。遗赠在遗嘱管理人与受遗赠人之间发生效力，两者产生法律关系。在遗嘱中未指定遗赠管理人时，继承人为遗嘱管理人，此时，遗赠在继承人和受遗赠人之间发生效力。在这一关系中，受遗赠人有请求继承人将遗嘱人赠与受遗赠人的遗产移交其所有的权利，继承人有义务按照被继承人的遗嘱将遗嘱人遗赠的财产交付受遗赠人所有。

（四）继承人与被继承人的债权人、债务人之间的关系

这类法律关系为债权、债务关系，有两种情况。

第一，继承人与被继承人的债权人。在继承人与被继承人的债权人之间的债权、债务关系中，继承人为债务人，在数人共同继承时，共同继承人为连带债务人，有清偿被继承人债务的义务；被继承人的债权人为债权人，有请求继承人偿还被继承人债务的权利。但继承人仅能在继承遗产的实际价值的数额内，对被继承人的债务负清偿责任。

第二，继承人与被继承人的债务人。在继承人与被继承人的债务人之间的债权、债务关系中，继承人为债权人，数人共同继承时，共同继承人为连带债权人，继承人有权请求被继承人的债务人清偿债务；被继承人的债务人为债务人，有及时清偿其所负债务的义务。

第三节　继承权

一、继承权概述

（一）继承权的概念

继承权，是自然人依照法律规定或被继承人生前立下的合法有效的遗嘱承受被继承人遗产的权利，有三层含义。

首先，继承权是自然人享有的权利。依据《民法典》的规定，继承权主体只能是自然人，法人、非法人组织和国家、集体不能作为继承权的主体。法人、非法人组织和国家、集体接受遗产的情形只能有两种：一是受遗赠，二是接受无人继承又无人受遗赠的遗产。

其次，继承权是依照法律规定或被继承人的合法有效的遗嘱而享有的权利。在具体的继承法律关系中，享有继承权的根据有二：一是法律直接规定，在法定继承中，享有继承权的继承人、继承的份额等事项是由法律直接规定的。法律没有规定

的自然人不能作为继承人。二是合法有效的遗嘱，在遗嘱继承中，被继承人可以在遗嘱中指定继承人，只有合法有效的遗嘱指定的人才能享有遗嘱继承权，没有被指定的法定继承人，不能享有遗嘱继承权。

最后，继承权是继承被继承人遗产的权利。继承权的客体只能是遗产，而不能是被继承人的身份或其他人身利益。

1. 继承期待权

继承开始前，继承人享有客观意义上的继承权，即继承期待权。继承期待权表示的是继承开始前推定继承人的法律地位，在将来继承开始时，可以继承财产的一种地位。比如，子女从出生之日起，就是父母的法定继承人，有在将来父母死亡时继承遗产的权利。这种权利并不是现实的可以行使的权利，而是一种期待权。

继承期待权虽然不是现实的可以行使的权利，但由于我国多数的继承是法定继承，遗嘱继承人也限于法定继承人范围之内，因此，除非继承人丧失继承权或被取消继承权，继承人在继承开始时，就可以继承。推定继承人的这种法律地位，在一定程度上受法律保护，所以仍算是一种权利。

继承期待权产生的根据，是一定的亲属关系或遗嘱指定。法定继承人的继承期待权（继承人资格），来自一定的亲属关系，如子女自出生时即取得对父母的继承期待权，夫妻自结婚时起取得对配偶的继承期待权。遗嘱继承人的继承期待权来自有效遗嘱的指定。

继承期待权是不确定的权利。在继承开始之前，推定继承人的地位始终是不确定的，它可能因继承人死亡或继承权被剥夺、取消，或有法定丧失继承权事由的出现，或有顺位更优先的继承人出现而全部落空，也可能因有同顺位其他继承人的出现而缩减。比如，兄姐结婚使弟妹的继承权全部落空，或弟妹出生使兄姐的继承权缩减。

继承期待权除了表明推定继承人在继承开始时可以做出继承外，没有其他具体、现实的权利，支配被继承人的财产，也不享有对被继承人财产的其他权利。因此，继承期待权不能作为处分标的。基于此，各国继承法均规定，只有继承开始以后，继承人才可放弃继承，继承开始前的放弃行为无效。

继承期待权是继承既得权的基础，有继承期待权的人，在继承开始时才享有继承既得权，才可以参加继承。推定继承人的这种法律地位或资格，是可因法定事由出现或被继承人的剥夺而丧失的对象，受法律一定程度的保护，被继承人不能随意剥夺。德国、法国、日本、瑞士等国均明确规定，剥夺继承权须有正当理由，推定继承人如对剥夺不服，可以提起诉讼。对推定继承人的资格发生争执，可以提起诉讼，要求法律确认。

2. 继承既得权

继承开始后，继承人享有主观意义上的继承权，继承既得权是应召继承人所处的法律地位。继承既得权作为一种现实可行的权利，继承人可以接受，也可以放弃。对于已经接受的继承权，继承人也可以有偿或无偿地转让给他人。继承既得权受到侵害时，可以请求恢复。

继承既得权是由继承期待权转化而来的。具有推定继承人资格的人，在继承开始时，转化为应召继承人。无继承期待权的人，或因法定事由丧失继承期待权，或被剥夺继承权，不能取得继承既得权，成为应召继承人。

继承既得权在继承开始时依法、当然取得。依照我国和大多数大陆法系国家继承法的规定，继承权是依法当然取得的，不管继承人是否知道自己是继承人，是否知道自己应召继承，也不管继承人是否已经表示接受继承，继承权都依法当然发生。继承人接受继承，不过是对于已经发生的权利的确认，继承人放弃继承，则是对已经发生的权利的放弃。

继承既得权可以作为处分标的。继承既得权是现实的，具有确定权利义务内容的财产权利，继承人可以进行处分。

(二) 继承权的法律性质

1. 选择权说

以史尚宽为代表的学者认为，继承权是一种选择权，继承人可以选择接受继承、放弃继承、无条件接受继承或限定接受继承。这种权利从性质上看，属于形成权。[①]

选择权说可以解释开始时继承人权利行使的实际情况，但从法理上看，选择权是派生的权利，选择是继承权的作用之一，以权利的作用来解释权利的性质，欠妥。另外，从实务上看，继承权的内容不限于选择权，继承人选择接受继承之后，还享有一系列的权利，如遗产管理权、遗产分割请求权等，并且要承担相应义务，选择权说显然没有包含这些内容。

2. 物权说

以奥地利、荷兰为代表的国家认为，继承权是一种物权。《奥地利民法典》第532 条明确规定：继承权，是取得遗产全部或一部分的排他性权利，这种权利是一种物权，对任何侵害遗产的人都有对抗效力。

然而，排他性并非物权独有的特性，只要是所有权，都具有排他性，比如著作权等知识产权，具有强烈的排他性，可以对抗一切人。因此，根据排他性而认为继

---

① 史尚宽：《继承法论》，中国政法大学出版社 2000 年版，第 93 页。

承权是物权，未免以偏概全，不为多数国家采用。

3. 概括权利说

该说认为，继承权是继承人概括地承继被继承人的财产权利和义务的一种法律地位，这种权利义务地位是概括的，被继承人死亡时的全部财产法律关系，除专属于被继承人外，不分种类、统一地、整体地归属于继承人。继承人不需要证明属于遗产的各项财产的来源，只需证明其属于遗产，即属于被继承人生前所支配、控制的财产，或属于被继承人所行使的权利，即可按照被继承人死亡时的原样全部承受其法律关系。

这种学说与物权说不同，第一，物权是纯粹的积极财产，而继承权中包含财产义务。第二，按照物权的一般原理，物权的客体是具体的、特定的财产，物权受到侵害，权利人请求返还财产时必须证明其对于各个标的物的权利；而继承权的客体是概括的，是被继承人财产权利和义务的统一体，当继承权受到侵害时，继承人只要证明其继承人身份，即可回应权利。

二、继承权的取得与丧失

（一）继承权取得

继承权依法律规定或被继承人的指定而产生，由此，继承权的取得分为法定继承权和遗嘱继承权。

1. 法定继承权

法定继承权是法定继承人直接依据法律规定而享有的继承权。直接依据法律规定，意味着法定继承人无须被继承人的意思表示，其继承权是直接依法律的规定而产生的。继承法中关于法定继承人的范围、顺序和应继份的规定，就是法定继承权产生的法律根据。

单有法律规定不能产生继承权，法定继承权的取得需要有两个法律事实：其一，继承人出现。依法律规定而产生继承人，是产生继承权的前提条件。产生继承人，可能是因继承人出生、收养、结婚或扶养关系成立。继承人出现的法律效果是产生继承期待权，不管继承人是否知道自己是继承人，也不管其是否主张，只要有这种法律事实出现，继承期待权都会依法产生。其二，被继承人死亡。包括生理死亡和宣告死亡，这一法律事实的效果是使继承期待权转化为继承既得权。继承既得权也是依法当然产生的，不管继承人是否知道继承已经开始，也不管其是否主张接受继承，其继承权都自继承开始时当然取得。

2. 遗嘱继承权

遗嘱继承权是由被继承人以遗嘱授予的继承权。遗嘱继承权的发生也须有两个法律事实：其一，被继承人立有遗嘱。遗嘱必须合法有效，无效的遗嘱不能作为继承依据，有效但未生效的遗嘱，如被立遗嘱人撤回的遗嘱、因指定继承人先于立遗嘱人死亡而失效的遗嘱，都不能产生遗嘱继承权。其二，立遗嘱人死亡。立遗嘱人死亡是遗嘱生效的要件，也是产生遗嘱继承权的必要法律事实。

（二）继承权丧失

继承权丧失，是本来具有继承资格的人，因犯有某些严重违反人伦道德的罪行，或有严重的不道德行为，而丧失继承人资格。继承权丧失的含义有狭义和广义两种，广义的继承权丧失包括继承人缺格、继承人废除、必留份剥夺。继承人缺格，是发生一定事由时，继承人基于法律规定丧失继承资格；继承人废除，是发生一定事由时由被继承人取消享有必留份的继承人的继承资格；必留份剥夺，是发生一定事由时，由被继承人取消继承人继承必留份的权利，被取消必留份的继承人依然享有继承人的资格。狭义的继承权丧失仅指继承人缺格。我国法律只规定了继承人缺格。

在继承人丧失继承权的事由出现时，即使其具有继承能力，但因其与被继承人或其他继承人共同生活关系已经破坏，如果仍然允许其继承被继承人遗产，就无法维持基本社会公德，有违继承制度的宗旨，所以民法上规定了继承权丧失制度。从本质上看，继承权丧失制度具有私法色彩。

由于时代背景、文化传统、风俗习惯等具体国情的不同，不同时代、不同国家规定的继承权丧失事由有很大差别。继承权丧失分为法定丧失和因被继承人剥夺丧失两种，前者是继承人无继承资格或不配做继承人，后者是被剥夺了继承权。丧失继承权制度由来已久，罗马法上有继承人缺格和废除继承人制度，《汉谟拉比法典》中规定，父亲在儿子犯有严重过失时，可通过法官剥夺其继承权。当代各国继承法均有丧失继承资格的制度。

1. 继承权丧失的特点

第一，丧失继承权是民事处罚。为了维护人伦道德和家庭秩序，对于犯有某些罪行或有严重违反人伦道德行为的继承人，法律剥夺其继承资格。因此，丧失继承权带有明显的民事制裁性质，法定丧失自不必说，就是被继承人剥夺继承人的继承权，也必须有符合法律规定的理由。这是丧失继承权和取消继承权的根本区别。

第二，丧失继承权具有相对效力。继承权本身是相对的概念，只存在某人对某人的继承权，而不存在对一般人的继承权。某继承人对某一特定的被继承人有依法应丧失继承权的行为时，仅丧失作为该被继承人之继承人的资格，而不影响其对于其他人的继承权。据此，可以将丧失继承权和无继承能力区别开来。无继承能力是指某人根本不具备作继承人的民事权利能力，不能参加任何继承关系，不能做任何人的继承人。比如，在奴隶社会，奴隶无继承能力，只能作为奴隶主继承的客体，古罗马法规定，鳏夫、独身者、无生育能力的妇女不得作继承人。

第三，丧失继承权适用于法定继承和遗嘱继承。无论法定继承人还是遗嘱继承人，只要有法律规定的事由出现，即依法丧失继承权，也可由被继承人剥夺其继承权。

2. 继承权丧失的类型

继承权丧失，分为绝对丧失和相对丧失。

绝对丧失，又称为终局丧失，是发生某种丧失继承权的法定事由时，该继承人的继承权绝对丧失，任何情况都不再恢复其对特定被继承人的继承权。依《民法典》第 1125 条的规定，以下情形继承人的继承权绝对丧失。

（1）故意杀害被继承人

继承人故意杀害被继承人，直接危害到被继承人的人身安全，本身就是一种最严重的犯罪行为，因而无论继承人出于何种动机故意杀害被继承人，也不论是既遂还是未遂，不管其是否为夺遗产而为之，都应当丧失继承权。

此处讨论两种特殊情况。

第一种，"大义灭亲"，杀害劣迹斑斑的被继承人。这虽然在道德上会引起同情，但仍然违反法律，不经过法定程序，任何人都无权剥夺他人生命。为"大义灭亲"杀害被继承人，不但要承担刑事责任，还要承担民事责任。从继承法规定看，在这种情况下，继承人丧失继承权。

第二种，"防卫过当"，失手杀害被继承人。正当防卫杀害被继承人的，继承人的行为不具有违法性，也不具有可惩罚性，继承人不丧失继承权。但是，当继承人防卫过当，导致被继承人死亡，继承人是否丧失继承权，需要进行个案分析，视继承人主观是否具有"杀害故意"而定，如果有故意，则丧失继承权。

（2）为争夺遗产杀害其他继承人

继承人杀害其他继承人而丧失继承权，必须具有争夺遗产的主观目的。被杀害的继承人包括法定继承人和遗嘱继承人。只要是出于争夺遗产的目的杀害同顺序继承人或前顺序继承人的，都丧失继承权。即使是由于认识错误，为争夺遗产杀害了后顺序继承人的，也应当丧失继承权，因为其在主观恶性上与杀害前顺序或同顺序继承人相同，因此同样丧失继承权。

如果不是为了争夺遗产而杀害其他继承人的，尽管客观上因其他继承人死亡使自己的继承份额增多，但该继承人不丧失继承权。因伤害致其他继承人死亡的，也不丧失继承权。上述两种情况下，剥夺其他继承人生命的继承人主观上没有争夺遗产的故意。

相对丧失，又称为非终局性丧失，是虽发生某种法定事由致继承人的继承权丧失，但在被继承人表示宽恕时，继承人的继承权也可最终不丧失。依《民法典》第1125条规定，出现以下情形，继承人的继承权相对丧失。

（1）因遗弃被继承人或虐待被继承人情节严重而丧失继承权

遗弃被继承人，是指继承人对没有劳动力或没有独立生活能力，又没有其他生活来源的被继承人，负有法定的抚养、扶养、赡养义务，但该继承人拒绝履行其义务。如果继承人对于有独立生活能力、独立劳动能力的被继承人未尽抚养、扶养、赡养义务，或继承人本人没有独立的劳动能力或生活能力，无法承担相应的法定义务的，则不能认为是遗弃。遗弃本身就是性质恶劣的行为，不需要达到情节严重就丧失继承权。

虐待被继承人，是指继承人在被继承人生前经常对其进行肉体折磨或精神摧残。虐待被继承人，只有达到情节严重的程度才丧失继承权。所谓情节严重，应参照实施虐待行为的时间、手段、后果和社会影响等方面来认定。一旦虐待行为构成情节严重的，不论是否追究刑事责任，均应确认行为人丧失继承权。

（2）伪造、篡改、隐匿或销毁遗嘱情节严重

伪造遗嘱，是被继承人生前并未立有遗嘱处分自己的财产，继承人以被继承人的名义制作虚假的遗嘱；篡改遗嘱，是继承人擅自改变或歪曲原遗嘱的内容；隐匿遗嘱，是继承人持有被继承人的遗嘱，却不向其他继承人公布；销毁遗嘱，是继承人将被继承人所立的遗嘱完全破坏、毁灭。这些行为，都是根本违背被继承人的真实意愿的行为。

通常情况下，继承人实施上述行为，目的在于争夺或独吞遗产。依《民法典》的规定，伪造、篡改、隐匿或销毁遗嘱，侵害了缺乏劳动能力又无生活来源的继承人的利益，并造成其生活困难的，应认定其行为情节严重。

（3）以欺诈、胁迫手段迫使或妨碍被继承人设立、变更或撤回遗嘱情节严重

遗嘱是立遗嘱人生前实施的处分个人财产及与此有关的事务，并于立遗嘱人死亡时发生法律效力的单方法律行为。以欺诈、胁迫手段迫使或妨碍被继承人设立、变更或撤回遗嘱，违背了被继承人的真实意思，此民事法律行为属于意思表示不健全的民事法律行为，情节严重的，应当认定无效，不产生遗嘱的法律效力。

3. 继承权丧失的效力

（1）时间效力

继承权丧失只能是继承资格的丧失，不论继承权丧失的事由发生于继承开始前还是继承开始后，继承权丧失的效力都应自继承开始时发生，这是各国的通行做法。我国法律没有明文规定继承权丧失自何时起发生法律效力，但司法实践认可继承权丧失自继承开始时发生法律效力。

（2）对人效力

第一，对丧失继承权的继承人的效力。继承人因继承权的丧失而无权继承遗产，其占有的遗产应当返还于其他继承人，如其拒绝返还，其他继承人可以提起继承回复之诉。当然，继承权的丧失只是继承人对特定被继承人的遗产的继承权的丧失，只对该特定被继承人发生法律效力，对继承人的其他被继承人并不发生效力，即继承人仍然有权继承其他被继承人的遗产。

第二，对继承人的直系晚辈血亲的效力。继承人丧失继承权后，其直系晚辈血亲能否代位继承？世界各国主要有两种立法例：一种是可以代位继承，另一种是不可代位继承。采不同立法例与对代位继承的性质的不同理解有关，通常采固有权说的国家承认丧失继承权的继承人的直系晚辈血亲有代位继承权，采代表说的国家则否认丧失继承权的继承人的直系晚辈血亲有代位继承权。在司法实践中代位继承采取的是代表权说，所以否认丧失继承权的继承人的直系晚辈血亲有代位继承的权利。

第三，对自丧失继承权的继承人处受让遗产的第三人的效力。自丧失继承权的继承人处受让的第三人是否负有返还财产的责任，应视第三人是否为善意而定。如果第三人是善意有偿取得，则无须返还取得的财产；如果第三人为恶意，或虽为善意但无偿取得，则应返还取得的财产。

4. 继承权丧失的确认

关于继承权丧失的确认，有两种立法例：一是自然失权主义，只要发生法律规定的继承权丧失事由，继承人的继承权就当然丧失，无须经过任何程序宣告，法国、瑞士等国采此观点。二是宣告失权主义，继承权的丧失需要采一定形式或要经司法程序确认，德国采此观点。

我国《民法典》没有规定采何种立法例，但司法实践认为应采自然失权主义，不需要特别的法定程序，就当然地丧失继承权。只是在遗产继承中，继承人之间因是否丧失继承权发生纠纷，起诉到人民法院的，由人民法院根据《民法典》第1125条的规定，判决确认其是否丧失继承权。

如果遗产利害关系人不主张继承人丧失继承权，法院能否主动裁决继承人丧失继承权？当事人主张某一继承人对于某特定的被继承人的继承权丧失的，应向人民法院提起民事诉讼，由人民法院经民事审判程序审理，最后作出该继承权是否丧失的判决。提起请求确认某继承人继承权丧失的，可以是其他继承人，也可以是继承人以外的其他人或有关单位。丧失继承权的继承人与非继承人处于同样地位，非继承人参与到继承诉讼中，法院可以主动裁决其为非继承人，那么对于丧失继承权的继承人，当然也可以主动裁决其丧失继承权。如果继承人实施了违法犯罪行为，而又无人主张其丧失继承权时，人民法院可否主动裁判该继承人的继承权丧失？如果继承人的行为已构成犯罪，则人民法院可以就继承人继承权的丧失一并作出处理；如果继承人的行为尚不构成犯罪，人民法院不应主动处理继承人的继承权丧失问题。

5.《民法典》对丧失继承权与受遗赠权事由和被继承人享有宽宥权的规定

《民法典》明确规定了几种情况下继承人将失去继承权的事由。这些情形包括：故意杀害被继承人，为争夺遗产而杀害其他继承人，遗弃被继承人或虐待被继承人情节严重、伪造、篡改、隐匿或销毁遗嘱情节严重，以及以欺诈、胁迫手段迫使或妨碍被继承人设立、变更或撤回遗嘱情节严重。这些规定确保了在继承过程中遵守道德和法律准则，防止滥用权力和侵犯他人权益。

《民法典》中的宽宥权是指在特定情况下，法律允许被害方对侵权方的过错行为表示谅解和宽恕，从而减轻或消除其法律责任的一种制度。宽宥权在法律中体现了对于个人情感、自由意志和人性化考虑的一种法律原则。《民法典》对丧失继承权和受遗赠权事由以及被继承人享有宽宥权的规定体现了对继承制度的完善和进步，同时也体现了对个人自由意志和情感认知的尊重。

在《民法典》中，宽宥权主要体现在两个方面。

第一，被继承人享有宽宥权。在继承制度中，如果继承人实施了一些失德行为，例如遗弃或虐待被继承人、伪造、篡改、隐匿或销毁遗嘱，以及以欺诈、胁迫手段迫使或妨碍被继承人设立、变更或撤回遗嘱，被继承人在情感上对继承人表示谅解和宽恕，有权宽恕继承人并恢复其继承资格。如果继承人确实表现出悔改，并经过被继承人的宽恕，那么该继承人的继承权可以得到恢复。被继承人明确表示宽恕或在遗嘱中将继承人列为继承人，也表达了被继承人宽宥的意思，从而恢复其继承资格。这一规定体现了对个人情感认知和宽容品质的尊重，使继承制度更加人性化和灵活。

第二，对过错行为的宽宥。在一些侵权行为中，被害方在真诚地谅解侵权方的行为后，法律也允许对侵权方进行宽宥。这一宽宥权的体现可以表现为减轻或免除侵权方的赔偿责任，或者对其实施一定的法律优惠措施。这样的宽宥权在特定情况下有助于维护社会和谐与稳定，并鼓励人们化解矛盾，通过谅解和宽容来解决纠纷。

《民法典》中的宽宥权体现了法律的灵活性和人性化，对于在特定情况下允许人们通过宽容和谅解来解决问题，对维护社会和谐和个人尊严具有积极意义。旨在维护继承制度的公平与正义，充分尊重个人自由意志和情感认知，同时规范了继承过程中的行为准则，保障了被继承人的权益，进一步完善了我国的继承法律体系。

当然，宽宥权的运用需要依据具体情况，避免滥用，并在维护公平正义的前提下尊重个体情感和自由意志。这些规定的实施将促进社会稳定与和谐，增强人们对继承制度的信心，推动我国继承制度的持续发展和改进。

三、继承权的行使与放弃

（一）继承权的行使

继承权的行使，是指继承人实现自己的继承权。权利人可以行使的只能是主观意义上的权利，而不能是客观意义上的权利，继承权自继承开始才由客观意义上的权利转化为主观意义上的权利。因此，继承权的行使是继承开始后继承人对自己权利的行使，在继承开始前不发生继承权的行使。继承权的内容是取得遗产，即包括占有、管理遗产，继承人直接参与分配遗产，在其继承权受到侵害时请求法律予以保护，都是行使继承权的行为。

权利的行使，一般须具有相应的行为能力。有完全民事行为能力的继承人可以自己行使继承权。无完全民事行为能力的继承人不能完全独立地行使继承权的，可由法定代理人代为行使。我国《民法典》第35条规定，监护人除为维护被监护人的利益外，不得处分被监护人的财产。原则上，代理人不能代为放弃继承权，但当接受继承对继承人来说并没有任何利益时，如遗产债务超过了遗产的总价值，代理人可以代为放弃继承权。当然，这种放弃继承权的前提是不损害被代理人的利益。

（二）继承权的放弃

继承权的放弃，即放弃继承，是继承人于继承开始后作出的放弃继承被继承人遗产的权利的意思表示。继承权的放弃，是继承人对自己权利的处分。继承人只能于继承开始后才享有主观意义上的继承权，因此继承权的放弃只能在继承开始后实施。继承开始前，继承人并不享有可以处分的主观权利，仅享有客观权利，而客观权利仅是一种资格，不可抛弃。所以，继承权的放弃只能在遗产分割前作出。遗产分割后，继承人作出的不接受遗产的表示，属于放弃遗产，继承人放弃的不是继承权，而是单独的遗产所有权。

继承人对继承权的放弃，是法律进步的表现。《民法典》第1124条第1款中规定，继承开始后，继承人放弃继承的，应当在遗产处理前，以书面形式作出放弃继承的表示。从时间上看，《民法典》并没有将放弃继承权限定在继承开始后的某个时间段。这与域外立法例有所不同。从立法例上看，为稳定继承关系，大部分国家和地区都明确规定了继承权放弃的时间，如《德国民法典》的规定为6个月（第1944条），《日本民法典》的规定是3个月（第915条）。在遗产分割前，继承人随时可能放弃继承权，遗产的共有关系极为不稳定，甚至可能使遗产成为无主财产，而这对其他继承人以及第三人都极为不利，甚至可能损害交易安全。而且，从继承开始到遗产分割，少则一两个月，多则一两年，甚至一二十年也不足为奇。对于相同的继承关系，继承权放弃的期限却不相同，也有失公允。

1. 继承权放弃的性质

（1）继承权的放弃是单方民事法律行为

继承权的放弃仅需要一方当事人的意思表示就发生法律效力，所以属于单方民事法律行为。依《民法典》第1124条的规定，继承人放弃继承权应当以书面形式作出表示。对放弃继承权的相对人，我国法律不作限制。继承权放弃，向人民法院、其他继承人以及与遗产有利害关系人表示均可以，只要有证据证明继承人确实作出过放弃继承权的意思表示，不论是向何人作出，都具有放弃的效力。

（2）继承权的放弃是拒绝利益取得的行为

《民法典》采当然主义，继承开始后，遗产就由各继承人共有。继承权放弃不是继承人处分已经取得的权利，而是一种财产处分。继承权放弃的目的是继承人不成为遗产继承主体，并不是对现有财产的处理，但需注意的是，继承权放弃溯及继承开始时发生法律效力，而处理现有财产不具有溯及力。

（3）继承权的放弃是拒绝参加继承法律关系的行为

继承权的放弃不同于遗产的放弃。继承权放弃是主观上放弃继承权，本质上是拒绝参加继承法律关系，使放弃具有溯及力；遗产的放弃是单纯的财产权利，只向将来发生效力。前者因有溯及力而会对他人产生影响，放弃继承权的行使有形式上和时间上的限制；后者不具溯及力，一般不影响他人，也基本不受限制。

（4）继承权的放弃是具有身份属性的财产方面的单方民事法律行为

现代继承制度只承认财产继承，继承权的放弃是对被继承人财产的拒绝接受，其标的为财产，所以是财产行为。但是，这种行为和一般的财产行为不同，它以行为人具有继承人的身份为前提条件，而这种身份是一种具有相当稳定性的身份，特别是在我国，继承人通常限于和被继承人有血缘关系或共同生活关系的近亲属。由于继承人和被继承人的近亲属关系，继承权的放弃必然带有感情色彩。

2. 继承权放弃的方式

我国《民法典》第1124条规定了继承权的放弃情形，主要涉及继承权的绝对放弃和相对放弃，这些规定旨在保障个人自由意志，避免继承纠纷和财产争议，以及促进继承制度的公平正义。

首先，继承权的绝对放弃。根据《民法典》第1124条的规定，继承权的绝对放弃是指继承人放弃对被继承人全部遗产的继承权益。这意味着继承人不再享有对被继承人遗产的任何权益，包括财产和债务。继承人可以通过书面形式或者口头宣告明确表示绝对放弃继承权。一旦绝对放弃生效，继承人将不再有资格作为合法继承人接受被继承人的遗产。

其次，继承权的相对放弃。《民法典》第 1124 条还规定了继承权的相对放弃情形。相对放弃是指继承人放弃对被继承人遗产的一部分继承权益，而不是全部遗产。相对放弃可能涉及特定的财产或债务，继承人可以选择放弃对其中的某些财产或债务的继承权。相对放弃同样可以通过书面形式或口头宣告来表示继承人的意愿。

这样规定继承权的放弃出于以下原因：一是保障继承人的自由意志。继承权的放弃规定体现了对个人自由意志的尊重。继承是涉及个人财产权益的重要事项，规定放弃继承权的方式，允许继承人根据自己的意愿作出选择，保障其权利自主性。二是避免纠纷和争议。继承权的放弃规定有助于避免可能的继承纠纷和财产争议。有些继承人可能因为各种原因不愿接受全部遗产，或者仅愿接受其中的一部分，这样的放弃规定有助于减少争执的发生。三是促进继承制度公平正义。放弃继承权的规定有助于维护继承制度的公平正义。继承人可以根据实际情况选择放弃继承权，使遗产能够更合理、更符合当事人意愿地分配，减少不公平情况的发生。

3. 继承权放弃的效力

继承人放弃继承权的效力溯及自继承开始之时，放弃继承权的继承人，不仅不承担被继承人生前的债务，也不得继承被继承人生前的财产权利。放弃继承权的人虽不得取得遗产，但不能随着其放弃继承的意思表示的作出而免除一切责任。放弃继承权的继承人占有遗产的，在遗产未交付给其他继承人以前，对占有遗产仍有保管的义务。继承放弃产生如下法律后果。

（1）放弃继承权的继承人负担返还占有的遗产的义务

放弃继承权的继承人不能取得遗产，如果占有遗产，则应当将遗产交付其他继承人或者遗产管理人。在遗产交付前，放弃继承权的继承人对遗产有保管义务，若其不尽保管义务，造成遗产的损失，应当承担损害赔偿责任。另外，放弃继承权的继承人的财产与遗产也不发生混同，如继承人与被继承人生前互负同种类债务，继承人的债务不因继承权的放弃而消灭。

（2）应继份归属其他继承人或者集体和国家

如果放弃继承权的人为遗嘱继承人，则其应继承的份额归法定继承人；如果没有遗嘱继承人，法定继承人放弃继承权的，则其应继承的份额归属于同一顺序的其他法定继承人。如果同一顺序只有一个法定继承人或者同一顺序的法定继承人都放弃继承权，则其应继承的份额归属于后一顺序的法定继承人；如果全部法定继承人都放弃继承权的，则遗产在完成清算后，应当归属于集体或者国家。

（3）继承权放弃前遗产造成他人损害的，继承人应当承担连带责任

对此我国立法和司法实践并未明确规定。本书认为放弃继承权的继承人应对放弃继承权前遗产造成的他人损害承担连带赔偿责任，原因如下：继承权放弃前，遗产由包括放弃继承权的继承人在内的各继承人共有，共有财产造成他人损害的，共有人当然应当承担连带责任。遗产在分割前，通常也都在继承人的管理和控制之下，遗产造成他人损害的，理应由各继承人承担连带责任。由包括放弃继承权的继承人在内的全体继承人承担连带责任，也可以防止继承人通过放弃继承权的方式逃避遗产在分割前给他人造成损害所应当承担的责任。

（4）继承权放弃的意思表示不得撤回

关于继承权放弃的意思表示能否撤回，有两种立法例：一种是不得撤回，如《日本民法典》第919条规定，放弃继承权的意思表示，即使在放弃继承权的期间内，也不得撤销；另一种是可以撤回，如《法国民法典》第807条规定，原已经放弃继承权的继承人，只要其接受遗产的权利未因时效而消灭，如该遗产尚未被其他继承人接受，仍有接受该遗产的权利。

在我国，《民法典》没有明确规定继承权放弃的意思表示可否撤回。继承权的放弃常与其他继承人及第三人的利益相联系，继承权的放弃本就会对这些人的权利带来影响，如果继承权放弃后还可以撤回，则会使遗产处于更为不确定的状态，从而给其他继承人和第三人的利益带来损害。因此，继承权放弃的意思表示不得撤回。当然，如果继承人放弃继承权的意思表示有瑕疵（如受胁迫、受欺诈等），则应允许继承人撤销放弃继承权的意思表示。

4. 继承权放弃的限制

在我国，《民法典》第1124条明确规定，继承人可以放弃继承权。在近现代民法中，继承权的放弃以自由为原则，但自由是有限度的，继承权的放弃除不得违反法律和公序良俗外，还应受如下限制。

（1）继承权的放弃不得附条件和期限

从立法例上看，多数国家和地区的立法均明文规定继承权的放弃不得附加条件。例如，《德国民法典》第1947条规定，继承的"接受和拒绝不得附条件和期限"。《瑞士民法典》第570条第2项规定，"抛弃继承权，不能附加任何条件及保留"。即使在法律没有明文规定继承权放弃可否附条件的国家和地区，理论上与实践中也多认为，继承权不得附条件，如我国台湾地区。

对于继承权的放弃可否附条件，我国法律没有规定，学理上一般认为不得附条件。这是因为继承权的放弃是单方民事法律行为，且溯及于继承开始时发生效力。如果允许继承权的放弃附条件和期限，则会使继承关系处于一种不确定的状态，从

而影响其他参与继承的继承人、后顺序继承人以及与遗产有关的其他第三人的利益。

应特别指出的是，如果继承权的放弃附加了条件或者期限，在视为未附条件或期限与视为放弃继承权的意思表示无效之间，后者更为合理。因为继承人附条件或者期限地放弃继承权，多为实现一定的目的，而在其附条件或者期限欲实现的目的已经无法实现时，不应再令其丧失继承的机会，所以应视为放弃继承权的意思表示无效。如此，既满足了保护其他继承人、后顺序继承人和其他第三人之利益的需要，也有效地保护了作出放弃继承权表示的继承人的利益。也有学者认为，继承人所附条件和保留意见应当视为继承人在接受继承后对自己的继承份额所作的处分。[1]

（2）继承人不得部分放弃

关于继承权可否部分放弃，有两种不同立法例：一种是继承权的放弃具有不可分性，应及于全部继承财产，如《德国民法典》第 1950 条；另一种是允许放弃部分继承权，如《匈牙利民法典》第 603 条。我国现行法律没有规定继承权可否部分放弃，学界未形成通说。我国有学者指出，虽然继承权是一种财产权利，但它是接受遗产的权利和承担被继承人债务的统一体，其权利客体不是某项具体的、单一的财产，而是在整个遗产中所占的一定比例的份额，其情况远比一般财产复杂，如允许部分接受和放弃，继承关系将变得更加复杂，并可能损害被继承人之债权人和其他继承人的利益。[2] 另外，继承人如欲实现放弃部分继承权的目的，完全可以通过继承后放弃、转移已经取得的所有权等方式来实现。

（3）继承权的放弃不得损害法定义务

继承人因放弃继承权，致其不能履行法定义务的，应认定放弃继承权的行为无效。这里的"法定义务"，通常是指法定的赡养、抚养和扶养义务。

四、继承回复请求权

继承回复请求权，是对继承权的保护。《民法典》虽未明确规定，但为了保护继承权，该权利十分必要。所谓继承回复请求权，又称继承权回复请求权，是指在继承人的继承权受到侵害时，继承人可以请求人民法院通过诉讼程序予以保护，以确认其继承人的地位并恢复其继承遗产的权利。从性质上说，继承回复请求权兼有请求确认继承人资格以及返还继承财产的请求权，是一种包括请求权。

在继承回复请求权中，继承人继承资格的确认之诉是与遗产的返还之诉紧密结合在一起的。继承资格的确认并非诉讼的最终目的，只是达到最终目的的手段，诉

---

[1] 参见刘春茂：《中国民法学·财产继承》（第 2 版），人民法院出版社 2008 年版，第 136 页。

[2] 参见张玉敏：《继承法律制度研究》（第二版），华中科技大学出版社 2016 年版，第 69 页。

讼的最终目的是要求侵害人将其非法占有的遗产返还合法继承人。但合法继承人为达到返还遗产的目的，又必须以继承资格的确认为前提。[①]

第四节　遗　　产

一、遗产的概念与特点

遗产是继承人享有的继承权的标的。我国《民法典》第 1122 条第 1 款规定："遗产是自然人死亡时遗留的个人合法财产。"由此可知，遗产的内涵包括以下三个方面：第一，遗产是自然人死亡时遗留的财产，不是自然人死亡时遗留下的财产不能作为遗产；第二，遗产是自然人的个人财产，不属于个人的财产不能作为遗产；第三，遗产是自然人的合法财产，不是自然人合法取得和合法享有的财产，不能作为遗产。遗产具有以下法律特征。

（一）时间上的特定性

遗产，是自然人死亡时遗留的财产。因此，被继承人死亡的时间是划定遗产的特定时间界限。在被继承人死亡之前，该自然人具有民事权利能力，自己就可以依法享有各种权利和承担各种义务，该自然人的财产不能为遗产。自然人死亡，不再有民事权利能力，不能享有权利和负担义务，所以于该自然人死亡时其财产才转变为遗产。被继承人死亡后，原有的财产增值的，所增加的财产可以视为遗产。被继承人死亡之前，其财产不能为遗产，不发生继承。

（二）内容上的财产性和包括性

遗产只能是自然人死亡时遗留的财产，因而具有财产性。"财产"在民法上有多种含义。其一，财产是指物，如个人财产所有权中的财产；其二，财产是指物、有价证券；其三，财产是指财产权利和义务。作为遗产的财产，是针对第三种含义而言的。所以，遗产包括被继承人死亡时遗留的全部财产权利和财产义务，具有包括性。遗产，只包括财产权利和财产义务。所以，只有被继承人生前享有的财产权利和所负担的财产义务，才能属于遗产的范畴。被继承人生前享有的人身权利和负有的相关义务，不能列入遗产，因为这类权利义务随自然人的死亡而终止，不能为任何人继承。但是，因侵害自然人的人身权利致自然人死亡而应负损害赔偿责任的，该死亡的自然人的继承人可以请求侵害人负责赔偿，因此所得到的损害赔偿金

---

① 参见刘春茂：《中国民法学·财产继承》（第 2 版），人民法院出版社 2008 年版，第 139 页。

可属于遗产，如治疗费用等。

（三）范围上的限定性

遗产只能是自然人死亡时遗留下的个人财产，并且须为依照继承法的规定能够转移给他人所有的财产。正因为如此，只有在被继承人生前属于被继承人个人所有的财产，才能为遗产。虽于被继承人生前为被继承人占有，但不为被继承人所有的他人的财产，例如被继承人生前租赁、借用于死亡时尚未返还的财产，不属于遗产；被继承人占有的但为其与他人共有的财产，不属于被继承人的部分，也不属于遗产。遗产，是要转由他人承受的被继承人死亡时遗留的财产，因此，虽为被继承人生前享有的财产权利和负担的财产义务，但因具有专属性而不能转由他人承受的，也不能列入遗产的范围。例如，以人身关系为基础的财产权利义务，以当事人的相互信任为前提的财产权利义务，一般都不能转让，不能作为遗产。

（四）性质上的合法性

遗产只能是自然人的合法财产。《民法典》第266条规定，私人对其合法的收入、房屋、生活用品、生产工具、原材料等不动产和动产享有所有权。自然人死亡时遗留下的财产可作为遗产的，必须是依法可以由自然人拥有的，并且是被继承人有合法根据取得的财产。自然人没有合法根据而取得的财产，例如非法侵占国家的、集体的或者其他自然人个人的财产，不能作为遗产。依照法律规定不允许自然人个人所有的财产，也不能作为遗产。

二、遗产的范围

关于遗产的范围，各国法律规定不一。大多数国家继承法上规定的遗产既包括财产权利，也包括财产义务；但有的国家规定的遗产不包括债务，遗产只是被继承人遗留的全部财产从中扣除其生前所负债务的剩余部分。有的国家对遗产仅作概括规定并不具体列举遗产的范围，有的国家在继承法上列举了遗产的范围。我国《民法典》既作出了概括式规定，又列举了遗产的范围。

（一）《民法典》遗产范围立法例

《民法典》第1122条规定："遗产是自然人死亡时遗留的个人合法财产。依照法律规定或者根据其性质不得继承的遗产，不得继承。"这是对原《继承法》第3条规定的遗产范围作出的重大修改，由过去对遗产范围的"概括+列举"的方式，改变为"概括+排除"的立法模式。[①]

根据我国《民法典》第1122条的规定，遗产范围立法例主要是指国务院根据

---

① 杨立新：《我国继承制度的完善与规则适用》，载《中国法学》2020年第4期。

《民法典》的规定，制定具体的法律、行政法规，以及地方性法规和自治条例，来进一步明确和细化遗产范围的具体内容和适用细则。

该条规定强调继承人继承遗产的范围首先要按照遗嘱的指示或者法律的规定执行。遗嘱是被继承人在生前所立的书面文件，对遗产的分配作出规定。如果被继承人在遗嘱中明确规定了继承人及其继承份额，继承人应按照遗嘱的规定来继承遗产。

若遗嘱没有明确规定，或者没有遗嘱的情况下，继承人将继承被继承人全部的遗产。这就涉及继承权的普遍适用规则，也即法定继承。《民法典》中规定了继承人的顺序和份额，如果没有遗嘱或遗嘱无效，继承人将按照法律规定来继承遗产。

但是，由于继承涉及不同的具体情况和个人意愿，遗嘱和法定继承未能穷尽一切可能。为了进一步明确遗产范围，具体的继承程序和实施细则需要进一步的法律细化。因此，根据《民法典》第1122条的规定，国务院将根据《民法典》的规定，制定相应的立法例，以便在实践中进一步解决继承过程中可能出现的复杂问题，确保继承权的合理实施，保障继承人和被继承人的合法权益。

（二）可作为遗产的财产

遗产包括的财产，也就是可以作为遗产的财产权利义务。依照我国《民法典》第1122条的规定，遗产是自然人死亡时遗留的个人合法财产，依照法律规定或者根据其性质不得继承的遗产，不得继承。可见，只要不是法律规定或按照性质不得继承的财产都属于遗产的范围。

在我国民法上，可继承的遗产是财产，具体包括：第一，自然人的收入。在我国，自然人的收入主要是指自然人在国有经济组织和集体经济组织从事生产劳动所得到的工资、奖金等收入，以及民法规定的其他劳动所得的劳动收入。当然，自然人的收入也包括劳动收入以外的其他合法收入。

第二，自然人的房屋、储蓄和生活用品。自然人的私房可为遗产，私房的宅基地不是遗产。但因房屋不能离开地面而建，私有房屋的所有人同时也享有宅基地的使用权。所以私有房屋为遗产的，继承人继承房屋，同时也享有该房屋占有的宅基地范围内的使用权。但宅基地的使用权不是遗产，自然人不因继承宅基地使用权而取得宅基地使用权。自然人的储蓄是自然人在各类银行或其他金融机构的存款，实质上是自然人节省下来的收入。自然人的存款本息归本人所有，并受国家法律的保护。自然人的生活用品，是其所有的为满足日常物质生活和精神生活需要的生活资料。凡为自然人日常生活所需的生活资料，不论其价值大小，都可为遗产。

第三，自然人的林木、牲畜和家禽。自然人的林木，是指依法归自然人个人所有的树木、竹林、果园。自然人个人在其使用的宅基地、自留地、自留山上种植的林木归其个人所有；自然人在其依法承包经营开发的荒山、荒地、荒滩上种植的林木，也归其个人所有。但自然人承包经营的果园、林园等，不属于个人林木。自然人的牲畜、家禽，是指其所有的自己饲养的牲畜、家禽；既可以是作为生产资料的大牲畜，也可以是作为生活资料的牲畜、家禽；既包括自然人为满足自己生产和生活需要所饲养的牲畜、家禽，也包括作为商品生产而饲养的牲畜、家禽。

第四，自然人的文物、图书资料。自然人自有的文物和图书资料，是其用于满足其精神文化生活需要的精神食粮，也是其从事脑力劳动的必要工具。只要是被继承人生前所有的文物、图书资料，不论其是否属于珍贵文物，不论其是否属于机密资料，都可为遗产。自然人继承后，对这些文物、图书资料的使用、处分，不得违反文物保护法规和保密法规的规定。

第五，法律允许自然人所有的生产资料。在我国，自然人对任何生活资料都可享有所有权，但不是对任何生产资料都可享有所有权，尽管自改革开放以来法律允许自然人所有的生产资料的范围在不断扩大。因此，只有法律允许自然人所有的生产资料，才可作为遗产，对法律不允许个人所有的生产资料，不论被继承人生前是否占有，都不可作为遗产。

第六，自然人的著作权、专利权中的财产权利。这里规定的虽然只是著作权、专利权中的财产权利，但从立法精神上看，实际上应当包括各种知识产权中的财产权利。因此，除了著作权中的财产权利（如著作使用费）、专利权中的财产权（专利申请权、专利申请权的转让费、专利的使用权、专利的转让权等财产权利）可以为遗产外，商标专用权，以及自然人的发现权、发明权、科技进步权、合理化建议权等知识产权中的财产权利，也可以作为遗产。

第七，商业秘密。商业秘密是指不为公众所知悉、能为权利人带来经济利益、具有实用性并经权利人采取保密措施的技术信息和经营信息。商业秘密具有重要的经济价值，是所有人的重要财富。商业秘密具有价值性和可转让性，因此也可以继承。由于商业秘密具有秘密性的特点，分割时可以采用特殊的方法，如由一个人继承，并由其向其他继承人支付价值补偿。对于那些家传绝技、祖传秘方、民间习惯是所有人在子孙中选择合适的人传承。虽然这是在生前进行的，实质上仍具有继承的性质，属于应继份预付。

个体企业的字号（商号）权，可否作为遗产？本书认为，名称权与姓名权不同，姓名权不具有财产属性，不得转让，而名称权具有财产属性。一个法人、个人合伙、个体工商户的名称（字号、商号）与其商业信用是密切相关的，是一种无形资产，属于工业产权的范畴，是可以转让的。所以，个体工商户的字号权（商号权）可以作为遗产。

第八，自然人的其他合法财产。除前述财产外，自然人的其他合法财产，也可作为遗产。这些财产主要包括国有建设用地使用权，抵押权、质权、留置权，有价证券，债权债务。自然人享有的国有建设用地使用权，可以继承，使用权人在使用权有效期限内死亡的，使用权由继承人依法继承。建设用地使用权人依法对国家所有的土地享有占有、使用和收益的权利，有权利用该土地建造建筑物、构筑物及其附属设施。建设用地使用权人有权将建设用地使用权转让、互换、出资、赠与或者抵押，但法律另有规定的除外。本书认为，建设用地使用权既然可以通过转让、互换、出资、赠与或者抵押等形式流转，也应当承认其可以继承。

抵押权、质权、留置权都是债权人所享有的担保物权，属于从权利。担保物权可以由继承人继承。但是，作为担保物权，抵押权、质权和留置权不能与它所担保的债权分离，而只能与债权一起被继承。

典权是承典人依照典当合同对设典财产所享有的权利。在典期内，典权人对设典财产有占有、使用、收益的权利。典期届满，出典人得提出典价，赎回财产。典权人在典期届满前死亡的，典权由继承人继承。

有价证券是设定并代表一定的财产权利的书面凭证，有价证券的种类是各种各样的。自然人所有的有价证券，主要包括股票（股份）票据、提货单等。现在，自然人个人拥有大量的有价证券，相当多的自然人有股票。自然人个人所有的有价证券，在自然人死亡后也为遗产。

债权债务依其发生根据，可以分为合同之债、侵权行为之债、不当得利之债、无因管理之债。不论其发生根据为何，凡不具有人身性质的债权、债务，均为遗产。但对于债务，继承人仅于所得遗产的实际数额内负清偿责任。

人身损害赔偿请求权是否可作为遗产？传统民法理论认为，人身损害赔偿请求权是具有强烈的感情因素的人身专属权，只能由受害人亲自行使（被监护人除外），受害人未表示要求赔偿、也未表示不要求赔偿而死亡的，推定为放弃赔偿请求权，其继承人不能继承。近代理论在坚持人身损害赔偿请求权是人身专属权的前提下，对判断受害人有无赔偿请求权的原则作了修改，即受害人未表示放弃赔偿要求的，视为主张赔偿，因而其继承人可以继承其赔偿请求权。

（三）遗产不能包括的权利义务

遗产不能包括的权利义务，即不能列入遗产范围的权利义务，是指被继承人生前享有的但不能作为遗产为继承人继承的权利义务。这类权利义务包括以下几项。

第一，与被继承人人身密不可分的人身权利。自然人的人身权与自然人的人身不可分离，不得转让，只能为特定的自然人享有。因此，自然人的人身权，不论是人格权，还是身份权，都不得作为遗产。自然人的知识产权中的财产权利虽可为遗产，但知识产权中的人身权利不得为遗产。在自然人死亡后，对侵害该死亡自然人名誉权的，继承人有权请求法律给予保护。自然人死亡后也不享有名誉权，对死者名誉的保护，并不是对死者权利的保护，而是对社会利益的保护。

对死者名誉的损害，如构成对死者的继承人的名誉权侵害的，继承人当然得请求法院保护其名誉权；但若损害死者的名誉并没有对继承人的名誉造成损害，继承人并不是以被继承人的继承人身份请求法律保护死者的名誉权，在这种情形下，不仅继承人，而且其他任何个人或单位都可以向有关机构提出保护死者名誉的请求。

第二，与自然人人身有关的和专属性的债权、债务。与自然人人身有关的和专属性的债权、债务，具有不可转让性，因此，也不能作为遗产。例如，因劳动合同产生的债权、债务、租赁合同的承租权、加工承揽合同中承揽人的债务、指定了受益人的人身保险合同中的受益权等，都不能作为遗产。被继承人死亡后，其亲属应得的抚恤金也不属于遗产。

第三，国有、集体自然资源用益物权。依照《民法典》物权编的规定，国家所有或者国家所有由集体使用以及法律规定属于集体所有的自然资源，单位、个人依法可以占有、使用和收益。自然人可以依法取得和享有国有、集体自然资源的使用权，如探矿权、采矿权、取水权等，依法取得的探矿权、采矿权、取水权和使用水域、滩涂从事养殖、捕捞的权利受法律保护。这些权利虽从本质上说是用益物权，但因其取得须经特别的程序，权利人不仅有占有、使用、收益的权利，同时也有管理、保护和合理利用的义务。国有、集体自然资源用益物权是由特定人享有的，不得随意转让，因而也不得作为遗产。自然人死亡后，继承人要从事被继承人原来从事的事业的，须取得国有、集体自然资源用益物权，应当重新自行申请并经主管部门核准。

第四，土地承包经营权。[①]《民法典》物权编指出，农民集体所有和国家所有由农民集体使用的耕地、林地、草地以及其他用于农业的土地，依法实行土地承包经营制度。土地承包经营权人依法对其承包经营的耕地、林地、草地等享有占有、使用和收益的权利，有权从事种植业、林业、牧业等农业生产。土地承包经营权人依照《农村土地承包法》的规定，有权将土地经营权采取转包、互换、转让等方式流转。流转的期限不得超过承包期的剩余期限。未经依法批准不得将承包地用于非农建设。

第五，自留山、自留地、宅基地的使用权。虽然在被继承人死亡后，被继承人生前所分得的自留山、自留地，一般并不由集体收回，而仍由被继承人的家庭成员

---

① 对于农村土地承包经营权能否作为继承标的，在理论上及继承编的修订中颇有争议，后文中有详细探讨，此处仅作类型化梳理。

经营收益，但自留山、自留地的使用权不得作为遗产。自然人的宅基地使用权也不得作为遗产继承。

三、数字遗产

（一）数字遗产概述

随着信息时代的来临，人们的生活逐渐数字化，数字设备和互联网成为生活中不可或缺的一部分。在这个数字化时代，人们创造并积累了大量的数字财产和数据，形成了数字遗产。数字遗产是现代社会的新遗产，与传统遗产相比，其特点和面临的问题有着显著的不同。

数字遗产是指由个人在生前或死后产生并保存于数字形式的资产、信息、数据、账户等内容。数字遗产的内容十分丰富多样，包括但不限于个人电子邮件账户、社交媒体账号、网络存储空间、数字货币、数字版权作品、照片视频等。这些内容记录了个人的生活经历、人际关系、财务状况等重要信息。

数字遗产有以下几个特点：（1）数字形式，数字遗产主要以电子化、数字化的形式存在，区别于传统的实物财产。这使得数字遗产的管理与继承方式有所不同。（2）多样性，数字遗产内容丰富多样，涵盖个人生活的方方面面，如照片、视频、日记、文档等，这些内容对个人和家人具有情感和历史意义。（3）隐私性，数字遗产内容通常涉及个人隐私，个人对其进行保密和控制的需求很强。在数字遗产管理与继承过程中，隐私保护是一个重要问题。（4）跨境性，随着全球化和网络化的发展，数字遗产的继承可能涉及不同国家和地区的法律法规，导致继承过程更为复杂。

数字遗产的管理与继承面临一系列困境，主要包括以下问题：一是缺乏继承保护意识。随着数字遗产的崛起，许多人对其重要性和管理方式缺乏认识，对数字遗产的合理管理和规划不足。许多人往往只注重传统遗产的规划，而忽略了数字遗产的重要性。二是隐私保护意识缺失。数字遗产内容通常涉及个人隐私，继承人在获取、处理数字遗产时需要注意隐私保护问题。然而，现行法律法规并未完全解决数字遗产隐私保护的具体细节。三是继承权认定不确定。在数字遗产的继承中，尚缺乏明确的法律规定和判例，对继承权的认定与继承程序存在不确定性。如何确定合法继承人、继承顺序等问题尚待解决。四是数字账号管理获取困难。继承人在获取数字遗产内容时，需要面对诸如账号密码的获取困难。由于隐私设置或平台政策的限制，许多数字账号难以直接继承。这给数字遗产的继承增加了困难。五是跨境继承复杂。随着数字遗产内容涉及跨境，不同国家和地区的法律法规存在差异，导致继承过程可能受到限制或冲突。特别是对于数字资产和数字货币等跨境性较强的遗产，继承可能更为复杂。

数字遗产的法律法规是指为应对数字遗产管理与继承的问题，各国或地区制定的法律和规章。由于数字遗产在现代社会日益重要，相关的法律法规的制定和完善变得尤为关键。本部分将论述数字遗产的法律法规在不同国家和地区的现状以及对数字遗产继承的影响。

（二）数字遗产的法律法规在不同国家和地区的现状

1. 美国

在美国，各州针对数字遗产的管理和继承问题制定了不同的法律法规。例如，加利福尼亚州的《统一数位财产访问法》允许个人通过遗嘱或授权文件授权继承人获取和管理数字资产。类似地，佛罗里达州、得克萨斯州等州也制定了类似的法规，明确了继承人可以获得数字遗产的权限。

2. 加拿大

加拿大的不同省份也在逐步制定数字遗产相关的法规。例如，不列颠哥伦比亚省通过《个人数字资产和文件法》规定了继承人可以获取和管理数字遗产的权限。安大略省和阿尔伯塔省等省也有类似的法律法规。

3. 欧盟

欧盟对数字遗产管理和继承也有一些相关法规。《一般数据保护条例》（GD-PR）规定了个人数据的保护和处理规定，对于数字遗产中涉及个人数据的管理和继承提供了指导。

4. 日本

日本于2017年颁布《网络遗产管理法》，明确了数字遗产继承的程序和权益。该法律规定了个人设立数字遗嘱的合法性，并规定了数字继承人的认定方法。

5. 中国

中国《民法典》对继承权的基本原则做了规定，但对数字遗产的具体管理和继承尚未有全面的立法。目前，中国在数字遗产方面尚缺乏具体的法律法规，对数字遗产继承存在一定的困境。

（三）数字遗产的法律法规对继承的影响

1. 明确继承权与权限

数字遗产的法律法规可以明确继承人对数字遗产的权利和权限。合理的法律规定可以使继承人在合法的范围内获取和管理数字遗产，保障合法权益。

2. 保护隐私与安全

数字遗产中可能包含大量的个人信息，相关法规应明确保护继承人和被继承人的隐私和安全。这可以避免数字遗产被不当使用或泄露，防止个人信息的滥用。

3. 解决账号管理问题

数字遗产的继承涉及账号管理问题，相关法律法规应规定合理的账号获取程序，确保继承人可以合法获取数字账号。

4. 解决跨境继承问题

对于数字遗产涉及跨境的情况，法律法规应明确相应的程序和规定，协调不同国家和地区的继承权利，避免继承过程中的冲突和困扰。

5. 规范数字遗嘱和授权文件

数字遗产的继承可以通过数字遗嘱和授权文件进行规范，相关法规应明确这些文件的合法性和效力，为数字遗产的合理传承提供支持。

随着数字化时代的发展，数字遗产管理与继承面临诸多挑战。各国和地区正在逐步制定与数字遗产相关的法律法规，以解决数字遗产继承的问题。明确继承权与权限、保护隐私与安全、解决账号管理问题、解决跨境继承问题以及规范数字遗嘱和授权文件等方面的法律法规都对数字遗产的继承产生重要影响。通过合理的法律法规，可以更好地传承和保护数字遗产。

第五节 继承的开始

古代社会曾将出家为僧、被俘、沦为奴隶、丧失国籍等作为继承开始的原因，但现代各国的法律只承认死亡为继承开始的唯一原因。

一、继承开始的意义

继承的开始是指继承法律关系的发生。能够引起继承法律关系发生的民事法律事实就是继承开始的原因。在被继承人丧失了民事权利能力而不能成为自己财产的权利主体时，继承才发生。所以，被继承人的死亡是继承开始的唯一原因。罗马法关于"无论何人不能成为生存者之继承人"的原则，已为现代各国继承法所接受，我国《民法典》继承编第 1121 条第 1 款亦明文规定："继承从被继承人死亡时开始。"被继承人的死亡分生理死亡和宣告死亡。

继承的开始在继承法中具有重要的意义，主要体现在以下七个方面。

（一）确定继承人的范围

继承开始后，继承人客观意义上的继承权即转化为主观意义上的继承权，只有具备继承资格的人，才能成为继承人，才有权要求取得遗产。在继承开始时，不具备继承资格的人，不享有继承权。

第一，在中国法上，只有在继承开始时与被继承人有近亲属关系的人才能享有继承权，继承开始时已与被继承人解除婚姻关系或收养关系的人，不能作为继承人。

第二，只有在继承开始时生存的法定继承人或遗嘱继承人，才能享有主观意义上的继承，可以按照法律的规定或遗嘱的指定继承被继承人的遗产。在继承开始时，法定继承人已经死亡的，如果已死亡的法定继承人为被继承人的子女，则该子女的应继份额由其直系晚辈血亲代位继承；如果已死亡的法定继承人不是被继承人的子女，则已死亡的法定继承人没有继承资格，也不存在代位继承问题。在继承开始时遗嘱继承人已经死亡的，被指定的遗嘱继承人也丧失了继承人的资格，遗嘱中指定由该继承人继承遗产的内容自然失效。

第三，在继承开始时，即使生存的法定继承人或遗嘱继承人也并非一定享有继承权。如果继承人丧失了继承权，则其也不能再作为继承人参加继承。

（二）确定遗产的范围

遗产是被继承人死亡时所遗留的财产。在被继承人死亡以前，其生前享有的各种财产常处在不断变动之中，财产的数额、形态等都会发生变化。因此，遗产范围的确定只能以继承开始时为准。只有在继承开始时，尚存的属于被继承人的财产，才能确定为遗产。在继承开始以前，被继承人已经处分的财产不再属于被继承人的遗产。在被继承人与他人共有财产时，如夫妻共有财产、家庭共有财产等，虽然在遗产分割前并不一定把被继承人的财产与他人的财产分开，但在分离出他人财产时，只能按继承的开始确定共有的终止。在实践中，继承开始后，继承人并不立即分割遗产。继承开始与遗产分割之间可能有一段时间间隔。在这段时间内，遗产可能会发生一定的变化，如发生毁损灭失、产生孳息等，可能会影响遗产的范围，但这属于遗产的保管、使用收益的问题，与继承开始时确定遗产范围没有关系。

（三）确定遗产所有权的转移

遗产所有权从何时由被继承人转归继承人？理论上有死亡说和分割说两种主张。死亡说认为，继承因被继承人的死亡而开始。继承一开始，被继承人生前享有的财产权利义务便归继承人享有，即遗产的所有权转移给继承人。分割说认为，继承开始后遗产分割前，继承人只是取得继承权，而不是所有权，只有在遗产分割后，继承人才能取得所有权。本书认为，继承自被继承人死亡时开始，被继承人既然已经死亡，自不能对其所遗留下的财产再享有所有权。如果此时继承人也不享有遗产的所有权，则该遗产就成了无主财产。这显然于法不通。

（四）确定继承人的应继份额

按照我国《民法典》继承编的规定，同顺序法定继承人继承遗产的份额，一般应当均等，在特别情况下，也可以不均等。确定每个继承人的应继份额，不是以遗产分割的时间为准，而是按照继承开始时确定的遗产总额来计算的。同时，在分配遗产时，根据继承人的具体情况，有的应当予以照顾，有的可以多分，有的应当不分或少分。对于需要加以特别考虑的继承人的具体情况，也应当以继承开始时继承人的状况为准。

（五）确定放弃继承权及遗产分割的溯及力

根据我国继承法的规定，继承人在继承开始后至遗产分割前，可以放弃继承权。继承人放弃继承权，从继承开始就对遗产不享有任何权利。放弃继承的效力，追溯到继承开始的时间。继承开始后，继承人可以具体确定遗产的分割时间。但无论何时分割遗产，其效力都应溯及继承开始时。即从继承开始时起，因分割而分配给继承人的财产，在继承开始时已专属于继承人所有。

（六）确定遗嘱的效力

遗嘱是遗嘱人生前处分其死后遗留财产的一种法律行为。遗嘱虽然是遗嘱人生前的意思表示，但发生效力的时间却是在继承开始之时，即遗嘱人死亡之时。在继承开始之前，遗嘱尚不发生法律效力，遗嘱人可以变更或撤销遗嘱。继承开始，遗嘱即发生法律效力，同时也就具有了管理力。在有的情况下，遗嘱是否合法亦取决于继承开始。例如，遗嘱是否为缺乏劳动能力又没有生活来源的继承人保留了必要的遗产份额，就应按遗嘱生效时该继承人的具体情况确定，而遗嘱生效的时间则取决于继承何时开始。

（七）确定 20 年最长时效的起算点

继承人享有继承回复请求权，在其继承权受到侵害时，可以行使该请求权，请求人民法院予以保护。依照《民法典》的规定，继承权受到侵害的，从继承人知道或者应当知道其权利被侵犯之日起计算，但自继承开始之日起超过 20 年的，不得再提起诉讼。因此，继承开始是确定 20 年最长时效的起算点。

二、继承开始的时间

（一）自然死亡时间的确定

受医学发展的影响，民法上关于自然死亡的认定历来有不同的观点，如脉搏停止说、心脏搏动停止说、呼吸停止说、脑死亡说等。目前，在医学界较有影响的是脑死亡说。受其影响，民法上也有采用脑死亡说的趋势。《民法典》第 15 条规定，自然人的死亡时间，以死亡证明记载的时间为准；没有死亡证明的，以户籍登记或者其他有效身份登记记载的时间为准。有其他证据足以推翻以上记载时间的，以该证据证明的时间为准。

（二）宣告死亡时间的确定

宣告死亡是指自然人离开自己的住所，下落不明达到法定期限，人民法院经利害关系人的申请，依法宣告失踪人死亡的法律制度。关于宣告死亡时间的确定，《民法典》第48条规定，被宣告死亡的人，人民法院宣告死亡的判决作出之日视为其死亡的日期；因意外事件下落不明宣告死亡的，意外事件发生之日视为其死亡的日期。

（三）相互有继承权的继承人在同一事故中的死亡时间的确定

《民法典》第1121条第2款规定，相互有继承关系的数人在同一事件中死亡，难以确定死亡时间的，推定没有其他继承人的人先死亡。都有其他继承人，辈份不同的，推定长辈先死亡；辈份相同的，推定同时死亡，相互不发生继承。这一规定充分考虑到了保护和尊重继承人的利益与自然规律，有利于确定死亡的时间。

三、继承开始的地点

继承开始的地点是继承人参与继承法律关系、行使继承权、接受遗产的场所。继承开始的地点是决定诉讼管辖法院的准据点，是决定财产价值评估的标准地，所以，正确确定继承开始的地点具有重要的意义。

《民法典》没有规定继承开始的地点。但是，《民事诉讼法》对继承纠纷所引发诉讼的法院管辖地作了专门规定，该法第34条第3项规定："因继承遗产纠纷提起的诉讼，由被继承人死亡时住所地或者主要遗产所在地人民法院管辖。"这实质上确认了继承开始的地点为被继承人死亡时的住所地和主要遗产所在地。

以被继承人死亡时的住所地和主要遗产所在地为继承开始的地点，符合我国的国情。依照《民法典》第25条的规定，自然人以户籍登记或者其他有效身份登记记载的居所为住所；经常居所与住所不一致的，经常居所为住所。我国住所的确定充分考虑到了我国人口众多、流动性较大的特点。另外，以被继承人的住所地和主要遗产所在地为继承开始的地点，更能充分保障继承纠纷在最有利于查清案情、最有利于保护各方当事人的地方得到解决。

四、继承开始的通知

被继承人死亡时，并非所有的继承人都能够知道被继承人已经死亡，有的人甚至不知道自己被指定为继承人。于是这就有一个继承开始的通知的问题，即需要将被继承人死亡的事实通知给继承人和遗嘱管理人，以便继承人及时行使继承权，遗嘱管理人及时履行职务。

《民法典》第 1150 条规定："继承开始后，知道被继承人死亡的继承人应当及时通知其他继承人和遗嘱执行人。继承人中无人知道被继承人死亡或者知道被继承人死亡而不能通知的，由被继承人生前所在单位或者住所地的居民委员会、村民委员会负责通知。"依照该规定，负有通知义务的第一义务人是知道被继承人死亡的继承人和遗嘱管理人，第二义务人是被继承人生前所在单位或住所地的居民委员会、村民委员会。被继承人生前所在单位或住所地的居民委员会、村民委员会担任通知人，只适用于继承人中无人知道被继承人死亡或知道被继承人死亡而不能通知的情形。

第三章 法定继承

第一节 法定继承概述

一、法定继承的概念

所谓的法定继承，是指根据法律直接规定的继承人的范围、继承人继承的先后顺序、继承人继承的遗产份额以及遗产的分配原则来继承被继承人遗产的一项法律制度，又被称为"无遗嘱继承"。"无遗嘱继承"相对于"遗嘱继承"是更为古老的一个制度。[①] 但在人类历史上，生活在不同地区的人们，有关继承的观念和传统习惯不尽相同，所以有的偏重遗嘱继承，有的偏重法定继承。前者如古罗马，后者如我国古代以及古日耳曼民族等。[②]

在我国古代奴隶社会，身份继承是财产继承的前提和根据，实行将权力、地位、财产融为一体的宗法继承制度。封建社会与之一脉相承，遗产继承以宗祧继承为前提，有宗祧继承权的人，必然有遗产继承权。财产继承人只限于直系卑亲属中的男子，女子无继承权，只有在"户绝时"，才能成为遗产承受人。到中华民国时期，仿效资本主义国家继承立法规定了法定继承制度，取消宗祧继承，单行财产继承。其中关于"无直系血卑亲属者，得以遗嘱指定继承人，指定继承人与被继承人之关系，除法律另有规定外，与婚生子女同"的规定，实际是认可变相立嗣，表明其仍留有宗祧继承的残余。

中华人民共和国成立后，彻底废除了过去的一切旧法律，有关部门结合我国实际情况制定了一系列民事政策和法律，其中有许多关于法定继承的规定，特别是最高人民法院先后（如 1963 年 8 月、1979 年 2 月、1984 年 8 月等）在有关司法解释中，对法定继承人的范围、继承顺序、继承份额、遗产分配原则等作了较为系统、全面的规定。1985 年，在结合我国国情及总结继承立法及司法经验的基础上，制定了《继承法》，该法较系统地规定了我国的法定继承制度。2020 年出台的《民法典》，在整合民法总则与继承法的基础上，结合时代背景，在继承编中规定了较为完善的继承体系。

---

① [英] 亨利·詹姆斯·萨姆那·梅因：《古代法》，沈景一译，商务印书馆 1959 年版，第 112 页。
② 张玉敏：《继承法律制度研究》，法律出版社 1999 年版，第 189 页。

二、法定继承的特点

(一) 法定继承是遗嘱继承的补充

法定继承与遗嘱继承是近代继承法上的两种最为重要的继承方式，但由于遗嘱继承体现了被继承人的愿望，所以遗嘱继承优先于法定继承而适用，即有遗嘱时适用遗嘱继承，无遗嘱时才适用法定继承。在效力上，遗嘱继承的效力优先于法定继承。继承开始后，可适用遗嘱继承的，应先适用遗嘱继承；不适用遗嘱继承时，才能适用法定继承。因此，法定继承具有对遗嘱继承的补充的特点。

(二) 法定继承能够限制遗嘱继承

遗嘱继承直接体现被继承人的意愿。因为遗嘱是被继承人直接的意思表示，但是在遗嘱继承中，立遗嘱人也不能违反法律的限制规定，许多国家的法律规定了法定继承人的特留份，即被继承人在遗嘱中必须为法定继承人保留的遗产份额。在我国，遗嘱人也必须在遗嘱中为缺乏劳动能力又没有生活来源的法定继承人保留必要的遗产额。因此尽管遗嘱继承适用在先，法定继承适用在后，但遗嘱继承的适用范围受到法定继承的限制。

虽然遗嘱继承优先于法定继承而适用，但被继承人的遗嘱也受一定的限制，如许多国家的法律中规定有必留份制度。必留份是被继承人在遗嘱中必须为法定继承人保留的遗产份额，被继承人处分必留份的，该处分无效。从遗嘱处分受必留份限制的角度而言，法定继承也是对遗嘱继承的一种限制。

(三) 法定继承以一定的身份关系为前提

法定继承中的继承人是由法律直接加以规定的，而不是由被继承人指定的。法律规定法定继承人的依据一般是继承人与被继承人之间的亲属关系。也就是说，法定继承人一般只是与被继承人之间有亲属关系的人。只有少数国家的法律规定无亲属关系的人在一定条件下，也可为法定继承人。亲属关系是一种身份关系。从这个意义上说，法定继承具有以身份关系为基础的特点。

(四) 法定继承的规范具有强行性

在法定继承中，不仅继承人的范围是由法律直接规定的，而且继承人参加继承的顺序、继承的遗产份额也是由法律直接规定的。任何人不得改变法律规定的继承人的范围和继承的先后顺序。继承人在继承遗产时必须按照法律规定的应继份额及遗产分配原则来分配遗产。

三、法定继承的适用

(一) 遗嘱优先原则

法定继承的适用以无遗嘱继承为前提，这是各国继承立法的通例，否则，遗嘱就失去了存在的价值。在我国现实生活中，法定继承是人们继承遗产的一种主要方式。《民法典》第1123条规定："继承开始后，按照法定继承办理；有遗嘱的，按照遗嘱继承或者遗赠办理；有遗赠扶养协议的，按照协议办理。"遗赠扶养协议并非继承方式，而是一种双务合同。由于遗赠扶养协议体现了双方当事人的意愿，关系到扶养义务人与被继承人的生前利益，所以遗赠扶养协议优先于任何一种继承方式而适用。

(二) 适用法定继承的情形

依《民法典》第1154条的规定，法定继承适用以下情况：(1) 遗嘱继承人放弃继承或者受遗赠人放弃受遗赠；(2) 遗嘱继承人丧失继承权或者受遗赠人丧失受遗赠权；(3) 遗嘱继承人、受遗赠人先于遗嘱人死亡或者终止；(4) 遗嘱无效部分所涉及的遗产；(5) 遗嘱未处分的遗产。

在以上前三种情况下，全部遗产适用法定继承；在后两种情况下，相应部分的遗产适用法定继承。

第二节　法定继承人的范围和顺序

一、确定法定继承人范围的依据

法定继承人的范围是指适用法定继承方式时，哪些人可以作为被继承人遗产的继承人确定法定继承人的范围，是法定继承的首要问题。从各国继承立法看，确定法定继承人范围的依据主要是婚姻关系和血缘关系。随着社会发展，现代一些国家突破了传统的以血缘关系和婚姻关系作为取得法定继承权根据的原则，把与被继承人形成扶养关系（或共同生活关系）也作为取得法定继承权的根据之一。

(一) 基于婚姻关系取得法定继承权

配偶继承权是基于婚姻关系而产生的一种法定继承权。男女双方结婚以后，组成家庭生儿育女，共同劳动和生活，相互间产生一系列权利义务关系，如夫妻同居义务、夫妻扶养义务、夫妻财产权、夫妻继承权（配偶继承权）等。由于婚姻关系是血缘关系产生的前提，血缘关系是婚姻关系派生出来的，因此，婚姻关系在家庭关系中居于最核心的地位，它对家庭的幸福和睦和人类的繁衍起着决定性作用。随着核心家庭的普及，夫妻关系在家庭关系中的地位越来越重要，因此，现代社会许多国家的继承立法都十分重视配偶继承权，把婚姻关系作为取得法定继承权的依据，以保护生存配偶的合法权益。

（二）基于血缘关系取得法定继承权

血亲继承权是基于血缘关系而产生的一种法定继承权。基于血缘关系而取得继承权是人类社会延续的需要。家庭是社会的细胞，养老育幼是家庭的重要职能之一，晚辈血亲被视为长辈血亲生命的延续，长辈的财产除用于自己生活所需之外，主要用于养老育幼满足家庭生活需要。因此，古今中外的继承立法都十分注重保障血亲继承权，把血缘关系作为取得法定继承权的依据。

（三）基于扶养关系取得法定继承权

以婚姻关系和血缘关系为基础取得法定继承权，是古今中外继承立法的通例。但随着社会的发展，现代一些国家的继承立法，已突破传统的法定继承权取得根据，而把扶养关系也作为取得法定继承权的根据之一。如1922年《苏俄民法典》把与死者生前共同生活1年以上的无劳动能力的人列入法定继承人范围，捷克斯洛伐克、保加利亚等国也把与死者生前共同生活、共同经管并关心家产或实行照顾的人，列入法定继承人的范围。我国《继承法》则把有扶养关系的继父母继子女、对公婆或岳父母尽了主要赡养义务的丧偶儿媳或丧偶女婿，列入法定继承人的范围。这些规定有利于家庭成员互相帮助、养老育幼，巩固社会主义家庭关系。基于上述法定继承权取得的根据，现代各国继承法规定的法定继承人范围主要由两种人组成：一是血亲，包括自然血亲和拟制血亲；二是配偶。此外，一些国家还把与被继承人有扶养关系或共同生活关系的人，如扶养被继承人的人或被继承人生前扶养的人，以及被继承人生前与其共同生活的人，列入法定继承人的范围。

二、我国法定继承人的范围

根据《民法典》的规定，法定继承人包括配偶、子女、父母、兄弟姐妹、祖父母、外祖父母，以及对公婆或岳父母尽了主要赡养义务的丧偶儿媳或丧偶女婿。

（一）配偶

配偶是合法婚姻关系存续期间相互的称谓，因此，夫妻互为配偶。在古代社会，丈夫对妻子的财产有继承权，而妻子对丈夫的财产或无继承权，或仅有受限制的继承权，或仅有用益权。但在现代社会，配偶相互间享有继承权已是各国立法上的通例，这是承认男女平等的近代法律思想的产物。

配偶间享有继承权以双方有合法婚姻关系为前提。没有合法的婚姻关系，或者婚姻无效、被撤销，则双方没有合法的配偶身份，自不享有继承权。对于配偶间的继承权，以下几个问题值得注意。

1. 男女双方已经办理了结婚登记，但没有共同生活

虽然我国有举办婚礼仪式的传统，但我国法律采纳了以登记作为婚姻成立的形式要件，即认定婚姻关系是否成立，以男女双方是否自愿到婚姻登记机关办理登记手续为准。办理了登记手续的，就具有了合法的夫妻关系；未办理登记手续的，就不具有合法的夫妻关系。至于男女双方在办理结婚登记手续后，因种种原因没有共同生活的，并不影响婚姻的效力，他们仍然是法律认可的合法夫妻关系，当一方死亡时，生存的一方有权以配偶的身份继承死者的遗产。

2. 法院判决离婚，但离婚判决书尚未生效时一方死亡

此时，配偶双方尚未解除婚姻关系，不应剥夺其继承遗产的权利。一方面，夫妻离婚的原因有很多，虽然法律规定以感情破裂作为判决离婚的标准，但实践中确认感情是否破裂是综合考虑各种因素来确定的。有时感情尚在，但无法共同生活，不得不离婚的情形也是存在的，不见得被裁判离婚的双方都不希望对方继承自己的财产。另一方面，法定继承人范围的确定考虑的不只是被继承人的意愿，还有家庭共同生活、死后扶养等诸多因素。夫妻离婚前毕竟在一起生活，有共同生活的基础，对于对方财产的积累或多或少都作出过贡献，在婚姻关系还没有完全解除时，剥夺其继承权也有失公平。

3. 男女双方未经登记结婚

未按有关规定办理结婚登记而以夫妻名义共同生活的男女，同居期间一方死亡的，如果双方同居关系发生在《婚姻登记管理条例》公布、实施以前，双方成立事实婚姻，未死亡的一方可以以配偶身份对死亡一方的遗产享有继承权。如果双方同居关系发生在《婚姻登记管理条例》公布、实施以后，在一方死亡前，双方已经补办了结婚登记手续的，则为合法的夫妻关系，未死亡的一方可以以配偶身份继承死亡一方的遗产；双方没有补办结婚登记手续的，则不具有合法夫妻关系，未死亡的一方不能够以配偶身份继承死亡一方的遗产。当然，如果双方确实在一起生活了较长时间，且形成一定的扶养关系，符合酌情分得遗产的法定条件，则可以允许未死亡一方适当分得遗产。

（二）子女

子女是被继承人最近的直系晚辈血亲，不论在任何国家、任何时代，子女都是最基本的继承人。依据《民法典》第 1127 条第 1 款第 1 项和第 3 款的规定，子女是第一顺序继承人。子女包括婚生子女、非婚生子女、养子女和有扶养关系的继子女。

1. 婚生子女

婚生子女是在合法婚姻关系存续期间受孕或所生育的子女。婚生子女，不论是儿子还是女儿，不论是随父姓还是随母姓，不论是已婚还是未婚，都有继承父母的遗产的权利。在确认婚生子女的继承权时，必须坚持平等原则。

2. 非婚生子女

非婚生子女是没有合法婚姻关系的男女所生育的子女。我国法律认可非婚生子女与婚生子女有同等的继承权。《民法典》第 1071 条第 1 款规定："非婚生子女享有与婚生子女同等的权利，任何组织或者个人不得加以危害和歧视。"这条规定是科学而进步的，原因在于，虽然子女是由父母未经结婚登记或不道德的两性关系所生育，但错不在子女，不应当用惩罚子女的方式来惩罚非婚生子女的父母的不道德行为。承认非婚生子女与婚生子女享有平等继承权，也实现了继承权真正平等，并且践行了养老育幼的优良传统。

3. 养子女

养子女是指被收养的子女。在对待养子女的态度问题上，我国是保护措施比较完善的国家之一。我国视收养关系为拟制的血亲关系，收养关系一经成立，即产生两个后果：一是确立了养父母子女间的权利和义务关系，二是解除了养子女与亲生父母之间的权利和义务关系。养子女与养父母之间的权利和义务关系，与婚生子女和父母之间的权利和义务关系相同，因此，养子女与婚生子女享有同样的继承权，不仅可以继承养父母的遗产，还可以继承养父母的近亲属的遗产。收养关系成立后，养子女不再享有继承生父母以及生父母近亲属的遗产的权利。但现实生活中，一些被收养人与养父母和生父母都保持着密切关系，其既对养父母尽了赡养义务也给予了生父母较多帮助。为鼓励这些被收养人赡养、扶助老人的行为，在司法实践中，被收养人对养父母尽了赡养义务，同时又对生父母扶养较多的，除可依照《民法典》第 1127 条的规定继承养父母的遗产外，还可依照《民法典》第 1131 条的规定分得生父母的适当的遗产。

关于养子女的继承权，有三个问题值得注意。

（1）寄养子女。在现实生活中，有的未成年人因父母死亡或家庭生活困难等原因被寄养在亲戚朋友家里。虽然被寄养人与寄养人可能长期在一起共同生活，有些甚至以父子、母子相称，但只要没有办理收养登记手续，双方就不属于养父母子女关系，被寄养人不能继承寄养人的遗产，只能继承生父母的遗产。寄养人如果与被寄养人符合《民法典》第 1131 条的规定，可以酌情分得适当遗产。

（2）养孙子女。在收养关系中，有的收养人与被收养人年纪相差悬殊，彼此之间以（外）祖父母和（外）孙子女相称。实际上，这仍是养父母子女关系，彼此间发生父母和子女的权利和义务关系。

（3）"过继子"。对于我国民间习俗中存在的"过继子"，应区分不同情况讨论。我国目前"过继"的情形大体有两种：一种是在被继承人生前"过继"。生前"过继"又分为与被继承人形成事实扶养关系和与被继承人没有形成事实扶养关系两种情形。另一种是被继承人死后"过继"。被继承人生前没有形成事实上扶养关系的"过继"与被继承人死后"过继"，这实质上是纯粹为了封建性质的传宗接代而"过继"。对于这种"过继"关系，"过继子"与被继承人之间无任何法律上的权利和义务关系，"过继子"当然也不享有继承权。

对于生前"过继"而又形成事实扶养关系的，依据是在《收养法》实施之前"过继"，还是在《收养法》实施之后"过继"而有不同的效果：在《收养法》实施之前"过继"又实际上有扶养关系的，属于事实收养，可以适用养父母与养子女之间的权利和义务关系的规定，二者相互间享有继承遗产的权利；在《收养法》实施之后的"过继"，即使有实际上的扶养关系，由于法律不再认可事实收养，也不能适用养父母与养子女之间的权利和义务关系的规定，二者相互间不享有继承遗产的权利，但因有事实上的扶养关系，所以可以适用《民法典》第1131条的规定。

4. 继子女

继子女是指妻子与前夫或者丈夫与前妻所生的子女。继子女与继父母之间的关系，是因为其父母一方死亡而另一方再结婚或者双方离婚后再结婚而形成的一种亲属关系，继子女能否成为继父母的法定继承人，取决于他们之间是否形成扶养关系。未形成扶养关系的继父母与继子女之间只是一种姻亲关系，他们之间相互没有继承权；而形成了扶养关系的继父母与继子女之间具有法律上的拟制血亲关系，他们之间具有与自然血亲的父母子女间相同的权利和义务，相互间有继承权。形成扶养关系的继子女与继父母之间的关系虽然也是一种拟制血亲关系，但和养子女与养父母之间的拟制血亲关系不同。继子女与继父母之间的关系不是因收养而成立的，继子女与生父母之间的权利、义务也不因其母或父的再结婚而解除。所以，继子女与养子女在继承法上的地位是不同的。这主要表现在以下方面。

（1）并不是所有的继子女都有权继承继父母的遗产。依《民法典》第1127条的规定，作为法定继承人的子女中所包括的继子女，仅是"有扶养关系的继子女"。所以，继子女有无继承权，决定于其与继父母之间有无扶养关系：有扶养关系的继子女有权继承继父母的遗产；没有扶养关系的继子女无权继承继父母的遗产。

（2）继子女有权继承生父母的遗产。因为继子女对继父母之遗产的继承权并不决定于其与生父母的关系，所以继子女继承继父母的遗产并不影响其对生父母的遗产享有继承权。有扶养关系的继子女继承了继父母的遗产的，仍有权继承生父母的遗产；反之，继承了生父母的遗产的继子女，只要与继父母形成扶养关系，仍有权继承继父母的遗产。正是在这个意义上说，继子女有"双重继承权"。

（三）父母

父母是子女最近的直系血亲尊亲属，几乎所有国家都认可父母有继承子女遗产的权利。在我国，《民法典》第 1070 条规定：父母和子女有相互继承遗产的权利。该规定中的父母，包括生父母、养父母和有扶养关系的继父母。

1. 生父母

生父母对其亲生子女有继承权。生父母对婚生子女有继承权，对非婚生子女同样有继承权。生父母享有对子女的继承权不以履行了抚养义务为条件，但亲生子女被他人收养的，则在收养关系解除前，生父母不得继承该子女的遗产。即使在收养关系解除后，如果该子女已经成年，但相互间对于父母子女关系恢复没有形成一致意见的，生父母对该子女的遗产依然没有继承权。

2. 养父母

基于收养的效力，养父母对养子女在收养关系解除前当然享有继承权。但是，一旦收养关系解除，不论解除原因为何，双方的权利和义务关系都终止，双方不再享有互相继承遗产的权利。

3. 继父母

继父母与继子女之间在继承法上的关系依相互间的扶养关系而定，而不由继子女与其生父母的关系来决定。继父母与继子女之间已经形成扶养关系的，继父母有权继承继子女的遗产。如果继父母与继子女之间并未形成实际的扶养关系，则继父母无权继承继子女的遗产。与继子女形成扶养关系的继父母也有双重继承权，其既可以继承其亲生子女的遗产，也可以继承其继子女的遗产。

（四）兄弟姐妹

兄弟姐妹是最近的旁系血亲，法律将兄弟姐妹规定为法定继承人。根据《民法典》第 1127 条第 5 款的规定，继承法上所说的兄弟姐妹，包括同父母的兄弟姐妹、同父异母或者同母异父的兄弟姐妹、养兄弟姐妹、有扶养关系的继兄弟姐妹。

1. 同父母的兄弟姐妹

同父母的兄弟姐妹是全血缘的兄弟姐妹，相互之间享有平等的继承权。这在各国都无例外。

2. 同父异母或者同母异父的兄弟姐妹

同父异母、同母异父的兄弟姐妹是半血缘的兄弟姐妹，半血缘的兄弟姐妹在各国继承法上的法律地位略有差异。一些国家承认半血缘的兄弟姐妹与全血缘的兄弟姐妹一样享有继承权，而有的国家则对半血缘的兄弟姐妹的继承权加以限制，如《日本民法典》第900条规定："同父异母或同母异父的兄弟姐妹的应继份为同胞兄弟姐妹应继份的二分之一。"在我国，《民法典》坚持继承权平等原则，半血缘的兄弟姐妹与全血缘的兄弟姐妹一样，相互享有继承遗产的权利。

3. 养兄弟姐妹

养兄弟姐妹之间是否享有继承权，各国的规定有很大差异。在我国收养具有绝对效力，收养关系一经成立，被收养人就与生父母及生父母方面的亲属之间断绝了所有法律上的权利和义务关系，而与养父母及养父母的亲属之间成立了法律上的权利和义务关系。因此，养子女与生子女之间、养子女与养子女之间，系养兄弟姐妹，可互为第二顺序继承人。被收养人与其亲兄弟姐妹之间的权利和义务关系，因收养关系的成立而消除，不能互为第二顺序继承人。

4. 继兄弟姐妹

继兄弟姐妹之间并不当然地享有相互继承遗产的权利，依《民法典》第1127条的规定，只有形成扶养关系的继兄弟姐妹之间才有相互继承遗产的权利。由于继兄弟姐妹之间的继承权是基于扶养关系而成立的，因而，其是否继承了亲兄弟姐妹的遗产与其能否继承继兄弟姐妹的遗产无关。有扶养关系的继兄弟姐妹既有权继承继兄弟姐妹的遗产，也有权继承亲兄弟姐妹的遗产。

（五）祖父母、外祖父母

祖父母是父亲的父母，外祖父母是母亲的父母。《民法典》规定了祖父母、外祖父母的继承权。继承法上的祖父母，包括亲祖父母、亲外祖父母、养祖父母、养外祖父母、有扶养关系的继祖父母和有扶养关系的继外祖父母。

（六）对公婆、岳父母尽了主要赡养义务的丧偶儿媳、女婿

《民法典》第1129条规定："丧偶儿媳对公婆，丧偶女婿对岳父母，尽了主要赡养义务的，作为第一顺序继承人。"在司法实践中，丧偶儿媳、丧偶女婿对被继承人的生活提供了主要经济来源，或在劳务等方面给予了主要扶助的，应当认定其尽了主要赡养义务或主要扶养义务。只要丧偶的儿媳对公婆或者丧偶女婿对岳父母尽了主要赡养义务，不论其在丧偶后是否再婚，也不论其是否有代位继承人代位继承，都为法定继承人。

三、法定继承人的顺序

（一）确定继承顺序的依据

综观各国继承法，除配偶外，其他血亲继承顺序的确定主要依据的是血缘关系的远近。我国的情况稍显复杂，主要依据如下。

1. 血亲关系的亲疏

血亲关系的亲疏是决定亲属继承顺序的最主要的依据，我国继承法也采亲等近者优先原则，如父母、子女是较兄弟姐妹及祖父母、外祖父母更近的血亲，所以处于第一顺位。

2. 生活关系的依赖程度

在我国继承法中，长期的共同生活关系或者扶养关系在确定继承顺序方面也起着极为重要的作用。我国不仅将有扶养关系的继亲属视为拟制血亲关系，列入法定继承顺序，使之与自然血亲处于同等的继承地位，如有扶养关系的继子女与继父母、有扶养关系的继兄弟姐妹之间可以作为第一、第二顺序继承人，而且还把对公婆尽了主要赡养义务的丧偶儿媳、对岳父母尽了主要赡养义务的丧偶女婿列入法定继承的第一顺序。

3. 相互法定义务的性质

相互之间的法定扶养义务对于确定继承顺序也有很大的影响。如在我国婚姻家庭法中，配偶、父母、子女是法定的第一顺位的扶养义务人，所以为第一顺序继承人；兄弟姐妹、祖父母、外祖父母是第二顺位的法定扶养义务人。只有在没有第一顺位扶养义务人或者第一顺位扶养义务人没有扶养能力时，才需要第二顺位的扶养义务人尽扶养义务，第二顺位的扶养义务人所负法定义务的性质就决定了其应是第二顺序继承人。

（二）我国法定继承人的顺序

依照《民法典》第 1127 条和第 1129 条的规定，在我国法定继承人的继承顺序如下：第一顺序继承人为配偶、子女、父母、对公婆和岳父母尽了主要赡养义务的丧偶儿媳、丧偶女婿，第二顺序继承人为兄弟姐妹、祖父母、外祖父母。

从《民法典》的规定可以看出，在我国，配偶是固定顺序的继承人，血亲则按亲等的远近确定继承顺序。此外，我国继承法还将一定的扶养关系作为确定继承人范围和顺序的依据，如规定对公婆和岳父母尽了主要赡养义务的丧偶儿媳、丧偶女婿可以作为第一顺序继承人。另外，第一顺序继承人中的子女包括形成扶养关系的继子女，第二顺序继承人中的兄弟姐妹包括有扶养关系的继兄弟姐妹，第二顺序继承人中的祖父母、外祖父母包括形成扶养关系的继祖父母、继外祖父母。在《民法典》中，祖父母与外祖父母为第二顺序继承人，而孙子女与外孙子女并非第二顺序继承人，其只能在父母死亡时代位继承祖父母、外祖父母的遗产。

（三）继承顺序的效力

第一顺序继承人优先于第二顺序继承人继承遗产。《民法典》第 1127 条第 2 款规定，继承开始后，由第一顺序继承人继承，第二顺序继承人不继承。没有第一顺序继承人继承的，由第二顺序继承人继承。

在同一继承顺序内，各继承人继承权平等。首先，各继承人同时继承，不分先后，不存在排列前后决定继承先后的问题。其次，除法律另有规定或者当事人另有约定外，继承人继承遗产的份额应当均等，同一顺序中排列在前的继承人也没有多分遗产的权利。

（四）相互有继承关系的数人在同一事件中死亡的先后顺序推定

《民法典》第 1121 条第 2 款规定："相互有继承关系的数人在同一事件中死亡，难以确定死亡时间的，推定没有其他继承人的人先死亡。都有其他继承人，辈份不同的，推定长辈先死亡；辈份相同的，推定同时死亡，相互不发生继承。"增加的这一新规则，借鉴的是《最高人民法院关于贯彻执行〈中华人民共和国继承法〉若干问题的意见》第 2 条规定的规则，除了文字的技术性修改外，具体规范内容没有变化。[①]

在继承权的法律规定中，如果相互有继承关系的数人在同一事件中死亡，其先后顺序推定是一项涉及继承细节的重要法律原则。这个问题可能在不同的继承案件中出现，例如在一场事故中涉及多名继承人，或者在传染病等突发事件中发生。在这种情况下，法律需要根据相关规定和证据，推定这些相互有继承关系的人的死亡先后顺序，以决定继承权的归属。

在不同国家和地区，关于相互有继承关系的数人在同一事件中死亡的先后顺序推定可能存在一些差异。

1. 同时死亡推定

在一些地区的法律中，如果无法确定死亡的先后顺序或相互有继承关系的人在事故中几乎同时死亡，可能会采取同时死亡的推定原则。这意味着根据法律将这些继承人视为同时死亡，继承权将根据其他法定规定或遗嘱进行确定。

2. 年长优先推定

在一些法律体系中，可能会采取年长优先的推定原则。按照这个原则，认为年龄较大的继承人比年龄较小的继承人先去世。这样的推定通常适用于没有足够证据证明先后顺序的情况。

3. 近亲优先推定

在一些法律体系中，可能会根据继承人的亲属关系进行推定。例如，认为父母或子女比其他亲属更有可能是较早去世的。这样的推定通常适用于无法确定先后顺

---

① 杨立新：《我国继承制度的完善与规则适用》，载《中国法学》2020 年第 4 期。

序的情况。

相互有继承关系的数人在同一事件中死亡的先后顺序推定是一项较为复杂的法律问题，应制定明确的法律规定，明确相关的推定原则和依据。这样可以避免不同地区或案件之间出现不一致的情况，提高继承权的确定性。在推定先后顺序时，可以考虑当事人的意愿，例如根据遗嘱或生前协议等文件来确定。这可以更好地尊重当事人的意愿，并避免争议。在没有明确的证据证明先后顺序的情况下，可以考虑相关的证据，如事故发生时的具体情况、尸体的发现时间等。这些证据可以提供一定的参考，帮助推定先后顺序。在实践中，可以考虑制定应急措施，以防止因无法确定先后顺序而导致的财产继承问题。例如，将财产交由公证机关代管，直至确定继承人身份。

总之，相互有继承关系的数人在同一事件中死亡的先后顺序推定是一项具有挑战性的法律问题。通过明确的法律规定、考虑当事人的意愿、相关证据和应急措施，可以更公平合理地确定继承权的归属，维护当事人的合法权益。

第三节　代位继承

一、代位继承的概念

《民法典》第1128条规定，被继承人的子女先于被继承人死亡的，由被继承人的子女的直系晚辈血亲代位继承。被继承人的兄弟姐妹先于被继承人死亡的，由被继承人的兄弟姐妹的子女代位继承。代位继承人一般只能继承被代位继承人有权继承的遗产份额。依照这一规定，代位继承是指在法定继承中，被继承人的子女或者兄弟姐妹先于被继承人死亡时，由被继承人的子女的直系晚辈血亲或者兄弟姐妹的子女代替继承其应继份额的法律制度。其中，被继承人的子女或者兄弟姐妹为被代位继承人，被继承人的子女的直系晚辈血亲或者兄弟姐妹的子女是代位继承人。

代位继承的概念包含以下四层含义。

第一，代位继承只能发生在法定继承中，遗嘱继承中无代位继承的适用。

第二，代位继承发生在被继承人的子女或者兄弟姐妹先于被继承人死亡的情形中。被代位继承人只能是被继承人的子女或者兄弟姐妹。即使其他继承人是在继承开始前死亡，也无代位继承的适用。另外，发生代位继承的唯一原因是被代位继承人先于被继承人死亡，如果被代位继承人丧失继承权，也不能代位继承；并且被代位继承人必须在继承开始前死亡，如果在继承开始后死亡，则发生转继承而非代位继承。

第三，代位继承人是被继承人的子女的直系晚辈血亲或者兄弟姐妹的子女。如果被代位继承人是被继承人的子女，代位继承人不仅包括被代位继承人的子女，还包括其他直系晚辈血亲，并且无辈数限制；如果被代位继承人是被继承人的兄弟姐妹，则代位继承人仅为被代位继承人的子女。

第四，代位继承人继承的份额是被代位继承人应当继承的份额。

二、代位继承的性质

代位继承人代替被代位继承人继承被继承人的遗产，这种权利究竟是代位继承人自己应有的权利，还是代表被代位继承人行使的权利？学说上主要有固有权说和代表权说两种主张。

固有权说认为，代位继承人参加继承是自己本身固有的权利，代位继承人基于自己的权利继承被继承人的遗产，代位继承人的继承权不以被代位继承人享有继承权为前提，只要被代位继承人不能继承，代位继承人就可以代位继承。代表权说认为，代位继承人继承被继承人的遗产不是基于自己本身固有的权利，而是代表被代位继承人参加继承，也就是说代位继承人只有在被代位继承人享有继承权的前提下才能取得被代位继承人的应继份额。在被代位继承人丧失继承权的情况下，不发生代位继承。

《民法典》对代位继承的性质并没有明确规定，司法实践中采取代表权说，即被继承人的子女丧失继承权的，其直系晚辈血亲不得代位继承。同理，被继承人的兄弟姐妹丧失继承权的，其子女不得代位继承。

三、代位继承的条件

代位继承只有在具备法定的条件时才可以适用，这些条件包括以下内容。

（一）被代位继承人于继承开始前死亡

关于代位继承发生的原因，主要有三种立法例：一是被代位继承人死亡是代位继承发生的唯一原因（如《法国民法典》第752条），二是代位继承的发生原因包括被代位继承人死亡和丧失继承权（如《日本民法典》第887条），三是代位继承的发生原因包括被代位继承人死亡、丧失继承权和放弃继承权（如《意大利民法典》第467条）。

我国对代位继承采代表权说，所以被代位继承人死亡是代位继承开始的唯一原因。如果被代位继承人于继承开始后死亡，则因继承已经开始，遗产已经为被代位继承人所取得，只是未来得及分割遗产。此时，只发生转继承而无代位继承，即被代位继承人应得的遗产由其继承人继承。

对于被继承人与被代位继承人同时死亡是否发生代位继承，学说上尚有争论。在我国，对同一事件中死亡的数人采取推定长辈先死的原则，因此一般情况下死亡的时间都会有先后。但实践中被继承人与被代位继承人同时死亡的情况仍有发生的可能性。在这种情形下仍有代位继承的适用，因为这符合代位继承设立的目的，有利于保护代位继承人，也符合公平原则。

（二）被代位继承人须为被继承人的子女或兄弟姐妹

关于哪些人可以作为被代位继承人，各国和地区的规定差异很大，主要有以下几种立法例：（1）限于被继承人的子女；（2）限于被继承人的直系卑亲属；（3）限于被继承人的直系卑亲属、兄弟姐妹及其子女；（4）限于被继承人的直系血亲卑亲属、兄弟姐妹及其直系卑亲属；（5）被继承人的直系卑亲属、父母及其直系卑亲属、祖父母及其直系卑亲属都可以作为被代位继承人；（6）被继承人的直系卑亲属、兄弟姐妹及其直系卑亲属、祖父母外祖父母及其直系卑亲属可作为被代位继承人。在我国，《民法典》规定的被代位继承人的范围较为狭窄，只限于被继承人的子女和兄弟姐妹。

（三）代位继承人为被代位继承人的直系晚辈血亲或子女

在我国，《民法典》第 1128 条第 1 款、第 2 款规定，被继承人的子女先于被继承人死亡的，由被继承人的子女的直系晚辈血亲代位继承；被继承人的兄弟姐妹先于被继承人死亡的，由被继承人的兄弟姐妹的子女代位继承。该条明确规定了被代位继承人是被继承人子女的，代位继承人为被代位继承人的直系晚辈血亲，而且只要是被代位继承人的直系晚辈血亲，都可以代位继承，没有辈数的限制；如果被代位继承人是被继承人的兄弟姐妹的，则代位继承人仅限于被代位继承人的子女。

四、代位继承的应继份额

如果处于同一顺序的被代位继承人有多人，而只有其中一人或数人死亡，则代位继承人只能继承被代位继承人的应继份。这是由按支继承原则决定的。即使是代位继承人有多人，也只能继承被代位继承人的应继份。对此种情况，各国立法无不同规定。

如果处于同一顺序的继承人全部先于被继承人死亡，他们的卑亲属如何继承？对此，有两种不同的立法例：一种是按份均分说，即被代位继承人全部死亡的，其直系卑亲属仍按支进行代位继承（《法国民法典》第 753 条）；另一种是按人均分说，即被代位继承人全部死亡时，其同一顺位的直系卑亲属按人数平均继承遗产（《美国统一继承法典》第 2103 条）。

在我国,《民法典》明确坚持按份均分说,不论被代位继承人是否全部死亡,代位继承人只能继承被代位继承人的份额。《民法典》第 1128 条第 3 款规定:"代位继承人一般只能继承被代位继承人有权继承的遗产份额。"但是,在特殊情况下,代位继承人也可以多分遗产,如代位继承人缺乏劳动能力又没有生活来源,或者对被继承人尽过主要赡养义务的,分配遗产时,可以多分。

五、《民法典》增加规定被继承人的兄弟姐妹的子女可以代位继承

《民法典》对继承权作出了一系列重要的修改和完善。其中,一个重要的新增规定是关于被继承人的兄弟姐妹的子女可以代位继承的条款。《继承法》第 11 条只规定了被继承人的子女的晚辈直系血亲的代位继承,范围比较窄。《民法典》第 1128 条增加第 2 款规定:"被继承人的兄弟姐妹先于被继承人死亡的,由被继承人的兄弟姐妹的子女代位继承。"[①]

被继承人的兄弟姐妹的子女有代位继承权的规定具有重要的价值。它扩大了法定继承人的范围,增强了继承权的公平性与平等性;减少了无人继承遗产的风险,保障了遗产的合理继承;并有助于更好地保护私人财产,维护家族财富的稳定传承。通过这一重要改革,我国的继承制度迈向了更加现代、公平和全面的方向。

根据《民法典》第 1128 条第 2 款的规定,被继承人的兄弟姐妹如果先于被继承人死亡,其子女可以代位继承被继承人的遗产。这意味着,如果被继承人的兄弟姐妹在其死亡前先去世,其子女将有权继承被继承人的遗产,按照其父母(被继承人的兄弟姐妹)应得的继承份额进行分配。

代位继承制度的完善具有重要的实践意义。一是弥补近亲属继承权的缺失。在传统继承规则中,兄弟姐妹在继承权上通常处于较为被动的地位,往往排在远亲属之后。代位继承的规定允许兄弟姐妹的子女在被继承人死亡后有机会继承其财产,使近亲属的继承权得到补充。二是保障兄弟姐妹的后代权益。代位继承规定使得被继承人的财产能够更多地留给直系近亲属,例如被继承人的侄子侄女等后代。这有助于保障兄弟姐妹后代的合法权益,增进家族间的亲情关系。三是推动传统观念的转变。在传统观念中,对于兄弟姐妹继承权的重视较低,继承权主要集中在直系血亲之间。代位继承的规定有助于推动传统观念的转变,重视兄弟姐妹关系,并加强对家族中各个成员权益的保护。

但是,这一条在适用时需要注意以下几点。第一,确定继承资格。代位继承需要确保代位继承人与被继承人的兄弟姐妹之间确实存在直系亲属关系。如果被继承

---

① 杨立新:《我国继承制度的完善与规则适用》,载《中国法学》2020 年第 4 期。

人的兄弟姐妹没有子女，或者子女在被继承人死亡前已经去世，代位继承就不会发生。第二，继承份额的确定。代位继承人继承被继承人的财产时，其继承份额应当按照被继承人的继承顺序确定。即便代位继承人有多名子女，也应按照被继承人的兄弟姐妹在继承中应得的份额进行平分。

《民法典》增加的被继承人的兄弟姐妹的子女可以代位继承的法律规定，有助于弥补传统继承规则中兄弟姐妹继承权的缺失，保障近亲属的继承权利，推动传统观念的转变。在实践中，需要注意确定继承资格和继承份额的问题，以保证代位继承的顺利进行。通过这一规定，我国《民法典》在继承权领域的完善将更加符合现代社会的发展需求，保障个人和家族权益的多样性和平等性。

第四节　转继承

一、转继承的概念和性质

转继承是指继承人在继承开始后、遗产分割前死亡，其所应继承的遗产份额转由其继承人承受的法律制度。对此，《民法典》第1152条规定，继承开始后，继承人于遗产分割前死亡，并没有放弃继承的，该继承人应当继承的遗产转给其继承人，但是遗嘱另有安排的除外。在转继承中，死亡的继承人称为被转继承人，被转继承人的继承人称为转继承人。转继承为本位继承。

继承开始后，继承人放弃继承的，应当在遗产处理前作出放弃继承的表示，没有表示的，视为接受继承。因而，继承开始后，继承人只要没有放弃继承的表示，就取得了遗产的所有权，遗产分割只是法律上的认定或宣示。转继承只是对被转继承人继承的遗产份额的再继承，而非继承权利的移转，即直接继承被转继承人继承的遗产份额即可。如果转继承人放弃对被转继承人的继承权，其实就是继承人放弃了被继承人的继承权，应当依照《民法典》第1124条的规定，在遗产处理前作出书面声明，就不再继承被转继承人的遗产，包括转继承应当继承的份额。

转继承是指被继承人的继承人再次继承被继承人应继承的遗产份额，这并非继承权的转移，而是直接继承了被继承人应继承的遗产份额。如果转继承人希望放弃对被转继承人的继承权，实际上就是放弃了对被继承人的继承权。这时，转继承人应遵循《民法典》第1124条的规定，在遗产处理前书面声明放弃对被转继承人的遗产继承权，包括应继承的份额。

转继承可在法定继承或遗嘱继承情况下发生，但需要满足以下要件：首先，被继承人在其死亡后、遗产分割前去世（包括自然死亡和宣告死亡）；其次，转继承人不能丧失或放弃继承权；最后，转继承应由死亡继承人的继承人继承其应继承的遗产份额。

转继承的效力是指符合了转继承的要件后产生的法律效果。被转继承人的应继份取决于其被继承方式：若被继承人按照法定继承方式继承，则转继承人取得被转继承人的法定继承份额；若被继承人按照遗嘱继承方式继承，则转继承人依照被继承人的遗嘱继承份额。

法定继承人的继承份额是法律规定的，同一顺序继承人继承遗产的份额一般均等，但在特殊情况下也可以不均等。对于继承人以外的依靠被继承人扶养的、缺乏劳动力且无生活来源的人，或继承人以外的对被继承人扶养较多的人，可以分配得到适当的遗产。①

本书认为，转继承的客体是遗产份额而非继承权。首先，继承权是具有人身专属性的财产权利，不能转让、继承。继承权是从被继承人的财产权利到继承人的财产权利的中间过渡形式，其包含对遗产的权利，也包括社员权。虽然继承权本身不能被继承，但其中包含的对遗产的权利可以继承。其次，将被转继承人应继承的遗产份额视为其同配偶的共同财产更符合我国法律的规定。我国采取当然继承主义，继承开始后，继承人没有表示放弃继承的，就视为接受继承，被继承人原享有的财产权利义务在继承开始时就由继承人承受，在被继承人死亡后、遗产分割前，继承人应得的遗产份额就已经是继承人的财产。

《民法典》第 1062 条和第 1063 条规定，除夫妻另有约定外，夫妻一方继承所得的财产为夫妻在婚姻关系存续期间所得的财产，归夫妻共同所有。《民法典》第1153 条第 1 款也规定，夫妻共同所有的财产，除有约定的以外，遗产分割时，应当先将共同所有的财产的一半分出为配偶所有，其余的为被继承人的遗产。因此，在转继承中，应先将被转继承人应继承的遗产份额作为其同配偶的夫妻共同财产进行分割，而后，属于被转继承人的部分，再由其合法继承人继承。

二、转继承的条件

根据《民法典》第 1152 条的规定，转继承的发生应当具备以下条件。

（一）被转继承人于继承开始后、分割前死亡

转继承是因继承人于实际取得被继承人的遗产前死亡才发生的法律现象。继承人对遗产的权利是体现在应继承的份额上，而不是体现在对具体遗产的所有权上。

---

① 杨立新：《我国继承制度的完善与规则适用》，载《中国法学》2020 年第 4 期。

继承人于继承开始后、遗产分割前死亡的，继承人应当承受的遗产份额由其继承人继承。如果继承人在继承开始前死亡，则发生代位继承；如果继承人在遗产分割之后死亡，也不会发生转继承，因其所得的遗产经确定并具体接受，继承权已转化为特定财产的单独所有权，其继承人可直接继承。

（二）被转继承人未丧失继承权或放弃继承权

转继承是应继承份额的转移，是将被转继承人应继份额转由其继承人承受，因此，转继承必须建立在被转继承人接受继承、享有遗产应继份额的基础上。如果丧失或放弃继承权，则被转继承人不能再继承被继承人的遗产，因而也就不可能发生转继承。

（三）遗嘱没有另外安排

在通常情况下，具备上述两个条件，转继承就可以发生。但是，如果遗嘱中有另外安排的，则可以排除转继承的适用。例如，被继承人在遗嘱中指定遗产由甲继承，但同时指定在甲死亡后，指定的遗产由甲的儿子乙继承，这就是后位继承制度。可见，《民法典》有条件地承认了后位继承，即仅限于在继承开始后、遗产分割前这段时间内承认后位继承。在遗产分割后，不再发生后位继承。

三、转继承与代位继承的区别

从一定意义上说，转继承是由被继承人之继承人的继承人直接取得被继承人的遗产的制度，因而与代位继承有相似之处。但转继承与代位继承是完全不同的法律制度，二者有着根本性的区别，主要体现在以下几个方面。

（一）性质不同

转继承是两个本位继承的连续，首先是被转继承人直接继承被继承人的遗产，其次是由转继承人直接取得被转继承人的遗产，可见，转继承具有连续继承的性质。而代位继承与本位继承相对应，是由代位继承人继承被继承人的遗产而非被代位继承人的遗产。可见，代位继承具有替补的性质。

（二）发生条件不同

转继承发生在继承开始之后、遗产分割前继承人死亡的情形，而代位继承则发生在继承人先于被继承人死亡的情形。

（三）主体不同

在转继承的情况下，享有转继承权的人并不局限于被转继承人的直系晚辈血亲，还包括被转继承人的其他法定继承人，如配偶、父母、兄弟姐妹、祖父母、外祖父母；而代位继承人只能是被继承人的子女的直系晚辈血亲或者被继承人的兄弟姐妹的子女。

（四）适用范围不同

转继承不仅适用于法定继承，也适用于遗嘱继承；而代位继承只适用于法定继承。

第五节 应继份与遗产酌给

一、应继份

（一）应继份的概念

继承开始后，如由一名继承人单独继承，就由他取得全部遗产，并承担清偿被继承人债务的责任，也就不存在划分应继份问题。[①] 如由数人共同继承，会产生同一顺序数名共同继承人之间，如何确定各自继承遗产和清偿债务的份额或比例问题。

所谓应继份，就是同一顺序数名继承人共同继承时，各共同继承人取得被继承人的财产权利和财产义务的比例或份额。各国对同一顺序继承人法定应继份的规定，主要有两个原则：一是均等份额原则，即同一顺序继承人按人数均分等同的应继份；二是不均等份额原则，即同一顺序继承人按其不同的情况不均等分配应继份。

（二）我国的应继份制度

我国《继承法》规定的应继份，在采取均等份额原则的前提下，允许有一定的灵活性。即在同一顺序法定继承人原则上均分遗产的前提下，根据法定继承人的具体情况适当多分、少分或不分遗产。根据我国《民法典》第 1130 条的规定，确定应继份应遵循以下原则。

1. 同一顺序法定继承人的应继份一般应当均等

如果同一顺序的各个法定继承人，在生活状况、劳动能力以及对被继承人尽扶养义务等条件大体相同时，应按照人数平均分配遗产，各法定继承人的应继份均等。

2. 特殊情况下同一顺序法定继承人的应继份可以不均等

在下列法定情况下同一顺序法定继承人的应继份可以不均等。

---

① 在限定继承的情况下，限于在被继承人遗产实际价值范围内清偿债务。

（1）对生活有特殊困难的缺乏劳动能力的继承人，分配遗产时，应当予以照顾。应当予以照顾的继承人必须同时具备两个条件：第一，生活有特殊困难，是指没有独立经济来源或其他经济收入而难以维持最低生活水平；第二，缺乏劳动能力，是指因年幼、年老、病残等原因没有劳动能力。如果继承人生活虽然有特殊困难，如意外事故、火灾、洪涝灾害等，但有劳动能力，或虽因年幼、年老病残等原因无劳动能力但生活并无特殊困难，都不属于应当照顾之列。分配遗产时应予以照顾，是指可适当多分遗产，应予以照顾的继承人的应继份应大于其他共同继承人的平均份额。当然，如果同一顺序的各个法定继承人都属应当予以照顾的继承人，则各继承人的应继份只能相等。

（2）对被继承人尽了主要扶养义务或者与被继承人共同生活的继承人，分配遗产时，可以多分。对被继承人尽了主要扶养义务，是指在经济上承担了主要生活费用或在生活上提供了主要劳务帮助。我国《民法典》规定尽了主要扶养义务的继承人可以多分遗产，旨在弘扬中华民族尊老爱幼、养老育幼的优良传统鼓励积极履行扶养义务的继承人。

对被继承人尽了主要抚养义务的或与被继承人共同生活的继承人可以多分遗产。如果这两种法定继承人经济条件较好，而其他共同继承人经济条件较差，则前者亦可不多分遗产。如果其他共同继承人中有属于生活特殊困难的，缺乏劳动能力的人，而被继承人的遗产又不多，则首先对应当予以照顾的继承人多分遗产。

（3）有扶养能力和有扶养条件的继承人，不尽扶养义务的，分配遗产时，应当不分或者少分。继承人与被继承人之间是有法定的扶养义务的。如果被继承人生前需要继承人扶养，继承人有扶养能力和有扶养条件而不尽扶养义务，则继承人的行为不仅是违背社会公德的，而且是违法的。因此，对这部分继承人，在分配遗产时，应当不分或者少分，而不让其与其他继承人均分遗产。

需要注意的是，应当不分或者少分遗产的继承人必须同时具备以下条件。

第一，被继承人需要扶养而继承人不扶养。"扶养"既包括经济上的扶助，也包括劳务上的扶助。例如，被继承人年老多病，生活不能自理，虽自己有足够的养老金等经济来源，不需要继承人给予经济上的扶助，但因其需要"劳务上的扶助"，也为需要扶养的人。但是继承人有扶养能力和扶养条件，愿意尽扶养义务，而被继承人因有固定收入和劳动能力，明确表示不要求其扶养的，分配遗产时一般不应因此而影响其继承份额。

第二，继承人有扶养能力和有扶养条件。被继承人需要扶养而继承人又能尽扶养义务而不尽扶养义务的，不论继承人是否与被继承人共同生活，都应当不分或少分遗产。但是如果继承人没有扶养能力，例如未成年人、残疾人等，或者继承人没有扶养条件，例如继承人本身生活十分困难无法满足被继承人的受扶养要求，则由于继承人不尽扶养义务是因客观原因造成的而不是主观上拒不履行或不愿尽扶养义务，不能因此而对其不分或者少分遗产。

（4）继承人协商同意的，可不均分遗产。即同一顺序法定继承人经平等协商自愿达成遗产分配协议的，即使分配份额不均等，也允许按协议处理。这里必须注意两点。

第一，遗产分配协议必须经全体继承人协商一致同意。如果多数人意见一致，少数人反对，不同意多数人意见的继承人可以提起诉讼，经法院审判分割遗产。

第二，遗产分配协议必须不损害其他利害关系人的合法权益。这里的其他利害关系人，主要是继承人的债权人。如某负债较多的继承人，因遗产分配协议不分或少分遗产，使其债权人本应得到清偿的债权不能被清偿，这实际上损害了该债权人的合法权益。如果遗产分割协议事实上影响继承人的债权人债权的清偿则债权人有权诉请法院予以撤销，以维护其合法权益。

二、遗产酌给

遗产酌给，又称"酌给遗产"或"酌遗"，是指在古代封建社会中，继承人在继承遗产时，依据特定法规或家族传统，将遗产的一部分或特定财物留给未继承的亲属或指定的对象。这种做法旨在维护家族的团结和稳定，同时考虑到部分亲属的生计需要。如在《礼记·曲礼上》中，有关于遗产酌给的记载："凡遗子受业，人有差给。"又如，在《汉书·礼乐志》中也有对遗产酌给的描述："古者无遗赠，亲死不食；有赠，食不得过亲，奉一筐。"说明古代在继承遗产时存在一定的规矩和礼节，亲属之间会有酌给遗产的安排。

然而，随着社会制度的变迁和法律的发展，遗产继承方式逐渐向现代化和个人化方向发展，遗产酌给在现代继承法律中已经较少被采用。今日的继承法律更加注重保障个人财产权利和继承人的平等权益。

（一）遗产酌给请求权人和遗产酌给请求权

遗产酌给请求权人，是指除法定继承人以外，与被继承人生前形成扶养关系，依法可以分得适当遗产的人。遗产酌给请求权人依法享有的可酌情分得适当遗产的权利，被称为遗产酌给请求权。这里的遗产酌给请求权人，不以被继承人的近亲为限，也不以在法律上的权利义务关系为必要，只需是被继承人生前事实上继续扶养的人即可。其立法旨意在于，基于死后扶养思想，被继承人生前继续扶养之人，在被继承人死后，应由死者的遗产继续扶养，使其不致突然生活无着。[①]

（二）我国的酌给遗产制度

我国《民法典》第1131条规定，"对继承人以外的依靠被继承人扶养的人，或者继承人以外的对被继承人扶养较多的人，可以分给适当的遗产。"

1. 酌给遗产权的法律特征

（1）酌给遗产权的权利主体，是应召继承人以外的人，包括非法定继承人和不能参加继承的法定继承人范围内的人。例如，在由第一顺序法定继承人继承遗产时，第二顺序的法定继承人不能参加继承。但如第二顺序的法定继承人中有具备酌给遗产法定条件的人，则其可以酌给遗产请求权人的资格请求酌给遗产。此时酌给遗产不是基于法定继承人的继承权，而是基于依法定条件享有的酌给遗产权。继承人以外的人作为酌给遗产权的主体，须为下列两种法定情形之一。

第一，继承人以外的依靠被继承人扶养的缺乏劳动能力又无生活来源的人。构成这种情况须同时具备三个条件：一是缺乏劳动能力，如因年幼、年老或病残等无劳动能力。二是无生活来源，指生活上既无自己的劳动收入或其他独立的经济收入，也无他人提供稳定的生活费用。三是在被继承人生前依靠被继承人扶养，包括经济上的供养、生活上的劳务扶助。上述三个条件的确定应以被继承人死亡时为准，虽受过被继承人扶养，但被继承人死亡时已不依靠其扶养的人，或虽为缺乏劳动能力又无生活来源，但被继承人死亡时已具有劳动能力或已有生活来源的人，都不能作为酌给遗产请求权人。

第二，继承人以外的对被继承人扶养较多的人。这里的扶养，包括经济上的供养、生活上的劳务扶助和精神上的慰藉。这里的扶养较多，既要从数量多少作比较，又要从时间长短作比较。如果对被继承人只给予一次性或临时性的扶养或给予扶养（经济上或劳务上）的数量不多，均不是扶养较多。

（2）酌给遗产请求权的取得根据，是在被继承人生前与其形成了特定的扶养关系，包括靠被继承人扶养和对被继承人扶养较多两种情况。即与被继承人有特定扶养关系是取得酌给遗产请求权的唯一根据，而不论该酌给遗产请求权人与被继承人是否有亲属关系。

（3）酌给遗产请求权的标准，即酌给的遗产，其数额是不确定的。这主要取决于酌给遗产请求权人依靠被继承人扶养的程度或对被继承人扶养的程度，以及遗产总额的多少。在一般情况下，酌给遗产请求权人的份额应少于继承人的平均份额。但在酌给遗产请求权人完全依靠或主要依靠被继承人扶养，或者其对被继承人扶养

[①] 史尚宽：《继承法论》，中国政法大学出版社2000年版，第166—167页。

较多或完全扶养时，其所得的遗产份额，也可以等于或者高于继承人的平均份额。

（4）酌给遗产请求权的义务主体是继承人。因为，继承开始后遗产的所有权转归参加继承的继承人。但是，继承人并不以自己的固有财产对请求权人给付。继承人的义务限于根据请求权人的实际情况，从遗产实际价值范围内酌情给予财产。

（5）酌给遗产请求权的行使。酌给遗产请求权是一项独立的权利。请求权人可自己行使其权利，也可通过代理人行使其权利。请求权人可以直接向遗产酌给义务人，包括继承人或遗产管理人等请求给付。如果义务人拒绝给付，或双方就酌给数量、种类等不能达成协议时，请求权人可诉请法院裁决，或请求基层组织调解解决。

2. 酌给遗产请求权的保护

依《民法典》第1131条的规定，可以分给适当遗产的人，在其依法取得被继承人遗产的权利受到侵犯时，本人有权以独立的诉讼主体的资格向人民法院提起诉讼。但在遗产分割时明知而未提出请求的，一般不予受理；不知而未提出请求，在3年以内起诉的，应予受理。

第四章 遗嘱继承

第一节 遗嘱继承概述

一、遗嘱继承的概念和特点

遗嘱继承，是指于继承开始后，继承人按照被继承人合法有效的遗嘱继承被继承人遗产的法律制度。遗嘱继承是与法定继承相对应的一种继承方式。在遗嘱继承中，生前立有遗嘱的被继承人称为遗嘱人或立遗嘱人，依照遗嘱的指定享有遗产继承权的人为遗嘱继承人。遗嘱继承与法定继承，是各国继承法上普遍规定的两种不同的继承方式，二者各有特点。遗嘱继承与法定继承相比，具有以下特征。

（一）发生遗嘱继承的法律事实不是单一的

发生遗嘱继承的法律事实有两个，即被继承人的死亡和被继承人所设立的合法有效的遗嘱。只有单一的任一个法律事实，都不能引起遗嘱继承的发生。正是从这个意义上说，遗嘱继承以遗嘱为前提，没有被继承人的遗嘱不能发生遗嘱继承。但是有被继承人的遗嘱也并不一定就发生遗嘱继承。遗嘱继承与遗嘱不是一回事。遗嘱是单方的民事法律行为，只有遗嘱一方的意思表示，无须征得他方的同意。而遗嘱继承，还要有被继承人生前指定继承的意思表示，如果指定的继承人放弃继承，则遗产仍须按法定继承办理，不适用遗嘱继承。

（二）遗嘱继承直接体现着被继承人的遗愿

遗嘱是被继承人于生前作出的对其财产的死后处分，并于被继承人死亡后发生法律效力的法律行为。遗嘱体现了被继承人的遗愿。在遗嘱继承中，不仅继承人，甚至继承人的顺序、继承人继承的遗产份额或者具体的遗产，都是由被继承人在遗嘱中指定的。

（三）遗嘱继承是对法定继承的一种排斥

遗嘱继承的效力优于法定继承，在继承开始后，有遗嘱的，先要按照遗嘱进行继承。由于遗嘱中所指定的继承人对遗产的继承，不受法定继承时法律对继承顺序、继承人如应继份额规定的限制，因此，实际上遗嘱继承是对法定继承的一种排斥。

遗嘱继承中的继承人是由被继承人在遗嘱中指定的、对死者遗产享有继承权的人，所以称为指定继承人。但在关于遗嘱继承人的范围上，各国的立法规定不同。大体上有以下几种做法：（1）规定遗嘱继承人可以是法定继承人范围内的人，也可以是法定继承人以外的自然人；（2）规定遗嘱继承人不仅可为法定继承人以外的自然人，也可以是法人、国家；（3）规定遗嘱继承人只能是法定继承人范围之内的自然人。我国《民法典》第 1133 条第 2 款规定："自然人可以立遗嘱将个人财产指定由法定继承人的一人或数人继承。"因此，我国是采取第三种做法的。

二、遗嘱继承的适用条件

依我国《民法典》的规定，在被继承人死亡后，只有具备以下条件时，才按遗嘱继承办理。

（一）没有遗赠扶养协议

遗嘱继承的效力虽优于法定继承的效力，但遗嘱继承不能对抗遗赠扶养协议中约定的条件。因此，在被继承人生前与扶养人订有遗赠扶养协议时，即使被继承人又立有遗嘱，也不能先按遗嘱继承，而仍应当先履行遗赠扶养协议。只有在没有遗赠扶养协议的情形下，被继承人的遗产才能按照遗嘱办理。如虽有遗赠扶养协议，但遗产中尚有该协议未做处分的部分，该部分可按遗嘱继承办理。

（二）被继承人立有合法有效的遗嘱

被继承人生前设立的遗嘱，于被继承人死亡时才开始发生效力。遗嘱只有符合法律规定的有效条件，才能发生效力。被继承人未立遗嘱的，不能发生遗嘱继承；被继承人设立的遗嘱无效，也不能适用遗嘱继承。

（三）指定继承人未丧失继承权和放弃继承权

适用遗嘱继承时，与适用法定继承时一样，继承人必须具有继承资格。遗嘱继承人因发生法律规定的丧失继承权的法定事由的，不享有继承权。虽遗嘱指定其为继承人，也不得参与继承。对遗嘱中指定由该丧失继承权的继承人继承的遗产，应依照法定继承办理。继承人可以接受继承，也可以放弃继承。但因继承人放弃继承的意思表示须以明示的方式作出，因此，在继承开始后，继承人未表示放弃继承的，视为接受继承，即可适用遗嘱继承。但在继承人明确表示放弃继承时，对指定继承人放弃继承的遗产，不适用遗嘱继承，而应按法定继承办理。

三、《民法典》遗嘱信托制度

《民法典》1133 条规定："自然人可以依照本法规定立遗嘱处分个人财产，并可以指定遗嘱执行人。自然人可以立遗嘱将个人财产指定由法定继承人中的一人或者数人继承。自然人可以立遗嘱将个人财产赠与国家、集体或者法定继承人以外的组织、个人。自然人可以依法设立遗嘱信托。"这一条是对遗嘱继承、遗赠以及遗嘱信托的一般规定。与《继承法》第 16 条规定相比，本条规定新增了遗嘱信托。[①]

遗嘱信托是指遗嘱人在遗嘱中设立信托，将自己的遗产作为信托财产交由信托受益人或信托受益管理人进行管理和使用，以实现特定的遗产管理目的。遗嘱信托制度使遗嘱人能够在遗产分配方面拥有更多的选择和控制权，同时也为受益人提供了更灵活的继承安排，确保遗产的持续管理和合理利用。

遗嘱信托必须满足以下基本要件：第一，遗嘱人的设立意愿。遗嘱信托必须是遗嘱人明确的意愿，需要其在遗嘱中明确表达设立信托的意图。第二，信托财产。遗嘱人必须将自己的遗产作为信托财产交由信托受益人或信托受益管理人进行管理和使用。第三，受益人和受益管理人。遗嘱人可以指定受益人，也可以委任受益管理人对信托财产进行管理和分配。第四，信托目的。遗嘱信托必须有明确的信托目的，即用途和管理规则，确保遗产的合理利用和遗愿的实现。第五，信托期限。遗嘱信托的期限可以根据遗嘱人的意愿设定，可以是有限期限也可以是无限期限。

遗嘱信托的优点在于它具有较高的灵活性和私密性。遗嘱人可以根据家庭状况和个人意愿，制订适合自己情况的信托计划，对特定的受益人进行继承规划，保障家族财富的传承。同时，遗嘱信托还能够有效避免公开的继承争议，保护个人财产的隐私和安全。

《民法典》新增的遗嘱信托制度为遗嘱人提供了更加灵活和个性化的遗产管理选择，保障了遗产的合理利用和持续管理，有助于实现遗嘱人的继承意愿，维护家族财富的稳定传承。

第二节 遗嘱与遗嘱能力

一、遗嘱的概念和特征

遗嘱，是指自然人生前按照法律的规定处分自己的财产及安排与此有关的事务并于死亡后发生效力的单方的民事行为。遗嘱有广义与狭义之分。广义的遗嘱包括死者生前对于其死后一切事务作出处置和安排的行为。狭义的遗嘱是指在法律上明确规定的、个人在生前对其财产或事务作出指示或安排的书面文件。它是一种具有

---

① 杨立新：《我国继承制度的完善与规则适用》，载《中国法学》2020 年第 4 期。

法律效力的文书，用于表达遗嘱人在生前对遗产分配、财产安排、继承人选定等方面的意愿。遗嘱通常是在遗嘱人生前由其本人亲手撰写或委托他人代为撰写，并经过法律程序认证后生效。继承法上的遗嘱是指狭义的遗嘱。遗嘱具有以下特征。

（一）遗嘱是一种单方的民事法律行为

民事法律行为有单方民事法律行为与双方民事法律行为之分。双方的民事法律行为须双方的意思表示一致才能成立，而单方的民事法律行为，只要有行为人一方的意思表示就可以成立。遗嘱仅是遗嘱人自己一方的意思表示，并无相对的一方，无须相对方的意思表示一致。正因为遗嘱是一种单方的民事法律行为，在遗嘱生效前，遗嘱人可依自己的意思变更或撤销遗嘱。当然，遗嘱是一种单方的民事法律行为，并不是说只要有遗嘱，就发生遗嘱继承。因为他人的意思表示的内容如何并不影响遗嘱的成立和效力，至于是否发生遗嘱继承还取决于遗嘱继承人是否接受继承。

（二）遗嘱是不得代理的民事法律行为

遗嘱作为遗嘱人对自己的财产所作的最终处分，具有严格的人身专属性质，只能由遗嘱人独立自主地对遗嘱内容作出意思表示，不允许由他人的意思来辅助或代理。民法上的代理在遗嘱行为中不得适用，凡发生代理的遗嘱归于无效。对此，在理解上要把握四点：（1）任何形式的遗嘱都应当是遗嘱人亲自作出意思表示，代书遗嘱也只能是遗嘱人意思表示的客观记载，而不能反映代书人的意思。（2）遗嘱人不得对他人的财产设立遗嘱，也不能授权他人为自己订立遗嘱。（3）遗嘱内容必须是遗嘱人真实自愿的表示，而不是他人意志的强加。（4）无民事行为能力人、限制民事行为能力人不存在遗嘱，不论是法定代理人，还是指定代理人或委托代理人，都没有代理遗嘱的权限。

（三）遗嘱是于遗嘱人死亡后发生效力的民事法律行为

遗嘱虽是在遗嘱人生前因其单独意思表示即可成立的行为，但在被继承人死亡时才能发生法律效力。因此，遗嘱是否合乎法律规定的条件，能否有效，一般应以遗嘱人死亡时为准。在遗嘱人死亡前，遗嘱继承人是不具有主观意义上的遗嘱继承权的。正因为遗嘱在遗嘱人死亡时才发生效力，所以遗嘱人可以随时变更或撤销遗嘱。被继承人一旦死亡，遗嘱即发生法律效力，任何人不得变更或撤销遗嘱。

（四）遗嘱是一种要式民事法律行为

要式民事法律行为，不能由当事人自行决定采取何种形式。各国法律无不对遗嘱的形式予以严格的限制。遗嘱虽确为遗嘱人的意思表示，但若不具备法定的形式也不能发生效力。遗嘱的形式是否符合法律规定的形式，应以遗嘱设立时的情形为准。遗嘱设立的方式符合当时法律的规定的，虽其后法律作出新的规定，遗嘱仍为有效。已订立的遗嘱，因意外或第三人的恶意而使之不合法律要求的，例如书面遗嘱被损毁，遗嘱并不因此而当然地丧失效力。但在此情况下，主张合法遗嘱存在的当事人应负举证责任。

（五）遗嘱是需依法律规定作出的民事法律行为

遗嘱不仅需具备法定的形式而且不能违反法律的规定。遗嘱是遗嘱人自由处理自己财产的意思表示，但不得违反法律和社会公德，因此，遗嘱需依法律规定作出才能发生效力。不依法律规定作出的遗嘱是不合法的，不能发生效力。所以，严格地说，遗嘱只能是合法的民事法律行为。

二、遗嘱能力

（一）遗嘱能力的概念和分类

遗嘱能力，是指自然人依法享有的设立遗嘱、依法自由处分自己财产的资格，亦即遗嘱人的民事行为能力。遗嘱是民事法律行为，需有相应的民事行为能力才能实施。但遗嘱是一种特别的民事行为，自然人必须具有法律特别规定的民事行为能力才得设立遗嘱。在各国的法律上一般都对自然人的遗嘱能力作了明确的规定。一般说来，具有完全民事行为能力的人都是有遗嘱能力的人；无民事行为能力的人也不具有遗嘱能力。各国在关于遗嘱能力规定上的区别，表现在限制民事行为能力人是否具有遗嘱能力上，主要有以下两种立法例。

第一种是规定遗嘱能力与民事行为能力不完全一致，限制民事行为能力人在一定的条件下也可以有遗嘱能力。日本、瑞士、德国、法国等均采此立法例。例如，依日本民法规定，年满 20 周岁为成年，具有完全民事行为能力；但已满 15 周岁者，可以立遗嘱，具有遗嘱能力。瑞士民法也规定年满 20 周岁为成年，成年且有判断能力的人具有民事行为能力，但同时规定，有判断能力且年满 18 周岁的人，依法律规定的范围和方式，有权以遗嘱处分其财产，亦即有遗嘱能力。

第二种是规定遗嘱能力与民事行为能力相一致，有民事行为能力即有遗嘱能力，不具有完全民事行为能力的人也就不具有遗嘱能力，英国、美国等采此立法例。例如，在英国法上，21 周岁为成年人，具有遗嘱能力。美国法上以 18 周岁为成年，《美国统一继承法典》中规定："一切年满 18 周岁心神健康的人均可立遗嘱。"

我国《民法典》中未明确规定自然人的遗嘱能力，但在第 1143 条第 1 款规定："无民事行为能力或者限制民事行为能力人所立的遗嘱无效。"这就从反面规定了无完全民事行为能力的人不具有遗嘱能力，只有具有完全民事行为能力的人才有遗嘱能力。因此，我国自然人在遗嘱能力上可分为有遗嘱能力人和无遗嘱能力人两种情况。

1. 有遗嘱能力人

有遗嘱能力人是指具有设立遗嘱资格的人。有遗嘱能力人，须为完全民事行为能力人。也就是说，只有具有完全民事行为能力的人，才有遗嘱能力。依我国《民法典》的规定，年满 18 周岁的自然人为成年人，成年人是完全民事行为能力人；16 周岁以上的、以自己的劳动收入为主要生活来源的未成年人，视为完全民事行为能力人。因此，在一般情况下，成年人和完全民事行为能力人，为有遗嘱能力人，可以设立遗嘱处分自己的财产。

2. 无遗嘱能力人

无遗嘱能力人是不具有设立遗嘱处分自己财产的资格的自然人。无民事行为能力人和限制民事行为能力人，都为无遗嘱能力人。依我国《民法典》的规定，不满 8 周岁的未成年人和完全不能辨认自己行为的精神病人，为无民事行为能力人；8 周岁以上的未成年人和不能完全辨认自己行为的精神病人，为限制民事行为能力人。这两部分人都无遗嘱能力，不得以遗嘱处分自己的财产，即使设立遗嘱也是无效的。认定成年自然人因患精神病而不具有完全民事行为能力须经人民法院宣告。

在自然人的遗嘱能力问题上，有两个问题需要注意。

（1）被宣告为无民事行为能力或限制民事行为能力人的精神病患者，在其病愈后而未经撤销宣告其为无民事行为能力或限制民事行为能力人的判决前所设立的遗嘱是否有效？对此有不同的观点。一种观点认为，精神病人在未被宣告为无民事行为能力人之前，在他精神正常的时候，应当有遗嘱能力；被宣告为无民事行为能力人之后，则不具有遗嘱能力。另一种观点认为，对精神病患者在治愈后能够正确表达自己真实意思时所立的遗嘱或者患有间歇性精神病人在神志清醒时所立的遗嘱，经严格审查确实代表了本人真实意思的，也应当承认其具有法律效力。

（2）患有聋、哑、盲等疾病的人有无遗嘱能力？在古罗马法上，聋哑人无遗嘱能力，盲人只能按特别方式立遗嘱。在近现代法上，一般都承认聋、哑、盲人有遗嘱能力，但也多对其设立遗嘱作了特别规定。例如，《法国民法典》第 978 条、第 979 条中规定："凡不会或不能诵读之人，不得以密封的方式订立遗嘱。""如遗嘱人不能说话但尚能书写时，得订立密封遗嘱，但遗嘱必须由其亲自书写或请他人代写并由其签名，遗嘱人应将遗嘱交给公证人及证人，并应在上述人员在场时在记录证书上方写明其交给公证人及证人的文件为其遗嘱，并签名于后在记录证书上应记明遗嘱人是在公证人及证人在场的情况下作上述记录及签名的。"患聋、哑、盲等生理疾病的成年人，是完全民事行为能力人，当然应有遗嘱能力。各国法律对其设立遗嘱即使有特别规定，也是为了给予一定的方便，以确保遗嘱是其意思的真实表示。因此我国一方面应当承认他们的遗嘱能力，许可其以遗嘱处分自己的财产；另一方面应当为他们设立遗嘱提供方便。对这部分人设立的遗嘱不仅要依法定形式作成，而且应当从设立方式能否真实表达遗嘱人的意思上判断遗嘱的真伪。

（二）确定遗嘱能力的时间

遗嘱是一种民事法律行为，就一般意义上说，实施法律行为的行为人是否具有相应的民事行为能力，是以实施该行为时其行为能力的状况为标准的，因此，遗嘱人的遗嘱能力也应以立遗嘱时为标准。在设立遗嘱时，遗嘱人有遗嘱能力的，其后丧失遗嘱能力，遗嘱并不因此而失去效力；相反，遗嘱人于设立遗嘱时无遗嘱能力，其后虽具有了完全民事行为能力，遗嘱也不因遗嘱人其后具有了遗嘱能力而有效。对此，我国最高人民法院司法解释也明确了"遗嘱人立遗嘱时必须具有完全民事行为能力"。

第三节 遗嘱的内容与形式

一、遗嘱的内容

遗嘱的内容不仅仅限于法律规定的事项，只要不违反法律和公序良俗的，都可以成为遗嘱内容，可见，民事法律行为的意思自治原则同样适用于遗嘱。遗嘱自由也是继承法的基本原则，所以，只要不违反法律和公序良俗，遗嘱人就可以在遗嘱中指定任何内容。一般地说，遗嘱的内容主要包括以下几项。

（一）指定继承人、受遗赠人

遗嘱中要有明确指定的继承人或受遗赠人，没有指定继承人或受遗赠人的遗嘱不具有法律效力。指定的继承人可以是法定继承人中的任何一人或者多人；受遗赠人是国家、集体或法定继承人以外的人。随着家庭饲养宠物的现象日益增多，有的家庭中出现了死者通过遗嘱将财产指定给宠物的现象，这样的遗嘱是不具有法律效力的，因为宠物只能是民事法律关系的客体，不能成为权利的主体而享有继承权或者受遗赠权。

（二）指定继承人、受遗赠人享有遗产的份额或遗产的分配方法

遗嘱中应当说明每个指定继承人或受遗赠人可以分得的具体财产。如果指定由数个继承人或受遗赠人共同分得某项遗产的，应当说明指定继承人或受遗赠人对遗

产的分配办法或者每个人应分得的遗产份额；遗嘱中未加说明的，推定为指定继承人或受遗赠人均分遗产。遗嘱人可以在遗嘱中处分全部财产，也可以仅处分部分财产。遗嘱处分了全部财产的，不发生法定继承；遗嘱中有尚未处分的财产的，对尚未处分的财产应按照法定继承处理。

（三）指定候补继承人、受遗赠人

遗嘱中指定的继承人先于被继承人死亡、丧失继承权或放弃继承权时，指定继承人将不能参加继承。如果遗嘱人不希望在出现这些情况后其遗产按照法定继承处理，如可以通过指定其他人作为候补继承人来继承遗产。关于候补继承人的指定，许多国家在法律上都有明文规定。

我国法律虽然没有明文规定能否指定候补继承人，但在解释上自应无不许的道理，因为指定候补继承人的目的是防止遗嘱继承人不能继承而导致遗产归于法定继承的情况出现，所以其本质上依然属于遗嘱人对自己财产的处分，并不违反法律和公序良俗，故当然有效。同理，遗嘱人也可以指定在受遗赠人出现不能承受遗产的情况时，遗产由其他人来受遗赠。

（四）指定后位继承人

后位继承是遗嘱人在遗嘱中指定，在继承人死亡后，其所继承的遗产由再指定的人继承。后位继承是与候补继承相对应的制度，但两者不同。前者是遗嘱人对指定继承人的继承人的指定，后位继承人不是继承人，而是指定继承人的继承人，后者所指定的人都是遗嘱人的指定继承人，也即候补继承人非指定继承人的继承人。我国法律应否承认后位继承一直存在争议，但《民法典》第1152条在规定转继承时，明确了在遗嘱另有安排的情况下，不适用转继承。这一除外规定，实际上是有条件地承认了后位继承。

（五）指定遗嘱执行人

遗嘱执行人是保障遗嘱能够得到充分实现的人。遗嘱人如果希望遗嘱通过自己指定的人得到有效的管理，则可以选任遗嘱执行人。《民法典》第1133条第1款规定，在遗嘱中可以指定遗嘱执行人。指定遗嘱执行人并非遗嘱必不可少的内容。如果遗嘱人没有指定遗嘱执行人或者指定的遗嘱执行人不愿意执行遗嘱的，依照法律规定，继承人全体或者有关单位可以作为遗嘱执行人。

（六）其他事项

除上述内容外，遗嘱人还可以在遗嘱中说明其他事项，如附加义务、遗嘱信托、丧事的安排等事项。

二、遗嘱的形式

遗嘱的形式，是指立遗嘱人表达自己处分其财产的意思的方式。遗嘱人设立遗嘱也就是通过一定的程序和方式将自己处分财产的意思表达出来。因遗嘱既反映遗嘱人对自己财产处分的意愿，又会影响法定继承人对遗产的继承，因而设立遗嘱是极其严肃的事情，所以各国法上无不对遗嘱的形式作出明确的规定。如上所述，遗嘱是要式法律行为，遗嘱人非依法定方式订立，遗嘱不能发生效力。当然，各国法上对遗嘱形式的种类规定不一。有的规定为自书遗嘱、公证遗嘱、密封遗嘱、口授遗嘱等四种，也有的仅规定自书遗嘱、公证遗嘱、口授遗嘱等三种，还有的仅规定公证遗嘱和口授遗嘱。依我国《民法典》第1134条至第1139条的规定，遗嘱的法定形式有以下六种：自书遗嘱、代书遗嘱、打印遗嘱、录音录像遗嘱、口头遗嘱和公证遗嘱。

（一）自书遗嘱

自书遗嘱是指由遗嘱人亲笔书写的遗嘱。自书遗嘱简便易行、便于保密，还可以保证内容真实，这是其优点。但因大部分人法律知识有限，常常有自书遗嘱不符合法律规定的形式要求而导致无效的情况出现，而且自书遗嘱容易丢失或被隐匿，这是其缺点。然而，自书遗嘱简便易行，因而常被大众广泛使用，自书遗嘱也成为各国普遍认可的遗嘱方式之一。《民法典》第1134条规定：自书遗嘱由遗嘱人亲笔书写，签名，注明年、月、日。依照该规定，自书遗嘱应当符合以下条件。

1. 遗嘱人必须亲自书写遗嘱全文

遗嘱人亲自书写遗嘱全文，不但可以充分表达自己真实的意思，而且可以防止他人伪造篡改遗嘱内容。遗嘱人自书遗嘱可以用毛笔、钢笔、圆珠笔等能够书写的工具；自书遗嘱所用的材料可以是纸张、布帛、竹片等能够作为书写之物。遗嘱人所用文字不限于汉语，少数民族文字、外国文字都可以；文字也不限于楷体书写，行书、草书、篆书等也无不可。

2. 遗嘱人需要在遗嘱中注明年、月、日

遗嘱中标注的日期是认定遗嘱人的遗嘱能力和多份遗嘱设立先后顺序的准据，因此，遗嘱必须标明年、月、日。年、月、日的书写应当完整。没有记载日期，或者记载的日期缺少一项，而通过遗嘱其他部分内容又无法补充的，则遗嘱无效。至于日期之记载，不限于年、月、日的形式，通过其他方式能够推断出确定日期的，也为有效日期的记载，如记载"某年元旦""某人60岁生日""某人结婚之日"等，而且年、月、日既可以是公历，也可以是农历，如果没有特别注明是农历的，应当推定是公历。遗嘱上标注的日期应当是遗嘱全部制作完毕，遗嘱人签名之日。

3. 遗嘱人需要在自书遗嘱上亲笔签名

自书遗嘱需要亲笔签名，一方面可以证明是谁作成遗嘱，另一方面可以证明是遗嘱人的真实意思表示。只要能够确认出遗嘱人并且可以确认是其真实意思表示的签名，都为有效签名。除在遗嘱末尾签写的户籍上的全名为有效签名外，下列签名也为有效签名：（1）在文章开头写"立遗嘱人某某"字样的；（2）遗嘱人已经在遗嘱中书写了姓名，而于遗嘱的末尾记载"父亲"或者"母亲"字样的；（3）非户籍姓名，而是使用别名、笔名、艺名等足以代表其本人的；（4）仅写姓或名，足以表示其本人的。遗嘱人的签名须由遗嘱人亲笔书写，而不能以盖章或按手印等方式代替。

自书遗嘱中如需要涂改、增删内容的，应当在涂改、增删内容的旁边注明涂改、增删的字数，并且另行签名，注明日期。如果没有依照上述要求进行删改，视为遗嘱未变更；如已经涂改到不能辨认的程度的，则视为该部分内容已经被撤回。

此外，在司法实践中，自然人在遗书中涉及死后个人财产处分的内容，确为死者真实意思的表示，有本人签名并注明了年、月、日，又无相反证据的，可按自书遗嘱对待。

（二）代书遗嘱

代书遗嘱又称代笔遗嘱，是指由遗嘱人口授遗嘱内容，他人代为书写的遗嘱。代书遗嘱非出自遗嘱人之手，其成立也没有公证人在场公证，极容易被伪造、篡改。所以，除极少数国家和地区外，世界上绝大部分国家不认可这种遗嘱方式。但是，代书遗嘱简便易行，相比公证遗嘱节省费用，尤其在公民文化水平较低、文盲较多的国家有存在的必要，只是在制度设计上应尽量克服容易伪造之流弊。在我国，《民法典》第1135条规定："代书遗嘱应当有两个以上见证人在场见证，由其中一人代书，并由遗嘱人、代书人和其他见证人签名，注明年、月、日。"根据该规定，代书遗嘱应符合以下条件。

1. 遗嘱人要指定两个以上遗嘱见证人

为充分保障遗嘱的真实性，防止伪造、篡改，遗嘱人必须指定两个以上的遗嘱见证人在场见证。

2. 代书遗嘱须由遗嘱人口授遗嘱内容，由一个见证人代书

代书遗嘱必须是由本人亲自口授内容，不能由他人代理，由其中一个见证人代为书写遗嘱内容。为保证遗嘱反映遗嘱人的真实意思，代书人记录完遗嘱内容后，应当向遗嘱人宣读并讲解遗嘱的内容，以便遗嘱人核实。

3. 遗嘱人、代书人和其他见证人在遗嘱上签名，并注明年、月、日

在代书人书写完遗嘱并宣读、讲解，经遗嘱人和其他见证人确认无误后，遗嘱

人、代书人和其他见证人必须亲笔签名。没有签名的，不属于遗嘱见证人，只能是代书遗嘱过程的证明人。代书遗嘱还必须注明立遗嘱的年、月、日，其记载与自书遗嘱的相同。

（三）打印遗嘱

打印遗嘱是指遗嘱人通过电脑制作，用打印机打印出来的遗嘱。我国《民法典》继承编确认打印遗嘱的效力，体现了当代社会新的科技手段运用对打印遗嘱的要求。

《民法典》第1136条规定：打印遗嘱应当有两个以上见证人在场见证。遗嘱人和见证人应当在遗嘱每一页签名，注明年、月、日。根据该规定，打印遗嘱应符合以下条件。

1. 遗嘱人要指定两个以上遗嘱见证人

打印的遗嘱内容是很容易被篡改的，不容易保证其真实性。为充分保障打印遗嘱的真实性，防止伪造、篡改，遗嘱人必须指定两个以上的遗嘱见证人在场见证。

2. 代书遗嘱须由遗嘱人打印遗嘱内容，由见证人在场见证

打印遗嘱必须由本人亲自打印内容，不能由他人代为打印。见证人应当全程见证遗嘱人打印遗嘱的过程，保证遗嘱反映遗嘱人的真实意思。

3. 遗嘱人和见证人在遗嘱每一页签名，并注明年、月、日

在遗嘱人打印完成遗嘱并经见证人确认无误后，在场的见证人必须亲笔签名，遗嘱人也必须签名。打印遗嘱中，遗嘱人和见证人应当在每一页签名，并注明立遗嘱的年、月、日，其记载与自书遗嘱的相同。

（四）录音录像遗嘱

录音录像遗嘱是指以录音录像方式录制下来的遗嘱人的口述遗嘱。录音录像遗嘱是现代科学技术发展的产物，是一种新型的遗嘱形式。录音录像遗嘱声像俱备，其所表达的意思比代书遗嘱、打印遗嘱和口头遗嘱所表达得更为准确，更能客观地反映遗嘱的真实内容，有其优越性的一面。但是，录音录像遗嘱也存在容易被篡改、删除的缺陷。因此，从立法技术上看，应当在程序上作出规定，尽量降低录音录像遗嘱被删改的可能性。

世界上采用录音遗嘱形式的国家、地区尚不多，除我国外，韩国也将录音遗嘱作为一种遗嘱形式（《韩国民法典》第1067条）。我国《民法典》第1137条鉴于录像较之于录音更为客观和形象，在录音遗嘱的基础上增加了录像遗嘱，规定："以录音录像形式立的遗嘱，应当有两个以上见证人在场见证。遗嘱人和见证人应当在录音录像中记录其姓名或者肖像，以及年、月、日。"

根据《民法典》的规定，录音录像遗嘱应当符合以下要求：（1）遗嘱人口述遗嘱全部内容、遗嘱人姓名、遗嘱日期（年、月、日），并予以录音录像，以便证明遗嘱是何人于何时所立，并且其口述必须当面向见证人为之。（2）遗嘱人要指定两个以上见证人。见证人口述自己的姓名、见证内容是否真实准确，并予以录音录像。（3）录制好的音像带应现场封存，注明年、月、日，并由见证人在封缝处签名。

关于录音录像遗嘱究竟是一种还是两种遗嘱方式，应当看到，在录像遗嘱中自然包括录音，而纯粹的录音遗嘱中就没有录像，使用当前的科学技术制作视频遗嘱虽然并不存在难度，但是，仍然存在以录音记录遗嘱的可能性，故将录音录像遗嘱分为两种不同方式，还是必要的。[①]

（五）口头遗嘱

口头遗嘱是指在特殊情况下，遗嘱人以口述的方式所立的遗嘱。在各种遗嘱形式中，口头遗嘱的安全性是最低的：容易被伪造、篡改，而且遗嘱人表达的意思容易被误解，见证人也容易记忆模糊。正因为有如上缺点，有的国家的民法不承认口头遗嘱的有效性，如加拿大。但在情况危急的时刻，口头遗嘱是唯一可以采用的方式，这又是其他遗嘱形式所不能替代的，所以，绝大部分国家还是保留着口头遗嘱形式，只是都进行了严格的限制。在我国，《民法典》第1138条规定："遗嘱人在危急情况下，可以立口头遗嘱。口头遗嘱应当有两个以上见证人在场见证。危急情况消除后，遗嘱人能够以书面或者录音录像形式立遗嘱的，所立的口头遗嘱无效。"

1. 口头遗嘱的条件

（1）遗嘱人在危急情况下，来不及通过其他方式立遗嘱。我国法律关于允许设立口头遗嘱的情形的规定采概括式立法例，即只有在危急情况下，来不及通过其他方式设立遗嘱的，才可以通过口头方式设立遗嘱。危急情况、来不及通过其他方式设立遗嘱的情形包括：因重病或者急病生命有危险、服军役时因训练或遇有战争而生命遭受危险、乘客在海上遇有危难情况、在传染病地带、交通断绝等。所谓危急情况，不限于生命危急，只要是结果会导致无法通过其他形式立遗嘱的，都为危急情况。另外，必须是在客观上遇有危急情况。如果只是遗嘱人主观上自感危急而客观上并不危急，则不属于危急情况，此时所立的口头遗嘱无效。

（2）指定两个以上见证人。口头遗嘱也需要两个以上的见证人，这与代书遗嘱、打印遗嘱和录音录像遗嘱的规定相同。遗嘱人的口头遗嘱需要见证人转述，为保证见证人转述的内容与遗嘱人口述的内容一致，一些国家和地区的法律规定，口头遗嘱的见证人必须对口述遗嘱的内容进行记录，否则遗嘱无效。我国法律没有限

---

① 杨立新：《我国继承制度的完善与规则适用》，载《中国法学》2020年第4期。

制见证人必须书写记录，但为保证遗嘱人的意思能够真实再现，在有条件的情况下，见证人应当作出记录，注明年、月、日并签名。

（3）遗嘱人口述遗嘱内容。口述遗嘱内容的要求与代书遗嘱的相同。另外，需特别注意的是，对于见证人或其他人的询问，遗嘱人点头或者摇头，或者以手势表示等都不是口述遗嘱的内容。遗嘱人口述遗嘱内容可以使用普通话，可以使用方言，也可以使用外国语言，还可以使用哑语。只是遗嘱人使用其他语言时，见证人必须是通晓该语言之人。

2. 口头遗嘱的有效期间

口头遗嘱是在无其他遗嘱形式可以采用的情况下的应急措施，所以一旦危急情况解除，口头遗嘱就应失去效力。将口头遗嘱的有效期限限制在危急情况解除后的较短时间内，是各国通例。例如，法国法、日本法规定为 6 个月期限，德国法规定为 3 个月期限，瑞士法规定为 14 天期限。在我国，《民法典》没有规定明确的期限，只规定危急情况消除后，遗嘱人能够以书面或者录音录像形式立遗嘱的，所立的口头遗嘱无效。

（六）公证遗嘱

公证遗嘱是指经过公证机构公证的遗嘱。《民法典》第 1139 条规定："公证遗嘱由遗嘱人经公证机构办理。"公证遗嘱应当符合《公证法》《遗嘱公证细则》等的相关规定。办理公证遗嘱，应当按照下列程序进行。

1. 申请及管辖

由于遗嘱须是本人的真实意思表示，所以遗嘱公证必须由本人亲自办理，不得代理（《公证法》第 26 条）。遗嘱公证申请由本人亲自到有办理公证权限的公证机构提出。如果遗嘱人亲自到公证机构办理有困难的，可以书面或者口头形式请求有管辖权的公证机构指派公证人员到其住所或者临时处所办理（《遗嘱公证细则》第 5 条）。申办遗嘱公证，遗嘱人应当填写公证申请表。遗嘱人填写公证申请表确有困难的，可由公证人员代为填写，遗嘱人应当在公证申请表上签名。遗嘱人还应提交下列证件和材料：居民身份证或者其他身份证件；遗嘱涉及的不动产、交通工具或者其他有产权凭证的财产的产权证明；公证人员认为应当提交的其他材料（《遗嘱公证细则》第 7 条）。提供的证明材料不充分的，公证机构可以要求补充。

有管辖权的公证机构包括遗嘱人住所地、经常居住地、遗嘱行为地的公证机构。如果遗嘱涉及不动产的，还可以向不动产所在地的公证机构提出。

2. 受理及审查

对于符合申请条件的，公证机构应当受理；对于不符合申请条件的，公证机构应当在 3 日内作出不予受理的决定，并通知申请人（《遗嘱公证细则》第 8 条）。公证机构受理公证申请后，应当告知当事人申请公证事项的法律意义和可能产生的法律后果，并将告知内容记录存档（《公证法》第 27 条第 2 款）。

公证机构受理遗嘱公证申请后，应对遗嘱进行审查。关于公证机构对遗嘱的审查究竟是实质审查还是形式审查，理论上尚有不同意见。从我国现行法律规定来看，遗嘱公证的审查应为实质审查，公证机构不但要审查遗嘱提供的证明材料是否合法有效，而且要审查遗嘱的内容是否合法有效。公证机构对申请公证的事项以及当事人提供的证明材料，按照有关办证规则需要核实或者对其有疑义的，还要进行核实，或者委托异地公证机构代为核实。《公证法》第 28 条规定，公证机构办理公证，应当根据不同公证事项的办证规则，分别审查下列事项：当事人的身份、申请办理该项公证的资格以及相应的权利；提供的文书内容是否完备，含义是否清晰，签名、印鉴是否齐全；提供的证明材料是否真实、合法、充分；申请公证的事项是否真实、合法。

3. 公证

公证机构经审查，认为申请人提供的证明材料真实、合法、充分，申请公证的事项真实、合法的，应当自受理公证申请之日起 15 个工作日内向当事人出具公证书，但是，因不可抗力、补充证明材料或者需要核实有关情况的，所需时间不计算在期限内（《公证法》第 30 条）。公证书应按照国务院司法行政部门规定的格式制作，由公证人员签名或者加盖名章并加盖公证机构印章。公证书自出具之日起生效。

另外，公证机构办理遗嘱公证，应当由 2 人共同办理，承办公证人员应当全程亲自办理。在特殊情况下只能由 1 名公证人员办理时，应当请 1 名见证人在场，见证人应当在询问笔录上签名或者盖章。公证人员与被继承人或者继承人、受遗赠人、酌情分得遗产人等有亲属关系或者利害关系的，应当回避。

三、遗嘱见证人

除公证遗嘱、自书遗嘱外，其他遗嘱形式都需要两个以上见证人在场。继承开始时，遗嘱人业已死亡，遗嘱是否为遗嘱人的真实意思表示，全仰赖于见证人的证明。由于见证人的地位十分重要，所以各国法律都对见证人的资格予以限制。

（一）遗嘱见证人的资格

根据《民法典》第 1140 条的规定，下列人员不能作为遗嘱见证人。

1. 无民事行为能力人和限制民事行为能力人以及其他不具有见证能力的人

无民事行为能力人和限制民事行为能力人即使有其法定代理人的同意，也不能作为见证人。见证人是否具有民事行为能力，应当以现场见证签名之时为准。另外，成年人因精神疾病被人民法院宣告为无民事行为能力人或者限制民事行为能力人，在宣告期内精神恢复正常的，其在正常状态下所作的遗嘱见证有效。[①] 其他不具有见证能力的人，主要是指不具备遗嘱见证人需要具备的一些基本的能力，如听、说、写等能力的人如果相应的能力不具备，也不能成为遗嘱见证人。例如，代书遗嘱需要见证人诵读遗嘱，并且在遗嘱上签名，所以，聋哑人、不会读书写字的人等就不具有代书遗嘱的见证能力；录音录像遗嘱需要将见证人的声音记录下来，所以，聋哑人不具有录音录像遗嘱的见证能力；遗嘱人使用方言或者外国语言设立遗嘱时，不懂方言或者外国语言的人就不具有见证能力。

2. 继承人和受遗赠人

遗嘱对遗产的处理直接影响着继承人、受遗赠人对遗产的接受，因而继承人、受遗赠人与继承人和受遗赠人遗嘱有直接的利害关系，由他们作为遗嘱见证人难以保证遗嘱的客观性、真实性。因此，继承人、受遗赠人不能作为遗嘱的见证人。这里的继承人既包括第一顺序继承人，也包括第二顺序继承人。

3. 与继承人、受遗赠人有利害关系的人

所谓利害关系人，是遗嘱的效力对其经济利益有直接影响的人。例如，继承人、受遗赠人的债权人、债务人、共同经营的合伙人。

(二) 遗嘱见证人的指定

是否只有遗嘱人指定的人才为见证人？《民法典》对此没有明确规定。我们认为，证人与见证人是有区别的：见证人是代书遗嘱、录音录像遗嘱和口头遗嘱必须具备的形式要件之一；在立遗嘱现场的人可以作为证人，证明立遗嘱当时的情况，但并非都可以作为见证人。只有遗嘱人指定的人才能作为见证人，因为见证人的职责是在遗嘱人死后证明遗嘱人意思表示的真实与否。遗嘱人通常不会任意选择一个见证人在其死后代替自己表达真实的意思。遗嘱人与见证人通常有着某种信任关系，遗嘱人的指定是这种信任关系的表现。所以，不经遗嘱人指定的人只能是普通的证人，而不是遗嘱见证人。遗嘱人作出的指定既可以是明示的也可以是默示的。

(三) 见证人资格欠缺的遗嘱的效力

如果遗嘱中有无见证资格的人作见证，将因情形不同而发生不同后果：加上无见证资格者的见证才符合见证人的法定人数时，遗嘱因见证人资格的欠缺导致遗嘱不符合形式要件而无效；除无见证资格者的见证外，还有两个以上的见证人在场见证时，该遗嘱依然有效。

[①] 郭明瑞、房绍坤：《继承法》（第二版），法律出版社 2007 年版，第 148 页。

（四）其他不具有见证能力的人不能做遗嘱见证人

《民法典》第1140条规定："下列人员不能作为遗嘱见证人：（一）无民事行为能力人、限制民事行为能力人以及其他不具有见证能力的人；（二）继承人、受遗赠人；（三）与继承人、受遗赠人有利害关系的人。"与原《继承法》第18条的规定相比，本条增加了"其他不具有见证能力的人"不能做遗嘱见证人的规定。

根据《民法典》的规定，遗嘱的见证人必须具备见证能力，其他不具有见证能力的人不能担任遗嘱的见证人。遗嘱见证人的作用是对遗嘱的签署过程进行证明，以确保遗嘱的真实性和合法性。因此，遗嘱见证人的资格和能力是十分重要的，只有符合法定条件的具有见证能力的人才能担任遗嘱的见证人。同时，遗嘱的见证人还需要遵守法律规定，保守遗嘱内容的秘密，不得泄露或篡改遗嘱的内容。遗嘱的见证人应当对遗嘱签署过程进行详细记录，并在遗嘱上签字和盖章，以确保遗嘱的有效性和权威性。

四、共同遗嘱

（一）共同遗嘱的概念

共同遗嘱也称合立遗嘱，是指两个以上的遗嘱人共同设立的，同时处分共同遗嘱人各自或共同的财产的遗嘱。

共同遗嘱可以分为形式意义的共同遗嘱和实质意义的共同遗嘱。形式意义的共同遗嘱又称单纯的共同遗嘱，是指内容各自独立的两个以上的遗嘱记载于同一遗嘱书中。这种共同遗嘱只保持某种形式上的统一，而在内容上是由各遗嘱人独立进行意思表示，并根据各自意思表示产生独立的法律效果，相互不存在制约和牵连。实质意义的共同遗嘱是指两个以上的遗嘱人将其共同一致的意思通过一个遗嘱表示出来，形成一个内容共同或相互关联的整体遗嘱。实质意义上的共同遗嘱通常可以分为三种类型：一是相互指定对方为自己的遗产继承人；二是共同指定第三人为遗产的继承人或受遗赠人，其遗产以共同财产居多；三是相互指定对方为继承人，并约定后死者将遗产留给指定的第三人。

从本质上看，形式意义的共同遗嘱应属于单独遗嘱，因此，真正的共同遗嘱应仅指实质意义的共同遗嘱，本书也是在这个意义上讨论共同遗嘱的。

（二）共同遗嘱的特点

1. 共同遗嘱是两个以上遗嘱人的共同民事法律行为

共同遗嘱不同于单独遗嘱，前者有两个以上意思表示，而后者只是一个意思表示。共同遗嘱又不同于合同，前者的意思表示的方向是一致的，即追求同一目标，与合伙合同的性质相近；后者的意思表示的方向是相对的，是追求各自利益的意思表示的一致。

2. 共同遗嘱的内容具有相互制约性

共同遗嘱人虽然处分的是自己的财产，但对自己财产的处分与其他共同遗嘱人的处分互相关联、互相制约。在共同遗嘱人生存期间，一方变更、撤回遗嘱的内容或对财产进行处分，将导致他方的遗嘱失去效力，因而，共同遗嘱签订后，除共同遗嘱人一致同意变更或者撤回遗嘱外，一方欲变更和撤回遗嘱应告知另一方。在共同遗嘱人之一死亡后，生存方原则上不得变更、撤回遗嘱或进行与遗嘱内容相违背的财产处分。

3. 依共同遗嘱发生的遗嘱继承在开始时间上有一定的特殊性

依单独遗嘱发生的遗嘱继承，在遗嘱人死亡时就发生效力。而依共同遗嘱发生的遗嘱继承通常并不因一方遗嘱人死亡而开始，只有在全部遗嘱人死亡后，共同遗嘱继承才真正开始。

（三）共同遗嘱的立法例

当今世界各国或地区对共同遗嘱持有两种截然不同的立法例。一种是承认共同遗嘱的有效性，如德国、奥地利、韩国等；另一种是禁止设立共同遗嘱，否认共同遗嘱的效力，如法国、日本、瑞士等。此外，还有些国家或地区的继承法既未明确规定允许订立共同遗嘱，也未明确禁止订立共同遗嘱，而是交由司法实践来决定。

我国法律上没有对共同遗嘱的明文规定，在理论上有肯定说、限制肯定说、否定说三种不同的观点。肯定说认为，我国立法上虽未明确规定共同遗嘱，但也并未排除共同遗嘱的有效性，基于我国夫妻和家庭成员共同共有财产的国情，应当确立共同遗嘱的法律效力。限制肯定说认为，法律应只承认夫妻共同遗嘱，对其他共同遗嘱不能承认。否定说认为，法律上不应承认共同遗嘱，因为共同遗嘱否定了遗嘱自由，在实现过程中容易引发纠纷，且违反了继承法的形式要求。

在我国司法实践中，否定与肯定共同遗嘱的判决都不在少数。《遗嘱公证细则》第15条规定：两个以上的遗嘱人申请办理共同遗嘱公证的，公证处应当引导他们分别设立遗嘱。遗嘱人坚持申请办理共同遗嘱公证的，共同遗嘱中应当明确遗嘱变更、撤回及生效的条件。可见，遗嘱公证是允许采取共同遗嘱形式的。

从立法精神上看，只要遗嘱符合形式要求，内容是真实的，不违反法律和公序良俗，都应当被认定为有效的遗嘱。如果认为共同遗嘱违反了遗嘱的形式要件，也过于牵强。遗嘱形式是指遗嘱究竟采用自书、代书、打印、录音录像、口头还是公证形式，而共同遗嘱也可以采用上述形式。共同遗嘱与单独遗嘱相对应，二者的差别不在于形式而在于内容，前者是多个人的意思表示，后者是一个人的意思表示。

第四节　遗嘱的效力

遗嘱有效、遗嘱生效与遗嘱的效力，是三个不同的法律概念。遗嘱有效，从遗嘱的条件角度出发，符合条件的遗嘱就是有效遗嘱；反之，就是无效遗嘱。遗嘱生效，从当事人之间的权利和义务关系角度出发，是当事人之间的权利和义务关系的效力实际发生的时间点。遗嘱的效力，与遗嘱生效是一个问题的两个方面，前者是从静态角度讲当事人之间的权利和义务关系，后者是从动态角度讲当事人之间的权利和义务关系的效力发生的时间点。

一、有效遗嘱

遗嘱作为一种民事法律行为，应当具备各民事法律行为的一般有效要件；遗嘱作为单方民事法律行为，还应当符合法律规定的特殊条件。在我国，依照《民法典》及相关法律的规定，遗嘱有效应当满足以下条件。

第一，遗嘱人立遗嘱时具备遗嘱能力。遗嘱能力，是自然人依法享有的设立遗嘱，依法对自己死后遗产的有关事项作出安排的资格。《民法典》第 1143 条第 1 款规定：无民事行为能力人或者限制民事行为能力人所立的遗嘱无效。该规定表明，只有具有完全民事行为能力的人才具有遗嘱能力。遗嘱人是否具有遗嘱能力，应以遗嘱设立时为准，而不是以遗嘱执行时为准。

第二，遗嘱人的意思表示真实。遗嘱作为遗嘱人生前按自己的意愿处分自己遗产的一种单方民事法律行为，必须是遗嘱人完全自愿作出的。《民法典》第 1143 条第 2 款至第 4 款规定，遗嘱必须表示遗嘱人的真实意思，受欺诈、胁迫所立的遗嘱无效；伪造的遗嘱无效；遗嘱被篡改的，篡改的内容无效。

第三，遗嘱的内容不违反法律和公序良俗。遗嘱的内容是遗嘱人在遗嘱中表示出来的对自己的财产处分的意思。遗嘱作为一种民事法律行为，其内容应当合法，不得违反法律和公序良俗。所谓不得违反法律，是指不得违反我国现行法律、法规中的强制性规范。此外，规避法律强制性规范和禁止性规范的行为也属于违反法律。所谓不违反公序良俗，是指遗嘱不得损害社会的政治、经济秩序和道德风尚，不得损害国家的主权和民族尊严。

第四，遗嘱的形式应当符合法律规定的要求。为保证遗嘱能够反映遗嘱人的真实意愿，遗嘱必须符合法律规定的形式要求。

二、无效遗嘱

与一般民事法律行为不同，欠缺有效要件的遗嘱只有一种法律后果，就是无效，不存在可撤销的中间状态。在我国，根据《民法典》第 1141 条和第 1143 条的规定，无效遗嘱的类型主要包括以下几种。

（一）无遗嘱能力人所立遗嘱无效

依照《民法典》的规定，只有完全民事行为能力人才具有遗嘱能力，所以，无民事行为能力人或者限制民事行为能力人所立的遗嘱无效。无民事行为能力人和限制民事行为能力人从事的一般民事法律行为与遗嘱的后果是不同的。无民事行为能力人从事的一般民事法律行为无效，限制民事行为能力人从事的与其年龄、智力或精神健康状况相适应的民事法律行为有效，从事的与其年龄、智力或精神健康状况不相适应的民事法律行为的效力待定。

之所以有这样的差异，是因为一般民事法律行为多有相对人，在确定其效力时，一方面要考虑保护无民事行为能力人和限制民事行为能力人的利益，另一方面要考虑对相对人利益的保护，而遗嘱是无相对人的单方民事法律行为，没有相对人利益保护的问题，所以，不论是限制民事行为能力人所立还是无民事行为能力人所立的遗嘱都是无效的。

（二）受欺诈、胁迫所立的遗嘱无效

受胁迫所立的遗嘱，是遗嘱人受到他人非法的威胁、要挟，为避免自己或亲人的财产或生命健康遭受侵害，而作出的与自己的真实意思相悖的遗嘱。受欺诈所立的遗嘱，是遗嘱人因受他人的歪曲的、虚假的行为或者言词的引导而产生错误的认识，作出了与自己的真实意愿不相符合的遗嘱。欺诈、胁迫遗嘱人的人既可以是继承人，也可以是继承人以外的人；既可以是从遗嘱人受胁迫、受欺诈所立的遗嘱得到利益的人，也可以是不会从遗嘱人的遗嘱中得到任何利益的人。

（三）伪造的遗嘱无效

伪造的遗嘱也就是假遗嘱，是以被继承人的名义设立的非被继承人的意思表示的遗嘱。伪造遗嘱的动机和目的，不是伪造的遗嘱的构成要件。只要不是遗嘱人的意思表示而以遗嘱人的名义所立的遗嘱，都属于伪造的遗嘱。由于伪造的遗嘱不是被继承人的意思表示，所以不论遗嘱的内容如何，也不论遗嘱是否损害了继承人的利益，均不能发生遗嘱的效力。

（四）被篡改的遗嘱内容无效

被篡改的遗嘱是指遗嘱的内容被遗嘱人以外的其他人作了更改，例如，遗嘱的

内容被修改、删节、补充等。篡改人只能是遗嘱人以外的人，而不能是遗嘱人本人。篡改只能是对遗嘱的部分内容的更改，如对遗嘱的全部内容更改，则为伪造遗嘱。被篡改的遗嘱，因篡改的内容已经不是遗嘱人的意思表示，所以也就不能发生遗嘱的效力。但是，遗嘱不能因被篡改而全部无效。遗嘱中未被篡改的内容仍然是遗嘱人的真实意思表示，是有效的。

（五）遗嘱没有为缺乏劳动能力又没有生活来源的继承人保留必要份额的，对应当保留的必要份额的处分无效

《民法典》第1141条明确规定：遗嘱应当为缺乏劳动能力又没有生活来源的继承人保留必要的遗产份额。对此，学说上称为"必留份"。遗嘱如果没有为继承人保留必留份的，也不能有效。

第一，必留份的主体是法定继承人范围以内的人。另外，《民法典》第1155条只规定在分割遗产时应当保留胎儿的应继份，而没有规定胎儿是否为必留份的主体。既然胎儿享有继承权，就可以成为必留份的主体。

第二，法定继承人必须缺乏劳动能力又没有生活来源，二者缺一不可。有劳动能力而没有生活来源，或者缺乏劳动能力而有生活来源的继承人，都不在必留份制度保护之列。判断是否缺乏劳动能力又没有生活来源应以继承开始时为准。立遗嘱时继承人缺乏劳动能力和没有生活来源，于继承开始时具有了劳动能力或者有了生活来源的，不受必留份的保障；而立遗嘱时有劳动能力或有生活来源，而于继承开始时丧失劳动能力又没有生活来源的，应受必留份制度的保障。这是由必留份制度的目的所决定的。

第三，遗嘱应当为需要扶养的继承人保留必要的遗产份额。所谓必要的遗产份额，是指保证这部分继承人基本生活需要的遗产份额，与应继份并不是同一概念。它既可以少于法定继承人的应继份，也可以大于、等于法定继承人的应继份。所谓的基本生活需要，是指能够维持当地群众一般生活水平的需要。

第四，遗嘱中未给缺乏劳动能力又没有生活来源的继承人保留必要的遗产份额的，遗嘱并非全部无效，仅是涉及处分应保留份额遗产的遗嘱内容无效，其余内容仍有效。

三、遗嘱的不生效

原则上，具备条件的有效遗嘱在遗嘱人死亡时发生法律效力，但是，有效遗嘱也有遗嘱人死亡时不产生法律效力的情形，即不依照遗嘱的内容在当事人之间产生权利义务关系，即遗嘱不生效。遗嘱不生效的情形包括以下几种。

第一，遗嘱继承人、受遗赠人先于被继承人死亡，但遗嘱另有规定的除外，如

指定候补继承人或候补受遗赠人。第二，遗嘱继承人、受遗赠人在遗嘱成立之后丧失继承权或受遗赠权。第三，附解除条件的遗嘱在遗嘱人死亡之前该条件已成就。第四，遗嘱继承人、受遗赠人在条件成就前死亡。第五，遗嘱人死亡时，遗嘱中处分的财产标的已不复存在。若该财产被遗嘱人生前以事实行为或民事法律行为处分，则推定遗嘱人变更遗嘱；但若该财产系因其他原因而不复存在，遗嘱人又未因该标的灭失享有保险金和损害赔偿金请求权时，则以该财产为标的的遗嘱内容不发生效力。

四、遗嘱的撤回与变更

遗嘱自由既包括遗嘱设立自由，也包括遗嘱撤回、变更的自由。从遗嘱完成到遗嘱发生效力往往间隔很长时间，原先遗嘱人的意思难免会发生改变，如果不允许其撤回、变更自己的意思表示，显然于理不合。更何况，依照一般民法原理，尚未发生法律效力的意思表示无论何人都是不受其约束的。《民法典》第 1142 条第 1 款规定：遗嘱人可以撤回、变更自己所立的遗嘱。

（一）遗嘱撤回和变更的概念与特点

遗嘱的撤回，是遗嘱人取消先前所立遗嘱的内容；遗嘱的变更，是指遗嘱人依法改变自己先前所立遗嘱的内容。遗嘱的撤回和变更，具有以下特点。

（1）遗嘱人可以自由地撤回、变更自己所立的遗嘱。只要遗嘱人觉得自己所立遗嘱需要修改或者取消，就随时可以撤回、变更，不需要任何理由。

（2）遗嘱的撤回、变更本质上与遗嘱的设立相同，都是遗嘱人处分自己财产的意思。遗嘱的设立不得代理，遗嘱的撤回、变更同样不得代理。

（3）遗嘱的撤回、变更没有固定的时间限制，只要是在遗嘱人生存期间都可以。

（二）遗嘱撤回和变更的方法

遗嘱的撤回、变更，是遗嘱人单方意思表示的结果，这种意思表示要通过一定的方式来表达。在罗马法上，遗嘱的撤回、变更必须以与前份遗嘱相同的设立方式进行。现今各国法律多规定，通过订立新的遗嘱的方式即可撤回、变更遗嘱，不限于前份遗嘱所采取的方式，并且在符合法定情形时也可以视为对遗嘱的撤回、变更，如立有数份内容抵触的遗嘱，实施与遗嘱相抵触的行为、销毁或涂销遗嘱等。

《民法典》第 1142 条第 3 款规定：立有数份遗嘱，内容相抵触的，以最后的遗嘱为准。依照《民法典》的规定、司法实践以及民法的一般原理，遗嘱的撤回、变更方式主要有以下四种，前一种是明示方式，后三种是法律推定方式。

（1）遗嘱人另立新的遗嘱，并且在新的遗嘱中明确表示撤回、变更原来的遗嘱。遗嘱人所立的新遗嘱在形式上并没有限制，可以与原来遗嘱的形式不同。

（2）遗嘱人立有数份遗嘱，没有在后面的遗嘱中明确表示撤回、变更前面的遗嘱，如前后遗嘱的内容全部抵触的，推定撤回前遗嘱；如前后遗嘱的内容部分抵触的，则视为遗嘱的变更，抵触部分按后遗嘱办理；如前后遗嘱的内容不相抵触，则数份遗嘱可以并存，不发生变更和撤回的问题。

（3）遗嘱人可以通过实施与遗嘱相抵触的行为，撤回、变更原来所立遗嘱。遗嘱人生前的行为与遗嘱的内容相抵触的，推定遗嘱撤回、变更。这里所说的生前行为，是指遗嘱人生前对自己财产的处分行为。《民法典》第1142条第2款规定，立遗嘱后，遗嘱人实施与遗嘱内容相反的民事法律行为的，视为对遗嘱相关内容的撤回。

（4）遗嘱人故意损毁、涂销遗嘱的，视为撤回、变更遗嘱。因为遗嘱只有具备形式要件才能有效，所以，如果遗嘱人故意销毁、涂销或在遗嘱上有废弃的记载的，应当推定遗嘱人撤回、变更原遗嘱。但是，遗嘱是由第三人毁损的，或者遗嘱人并非故意销毁遗嘱的，不能认为撤回、变更遗嘱。如果遗嘱尚可恢复，则遗嘱有效；如果遗嘱无法恢复，则因欠缺形式要件而无效。第三人毁损、涂销遗嘱的，遗嘱的利害关系人可以向第三人请求赔偿。

（三）遗嘱撤回的撤回

遗嘱的撤回被撤回或不生效力时，原遗嘱是否恢复？对此，有明确采用复活主义的，如《德国民法典》第2257条规定："如果以遗嘱所为之对一项终意处分的撤回又被撤回，倘有疑义，则前项处分仍如同未被撤回一样有效。"第2258条第2项规定："如果嗣后所立的遗嘱被撤回，倘有疑义，则以前的遗嘱仍如同未被撤回一样有效。"有采取不复活主义的，如《日本民法典》第1025条规定，被撤回的遗嘱，纵使其撤回行为被撤回或不生效力时，也不恢复其效力，但其行为是由于欺诈或胁迫者不在此限。对此，我国法律没有明文规定。

在学理上，对此问题有三种不同观点。[①]遗嘱的撤回被撤回或不生效，应解释为原遗嘱不复活，但遗嘱人明确表示原遗嘱复活的，按其意思表示办理。原因有三：第一，遗嘱的撤回是独立的民事法律行为，一经作出就发生法律效力，前遗嘱就视为自始不存在。如果认为撤回行为经过撤回后，原已经视为不存在的遗嘱自动恢复其效力，理论上不免矛盾。第二，遗嘱人撤回其遗嘱撤回行为，未必就有使原

[①] 一是绝对的不复活说，主张不管遗嘱人的意思如何，一概否定原遗嘱的复活。二是相对的不复活说，主张原则上原遗嘱不复活，但如果遗嘱人有复活原遗嘱的意思，不妨使其复活；如果遗嘱人意思不明，应依照具体情形进行解释，来决定遗嘱是否复活。三是相对的复活说，主张因为对遗嘱人意思的解释在其死亡后甚为困难，所以原则上应采复活主义，遗嘱人意思不明时应解释为复活。

遗嘱复活的意思。如果遗嘱人不作出明确的复活前遗嘱的意思表示，推定不复活也许更符合遗嘱人的真意。第三，如果遗嘱人明确表示使其原遗嘱复活的，应当尊重其意思，使原遗嘱复活。此时遗嘱人的意思表示明确，不容易引起纷争，也避免了遗嘱人另立遗嘱的烦琐。

五、《民法典》确认数份遗嘱内容相抵触时设立在后效力优先原则

根据《民法典》的规定，在确认多份遗嘱内容相抵触的情况下，遵循设立在后效力优先的原则。这一原则是指，当有多份遗嘱存在并且它们之间的内容相互矛盾时，以最后一份具有法律效力的遗嘱为准，前面的其他遗嘱则被视为无效。

具体来说，如果一个遗嘱人在生前多次制定了遗嘱，并且这些遗嘱之间的内容存在不一致或抵触的情况，那么在遗嘱人去世后，执行法院或遗产管理机构会依照设立在后效力优先原则来处理。即最后一份遗嘱会被视为遗嘱人生前真实意愿的表达，而其他之前的遗嘱则被视为被撤销或失效。这一原则是为了尊重遗嘱人在生前的最后意愿，确保遗产的合理继承和分配。同时，它也有利于避免不同时间点的遗嘱互相冲突，造成遗产分配的混乱和争议。

值得注意的是，遗嘱应当符合法律的规定，必须满足《民法典》中有关遗嘱的形式和要件，才能生效。如果遗嘱不符合法律规定，无论其顺序如何，都将被视为无效。因此，对于拟定遗嘱的人来说，确保遗嘱的合法性和一致性是非常重要的，以避免可能的后续纠纷和矛盾。

第五节　遗嘱执行

遗嘱执行是指在遗嘱人去世后，依法对其遗留的遗产进行管理和分配的过程。《民法典》中关于遗嘱执行的规定是中国法律体系中遗嘱继承制度的重要组成部分，它为遗嘱效力的确认、执行程序、遗产管理以及纠纷解决等方面提供了详细的法律规则和程序。

一、遗嘱的效力确认

在遗嘱执行过程中，首要问题是确认遗嘱的效力。根据《民法典》的规定，遗嘱满足以下要件才能生效：一是书面形式，遗嘱必须以书面形式表达，可以手写、打印或使用电子文档，但必须具备遗嘱人的真实意思表达。二是自愿性，遗嘱必须

是遗嘱人自愿作出的，没有受到任何强迫、欺诈或其他非自愿行为的影响。三是完整性，遗嘱必须是完整的，包含所有关键信息和要求，不应存在遗漏或不完整的情况。四是民事行为能力，遗嘱人必须具备完全民事行为能力，能够独立作出合法的意思表示。五是合法内容，遗嘱的内容必须符合法律规定，不得违反法律强制性规定或公序良俗。

在确认遗嘱的效力时，遵循设立在后效力优先的原则。当有多份遗嘱存在并且它们之间的内容相互矛盾时，以最后一份具有法律效力的遗嘱为准，前面的其他遗嘱则被视为无效。

二、遗嘱执行程序

遗嘱执行程序是指在遗嘱人去世后，依法对遗嘱进行有效执行的法律程序。根据《民法典》的规定，遗嘱执行程序包括以下几个步骤。

第一，遗嘱认定。在遗嘱人去世后，遗嘱的有效性需要经过法院或遗产管理机构的认定。这个步骤主要是为了确认遗嘱是否符合法律规定，并且没有被撤销或失效。

第二，遗产清查。确认遗嘱的有效性后，需要对遗产进行清查和评估，确定遗产的价值和组成。

第三，继承人确认。确定遗产后，需要确认合法的继承人。如果遗嘱中有指定特定的继承人，那么继承人的身份会被直接确认。如果遗嘱没有指定继承人或者指定的继承人已故或放弃继承，那么将按照法定继承顺序确定继承人。

第四，遗产分配。确认继承人后，需要对遗产进行分配。遗产的分配应当按照遗嘱的规定或法定继承顺序进行。

第五，遗产管理。对于未成年继承人或者有其他特殊情况的继承人，需要设立遗产管理办法，确保遗产的有效管理和使用。

三、遗产管理

遗嘱执行过程中，遗产的管理是一个重要环节。对于继承人来说，遗产的管理包括以下几个方面：一是遗产评估，对遗产进行评估，确定遗产的价值和组成，对于不需要保留的遗产，继承人可以进行合法的处置，包括出售、转让或其他方式变现。在处置遗产时，继承人应当遵守法律规定和遗嘱人的意愿，不得擅自挪用或侵占遗产。二是根据遗嘱的规定或法定继承顺序，将遗产分配给继承人。遗产的分配应当公平合理，不得偏袒或歧视任何继承人。三是对于遗留的不动产，继承人应当对其进行管理，确保房产、土地等财产的合法权益，维护其价值。另外，遗产管理人还负有监督义务。在遗产管理过程中，继承人有义务对遗产进行合法、合理的管理，并且应当接受其他继承人、债权人、遗产管理机构等相关方的监督。

四、遗嘱执行中的纠纷解决

遗嘱执行过程中，有可能会出现继承人之间的纠纷或者遗产分配的争议。在这种情况下，可以通过协商和调解解决纠纷。如果纠纷不能通过协商和调解解决，可以向法院提起诉讼，由法院依法裁决。法院将根据遗嘱的有效性和法定继承顺序来判决争议，并最终确定遗产的分配方式。

第六节　附条件、附期限、附义务遗嘱

在罗马法上，遗嘱不得附加期限，进而禁止遗嘱附加解除条件。在近现代社会，各国法律原则上都许可遗嘱附条件或期限。《民法典》只规定了附义务的遗嘱，而没有规定附条件、附期限的遗嘱。既然法律没有明文限制遗嘱附条件和期限，同时，遗嘱的性质与附条件和期限并不相悖，那么为保障遗嘱人的意愿能得到充分实现，解释上自然不应加以限制。

一、附条件遗嘱

所附条件的性质不同，附条件遗嘱生效时间就不同。

（一）附停止条件的遗嘱

如果遗嘱人死亡以前条件成就的，则该遗嘱视为未附条件，遗嘱于遗嘱人死亡时发生法律效力；如果遗嘱人死亡以后条件才成就的，则遗嘱于条件成就时发生法律效力；如果遗嘱人表示使其条件成就的效力溯及于条件成就以前的，按其意思表示确定遗嘱发生效力的时间，但不得溯及于遗嘱人死亡以前。

（二）附解除条件的遗嘱

如果遗嘱人死亡以前条件成就的，则该遗嘱视为未成立，遗嘱人死亡时遗嘱也不发生法律效力；如果遗嘱人死亡以后条件才成就的，则其遗嘱在遗嘱人死亡时发生法律效力，在条件成就时失去效力；如果遗嘱中明确表示遗嘱条件成就的效力溯及于条件成就以前的，从其指定，但不得溯及于遗嘱人死亡以前。

二、附期限遗嘱

附期限遗嘱的生效时间按如下标准确定。

（一）附始期的遗嘱

如果遗嘱人死亡以前始期届至的，则视为遗嘱没有附期限，遗嘱自遗嘱人死亡时发生法律效力；如果遗嘱人死亡以后，始期才届至的，则遗嘱于期限届至时发生法律效力。

（二）附终期的遗嘱

如果遗嘱人死亡以前期限届至的，遗嘱不发生法律效力；如果遗嘱人死亡以后期限届至的，遗嘱自遗嘱人死亡时发生法律效力，至期限届满时失去效力。

三、附义务遗嘱

（一）附义务遗嘱的概念和特点

附义务遗嘱，是指遗嘱人在遗嘱中指定继承人或受遗赠人继承或接受遗产应当履行一定义务。《民法典》第1144条规定：遗嘱继承或者遗赠附有义务的，继承人或者受遗赠人应当履行义务。没有正当理由不履行义务的，经利害关系人或者有关组织请求，人民法院可以取消其接受附义务部分遗产的权利。

附义务遗嘱的特点如下。

1. 附义务遗嘱为单独的无偿民事法律行为

附义务遗嘱有义务，但依然不失其无偿民事法律行为的本质，因为所附义务与取得财产权利构不成对价关系。附义务遗嘱为无相对人的单独民事法律行为，遗嘱的成立不需要相对人的同意。

2. 遗嘱效力的发生不以义务的履行为条件

就义务与遗嘱的牵连关系而言，附义务遗嘱与附条件遗嘱相似，因条件与遗嘱也具有牵连关系。但是，附义务遗嘱与附条件遗嘱有着本质上的差异：附条件遗嘱中的条件影响遗嘱的效力；附义务遗嘱中的负担不影响遗嘱的效力，即使负担不履行，遗嘱的效力也依然发生，只是利害关系人或有关组织可以请求法院取消遗嘱继承人或受遗赠人接受附义务那部分遗产的权利。附义务遗嘱与附条件遗嘱在学理上的区别极为明显，然而实践中一份遗嘱究竟是附条件的还是附义务的并不好区别，应综合各种情况加以考虑。如果无法判断是附条件遗嘱还是附义务遗嘱，应推定为附义务遗嘱，以避免推定为附条件遗嘱而使该遗嘱处于效力不确定状态。

3. 义务具有附随性和不可免除性

遗嘱继承人或受遗赠人如果不接受遗产，则不需要履行该义务。如果遗嘱继承人或受遗赠人接受遗产，则必须履行义务。接受遗产的遗嘱继承人或受遗赠人不履行遗嘱所附义务的，有关单位和个人可以提请人民法院取消其接受遗产的权利。

（二）义务的内容

在附义务遗嘱中，义务的内容表现为增加遗嘱继承人或受遗赠人的负担。

1. 遗嘱中指定的负担的义务人只能是遗嘱继承人或受遗赠人

我国《民法典》规定遗嘱可以附义务，所以，不论是遗嘱继承还是遗赠都可以附义务。负担的义务人也只能是遗嘱继承人或受遗赠人。遗嘱对遗嘱继承人或受遗赠人以外的人设定的义务不具有法律效力，遗嘱继承人或受遗赠人以外的人不受其约束。

2. 遗嘱中指定的义务必须是可能实现的

遗嘱以不能实现的义务为负担的，其负担无效，这一点毫无争议。但是，遗嘱是否同样无效呢？对此，我们认为，如果遗嘱人知道负担无效就不会立遗嘱的，则负担无效，遗嘱也无效；如果遗嘱人知道负担无效依然会立遗嘱的，则负担无效不影响遗嘱的效力。可见，遗嘱是否有效应取决于遗嘱人的意思。如果无法证明遗嘱人的真实意思，应推定遗嘱人知道即使负担无效也会立遗嘱，即遗嘱有效。

3. 遗嘱中所附义务应为法律上的义务

该法律上的义务不以有经济利益为必要，无经济利益的事项也可以为负担，如为遗嘱人办理丧事、撰写墓志铭、照料某人等。单纯的道德义务多不为遗嘱负担，如要求某继承人勤奋；无任何意义的义务也不能作为遗嘱负担，以其作为遗嘱负担的，该负担无效，但不影响遗嘱的效力。对此，《瑞士民法典》第482条第3款规定"如果遗嘱附加的条件或要求令人讨厌或无任何意义，可视其不存在"。

4. 遗嘱中所附义务不得违反法律或公序良俗

遗嘱中不得附违反法律或者公序良俗的义务，毫无疑问，附此义务的负担无效。只是附此类义务的遗嘱是否有效呢？我们认为，遗嘱中附违反法律或善良风俗的义务与附不能义务的性质不同，附违反法律或善良风俗的义务的遗嘱也应无效。对此，《瑞士民法典》第482条第2款规定："有违反善良风俗或违法的附加条件或要求内容的，其处分无效。"

5. 附义务遗嘱中所规定的继承人或受遗赠人应当履行的义务，不得超过继承人或受遗赠人所取得的遗产利益

这是符合现代继承制度中限定继承的理念的。对此，《日本民法典》第100条第1款规定："受负担遗赠的人，仅在不超过遗赠标的价额的限度内，负履行所负担义务的责任。"我国法律采限定继承原则，也应作相同的解释。

（三）负担义务人与履行请求权人

1. 负担义务人

负担是遗嘱的附款，因此按照遗嘱负担义务的人只能是遗嘱继承人和受遗赠人。那么，遗嘱负担义务人在继承开始后、负担履行以前死亡的，其继承人是否要履行负担之义务？由于附义务遗嘱继承和附义务遗赠中的遗嘱继承人和受遗赠人接受遗产的方式不同，所以，这一问题应区别附义务遗嘱继承和附义务遗赠而处理。

在附义务遗嘱继承中，如果遗嘱继承人明确表示放弃继承，则其继承人无须履行遗嘱负担义务；如果遗嘱继承人未作出放弃继承的表示，则推定其接受继承，遗产与遗嘱负担都成为其遗产的一部分，其继承人除非明确表示放弃继承，否则，于应继份的限度内负履行负担的义务。在附义务遗赠中，如果受遗赠人已经明确表示接受遗赠，则遗赠财产及负担为其遗产的部分，于接受遗赠的限度内负履行负担的义务；如果受遗赠人未明确表示接受遗赠，则视为放弃接受遗赠，受遗赠人无接受遗产的权利，也无须负担遗嘱确定的义务。

2. 履行请求权人

关于请求遗嘱继承人或受遗赠人履行遗嘱负担的权利人，《民法典》第1144条规定为利害关系人和有关组织。根据《民法典》的规定和继承法基本原理，下列人可以作为履行请求权人。

（1）继承人。继承人为与遗嘱人关系最密切之人，由其替代遗嘱人监督义务的履行是最合适的，各国法律也都承认继承人为履行请求权人。继承人为数人时，任何继承人都可以请求履行，无须全体继承人共同为之。继承人中如一人为附义务的遗嘱继承人，其他继承人可以请求其履行遗嘱负担。

（2）受益人。关于因遗嘱负担受利益的人可否享有履行请求权，有两种立法例：一种是否定式的，如德国民法；另一种是肯定式的，如瑞士民法。我国采取肯定式的立法例，规定受益人享有履行请求权。受益人虽然为普通债权人，但其为附义务遗嘱的直接受益者，赋予其履行请求权更能简化法律关系。而且因负担义务人的原因致使履行不能时，受益人还可以请求损害赔偿。

（3）遗嘱执行人。《民法典》没有明文规定遗嘱执行人为履行请求权人，但遗嘱执行人是代表遗嘱人执行遗嘱的人，自然也有权监督遗嘱中附义务的履行。

（4）有关组织。如果遗嘱负担是出于公益目的的，则若负担的义务人不履行义务，自应由有关组织监督义务的履行，以实现遗嘱人的遗愿。

（四）附义务遗嘱的法律后果

继承人或者受遗赠人放弃继承或者受遗赠，则无须履行遗嘱负担的义务；继承人或者受遗赠人接受继承或者遗赠，则应履行遗嘱所负担的义务，但履行所负担的义务以实际所得遗产数额为限。

如果继承人或受遗赠人接受遗产，但不能履行义务时，《民法典》对此没有明文规定。非因负担的义务人的事由不能履行的，负担义务人可以接受遗产，无须履行义务，但若负担义务人因该事由获得利益的，则其在所得利益范围内负履行负担义务。因负担义务人的原因不能履行的，受益人可以请求损害赔偿，受益人不能主张或者无特定受益人的，继承人、遗嘱执行人或者有关组织可以撤销遗嘱继承或遗赠。继承人或受遗赠人接受遗产，但拒绝履行义务时，应如何处理？《民法典》第1144条中规定：没有正当理由不履行义务的，经利害关系人或者组织请求，人民法院可以取消其接受附义务部分遗产的权利。

另外，《民法典》没有进一步规定在取消负担义务人接受遗产的权利后遗产如何处理。符合继承法基本原理的解释应当是：如果负担义务人拒绝履行义务，那么首先，应当由请求权人请求其继续履行。如果在请求权人的要求下，负担义务人履行了义务，那么这是最符合遗嘱人遗愿的结果。其次，如果负担义务人依然不履行义务，则请求权人有权请求人民法院撤销其接受遗产的权利。最后，遗嘱涉及的遗产按法定继承办理，接受遗产的人按比例履行遗嘱所附义务。

第五章 遗 赠

第一节 遗赠概述

一、遗赠的概念和特点

（一）遗赠的概念

遗赠是将死亡的自然人的财产转移给他人所有的一种法律制度。早在罗马法上就有遗赠的规定，在中世纪的欧洲，遗赠曾为遗嘱继承的一种方式。在近代各国继承法上也都有遗赠制度，但有的是作为一种继承方式。我国《民法典》第 1133 条第 3 款规定："自然人可以立遗嘱将个人财产赠与国家、集体或者法定继承人以外的组织、个人。"由此，遗赠是自然人以遗嘱的方式将其个人财产赠给国家、集体或法定继承人以外的组织、个人，而于其死后发生法律效力的一种单方民事法律行为。

（二）遗赠的特点

1. 遗赠是通过遗嘱方式实施的单方民事法律行为

遗赠是通过遗嘱的方式实现的，将自己的财产赠给他人的行为，遗赠欲发生法律效力，以遗嘱有效为前提。同时，遗嘱为单方民事法律行为，遗赠也是，并且遗赠为无相对人的单方民事法律行为，只要有遗赠人一方的意思表示，就可以发生法律效力。

2. 遗赠是将遗产赠与法定继承人范围以外的民事法律行为

遗嘱中将遗产赠与法定继承人范围以外的人，才为遗赠。法定继承人范围以外的人不限于自然人，还可以是国家、集体或者其他组织。受遗赠人不论是组织还是个人，通常必须是继承开始时存在的人或者组织。但是，胎儿只要出生时是活体的，也可以作为受遗赠人；处于筹备设立中的组织和团体，也可以作为受遗赠人。

3. 遗赠是给予法定继承人范围以外的人财产利益的民事法律行为

法律不允许遗嘱人通过单方民事法律行为给受遗赠人带来不利益，因此，遗赠必须是给予受遗赠人财产利益的行为。财产利益可以是权利的让与，可以是债务的免除，也可以是全部遗产权利和义务相抵后剩余的财产利益。当然，遗赠可以附加义务，但这种义务并不是取得财产利益的对价，只是取得财产利益的条件。

4. 遗赠是遗赠人死后发生法律效力的民事法律行为

遗赠虽然是在遗嘱人生前作出的意思表示，但要到遗嘱人死亡时才会发生法律效力。遗赠人死亡前，因遗赠尚未发生法律效力，遗赠人可以随时依照法定程序和方式撤销自己的遗赠。

（三）受遗赠权的本质

受遗赠权究竟是物权还是债权，即遗赠财产是在继承开始时就当然移转于受遗赠人，还是受遗赠人享有向继承人或者遗嘱管理人请求交付遗赠财产的权利？①

《民法典》第 1124 条规定：继承开始后，继承人放弃继承的，应当在遗产处理前，以书面形式作出放弃继承的表示；没有表示的，视为接受继承。受赠人应当在知道受遗赠后 60 日内，作出接受或者放弃受遗赠的表示；到期没有表示的，视为放弃受遗赠。这一规定就是建立在继承权的物权效力和受遗赠权的债权效力基础上的。我国继承法理论一致认为，遗产自继承开始时移转于继承人，所以继承权的接受无须明示，继承人单纯的沉默就意味着接受继承。而受遗赠权正好与之相反：受遗赠权的接受必须明示，默示的则视为放弃受遗赠。这也意味着遗产并非自继承开始时移转于受遗赠人，受遗赠权仅具有债权效力。因此，遗赠的本质应当是债权。

二、遗赠的分类

由于我国《民法典》对遗赠作了原则性规定，较难从中看出遗赠的类型。在实际生活中及外国继承法中，遗赠存在着不同的类型。根据不同的标准，遗赠可作如下分类。

（一）单纯遗赠、附义务遗赠和附条件遗赠

根据遗赠是否附有义务和条件，可分为单纯遗赠、附义务遗赠和附条件遗赠。

1. 单纯遗赠

单纯遗赠，是遗赠人仅给予受遗赠人财产利益，而不附加任何条件和义务的遗赠。在现实生活中，绝大多数遗赠为单纯遗赠。

2. 附义务遗赠

附义务遗赠，是指遗赠人在遗嘱中规定受遗赠人在其所接受的遗产范围内，应

---

① 对此，学说上有三种不同观点：第一种观点认为，在概括遗赠中，受遗赠权与继承权一样具有物权效力，即遗产自继承开始时就移转于受遗赠人；在特定遗赠中，受遗赠权只有债权效力，即遗产先概括移转于继承人，在继承人接受继承后，受遗赠人只能向继承人请求交付遗赠物。第二种观点认为，不管概括遗赠还是特定遗赠都只具有债权效力。第三种观点认为，在遗嘱人无直系晚辈血亲时，概括遗赠具有物权效力，在其他情形下都只具有债权效力。

履行一定义务的遗赠。附义务的遗赠是遗托的表现形式之一。遗托，亦称附义务的遗嘱，是指遗嘱人在遗嘱中授予遗嘱继承人或受遗赠人财产权利的同时，附加提出的必须履行某项义务的要求。它既适用于遗嘱继承，又适用于遗赠。

我国《民法典》未对遗托的义务作出限制性规定，从理论上看，在遗托的义务违反社会公德、违反社会公共利益，或者违法时，该遗托为无效。但是只要遗嘱人的遗托不违背法律和社会公德，不违反社会公共利益，又是可以履行的，接受了遗产的受遗赠人或者遗嘱继承人就必须履行遗托的义务。

我国《民法典》第1144条规定："遗嘱继承或者遗赠附有义务的，继承人或者受遗赠人应当履行义务。没有正当理由不履行义务的，经利害关系人或者有关组织请求，人民法院可以取消其接受附义务部分遗产的权利。"

附义务的遗赠，如义务能够履行，而受遗赠人无正当理由不履行，经受益人或其他继承人请求，人民法院可以取消其接受附义务那部分遗产的权利，由提出请求的继承人或受益人负责按遗嘱人的意愿履行义务，接受遗产。附义务的遗赠，必须符合四个要件：（1）所附义务必须是合法且可以履行的；（2）该义务只能是附随于遗嘱所给予的权利；（3）该义务只能是遗嘱指定的，而不能是法定的；（4）所负义务不能超过所给予的权利，超过部分可以拒绝履行。

3. 附条件遗赠

附条件遗赠，是遗赠人在遗嘱中规定，当某种条件成就之时遗赠即生效，或者当某种条件成就之时遗赠即失效。它是附条件民事法律行为在遗赠中的表现。根据所附条件在遗赠效力中的影响，可以将其分为附延缓条件的遗赠和附解除条件的遗赠。

附延缓条件的遗赠，是遗赠人在遗嘱中规定遗赠自条件成就时发生法律效力，如果条件成就，遗赠即生效；如果条件不成就，则遗赠不生效。附解除条件的遗赠，是指遗赠人在遗嘱中规定遗赠自条件成就时起丧失法律效力，如果条件成就，已生效的遗赠则停止效力；如果条件不成就，则遗赠处于生效状态。虽然我国《民法典》继承编没有专门规定附条件的遗赠，但依据我国《民法典》总则编关于附条件民事法律行为的规定，在实践中应对其加以认可。

（二）补充遗赠和后位遗赠

根据遗嘱中针对受遗赠人的情况所作的替补安排，可将遗赠分为补充遗赠和后位遗赠。

1. 补充遗赠

补充遗赠，是遗赠人在遗嘱中表示，如果受遗赠人抛弃遗赠、丧失受遗赠权或者先于遗赠人死亡，则将其应取得的受遗赠利益给予另外之人的遗赠。该"另外之人"即"补充受遗赠人"或"候补受遗赠人"。对此种遗赠，德国、瑞士等国有明文加以确认，而有些国家则未明文规定。

2. 后位遗赠

后位遗赠，即继遗赠或次位遗赠，是指遗赠人在遗嘱中规定，受遗赠人在某时刻到来之时或某一事件发生之时，应将其所得的遗赠利益转归另一受遗赠人的遗赠。对此种遗赠，各国或地区法律有三种态度：一是明文加以禁止，如法国；二是明确加以承认，如德国、瑞士；三是既不明文承认，也不明确禁止，如日本。

我国《民法典》对补充遗赠和后位遗赠均没有明确规定。实践中，基于遗嘱自由原则和社会实践的多样性，只要遗嘱人所规定的补充遗赠和后位遗赠不违反法律和社会公共利益，应承认其有效性。

三、遗赠与遗嘱继承、赠与的区别

遗赠是在遗产继承中发生的赠与他人财产的法律现象，因此，遗赠与遗嘱继承、与赠与有相似之处，但更有区别。

(一) 遗赠与遗嘱继承的区别

遗赠与遗嘱继承，都是被继承人以遗嘱处分个人财产的方式，在多数国家立法上一般都同时规定了这两种制度。但在如何区分遗嘱继承与遗赠上有不同的标准。有的国家规定，遗赠不能是包括的遗赠，即权利义务一并转移的遗赠，如果遗嘱中指定某人承受全部权利义务，则该人为指定继承人，而不论其是否为法定继承人范围之内的人。有的国家以遗嘱中的指定为准，遗嘱中指定为继承人的，其承受财产为遗嘱继承；遗嘱中仅指定将某项财产利益移交某人而未指定其为继承人的，则为遗赠。有的国家是从承受遗产的主体范围上区分：遗嘱人指定由法定继承人中的某人承受遗产的，该人为遗嘱继承人；遗嘱人指定由法定继承人以外的人承受财产的，则该人为受遗赠人。

根据我国立法的规定，遗赠与遗嘱继承的区别主要有以下几点。

1. 受遗赠人和遗嘱继承人的范围不同

受遗赠人可以是法定继承人以外的自然人，也可以是国家和集体或其他组织，但不能是法定继承人范围之内的人。遗嘱继承人则只能是法定继承人范围之内的人，包括被继承人的配偶、子女及其直系晚辈血亲、父母、兄弟姐妹、祖父母、外祖父母，以及对公、婆或岳父、岳母尽了主要赡养义务的丧偶儿媳或女婿，而不能是法定继承人以外的人或组织。

2. 受遗赠权与遗嘱继承权客体的范围不同

受遗赠权的客体只是遗产中的财产权利，而不包括财产义务。受遗赠人接受遗赠时只承受遗产中的权利而不能承受遗产中的债务。如果遗赠人将其全部遗产遗赠给国家、集体或某公民，而他生前又有债务时，则受遗赠人只能接受清偿债务后剩余的财产，受遗赠人本身并不承受被继承人的债务。而遗嘱继承权的客体是遗产，既包括被继承人生前的财产权利，也包括被继承人生前的财产义务。遗嘱继承人对遗产的继承不能只承受遗产的财产权利，而不承受遗产的财产义务。

3. 受遗赠权与遗嘱继承权的行使方式不同

受遗赠人接受遗赠的，应于法定期间内作出接受遗赠的明确的意思表示。我国《民法典》第1124条第2款规定，受遗赠人应当在知道受遗赠后60日内，作出接受或者放弃受遗赠的表示；到期没有表示的，视为放弃接受遗赠。这里规定的60日期间应为受遗赠权的除斥期间，自知道受遗赠后的60日内作出接受遗赠的明确的意思表示，即视为接受遗赠；而遗嘱继承人自继承开始至遗产分割前未明确表示的，即视为放弃受遗赠。

（二）遗赠与赠与的区别

遗赠与赠与都是将自己的财产无偿给予他人的行为，但二者的性质不同，主要区别如下。

（1）遗赠是单方的民事法律行为，只需要有遗赠人一方的意思表示即可，无须征得对方的同意。而赠与是双方的法律行为，不仅要有赠与人赠与的意思表示，还要有受赠人接受赠与的意思表示，只有双方的意思表示一致才能成立赠与。

（2）遗赠采取遗嘱的方式，由继承法调整。而赠与采取合同方式，由合同法调整。

（3）遗赠是于被继承人死亡后发生效力的行为，是一种死后处分行为。而赠与是生前行为。需要说明的是，虽然死因赠与也属于赠与人死亡后发生效力的行为，但死因赠与是赠与人与受赠人之间的合同行为，只是以赠与人死亡为受赠人取得赠与物所有权的条件，在赠与人死亡前，受赠人无权要求赠与人移转赠与物归其所有，赠与物的所有权不能发生转移。尽管有的国家规定，关于遗赠的规定准用于死因赠与，但二者的性质不同。

四、遗赠的接受和放弃

《民法典》第1124条第2款规定：受遗赠人应当在知道受遗赠后60日内，作出接受或者放弃受遗赠的表示。到期没有表示的，视为放弃受遗赠。依照该规定，遗赠的接受必须以明示的方式作出，单纯的沉默视为放弃受遗赠，且遗赠的接受必须在受遗赠人知道受遗赠后的60日内作出。有以下两个问题需要说明。

第一，当受遗赠人为无民事行为能力人或限制民事行为能力人时，其法定代理人在知道受遗赠后的 60 日内没有作出明确的接受或者放弃受遗赠的意思表示，应视为接受遗赠较为合理。

依照民法一般理论，法定代理人处分无民事行为能力人或限制民事行为能力人的财产必须是为了无民事行为能力人或限制民事行为能力人的利益，损害其利益的处分无效。所以，出于保护无民事行为能力人或限制民事行为能力人的需要，应当认为，在受遗赠人是无民事行为能力人或限制民事行为能力人时，其法定代理人在规定期限内没有作出接受遗赠的意思表示的，推定接受遗赠，以此作为《民法典》第 1124 条的例外。

第二，受遗赠人在知道受遗赠后的 60 日内死亡的，其继承人表示接受遗赠的，应为有效。

这个问题与受遗赠权可否继承有关。《民法典》没有明文规定受遗赠权可否继承，司法实践只认可受遗赠人表示接受的受遗赠权可以继承，那么，如果受遗赠人在规定期限内尚未表示接受遗赠，则受遗赠权可以继承。因为遗赠自继承开始时发生法律效力，受遗赠权自遗赠发生法律效力时就已经产生。受遗赠权虽具有一定的专属性，通常不能转让，但应当可以继承。受遗赠人在规定期限内是否作出了接受遗赠的表示，不影响受遗赠权的继承。所以，在继承开始后受遗赠人死亡的，在规定期限内受遗赠人的继承人有权表示接受遗赠。遗赠的接受和放弃具有溯及效力，溯及至继承开始时发生法律效力。

五、遗赠的有效条件与执行

（一）遗赠的有效条件

1. 遗赠人须有遗嘱能力

无遗嘱能力的无民事行为能力人、限制民事行为能力人不能为遗赠人。遗赠人有无遗嘱能力也以遗嘱设立的当时情况为准。

2. 遗赠人为缺乏劳动能力又没有生活来源的继承人保留必要的遗产份额

如果继承人中有缺乏劳动能力又没有生活来源的人，而遗赠人又没有为其保留必要的遗产份额的，则涉及这一必要份额的遗赠无效。继承人中有无缺乏劳动能力又没有生活来源的人，以遗赠人死亡时继承人的状况为准。

3. 遗赠人所立的遗嘱符合法律规定的形式

遗赠人设立的遗嘱不符合法定形式的，遗赠无效。遗赠人的遗嘱是否符合法定形式，以遗嘱设立当时的法律要求为准。

4. 受遗赠人为在遗赠人的遗嘱生效时生存之人

先于遗赠人死亡或者与遗赠人同时死亡的自然人，不能成为受遗赠人，因为其不具有民事权利能力。遗赠人死亡时已受孕的胎儿可以作为受遗赠人，但也应以活着出生为限。如胎儿出生时为死体的，则遗赠溯及地自始无效。未成立的法人也不能为受遗赠人，但正在设立中的法人可以作为受遗赠人。

5. 受遗赠人未丧失受遗赠权

关于丧失受遗赠权的事由，我国《民法典》中没有明文规定，通说认为，应当适用关于丧失继承权的规定。

6. 遗赠的财产为遗产，且在遗赠人死亡时执行遗赠可能和合法

如果遗赠财产不属于遗产，或者于遗赠人死亡时该项财产已不存在或因其他原因不能执行或执行是不合法的，则遗赠无效。

（二）遗赠的执行

遗赠的执行，是指在受遗赠人接受遗赠后按照遗赠人的指示将遗赠的财产移交给受遗赠人。遗赠执行的义务人为遗嘱执行人。受遗赠人在知道受遗赠后 60 日内，向遗嘱执行人作出接受遗赠的意思表示的，即享有请求遗嘱执行人依遗赠人的遗嘱将遗赠物交付其所有的请求权。遗嘱执行人应依法受遗赠人的请求交付遗赠物。

遗嘱执行人不能先以遗产用于执行遗赠，执行遗赠也不得妨碍清偿遗赠人依法应当缴纳的税款和债务。遗嘱执行人应在清偿完被继承人生前所欠的税款及债务后，才在遗产剩余的部分中执行遗赠。如果在清偿被继承人生前所欠的税款和债务后没有剩余的遗产，遗赠则不能执行，受遗赠人的权利也就消灭，遗嘱执行人也就没有执行的义务。如果遗赠人是以特定物为遗赠物的，而该物又已不存在时，则因遗赠失去效力，遗嘱执行人当然无执行的义务。

六、《民法典》明确受遗赠人丧失受遗赠权的遗产部分依照法定继承处理

《民法典》第 1154 条规定："有下列情形之一的，遗产中的有关部分按照法定继承 办理：（一）遗嘱继承人放弃继承或者受遗赠人放弃受遗赠；（二）遗嘱继承人丧失继承 权或者受遗赠人丧失受遗赠权；（三）遗嘱继承人、受遗赠人先于遗嘱人死亡或者终止；（四）遗嘱无效部分所涉及的遗产；（五）遗嘱未处分的遗产。"

根据上述规定，明确了在受遗赠人丧失受遗赠权的情况下，遗产部分将依照法定继承处理。这是受遗赠人存在特定行为或情形时，失去对遗产的受遗赠权利，从而影响遗产的分配和继承问题。

《民法典》第 1125 条规定了继承人丧失继承权的情况，其中包括受遗赠人丧失受遗赠权的情形。如果受遗赠人实施了规定中的相关行为，例如故意杀害遗赠人或为争夺遗产而杀害其他继承人，那么他将丧失对所受遗赠的权利。在这种情况下，

被取消受遗赠权的遗产部分将按照法定继承的规定来处理。根据《民法典》的相关规定，如果遗嘱中未指定具体的受益人，或者因受遗赠人丧失受遗赠权而导致遗嘱无效，那么遗产将根据法定继承顺序进行继承。这样的规定确保了遗产的合理继承和分配，同时也对可能存在的遗产继承纠纷提供了明确的解决途径。继承人可以根据法定继承顺序合理继承遗产，避免了遗产无人继承的情况发生，保障了遗产的合法权益。

第二节 遗赠扶养协议

一、遗赠扶养协议的概念和特点

《民法典》第 1158 条规定，自然人可以与继承人以外的组织或者个人签订遗赠扶养协议。按照协议，该组织或者个人承担该自然人生养死葬的义务，享有受遗赠的权利。因此，遗赠扶养协议，是指受扶养人与扶养人之间签订的，扶养人承担受扶养人的生养死葬义务，在受扶养人死后享有接受其遗产的权利的协议。

《民法典》扩大了遗赠扶养协议的扶养人的主体范围。[①]《民法典》的制定对遗赠扶养协议的扶养人主体范围进行了扩大，这是为了更好地保障弱势群体的权益和促进家庭关系的和谐稳定。在此之前，我国法律对于遗赠扶养协议的扶养人主体范围较为狭窄，限定在遗嘱人的直系亲属中。然而，《民法典》在这方面进行了改革与完善，使得更多的人群能够成为扶养人，从而更好地履行扶养义务。

首先，《民法典》第 1158 条规定了遗赠扶养协议的扶养人的主体范围，明确了除直系亲属外，包括配偶、兄弟姐妹、祖父母、外祖父母等在内的其他亲属也可以成为扶养人。这一改革消除了旧有法律中对扶养人范围的限制，拓展了扶养人的选择范围，更好地适应现代家庭结构的多样性。

其次，通过扩大扶养人主体范围，《民法典》更好地体现了家庭成员之间的相互关爱和责任。在现代社会，家庭成员之间的关系越发复杂多样化，人们之间的关爱和支持不仅仅限于直系亲属。例如，在一些情况下，可能存在着孤独老人、弱势群体或者是离异家庭的子女需要特殊照顾等情况，通过扩大扶养人范围，可以更好地解决这些特殊情况下的扶养问题，让更多的人能够获得应有的关怀和支持。

最后，《民法典》对扶养人的义务和权益进行了明确规定，为扶养人提供了法律保障。扶养人在遗赠扶养协议中承担照顾、抚养、供养等义务，这些义务对于被

---

① 杨立新：《我国继承制度的完善与规则适用》，载《中国法学》2020 年第 4 期。

扶养人的生活质量和幸福感具有重要意义。同时，扶养人也应当享有相应的权益，如合理受益、维护合法权益等。通过这些明确的规定，既保障了被扶养人的基本需求，也确保了扶养人的合法权益。

《民法典》的规定扩大了遗赠扶养协议的扶养人主体范围，体现了家庭关系的多元化和人们之间的相互关爱，为弱势群体提供了更好的保障。同时，通过明确扶养人的义务和权益，使扶养协议更具可操作性和有效性，有利于实现遗嘱人的真实意愿，促进家庭和睦稳定。然而，对于这一新规定的贯彻执行还需要在实践中不断总结和完善，以确保其顺利推行并发挥应有的作用。

遗赠扶养协议具有以下特点。

（一）遗赠扶养协议是双方民事法律行为

遗赠扶养协议由扶养人与受扶养人双方订立，且只有在双方意思表示一致时才可成立。这点与遗赠不同。遗赠是无相对人的单方民事法律行为，只要遗嘱人作出遗赠的意思表示，该意思表示符合法律规定的形式和实质要件，遗赠就是有效的，无须任何人的同意。而且遗赠在继承开始时才发生法律效力，而遗赠扶养协议自意思表示一致时就发生法律效力。遗赠扶养协议在本质上是财产性质的合同，而非身份合同。所以，遗赠扶养协议可以准用《民法典》有关合同的相关规定。

（二）遗赠扶养协议是诺成性的民事法律行为

遗赠扶养协议自双方意思表示一致时起即成立生效，故是诺成性民事法律行为。另外，有学者认为，遗赠扶养协议为要式民事法律行为。从遗赠扶养协议的重要性上看，为杜绝争议的发生，遗赠扶养协议采取书面形式甚至公证形式值得提倡。但是，《民法典》并未规定遗赠扶养协议为要式民事法律行为，司法实践中也认可遗赠扶养协议的不要式性。

（三）遗赠扶养协议是双务、有偿民事法律行为

遗赠扶养协议是双务民事法律行为，双方当事人互相享有权利、负有义务：扶养人负有对遗赠人生养死葬的义务，享有接受遗赠人遗赠的财产的权利；受扶养人享有接受扶养的权利，负有将遗产遗赠给扶养人的义务。遗赠扶养协议是有偿民事法律行为，其有偿性表现在扶养人接受遗赠财产，以对受扶养人进行扶养为代价。当然，扶养人付出的代价不一定与取得的遗产价值相等。

（四）遗赠扶养协议是生前行为和死后行为的统一

遗赠扶养协议是扶养人与受扶养人生前签订的。从扶养人角度而言，在受扶养人生前，其负有扶养义务，在受扶养人死后，其享有接受遗产的权利；从受扶养人角度而言，在其生前享有被扶养的权利，在其死后负有履行遗赠遗产的义务。因此，遗赠扶养协议是生前行为与死后行为的统一。

二、遗赠扶养协议的效力

（一）遗赠扶养协议的优先适用效力

遗赠扶养协议是双方民事法律行为，遗赠扶养协议中约定由扶养人取得的遗产是扶养人履行了扶养义务后取得的，而法定继承人和遗嘱继承人或者受遗赠人取得遗产是无偿的，所以在遗产分配上，遗赠扶养协议具有优先于法定继承和遗嘱继承的效力。《民法典》第1123条规定：继承开始后，按照法定继承办理；有遗嘱的，按照遗嘱继承或者遗赠办理；有遗赠扶养协议的，按照协议办理。

（二）对遗赠扶养协议当事人的效力

遗赠扶养协议签订后，扶养人应当按照约定履行扶养义务，具体的扶养标准应当按协议确定，协议未约定的，应当以不低于当地的最低生活水平为标准。鉴于扶养义务的特殊性，扶养义务应当是持续性的，在受扶养人死亡前不得中断。除扶养义务外，扶养人还必须按照协议的约定履行受扶养人的丧葬事宜。扶养人不履行义务的，受扶养人有权解除协议，扶养人不再享有接受遗产的权利，其支付的供养费一般也不再补偿。如果受扶养人已经死亡，其解除协议的权利可以由其继承人或者有关单位行使。另外，虽然扶养人尽了生养死葬义务，但是扶养人实施了能够导致受扶养人死亡的行为时，应当准用继承权丧失的规定，剥夺其接受遗产的权利。

扶养人履行了遗赠扶养协议约定的义务后，享有接受约定的遗赠财产的权利。受扶养人无正当理由导致协议不能履行的，扶养人有权解除扶养协议，受扶养人应当偿还扶养人已经支付的供养费用。受扶养人导致协议不能履行的行为主要有：毁损遗赠财产（事实处分）和转移财产（法律处分）。

第六章　遗产的处理

第一节　遗产的法律地位

一、遗产的性质

继承自被继承人死亡时开始。被继承人死亡，其民事权利能力终止，不能再作为遗产的权利主体。那么在被继承人死亡后，谁是遗产的主体呢？这就涉及遗产的性质问题。

关于遗产的性质，理论上主要有以下三种学说：（1）无主财产说。该说认为，遗产分割前，遗产的权利人没有确定，因此没有所有人，遗产属于无主财产。（2）财产法人说。该说认为，遗产本身是一个法人，独自承担权利义务。（3）继承人共有说。该说认为，遗产在分割前，为全体继承人共有，在继承人没有作出放弃继承的表示以前，继承人一律视为遗产的共有人。

我国继承法对遗产的法律地位采取的是继承人共有说。《民法典》第1124条第1款规定，继承开始后，继承人放弃继承的，应当在遗产处理前，以书面形式作出放弃继承的表示；没有表示的，视为接受继承。这一规定建立在遗产继承人共同说基础之上，我国学理上基本达成共识。[①]

二、遗产的使用、收益和处分

在继承人为一人时，遗产的使用与收益完全由其自己决定。在继承人为多人时，遗产的使用应当由全体继承人共同决定，但全体继承人协商一致的除外。除继承人另有约定外，遗产的收益归属于继承人全体所有，为遗产的一部分。如果继承人就遗产的使用、收益有约定的，该约定不仅对继承人有效，而且对继承人的继承人也发生法律效力。遗产为各继承人共同共有财产，不征得全体继承人的一致同意，任何继承人不得将遗产的全部、一部分或者某项财产擅自处分。当然，对遗产的保存行为除外，因为保存行为对全体继承人有利无害。

[①]　房绍坤、范李瑛、张洪波编著：《婚姻家庭继承法》（第六版），中国人民大学出版社2020年版，第236页。

第二节　遗产的接受和放弃

一、接受和放弃遗产概述

遗产的接受和放弃是指继承人在接受继承权后，于遗产处理时接受或放弃遗产的意思表示。我国《民法典》第 1124 条第 1 款规定："继承开始后，继承人放弃继承的，应当在遗产处理前，以书面形式作出放弃继承的表示；没有表示的，视为接受继承。"这是《民法典》关于继承权的接受和放弃的规定；遗产的接受和放弃与继承权的接受和放弃不同，继承权的接受和放弃的客体是继承权，而遗产的接受和放弃的客体是遗产。

继承人不放弃继承权，就视为接受继承，接受继承权并不是放弃继承权的前提。而遗产的接受是遗产放弃的前提。只有先接受遗产，才能放弃遗产。继承人放弃继承权的表示应当在继承开始后，遗产处理前作出。而放弃遗产的表示只能是在遗产处理时作出。继承人放弃继承权，应溯及继承开始。而继承人放弃遗产只在其作出放弃的意思表示时发生效力，没有溯及力。

二、接受和放弃遗产的方式

继承人接受和放弃遗产的方式与继承人接受和放弃继承权的方式基本相同。接受可以采取明示的方式，也可以采取默示的方式；放弃则必须采取明示的方式。继承人放弃遗产的方式主要有三种：第一，继承人表示接受遗产，但不参加遗产分配；第二，表示接受遗产，并将其应继份转移给指定的继承人或继承人以外的人，在司法实践中，这种情况是比较常见的；第三，继承人表示接受遗产，并在接受遗产后放弃遗产。

三、接受和放弃遗产的效力

继承人表示接受和放弃遗产后，将产生一定的法律效力。继承人表示接受遗产，则继承人取得其应继份的所有权。继承人表示放弃遗产的，依其放弃的方式不同，产生不同的法律效力：第一，继承人表示接受遗产，但不参加遗产分配的，其法律后果是继承人将应继份赠与其他有继承权的全体继承人；第二，继承人表示接受遗产，并将应继份转移给指定的继承人或继承人以外的人的，其法律后果是继承人将其应继份赠与指定的继承人或继承人以外的人；第三，继承人表示接受遗产，并在接受遗产后放弃遗产的，其法律后果是该遗产成为无主财产，按《民法典》关于无主财产的规定，收归国家所有。

第三节　遗产管理

一、遗产的保管

（一）遗产管理人的确定

继承开始后，原属于死者的一切财产都归继承人所有。但继承人并不一定现实地占有遗产，即使占有遗产，也可能放弃继承权，而且由于遗产尚未分割，各人可以分得多少遗产尚未确定。如果不确定遗产管理人，难免会有遗产被侵占、损毁的事件发生，从而损害继承人、受遗赠人、酌情分得遗产人的利益。在无人继承、无人受遗赠时，遗产被侵害的可能性更大。所以，法律上有必要确定遗产管理人。

遗产管理人，是指对遗产负有保存和管理职责的人。关于如何确定遗产管理人，各国做法不一。我国《民法典》第1145条对遗产管理人的确定作出了规定：继承开始后，遗嘱执行人为遗产管理人；没有遗嘱执行人的，继承人应当及时推选遗产管理人；继承人未推选的，由继承人共同担任遗产管理人；没有继承人或者继承人均放弃继承的，由被继承人生前住所地的民政部门或者村民委员会担任遗产管理人。《民法典》第1146条规定，对遗产管理人的确定有争议的，利害关系人可以向人民法院申请指定遗产管理人。

（二）遗产管理人的职责

我国《民法典》第1147条对遗产管理人的职责作出了明确规定，包括：清理遗产并制作遗产清单；向继承人报告遗产情况；采取必要措施防止遗产毁损、灭失；处理被继承人的债权债务；按照遗嘱或者依照法律规定分割遗产；实施与管理遗产有关的其他必要行为。从完成管理人任务的需要上看，遗产管理人的权利义务主要应有以下几项。

1. 查明遗嘱是否合法真实

如果被继承人订立了遗嘱的话，确认遗嘱的效力是遗产管理人的首要职责。因为无效的遗嘱、不成立的遗嘱都不能执行。因此，遗产管理人要执行遗嘱，首先应审查遗嘱的合法性、真实性。例如，要查明遗嘱人是否有遗嘱能力，遗嘱是否为遗嘱人的真实意思表示，遗嘱的内容有无违法，遗嘱的形式是否符合法律规定的形式要求等。

2. 清理遗产

查清遗产的名称、数量、地点、价值等状况。遗产较多的，或者不编制遗产清单会影响顺利执行遗嘱时，遗产管理人在查清遗产后，还应当编制遗产清单，明确遗嘱人以遗嘱处分的遗产范围。遗产清单应当交付继承人和其他利害关系人。

3. 管理遗产

遗嘱中对遗产的管理有要求的，遗产管理人应当按照遗嘱中的要求管理遗产。遗嘱中对遗产的管理没有提出要求的，遗产管理人对遗产的管理以执行遗嘱的必要为限。例如，遗嘱中处分的遗产被他人非法占有的，遗产管理人有权请求返还。对遗嘱人生前的债权，遗产管理人有权收取，对已到期的债务也可以以遗产支付。但除遗嘱人在遗嘱中指明外，遗产管理人不得对债务进行免除。管理遗产所需的费用，从遗产中扣除或者由继承人负担。

4. 召集全体遗嘱继承人和受遗赠人，公开遗嘱内容

如果被继承人订立了遗嘱，遗产管理人应当召集全体遗嘱继承人和受遗赠人，公开遗嘱的内容，并对有关遗产的情况作出说明。

5. 按照遗嘱的内容将遗产转移给受遗赠人

遗嘱人在遗嘱中遗赠的财产，应由遗产管理人交付给受遗赠人。

6. 排除妨碍

遗产管理人管理遗产时，任何人不得妨碍。对于在管理遗产中受到的他人的非法干涉和妨碍，遗产管理人有权排除，必要时可以请求人民法院保护其管理遗产的合法权利。例如，继承人占有或隐匿遗嘱中处分的财产而拒不交出或擅自处分的，他人非法侵占遗产的，遗产管理人有权请求人民法院责令不法行为人停止侵害。

（三）遗产管理人的赔偿责任

《民法典》第 1148 条规定："遗产管理人应当依法履行职责，因故意或者重大过失造成继承人、受遗赠人、债权人损害的，应当承担民事责任。"根据该规定，遗产管理人违反管理职责，未尽到注意义务，致使继承人、受遗赠人、债权人受到损害的，应当承担赔偿责任。可见，遗产管理人承担民事责任以主观上有故意或重大过失为条件。遗产管理人若仅具有一般过失，即使造成了损害后果，也不承担民事责任。同时，遗产管理人承担的民事责任，不因其是否获得报酬而有所区分。《民法典》第 1149 条规定，遗产管理人可以依照法律规定或者按照约定获得报酬。可见，遗产管理人是否收取报酬，取决于法律的规定或当事人的约定。若法律没有规定或当事人没有约定遗产管理人获取报酬的，则遗产管理人的管理为无偿管理。

一般而言，遗产管理人有下列情形时，应当承担民事责任：（1）未尽到管理义务，造成遗产价值减少的；（2）未尽到通知义务，致使继承人、受遗赠人、债权人

受到损害的；（3）未按照遗产债务的法定清偿顺序进行清偿，致使债权人的利益受到损害的；（4）在遗产不能满足全部遗产债权的情况下，未按照债权比例进行清偿，造成债权人损失的；（5）对于尚未到期债权或者有争议债权，在债权到期前或者争议解决前先行清偿其他债权，造成上述债权人的债权无法获得清偿的；（6）在遗产不足的情况下，在受遗赠人、遗嘱继承人和法定继承人中间未按规定顺序分配遗产，造成部分权利人受损害的；（7）在清偿遗产债务时，没有为继承人中缺乏劳动能力又没有生活来源的人保留适当遗产，致使这类继承人生活发生困难的；（8）在遗产分割时未为胎儿保留必要份额的。

（四）《民法典》增设遗产管理人的选任、职责等五项新规则

《民法典》在遗产继承和管理方面作出了许多重要规定。其中，增设了遗产管理人的选任、职责等五项新规则，旨在加强对遗产的有效管理和维护继承人的权益。遗产管理人的重要性在于，当被继承人死亡时，已经丧失民事权利能力和民事行为能力，遗产管理人就代表被继承人的意思，保存和管理被继承人的遗产，确保遗产在继承开始后至遗产分割前的期间内保值和增值，提高遗产管理效率，防止其遗产被他人侵夺或者争抢，使被继承人遗嘱指定的或者法定的继承人、受遗赠人继承遗产或取得遗产权利得以实现，保证被继承人的债权人的债权利益。因此，遗产管理人的产生、职责、责任、报酬，对保护好遗产、保障被继承人处置遗产的意志之实现、保护继承人及受遗赠人的合法权益、保护被继承人的债权人的债权，都具有重要意义。《继承法》仅在第24条规定了"存有遗产的人，应当妥善保管遗产，任何人不得侵吞或者争抢"的内容，没有明确规定遗产管理人，使这一重要的继承规则欠缺。《民法典》第1145条至第1149条用5个条文，全面规定了遗产管理人制度，填补了我国继承法律规则的空白。[①]

第一，遗产管理人的选任。根据《民法典》第1145条的规定，遗嘱人在遗嘱中可以指定遗产管理人，也可以在遗产分割时，由继承人共同选任。此外，遗产管理人必须是具备民事行为能力的公民或者法人。这一规定确保了遗产管理人的资质和能力，使其能够更好地履行管理职责。

第二，遗产管理人的职责。遗产管理人在《民法典》中的职责也得到了明确。根据第1147条的规定，遗产管理人负责保管、管理和处置遗产，保护继承人的权益。同时，遗产管理人应当履行诚实、勤勉和谨慎的管理义务，不能擅自利用遗产牟取私利。这些规定确保了遗产管理人的公正和责任心，防止遗产被滥用或侵占。

第三，遗产管理人的报告义务。《民法典》规定了遗产管理人有义务向继承人

---

① 杨立新：《我国继承制度的完善与规则适用》，载《中国法学》2020年第4期。

报告遗产的情况。根据第 1147 条的规定，遗产管理人应当定期向继承人报告遗产的状况，包括遗产的价值、收支情况等。这一规定确保了继承人对遗产管理情况的透明度，防止遗产管理人的不当行为。

第四，遗产管理人的民事责任。为了确保遗产管理人履行管理职责，避免滥用权力或违反职责，《民法典》第 1148 条规定，如果遗产管理人违反职责，因故意或者重大过失造成继承人、受遗赠人、债权人损害的，应当承担民事责任。这一规定将对遗产管理人的行为进行有效的制约，促使其恪尽职守。

通过增设遗产管理人的选任、职责等五项新规则，《民法典》进一步完善了遗产继承和管理制度，加强了对遗产的保护和管理。这些新规则旨在确保遗产的公平分配和合理利用，同时维护继承人的合法权益，促进遗产管理的透明化和规范化。通过这些新规则的贯彻执行，可以更好地实现遗产管理的目标，为社会稳定和家庭和睦作出积极贡献。

二、遗产的使用收益

继承开始后继承人如果不立即分割遗产，就会产生遗产的使用收益问题。在继承人一人继承的情况下，自应由该继承人自行决定。在数个继承人共同继承的情况下，由于共同继承的遗产为继承人共同共有的财产，因此，对共有遗产的使用收益，就应当由共同继承人共同决定。经共同继承人同意，遗产可以由某一继承人或某几个继承人使用，但遗产的收益为遗产本身的增值，除继承人有特别约定外，遗产的收益应列入遗产的范围。遗产的收益应当如何分配，应由继承人确定，可以在遗产分割时一并分配，也可以按期分割遗产收益。

三、遗产的处分

在共同继承的情况下，遗产是共同继承人的共同财产，任何继承人未经其他继承人同意，不得将遗产的某项财产擅自处分。

继承人在遗产分割以前能否将自己的应继份额转让呢？对此，许多国家的立法都作了肯定性规定。《德国民法典》第 2033 条规定："各共同继承人均得处分遗产中自己的应有部分。共同继承人为处分自己的应有部分而订的契约，需经公证证明；共同继承人中之一人不得处分自己在个别遗产标的物中的应有部分。"《日本民法典》第 905 条规定："共同继承人的一人，于分割前将其应继份让与第三人，其他共同继承人可以偿还其价额及费用，而受让该应继份。"《瑞士民法典》第 635 条规定："共同继承人间缔结的关于应继份的转让契约，以及父或母与子女间缔结的关于配偶他方应归属于子女的应继份的契约，须采取书面形式，始为有效。"

在我国，根据学理，继承人可以在遗产分割前转让自己的应继份。应继份属于一项包括的财产，具有可让与性，应允许继承人转让，不但可让与其他继承人，而且可让与第三人。但因共同继承人之间的特殊关系，为了保持遗产的完整性，在继承人将其应继份让与第三人时，其他继承人应享有优先购买权。

第四节　遗产债务清偿

一、遗产债务的概念和特点

我国继承法采用当然的概括继承原则，遗产自继承开始时就转归继承人所有。遗产不但包括遗产权利，而且包括遗产义务。所以，被继承人的债务应当由继承人来偿还。当然，放弃继承的继承人对遗产债务可以不负偿还责任（《民法典》第1161条第2款）。

遗产债务，是指被继承人生前以个人名义欠下的，完全用于被继承人个人需要的债务为遗产债务。

二、遗产债务的范围

遗产债务即被继承人所欠债务，是指被继承人生前个人依法应当缴纳的税款和完全用于个人生活需要所欠下的债务。遗产债务主要包括以下几类：被继承人依照我国税务税收法规的规定应当缴纳的税款；被继承人因合同之债而欠下的债务；被继承人因侵权行为而承担的损害赔偿的债务；被继承人因不当得利而承担的返还不当得利的债务；被继承人因无因管理而承担的补偿管理人必要费用的债务；其他属于被继承人个人的债务，如合伙债务中属于被继承人应当承担的债务、被继承人承担的保证债务。

在确定遗产债务的范围时，应当注意以下三个问题。

（一）区分遗产债务与家庭共同债务

家庭共同债务是家庭成员共同承担的债务。家庭共同债务主要包括：为家庭成员生活需要而承担的债务；为增加家庭共有财产而承担的债务；夫妻共同债务等。家庭共同债务应当用家庭共有财产来偿还，而不能用被继承人的遗产来偿还。当然，家庭共同债务中属于被继承人应当承担的部分，应当用被继承人的遗产来清偿。

（二）区分遗产债务与以被继承人个人名义所欠的债务

遗产债务应当是被继承人完全为个人生活需要而欠下的债务，一般是以被继承人个人名义所欠下的。但是，以被继承人个人名义所欠下的债务，并不一定都是遗产债务。例如，以被继承人个人名义所欠下的、用于家庭生活需要的债务，这种债务实质上是家庭共同债务；以被继承人个人名义，为有劳动能力的继承人的生活需要或其他需要而欠下的债务，这种债务实质上是继承人的个人债务；被继承人因继承人不尽扶养、抚养、赡养义务，迫于生活需要而以个人名义欠下的债务，这种债务应当属于有法定扶养义务的人的个人债务。

（三）区分遗产债务与继承费用

继承开始后，因遗产的管理、分割以及执行遗嘱都可能要支出一定的费用。遗产管理费、遗嘱执行费、遗产清册制作费、公示催告费、遗产税等都是继承费用。继承费用与遗产债务是性质不同的财产。继承费用属于遗产本身的变化，清偿遗产债务仅限于遗产的实际价值，而遗产的实际价值是扣除继承费用后所剩余的价值。所以继承费用就应当从遗产中支付，而不能列入遗产债务范围。否则，就会损害被继承人的债权人的合法利益，也会妨碍受遗赠人的受遗赠权的实现。

但对因继承人过失而支出的费用，则不应当从遗产中支付，而应当由有过失的继承人负担丧葬费用。丧葬费用应当列入遗产债务范围，还是列入继承费用范围呢？本书认为丧葬费用既不能列入遗产债务，也不能列入继承费用。因为，从婚姻家庭法上讲，继承人与被继承人属于相互之间有扶养赡养义务的近亲属，生养死葬是扶养或赡养义务人履行义务的方式，因此，继承人有义务殡葬已故继承人，为此支付的费用，就由负有殡葬义务的继承人负担。当然，如果被继承人和生前所在单位负责被继承人的丧葬费用，则继承人无须负担丧葬费用。

继承人之间由于继承纠纷所引起的诉讼，诉讼费应当由诉讼当事人以其固有财产支付，不能由遗产支付。

三、遗产债务的清偿原则

继承人在清偿遗产债务时，应当坚持以下原则。

（一）限定继承原则

所谓限定继承，是指继承人对被继承人的遗产债务的清偿只以遗产的实际价值为限，超过遗产实际价值的部分，继承人不负清偿责任。《民法典》第 1161 条第 1款规定：继承人以所得遗产实际价值为限清偿被继承人依法应当缴纳的税款和债务。超过遗产实际价值部分，继承人自愿偿还的不在此限。

从一些国家、地区的立法来看，限定继承往往是作为例外，即原则上继承人清偿债务的责任不以遗产为限，只有在作出限定继承的意思表示或者经过特别程序，继承人的清偿责任才以财产为限。但我国法律的规定相反：对遗产债务的清偿以限定继承为原则，即原则上继承人清偿遗产债务的责任以遗产为限，无须继承人作出限定继承的意思表示，也无须经过特别的程序。只有在例外的情况下，继承人对超过遗产实际价值部分的债务才承担清偿责任。这种例外有两种情形：一是继承人自愿偿还的，不受限定继承的限制；二是由于继承人有扶养能力而不尽扶养义务，致使被继承人为满足基本生活需要而欠下的债务，继承人应当承担清偿责任。

（二）保留必要份额原则

《民法典》规定了限制遗嘱自由的必留份制度，于第 1141 条规定："遗嘱应当为缺乏劳动能力又没有生活来源的继承人保留必要的遗产份额。"这一思想也体现在遗产债务清偿中，即在清偿遗产债务时，如有继承人缺乏劳动能力又没有生活来源的，必须为其保留必要的份额。

对此，《民法典》第 1159 条规定："分割遗产，应当清偿被继承人依法应当缴纳的税款和债务；但是，应当为缺乏劳动能力又没有生活来源的继承人保留必要的遗产。"

（三）清偿债务优先于执行遗赠原则

受遗赠权只具有债权效力，是对继承人享有的请求给付遗赠财产的权利。但是，在有普通债权时，普通债权优先于受遗赠权实现，遗产债务的清偿优先于遗赠的执行，即"执行遗赠不得妨碍清偿遗赠人依法应当缴纳的税款和债务"（《民法典》第 1162 条）。如果既有法定继承又有遗嘱继承、遗赠的，由法定继承人清偿被继承人依法应当缴纳的税款和债务；超过法定继承遗产实际价值部分，由遗嘱继承人和受遗赠人按比例以所得遗产清偿（《民法典》第 1163 条）。

四、遗产债务的清偿时间

遗产债务的清偿时间对债权人影响甚大。遗产数量有限、债权人众多时，如果法律不限制遗产债务的清偿时间，而任由遗产保管人或继承人去偿还，则先受清偿的债权通常可以获得满足，而其他债权人的债权则毫无保障，所以，法律应当限制遗产债务的清偿时间，至少在债权人申报债权以前、债权总额尚未基本确定时，不应当清偿遗产债务。对此，许多国家的法律中都有限制性规定。例如，《瑞士民法典》第 586 条第 1 项规定："在制作遗产清单期间，不得要求继承人履行被继承人的债务。"

我国法律没有规定遗产债务的清偿时间。我们认为，为避免因清偿部分债权人而使其他债权人受损害的不公平的事情发生，在遗产管理人编制遗产清单期间，因债权总额尚未确定，应当禁止继承人清偿债务。继承人清偿的，如果损害了其他债权人的利益，应为无效清偿。

五、遗产债务的清偿方式

关于遗产债务的清偿方式，主要有两种立法例：一是不经过清偿遗产债务，不得分割遗产，如《德国民法典》第2046条、第2047条；二是遗产债务不清偿，也可以分割遗产，如《法国民法典》第870条。我国法律没有明确遗产债务的清偿方法，司法实践中对于先清偿债务后分割遗产或者先分割遗产后清偿债务都予以认可。

应特别指出的是，先分割遗产后清偿债务的弊端是很明显的：如果有继承人拒绝清偿债务或者将继承的遗产用尽而又无力清偿债务的，债权人债权的实现显然会受到影响。即使其他继承人承担连带责任，也为债权人的求偿增加了很多困难。所以，应当鼓励先清偿债务后分割遗产。只有在因客观原因无法先清偿债务时，才先分割遗产后清偿债务。

六、遗产债务的清偿顺序

在一项被继承人的遗产上，既发生了法定继承，又发生了遗嘱继承、遗赠的，究竟先由哪一部分继承的遗产承担遗产债务，既涉及不同的继承和遗赠的效力问题，也涉及对被继承人的债权人的债权保护问题。《民法典》第1163条规定："既有法定继承又有遗嘱继承、遗赠的，由法定继承人清偿被继承人依法应当缴纳的税款和债务；超过法定继承遗产实际价值部分，由遗嘱继承人和受遗赠人按比例以所得遗产清偿。"

对遗产债务的清偿顺序进行明确规定，旨在保障债权人的合法权益，确保遗产的合理分配和清偿。根据《民法典》相关规定，遗产债务的清偿顺序主要分为以下几个方面：第一，遗嘱中的债务清偿。如果遗嘱中明确规定了特定的债务清偿顺序或者特定的债权人，在遗产分割时应当优先清偿遗嘱中规定的债务。第二，继承债务的清偿。继承人应当按照继承份额共同承担继承债务，并在遗产分割时按照分割协议或者继承法定顺序进行清偿。继承债务是指继承人从被继承人那里继承的债务，包括被继承人生前的债务和遗嘱中规定的债务。第三，一般债务的清偿。一般债务是指继承人继承遗产后发生的新债务，例如继承人在遗产分割后对遗产进行管理、维护、处置等过程中产生的债务。这些债务应当按照普通的债务清偿程序进行，遵循普通债务清偿的先后顺序。第四，特殊债务的清偿。特殊债务是指有特殊优先权的债务，例如被继承人的抚养费用、丧葬费用等。这些特殊债务在遗产清偿时具有优先权，应当优先清偿。

《民法典》强调遗产债务的清偿应当按照先后顺序进行，遵循优先权的原则。

这样的规定有利于保障债权人的权益，确保遗产的合理清偿和分配。同时，对继承人的债务责任也提供了明确的规范，使继承人在继承过程中更加谨慎，避免产生不必要的法律纠纷。通过这些规定，《民法典》进一步完善了遗产继承和清偿制度，促进社会稳定和家庭和睦。依照《民法典》第 1161 条以及其他法律的有关规定，遗产债务应按以下顺序清偿。

（一）所欠职工工资、生活费

被继承人生前个人经营个体营业或者从事承包经营时，对于雇用职工所欠的工资、生活费，应当在其遗产中优先支付，这是维持职工日常生活所必需的。

（二）所欠税款

缴过税款的收入才是个人的合法收入，而只有个人的合法收入才能由个人自由支配，所以，欠缴的税款也应当优先于其他债务清偿。

（三）有物上担保的债权

物上担保包括抵押权、质权和留置权。有物上担保的债权优先于普通债权，这是由担保物权的优先效力决定的。当然，有物上担保的债权的债权人行使担保物权后，不足清偿的部分，仍应当与普通债权处于同一顺序受偿。

（四）普通债权

在清偿上述三类债权后，剩余财产可以用来清偿普通债权。如果剩余财产足以清偿全部的普通债权，则无须确定普通债权的顺序和比例。如果剩余财产不足以清偿全部的普通债权，则各普通债权人应就剩余的财产按其债权的比例平均受偿，这是由债权的平等性所决定的。此处普通债权人包括继承人，即继承人作为被继承人的债权人，其债权不能因为继承人成为遗产的共同共有人而发生混同的后果。这是保护继承人利益的需要，因为如果发生混同，无异于作为债权人的继承人用自己固有的财产清偿遗产债务。当然，如果继承人是被继承人的债务人，继承人的债务也不因其成为遗产的共同共有人而发生混同。这是保护其他债权人利益的需要。

（五）未知的普通债权

对于债权人未申报的普通债权，而继承人和遗产保管人在清偿遗产债务时并不知道其存在的，只能以清偿完上述债权后剩余的财产予以清偿。

七、共同继承人对遗产债务的连带责任

继承人为一人时，无共同继承人的内外部关系问题。但是，在继承人为多人时，就需要确定共同继承人之间对外承担何种责任。对此有三种立法例：（1）分割责任主义，法国民法、日本民法采此立法例。即共同继承人就被继承人生前所负债

务，给付可分的，按各人应继份负责清偿。给付不可分的，则由各共同继承人按不可分债务的规则处理。（2）连带责任主义，德国民法、瑞士民法采此立法例。即无论给付是否可分，继承人对被继承人的债务都负连带责任。（3）折中主义，荷兰民法、葡萄牙民法采此立法例。即在遗产分割前，被继承人的债权人只能对遗产请求清偿，而在遗产分割以后，其可以对共同继承人按其应继份请求清偿。

我国《民法典》没有明确规定各共同继承人对遗产债务承担何种责任，但在我国基于遗产为继承人所共有，共同继承人对遗产债务自应负连带责任。与其他国家的做法不同的是，我国继承法上共同继承人以分得的遗产为限对遗产债务承担连带责任。连带责任是共同继承人对外的责任形式，在共同继承人内部应当按照各自继承遗产的比例分担遗产债务。承担了连带责任的继承人就超过自己应当承担部分的债务，有权向其他继承人追偿。

八、附条件与附期限的遗产债务的清偿

附条件与附期限的遗产债务不因被继承人死亡而清偿期提前届至，继承人本无须对该债务提前清偿。但是，如果不提前进行清偿，而是先清偿其他债权，或者进行遗产分割，则会损害未到期债权人的利益，尤其是在遗产不足以清偿债务时，会使纠纷发生的概率增加。所以，有的国家规定，附条件与附期限的遗嘱即使条件尚未成就或者期限尚未届至，也应提前清偿债务。例如，《日本民法典》第930条第2项规定："对于附条件的债权或存续期间不确定的债权，应按家庭法院选任的鉴定人的估价，予以清偿。"

对于附条件与附期限的遗产债务的清偿，我国法律未加以规定。为保护债权未到期的债权人的利益，并减少纠纷发生的概率，根据我国的实际情况，附条件与附期限的遗产债务应当按照以下规则清偿：附条件的遗产债务可以向提存机关提存；附期限的遗产债务可以在扣除从清偿债务到清偿期届至这一段时间的利息后，提前进行清偿。当事人对于附条件与附期限的遗产债务清偿另有约定的，从其约定。

第五节　遗产分割

一、遗产的确定

被继承人与配偶、家庭成员或其他社会成员可能存在财产共有关系，被继承人死亡后，其遗产也就与他人的财产混在一起。因此，在分配遗产时，应当首先确定

遗产，把遗产和他人的财产区分开。

（一）区分遗产与夫妻共同财产

夫妻共同财产属于共同共有。我国《民法典》第1153条第1款规定："夫妻共同所有的财产，除有约定的外，遗产分割时，应当先将共同所有的财产的一半分出为配偶所有，其余的为被继承人的遗产。"可见，在存在夫妻共同财产的情况下分割遗产时，必须首先从共同财产中分出一半归生存的配偶所有，另外一半才能作为被继承人的遗产。

（二）区分遗产与家庭共同财产

在家庭成员中，如果除夫妻之外还有子女、父母、祖父母和外祖父母以及兄弟姐妹等其他成员时，不仅会形成夫妻共同财产，还会形成家庭共同财产。我国《民法典》第1153条第2款规定："遗产在家庭共有财产之中的，遗产分割时，应当先分出他人的财产。"家庭共同财产主要包括：家庭成员共同劳动积累的财产；家庭成员共同购置的财产；家庭成员共同继承、受赠的财产等。家庭成员在家庭共同财产中的份额，应当按照家庭成员的贡献大小、出资多少、应继承的份额等因素加以确定。

某一家庭成员死亡时，该成员在家庭共同财产中享有的份额即为被继承人的遗产。在确定家庭共同财产时，应当注意不能将家庭成员的个人财产当作家庭共同财产。家庭成员的个人财产主要包括：家庭成员没有投入家庭共有的财产；约定家庭成员个人所有的财产；基于家庭成员的赠与而获得的财产；未成年子女继承、受赠与、知识产权所获得的财产等。这些财产都属于个人财产，当所有人死亡时，可以作为遗产。

（三）区分遗产与其他共有财产

除夫妻共同财产、家庭共同财产之外，还存在着其他形式的财产共有，如合伙共有财产等。我国《民法典》第977条规定："合伙人死亡、丧失民事行为能力或者终止的，合伙合同终止；但是，合伙合同另有约定或者根据合伙事务的性质不宜终止的除外。"当合伙人之一死亡时，应当将被继承人在合伙中的财产份额分出，列入其遗产范围。被继承人在合伙财产中的份额，应当按出资比例或者协议约定的比例确定。如果继承人愿意加入合伙，并且其他合伙人亦同意继承人加入，则不必对合伙财产进行分割，只需确定继承人作为新合伙人的合伙财产的份额即可。

（四）查清被继承人的债权和债务

债权应作为遗产的一部分一并分割。被继承人的债权包括各种合同之债、不当得利和无因管理之债、侵权损害之债的债权。被继承人的债务是分割遗产时必须解决的重要问题。在英美法系国家，遗产非经清算不得分割。在大陆法系，德国也明确规定应当先清偿债务，后分割遗产；法国、日本等国家则允许先分割遗产，后清偿债务，我国亦同，但为了减少继承纠纷，保护债权人利益，在分割遗产之前必须查清遗产债务。

二、遗产分割的原则

遗产分割是指遗产在各继承人之间实际分配，从而使分割后的遗产为各个继承人所有的行为。遗产分割只发生在继承人为多人的场合，并以各继承人的地位以及应继份的确定为前提。遗产分割完毕，意味着继承法律关系结束，继承人之间的共有关系消灭。

关于遗产分割的原则，学理上有不同的概括，根据《民法典》继承编规定的精神，遗产分割应当遵循以下五个原则。

（一）遗产分割自由原则

遗产分割自由原则，是指继承人可以随时请求分割遗产。即在继承开始后，不论什么时候，也不论什么原因，继承人都可以请求分割遗产。继承人中只要有人主张分割遗产，其他继承人便负有协助分割的义务。

然而，遗产分割自由原则是有限制的。从各国民法的规定来看，遗产分割自由可因继承人的约定或者遗嘱的禁止而受限制。

第一，继承人约定不分割。各继承人如不主张分割遗产，则遗产就一直维系共同共有状态。所以，各继承人如以协议约定不得分割遗产，则为禁止分割的理由。只是禁止分割遗产的约定必须是全体继承人一致同意的。继承人不得分割遗产的协议，也可以因继承人的一致同意而解除。

第二，遗嘱禁止分割。遗产乃遗嘱人遗留下来的财产，所以对遗嘱人的意思应当予以尊重，如果遗嘱人禁止分割遗产，则遗产不能分割。为保障遗嘱人不得分割遗产的意思表示的真实性，该意思表示必须符合遗嘱的形式要件。遗产共同共有的长时间存续不但不利于遗产的充分利用，而且可能损害交易安全，所以，许多国家对遗嘱人禁止分割遗产加以时间限制，如德国规定不得超过30年（《德国民法典》第2044条），日本规定不得超过5年（《日本民法典》第908条）。遗嘱禁止分割遗产超过法定年限的，超过部分被认为无效。我国法律没有规定遗嘱禁止分割遗产是否具有法律效力。但是，基于私法自治原则，如果遗嘱中有此项限制，自不能否定其效力，只是应为禁止分割遗产的意思表示加以时间限制。

（二）有利生产和生活需要原则

遗产分割应当照顾继承人的生产和生活的需要。对生产资料的分割要从有利于生产的目的出发，充分考虑生产的需要和财产的用途，将生产资料尽量分配给具有生产经营能力的人；对生活资料的分割也要考虑继承人的实际需要，尽量照顾有特殊需要的人；受照顾分得生产资料和生活资料的继承人，应当采取折价付款的方式给其他继承人予以补偿。《民法典》第 1156 条第 1 款规定，遗产分割应当有利于生产和生活需要。例如，在分割遗产中的房屋、生产资料和特定职业所需要的财产时，应依据有利于继承人的实际需要，兼顾各继承人的利益进行处理。

（三）不得损害遗产效用原则

在遗产分割时，对于不宜分割的遗产，不得损害其效用及经济价值。这是增加社会财富维持人类可持续发展的需要。《民法典》第 1156 条第 1 款规定，遗产分割不应损害遗产的效用。

（四）保留胎儿应继承份额原则

在遗产分割时应当保护胎儿的利益是各国通例，只是保护方式略有不同。一些国家的法律规定，在胎儿出生前不得分割遗产。例如，《德国民法典》第 2043 条第 1 项规定："倘若继承份额因期待一名共同继承人出生而不确定，则直到此种不确定消除为止，排除分割。"《瑞士民法典》第 605 条第 1 项规定："当须考虑胎儿的权利时，应将分割推迟至其出生之时。"

我国法律没有采用禁止分割遗产的方式来保护胎儿的利益，而是规定遗产分割时必须保留胎儿的应继承份额。《民法典》第 1155 条规定："遗产分割时，应当保留胎儿的继承份额。胎儿娩出时是死体的，保留的份额按照法定继承办理。"应当为胎儿保留的遗产份额没有保留的，应从继承人所继承的遗产中扣回。为胎儿保留的遗产份额，如胎儿出生后死亡的，由其继承人继承；如胎儿娩出时是死体的，由被继承人的继承人继承。在遗产分割时所保留的胎儿份额，应不少于各继承人所取得遗产的平均数；如果胎儿未来生活没有经济来源的，还应当予以照顾。

（五）故意隐匿、侵吞、争夺遗产者酌减原则

对于故意隐匿、侵吞、争夺遗产的人，除其行为可能构成侵权时令其承担侵权责任外，我国司法实践中还有一种特殊的惩罚措施，即可以酌情减少其应继承的遗产。

三、遗产分割的方式

《民法典》第 1156 条第 2 款规定，不宜分割的遗产，可以采取折价、适当补偿或者共有等方法处理。根据这一规定，遗产分割的方式主要有以下四种。

（一）实物分割

遗产分割在不违反分割原则的情况下，可以采取实物分割的方式。采用实物分

割方式的遗产是可分物，不可分物不能作为实物分割，应当采取折价补偿的办法，即补偿分割。

（二）变价分割

如果遗产不宜进行实物分割，或者继承人都不愿取得该遗产，则可以将遗产变卖，换取价金，然后由继承人按照自己应继份的比例，对价金进行分割。使用变价分割的方式分割遗产，实际上是对遗产的处分，所以，遗产的变价应当经过全体继承人的同意。

（三）作价补偿

对于不宜实物分割的遗产，如果继承人中有人愿意取得该遗产，则由该继承人取得遗产的所有权，然后，由取得遗产所有权的继承人按照其他继承人应继份的比例，分别补偿给其他继承人相应的价金。

（四）转为按份共有

遗产不宜进行实物分割，继承人又都愿意取得遗产的，或者继承人基于某种生产或生活目的，愿意继续保持遗产共有状况的，则可以采取将共同共有转为按份共有的分割方式，由继承人对遗产享有共有权，确定各自的份额。份额确定后，继承人之间就不再是原来的遗产共有关系，而变成了普通的财产按份共有关系。

但是，遗嘱人可以指定遗产分割方式；遗嘱人未指定的，当事人可以协商确定；当事人无法达成一致意见而发生争议的，可以通过民间调解或者法院判决来解决。

四、遗产分割的效力

（一）遗产分割效力发生的时间

关于遗产分割效力发生的时间，主要有两种立法例。

一种是溯及主义或称宣告主义，认为遗产分割的效力溯及于继承开始时发生法律效力，因为在遗产分割前，各共同继承人之间已经认定其各有特定部分，遗产分割只不过是对各自享有的专属的所有权的宣示或者认定。法国、日本采取此立法例。

另一种是不溯及主义或称移转主义，认为遗产分割以前，各共同继承人对遗产是共有关系，只有总的共同的支配权。各共同继承人只有在遗产分割后，才开始享有其专属部分，遗产分割使共有关系转化为新的所有关系。遗产分割具有财产权的转移效力或者创设效力，而不具有溯及效力。德国、瑞士采此立法例。我国学者对于遗产分割的效力发生的时间，也存在着溯及主义与不溯及主义的争议。根据我国民法上的物权变动模式，遗产分割应采取移转主义。

（二）继承人相互间的担保责任

依转移主义，继承人分得的遗产源于共同继承人，所以，共同继承人理应对其他继承人负担保责任。当然，依照溯及主义，继承人对其他继承人分得的遗产亦承担担保责任，以此作为溯及主义的例外。继承人之间的担保责任主要有以下两种。

1. 瑕疵担保责任

遗产分割采用实物分割的方法时，各继承人对其他继承人分得的遗产，负有与出卖人相同的瑕疵担保责任。继承人的瑕疵担保责任包括两种：一是物的瑕疵担保责任。物的瑕疵是指标的物的价值、效用或品质存在瑕疵。继承人对其他继承人分得的遗产存在的上述物的瑕疵，应负担保责任。二是权利瑕疵担保责任。权利瑕疵是指分得遗产的全部或者一部分属于第三人，或者遗产上负担有第三人合法的权利，如抵押权。继承人对其他继承人分得的遗产存在的上述权利瑕疵应负担保责任。瑕疵担保责任不限于发生在继承开始以前，只要发生在遗产分割以前，继承人都需要承担瑕疵担保责任。

2. 债务人资力担保责任

对于分割遗产时，已届清偿期的债权，各共同继承人应当就遗产分割时债务人的支付能力负担保责任；对于未到清偿期的债权或者附停止条件的债权，各共同继承人应就债权清偿时债务人的支付能力负担保责任。担保的数额，通常以债权的数额为准，但遗产分割时对债权另有估价的，其他继承人应以估价的数额负担保责任。继承的债权不限于普通债权，有价证券上的债权也应在担保之列。

第六节　无人承受的遗产

一、无人承受遗产的概念和范围

无人承受的遗产又称无人继承又无人受遗赠的遗产，是指继承开始后，没有人依法继承或者接受遗赠的被继承人的财产。无人承受的遗产存在于以下情形中：（1）死者既无法定继承人，又未立遗嘱指定受遗赠人，也未签订遗赠扶养协议的；（2）继承人都放弃或者丧失继承权，受遗赠人也放弃或丧失受遗赠权的；（3）被继承人只用遗嘱处分了一部分遗产，且没有法定继承人的；（4）被继承人虽用遗嘱处分了遗产，但遗嘱无效且又无法定继承人的；（5）被继承人用遗嘱取消了一切法定继承人的继承权，但又未指定受遗赠人，或虽指定受遗赠人，但受遗赠人放弃或丧失了受遗赠权，或者先于被继承人死亡，且未签订遗赠扶养协议的。

二、无人承受遗产的确认

由于无人承受的确认将产生一系列重要法律后果，因此必须依法确认。各国无人承受制度的一个重要内容，就是对遗产无人继承进行确认的法律程序。这一程序叫作搜寻继承人。所谓搜寻继承人，指的是由主管机关依公示催告程序，催告继承人接受继承的法律程序。如果在公示催告的期限内，有人主张继承，且其继承权得到证明，则将遗产交由继承人继承。如期限届满，无人主张继承，或主张继承人不能证明其继承权，即依法确定遗产无人继承，按无人继承的财产处理。

我国没有搜寻继承人制度，实践中出现无人继承的情况，按认定财产无主程序办理。但无人承受的财产和无主财产是不同的概念。无主财产是指依法不属于任何人所有的财产，无人承受的财产虽无人继承或无人受遗赠，却可能有人对其享有债权。

三、无人承受遗产的归属

各种继承立法对于无人承受的遗产都作出了规定，且大多采用无人承受的遗产归国家所有的做法，但对于国家取得遗产的地位，有不同认识。一种是继承权主义，主张国家是作为无人承受的遗产的法定继承人而取得遗产，如德国；第二种是先占权主义，即主张国家有优先取得无人承受的遗产的权利，如法国、美国、奥地利等。

我国关于无人承受的遗产的处理与其他国家的规定有所不同。《民法典》第1160条规定：无人继承又无人受遗赠的遗产，归国家所有，用于公益事业；死者生前是集体所有制组织成员的，归所在集体所有制组织所有。可见，我国是按死者的身份来确定无人承受的遗产的归属的。死者生前是国家机关、全民所有制单位的职工，城镇个体劳动者及无业居民的，其无人承受的遗产归国家所有；死者生前是城镇集体所有制单位的职工、农村集体所有制单位的职工村民的，其无人承受的遗产归死者生前所在的集体所有制组织所有。

（一）死者债务的清偿

按照《民法典》第1161条的规定，继承人继承遗产应当清偿被继承人的债务。同理，取得无人承受的遗产的国家或集体所有制组织，也应当在取得遗产的实际价值范围内负责清偿死者生前所欠的债务。清偿债务后，国家或集体所有制组织才能取得剩余部分的遗产。

（二）非继承人取得遗产

在处理无人承受的遗产时，如果有继承人以外的依靠被继承人扶养的缺乏劳动能力又没有生活来源的人，或者继承人以外的对被继承人扶养较多的人，可以分配给他们适当的遗产。何谓适当，应当视具体情况而定，依照审判实践，必要时可以是遗产的全部。

（三）"五保户"遗产的处理

对于如何处理"五保户"的遗产，2006 年的《农村五保供养工作条例》未作规定。司法实践中认为，集体经济组织对"五保户"实行"五保"时，双方有扶养协议的，按协议处理；没有扶养协议、死者有遗嘱继承人或法定继承人要求继承的，按遗嘱继承或法定继承处理，但集体组织有权要求扣回"五保"费用。如果属于无人承受的遗产，应当归死者生前所在的集体经济组织所有。

第七章 涉外继承

第一节 涉外继承的概念与特点

《涉外民事关系法律适用法》规定了涉外遗嘱继承的法律适用，在我国涉外遗嘱继承司法实践中发挥了重要作用。涉外继承是指财产继承法律关系的构成要素中含有涉外因素，要适用冲突规范加以解决的继承。涉外继承具有以下特点。

一、财产继承关系中至少有一个因素涉外

在涉外继承中，财产继承关系至少存在一个涉外因素，具体包括主体涉外、客体涉外和与继承有关的法律事实涉外。主体涉外是指继承法律关系中继承人或者被继承人为外国人或无国籍人，只要有一人为外国人或者无国籍人的继承就是涉外继承；客体涉外是指遗产在国外，遗产不论是动产、不动产还是其他财产权利，只要全部或者部分在国外的继承就是涉外继承；与继承有关的法律事实涉外是指被继承人在国外死亡或者被继承人在国外立有遗嘱，只要两个事实中有一个发生在国外就是涉外继承。

二、处理涉外继承法律关系需要适用国际私法中的冲突规范

由于继承法律关系中有涉外因素，不能单纯地适用本国法律，国际上虽然制定了专门的公约（如1961年《遗嘱处分方式法律冲突公约》、1973年《遗产国际管理公约》、1989年《海牙死者遗产继承的准据法公约》），但这些公约都非实体法律规范，国内法中也很少有专门处理涉外继承的实体法规范，因而解决涉外继承问题首先适用各国法律中的冲突规范。冲突规范本身并无直接确定当事人的具体权利和义务的内容，而仅指明在某种情况下应援用哪国法律。

三、处理涉外继承法律关系需要确定具体的准据法

准据法是涉外继承冲突规范指向的法律，是用以确定当事人之间权利、义务的实体法。冲突规范只解决具体适用哪一国家的法律，冲突规范指向的准据法才最终使继承权得以实现。比如，《涉外民事关系法律适用法》第31条规定的"法定继承，适用被继承人死亡时经常居所地法律，但不动产法定继承，适用不动产所在地

法律"就是一种冲突规范,这一规范指向的"被继承人死亡时经常居所地法律""不动产所在地法律"就是准据法,即处理有关涉外继承关系适用的法律。

四、涉外继承案件实行专属管辖

由于冲突规范指向的各国法律存在差异,因而适用不同国家的法律会使遗产处理的结果有很大的差异。为保护本国公民和国家的利益,大多数国家对涉外继承案件实行专属管辖。在国际上通行的做法是以被继承人的国籍、住所或财产所在地等为依据,确定涉外继承案件的管辖权,在我国,对涉外继承案件也实行专属管辖,《民事诉讼法》第 34 条第 3 项规定:因继承遗产纠纷提起的诉讼,由被继承人死亡时住所地或者主要遗产所在地人民法院管辖。

第二节　涉外继承的法律适用

一、涉外继承准据法的确定

(一) 涉外法定继承的准据法

在国际上,各国在确定法定继承的准据法时分别适用三个冲突规范:被继承人的住所地法、被继承人的本国法、遗产所在地法。这三个规范分别代表着三类不同国家的利益,即被继承人住所地国的利益、被继承人本国的利益和遗产所在地国的利益。虽然各国在解决有关法定继承的法律冲突时采用不同的冲突规范,但归纳起来不外乎两种做法,即所谓"单一制"和"分割制"。

1. 单一制

单一制又称同一制,是指处理涉外法定继承时,不区分动产与不动产,对被继承人所有财产的继承适用同一准据法。实行单一制的国家所采取的具体做法不尽相同。

(1) 适用遗产所在地法。采取这种做法的国家主张,对于涉外法定继承,不分动产和不动产,一律适用遗产所在地法。法定继承依遗产所在地法是一个古老的冲突规范,不过目前除拉丁美洲少数国家仍在采用外,很少有国家采用。

(2) 适用被继承人死亡时的本国法。采取这种做法的国家主张,对于涉外法定继承,不分动产和不动产,一律适用被继承人死亡时的本国法。德国、日本、西班牙、葡萄牙、希腊、荷兰、波兰等国家采取这种做法。

(3) 适用被继承人死亡时的住所地法。采取这种做法的国家主张,不论是动产还是不动产，对于涉外法定继承都适用被继承人最后的住所地法，因为被继承人和最后住所地的关系最为密切。瑞士、丹麦、挪威、巴西、哥伦比亚等国采取这种做法。

2. 分割制

分割制又称为区别制，是指区别遗产中的动产和不动产，分别适用不同的准据法，即对遗产中的不动产继承适用不动产所在地法律，对遗产中的动产继承适用被继承人的属人法。目前，采取分割制的国家比较多，一般都主张不动产继承依不动产所在地法，但在动产继承上，由于对被继承人的属人法有不同的理解，因而所采用的冲突规范也有所不同：（1）适用被继承人死亡时的住所地法，英国、美国、法国、比利时、泰国、智利等国家采取这一主张；（2）适用被继承人死亡时的本国法，奥地利、土耳其、卢森堡、伊朗、玻利维亚、保加利亚、匈牙利、罗马尼亚等国家采取这一主张。

分割制和单一制各有利弊。在分割制中，由于不动产与所在国关系密切，所以维护财产所在地国的公共利益是采用分割制的一个重要原因；并且适用不动产所在地法既有利于案件的审理，又有利于判决的执行。但分割制也有一个缺陷，就是在实际运用上，如果遗产分布在两个以上的国家，遗产继承就要受两个以上的国家的法律支配，因此会使继承关系复杂化，在法律适用上可能会碰到诸多麻烦和困难。

采用单一制可以避免上述缺陷。在单一制中不论遗产分布在几个国家，是动产还是不动产，遗产继承都只受被继承人的属人法的支配，因此，法律适用简单方便。但单一制的缺陷也很明显：如果被继承人的属人法与遗产所在地法不同，就会产生一定的困难，特别是遗产所在地国采用分割制时，根据属人法作出的判决一般在不动产所在地国无法得到确认和执行。

（二）涉外遗嘱继承的准据法

涉外遗嘱继承的准据法主要涉及遗嘱能力、遗嘱的方式、遗嘱的内容和效力等的准据法的确定。

1. 遗嘱能力的准据法

一般认为，遗嘱能力的准据法应由当事人的属人法解决。其中，有的国家采用遗嘱人的本国法，如日本、奥地利、韩国、埃及和土耳其等；有的国家采用遗嘱人的习惯居所或住所地法，如英国。此外，在一些国家，对于在本国境内的不动产，要求对遗嘱人的遗嘱能力适用不动产所在地法。

2. 遗嘱方式的准据法

在遗嘱方式的准据法上，一些国家不区分动产与不动产，统一规定应适用的法律。这些国家一般以属人法和行为地法为准据法，又可分为：（1）先依遗嘱人的属人法，如果属人法不认为其遗嘱方式为有效，但立遗嘱时所在地法认为有效者，则依立遗嘱时所在地法。其在属人法和立遗嘱时所在地法中，只要有一个国家的法律认为其遗嘱方式为有效，即承认其为有效。（2）另外一些国家则区分动产与不动产，分别规定应适用的法律，即不动产的遗嘱方式适用不动产所在地法，动产的遗嘱方式适用的法律则比较灵活，如英国、美国、日本、匈牙利等国家。

后一种做法与1961年《遗嘱处分方式法律冲突公约》的规定较为相近，该公约第1条明确规定，不动产遗嘱方式依物之所在地法；动产遗嘱方式依下列任一法律即为有效：（1）遗嘱人立遗嘱地法；（2）遗嘱人立遗嘱时或死亡时的国籍国法；（3）遗嘱人立遗嘱时或死亡时的住所地法；（4）遗嘱人立遗嘱时或死亡时的惯常居所地法。而且该公约还规定，它不妨碍缔约国现有的或将来制定的法律规定的上述规则所指定的法律以外的法律所确定的遗嘱方式之有效性。可见，在遗嘱方式的法律适用上，尽量使遗嘱有效的立法倾向是较为明显的。这不但反映在各国法律中，也反映在国际条约中。

3. 遗嘱内容和效力的准据法

关于遗嘱内容和效力的准据法，有以下几种立法例。

（1）适用遗嘱人立遗嘱时或死亡时的本国法，日本、德国、奥地利、波兰、匈牙利等国家采用这一做法。

（2）适用遗嘱人死亡时或立遗嘱时的住所地法。一些国家认为，继承及继承的财产是与死者的住所有密切关系的，因而主张遗嘱的内容及效力依遗嘱人的住所地法。不过，有的国家主张适用遗嘱人死亡时的住所地法，有的国家则主张适用遗嘱人立遗嘱时的住所地法。

（3）有关动产的遗嘱适用被继承人属人法，有关不动产的遗嘱则适用物之所在地法。英国、美国、法国、泰国等采此立法例。不过，在有关动产的遗嘱继承方面，它们对属人法有不同的理解。

（4）适用遗产所在地法。南美洲的一些国家从继承属于物权范围的观点出发，认为遗嘱继承应适用遗产所在地法。

（三）无人承受的遗产的确定及归属的准据法

关于无人承受的遗产的准据法，主要涉及两方面的问题：一是依何种法律确定遗产为无人的遗产，二是依何种法律决定无人承受的遗产的归属。

对于依照何种法律确定遗产无人承受，各国一般主张依继承关系本身的准据法决定。由于各国关于继承关系的准据法的规定不一，因而确定何种遗产为无人承受的遗产的准据法也不一致，既可能是被继承人的本国法，也可能是被继承人的住所地法，或者是遗产所在地法。

关于无人承受的遗产的归属的准据法，各国立法和实践多采取以下办法加以解决。

（1）适用继承关系本身的准据法。德国采用被继承人的本国法来解决在德国的无人承受的遗产的归属问题，即如果被继承人的本国法把国家对无人承受的遗产的权利视为继承权，则德国就把财产交给被继承人国籍国；如果被继承人的本国法把国家对无人承受的遗产的权利视为对无主财产的先占权，则德国就以无主物先占者的资格把该项财产收归德国国库。

（2）适用遗产所在地法。如1978年的《奥地利联邦国际私法法规》第29条规定，如果依死亡继承的准据法即死者死亡时的属人法，遗产为无人承受的遗产，或将归于作为法定继承人的领土当局，应以死者的遗产于其死亡时所在地国家的法律，取代死者死亡时的属人法。这意味着，无人承受的遗产应适用该遗产所在地国家的法律。

（3）将无人承受的遗产分为动产和不动产，分别加以处理，即无人承受的遗产中的动产的处理依被继承人死亡时国籍国法，而不动产的处理依不动产所在地法。

二、我国涉外继承的准据法

（一）涉外法定继承的准据法

关于涉外法定继承的准据法，《涉外民事关系法律适用法》第31条规定，法定继承适用被继承人死亡时经常居所地法律，但不动产法定继承，适用不动产所在地法律。可见，我国涉外法定继承的准据法采取分割制，即动产继承适用被继承人死亡时的经常居住地法律，不动产继承适用不动产所在地法律。

（二）涉外遗嘱继承的准据法

关于涉外遗嘱继承的准据法，涉及遗嘱方式和遗嘱效力两个方面。《涉外民事关系法律适用法》第32条规定，遗嘱方式符合遗嘱人立遗嘱时或者死亡时经常居所地法律、国籍国法律或者遗嘱行为地法律的，遗嘱均为成立。可见，涉外遗嘱方式的准据法包括遗嘱人立遗嘱时或者死亡时的经常居所地法律、国籍国法律或者遗嘱行为地法律。《涉外民事关系法律适用法》第33条规定，遗嘱的效力适用遗嘱人立遗嘱时或者死亡时经常居所地法律或者国籍国法律。可见，涉外遗嘱效力的准据法包括遗嘱人立遗嘱时或者死亡时的经常居所地法律、国籍国法律。

（三）遗产管理等事项与无人承受的遗产的准据法

根据《涉外民事关系法律适用法》第34条和第35条的规定，遗产管理等事项的准据法为遗产所在地法律；无人承受的遗产的归属的准据法为被继承人死亡时遗产所在地法律。

参考文献

1. 马忆南：《婚姻家庭继承法学》（第四版），北京大学出版社 2018 年版。

2. 李永军主编：《民法典婚姻家庭编法律适用与案例指引》，中国民主法制出版社 2022 年版。

3. 吴振坤、兰祥燕、吴振乾编著：《民法典婚姻家庭编实务精要·裁判观点与证据梳理》，中国法制出版社 2023 年版。

4. 最高人民法院民事审判第一庭编著：《最高人民法院民法典婚姻家庭编司法解释（一）理解与适用》，人民法院出版社 2021 年版。

5. 周叶中主编：《宪法》（第五版），高等教育出版社 2020 年版。

6. 房绍坤、范李瑛、张洪波编著：《婚姻家庭继承法》（第六版），中国人民大学出版社 2020 年版。

7. 史尚宽：《亲属法论》，中国政法大学出版社 2000 年版。

8. 史尚宽：《继承法论》，中国政法大学出版社 2000 年版。

9. 郭明瑞、房绍坤、关涛：《继承法研究》，中国人民大学出版社 2003 年版。

10. 郭明瑞、房绍坤：《继承法》（第二版），法律出版社 2007 年版。

11. 陈苇主编：《外国婚姻家庭法比较研究》，群众出版社 2006 年版。

12. 刘春茂主编：《中国民法学·财产继承》（第 2 版），人民法院出版社 2008 年版。

13. 杨大文主编：《亲属法》（第四版），法律出版社 2004 年版。

14. 房绍坤主编：《亲属与继承法》（第二版），科学出版社 2019 年版。

15. 张玉敏：《继承法律制度研究》（第二版），华中科技大学出版社 2016 年版。

16. 陈苇主编：《婚姻家庭继承法学》（第三版），群众出版社 2017 年版。

17. 杨大文、龙翼飞主编：《婚姻家庭法》（第七版），中国人民大学出版社 2018 年版。

18. 游文亭：《代孕亲子关系认定的法律问题研究》，山西人民出版社 2021 年版。

19. 许莉主编：《婚姻家庭继承法学》（第三版），北京大学出版社 2019 年版。

20. ［德］雷纳·弗兰克、托比亚斯·海尔姆斯：《德国继承法》（第六版），王葆蔚、林佳业译，中国政法大学出版社 2015 年版。

21. ［德］安雅·阿门特–特劳特：《德国继承法》，李大雪、龚倩倩、龙柯宇译，法律出版社 2015 年版。

22. 王洪：《婚姻家庭法》，法律出版社 2003 年版。

23. 《马克思恩格斯全集》（第 21 卷），人民出版社 1965 年版。

24. 瞿同祖：《中国法律与中国社会》，中华书局 1981 年版。

25. 张玉敏主编：《中国继承法立法建议稿及立法理由》，人民出版社 2006 年版。

26. 林秀雄：《婚姻家庭法之研究》，中国政法大学出版社 2001 年版。

27. 林秀雄：《夫妻财产制之研究》，中国政法大学出版社 2001 年版。

28. 陈苇：《外国继承法比较与中国民法典继承编制定研究》，北京大学出版社 2011 年版。

29. 曹诗权：《未成年人监护制度研究》，中国政法大学出版社 2004 年版。

30. ［美］哈里·D. 格劳斯等：《美国家庭法精要》（第五版），陈苇等译，中国政法大学出版社 2010 年版。

31. ［德］迪特尔·施瓦布：《德国家庭法》，王葆蒔译，法律出版社 2010 年版。

32. 王丽萍：《亲子法研究》，法律出版社 2004 年版。

33. 陈苇主编：《当代中国民众继承习惯调查实证研究》，群众出版社 2008 年版。

34. 李银河、马忆南编：《婚姻法修改论争》，光明日报出版社 1999 年版。

35. 蒋月：《20 世纪婚姻家庭法：从传统到现代化》，中国社会科学出版社 2015 年版。

36. 王洪：《婚姻家庭法热点问题研究》，重庆大学出版社 2000 年版。

37. 王歌雅：《扶养与监护纠纷的法律救济》，法律出版社 2001 年版。

38. 夏吟兰：《美国现代婚姻家庭制度》，中国政法大学出版社 1999 年版。

39. 张贤钰主编：《外国婚姻家庭法资料选编》，复旦大学出版社 1991 年版。

40. 蒋新苗：《比较收养法》，湖南人民出版社 1999 年版。

41. 陈鹏：《中国婚姻史稿》，中华书局 1994 年版。

42. 裴桦：《夫妻共同财产制研究》，法律出版社 2009 年版。

43. ［美］路易斯·亨利·摩尔根：《古代社会》（上、下册），杨东莼等译，商务印书馆 1977 年版。

44. ［日］利谷信義、江守五夫、稻本洋之助编：《离婚法社会学》，陈明侠、许继华译，谢怀栻校，北京大学出版社 1991 年版。

45. ［德］凯塔琳娜·博埃勒–韦尔基等主编：《欧洲婚姻财产法的未来》，樊丽君等译，法律出版社 2017 年版。

46. 陈苇主编：《中国继承法修改热点难点问题研究》，群众出版社 2013 年版。

47. 中国法学会婚姻家庭法学研究会编：《外国婚姻家庭法汇编》，群众出版社 2000 年版。

48. ［德］迪特·莱波尔德：《德国继承法》，林佳业、季红明译，法律出版社 2023 年版。

49. 《瑞士民法典》，戴永盛译，中国政法大学出版社 2016 年版。

50. 《德国民法典》，杜景林、卢谌译，中国政法大学出版社 2014 年版。

51. 《法国民法典》，罗结珍译，中国法制出版社 2002 年版。

52. ［英］亨利·詹姆斯·萨姆那·梅因：《古代法》，沈景一译，商务印书馆 1959 年版。

图书在版编目（CIP）数据

婚姻家庭继承法学 / 毋国平，游文亭著 . —北京：中国法制出版社，2024.6

（民法学习系列丛书 / 汪渊智主编）

ISBN 978-7-5216-4166-0

Ⅰ．①婚…　Ⅱ．①毋…　②游…　Ⅲ．①婚姻法–中国–高等学校–教材　②继承法–中国–高等学校–教材

Ⅳ．①D923.5②D923.9

中国国家版本馆 CIP 数据核字（2024）第 032788 号

责任编辑：周琼妮（zqn-zqn@126.com）　　　　　　封面设计：李　宁

婚姻家庭继承法学

HUNYIN JIATING JICHENG FAXUE

著者/毋国平　游文亭

经销/新华书店

印刷/北京虎彩文化传播有限公司

开本/787 毫米×1092 毫米　16 开　　　　　印张/ 20.5　字数/ 310 千

版次/2024 年 6 月第 1 版　　　　　　　　　2024 年 6 月第 1 次印刷

中国法制出版社出版

书号 ISBN 978-7-5216-4166-0　　　　　　　　　　　定价：78.00 元

北京市西城区西便门西里甲 16 号西便门办公区

邮政编码：100053　　　　　　　　　　　　传真：010-63141600

网址：http://www.zgfzs.com　　　　　　　编辑部电话：010-63141836

市场营销部电话：010-63141612　　　　　印务部电话：010-63141606

（如有印装质量问题，请与本社印务部联系。）